上海蓝皮书

BLUE BOOK OF SHANGHAI

总 编/王 战 于信汇

上海传媒发展报告
（2016）

ANNUAL REPORT ON MEDIA DEVELOPMENT
OF SHANGHAI (2016)

媒体融合发展研究

主 编/强 荧 焦雨虹

社会科学文献出版社
SOCIAL SCIENCES ACADEMIC PRESS (CHINA)

图书在版编目(CIP)数据

上海传媒发展报告.2016：媒体融合发展研究/强荧，焦雨虹主编.—北京：社会科学文献出版社，2016.1
（上海蓝皮书）
ISBN 978-7-5097-8629-1

Ⅰ.①上… Ⅱ.①强… ②焦… Ⅲ.①传播媒介-研究报告-上海市-2016 Ⅳ.①G219.275.1

中国版本图书馆 CIP 数据核字（2015）第 309831 号

上海蓝皮书
上海传媒发展报告（2016）
——媒体融合发展研究

主　编／强　荧　焦雨虹

出 版 人／谢寿光
项目统筹／郑庆寰
责任编辑／郑庆寰

出　　版／社会科学文献出版社·皮书出版分社（010）59367127
　　　　　　地址：北京市北三环中路甲29号院华龙大厦　邮编：100029
　　　　　　网址：www.ssap.com.cn
发　　行／市场营销中心（010）59367081　59367090
　　　　　　读者服务中心（010）59367028
印　　装／北京季蜂印刷有限公司
规　　格／开　本：787mm×1092mm　1/16
　　　　　　印　张：24.5　字　数：371千字
版　　次／2016年1月第1版　2016年1月第1次印刷
书　　号／ISBN 978-7-5097-8629-1
定　　价／79.00元

皮书序列号／B-2012-268

本书如有破损、缺页、装订错误，请与本社读者服务中心联系更换

▲ 版权所有 翻印必究

上海蓝皮书编委会

总　编　王　战　于信汇

副总编　王玉梅　黄仁伟　叶　青　谢京辉　王　振
　　　　　何建华

委　员（按姓氏笔画排序）
　　　　　王世伟　石良平　刘世军　阮　青　孙福庆
　　　　　李安方　杨　雄　杨亚琴　肖　林　沈开艳
　　　　　季桂保　周冯琦　周振华　周海旺　荣跃明
　　　　　邵　建　屠启宇　强　荧　蒯大申

《上海传媒发展报告（2016）》
编委会

主　编　强　荧　焦雨虹

秘书长　沈结合　陈　骅

编　委（按姓氏笔画排序）

丁方舟　丁法章　马晓青　王　月　王建军
王　雷　王　蔚　方师师　白红义　同　心
吕　鹏　许顺利　李　敬　吴宜萍　宋　超
张志安　陈文韵　陈启伟　陈颂清　孟　建
孟　晖　赵　祎　洪　涛　贾成芳　徐　炯
展　宁　黄　强　童　希　裘　新　董　倩
戴丽娜

主编简介

强　荧　二级研究员，上海社会科学院新闻研究所所长，上海市第八次党代会代表，上海市政协委员，上海市作协会员，上海市领军人才。

1995年获首届"全国百佳新闻工作者"称号，1998年获"中国报刊之星"称号，2001年获上海第三届"范长江新闻奖"，数十次获中国新闻奖和上海新闻奖。

新闻从业30余年，新闻类著书12本。曾经长江漂流，摩托西行，走过沙漠，找过野人，攀登雪山，穿越丝路，申奥远征，闯过南极，去过北极。

坚持笔触扎根于民众之中，亲身体验出租车司机、巡警、殡葬工、卖报人、保险推销员等普通劳动者生活，发表系列体验式报道。

1994年，强荧新闻作品义拍，所得捐款赠给上海市记协，创立"强荧风险新闻奖"，定期表彰一批敢冒风险采访的新闻记者。

2003年，在南纬72度56分30秒、东经75度16分39秒发现外星陨石，成为中国发现南极陨石第15人，国家极地办和中国极地研究所命名这块陨石为"强荧GRV021604"。

焦雨虹　新闻传播学博士后，文学博士，副教授。主要研究方向为新闻理论，媒介与传播，文化产业。主持、参与多个国家级、省部级研究项目并撰写研究报告，发表多篇学术论文，出版相关学术著作。

摘 要

2015年媒体融合发展进入新阶段,建设"数字中国"的国家战略为建构以互联网为中心的传播新格局开启新征程。《上海传媒发展报告(2016)》以"媒体融合发展研究"为主题,梳理2015年媒体格局,解读传媒政策,分析传媒形态,探究中国传媒的现状与未来。研究发现,传统媒体在收缩中艰难转身,通过打造新产品、重塑价值链、搭建新平台、借力资本等方式拥抱互联网,进行深度转型创新。新媒体继续快速扩张,移动客户端迅猛发展,影响传媒业整体格局和舆论生态。社交媒体在用户获取、新闻分发、资本控制领域的掌控进一步强化。同时产生的还有垂直产品裂变细分,自媒体强势加入,资本深度介入等新趋势、新动向。本报告认为,中国传媒融合已经进入了新的阶段:传统媒体和新媒体正在打破机制和形态的藩篱,以互联网传播中心,推陈出新、兼容并蓄,在产业形态、舆论生态、传播格局上再造重生,呈现纷繁复杂、活力无限的局面。随着融合改革的深入,中国传媒将在激烈竞争中继续前行。

全书主要由总报告、上海文广专题评估、社会篇、媒体篇、网络篇五大部分构成。总报告梳理了2015年传媒发展的重要趋势和现象,围绕"媒体融合"的主题,基于社会现实与传媒现状,探讨传统媒体与新媒体融合变革的机制、策略、问题以及可能的路径。"上海文广专题评估"集中探讨上海文广集团改革一周年的成效,包括整体评估、互联网化转型成效、内部管控、人才建设等专题。"社会篇"重点探析了媒体平台呈现的社会问题、社会现象,对社会矛盾、城市形象、法治建设、官员形象、老年化社会、传媒教育等热点现象和问题进行了深度分析。"媒体篇"以传统媒体的转型为核心,探讨报业集团、电视台、期刊业的转型话题。"网络篇"从不同角度分

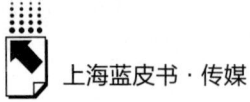

析网络的表征与影响,包括自媒体、新闻内容生产、BAT集团的媒体化、新媒体文化、媒介素养、网络社群等现象与产品。

中国传媒发展已经进入构建以互联网为中心的全球传播新格局的新阶段,国际化的广阔空间带来了新的历史契机。无论是传统媒体还是新媒体,着眼当下放眼未来,借力资本拥抱技术,锐意创新打造品牌。新陈代谢、推陈出新是所有领域的生存法则,执念于新旧之分已经毫无意义。打破机制和形态的藩篱,"万类霜天竞自由",中国传媒当在竞争中发展,在融合中创新,共同创造中国传媒的新世界。

目　录

Ⅰ　总报告

B.1 融合新阶段：以互联网为中心的传播新格局
　　…………………………………………… 强　荧　焦雨虹 / 001

Ⅱ　上海文广专题评估

B.2 上海广电迈上新征程：SMG改革一周年评估报告
　　………………………………… 上海社会科学院新闻研究所 / 024

B.3 大胆创新　加速互联网化转型
　　——2015年SMG内容创新与全媒体转型研究报告
　　………………………………… 上海社会科学院新闻研究所 / 032

B.4 以改革求发展：大小文广整合与内部管控评估报告
　　………………………………… 上海社会科学院新闻研究所 / 046

B.5 激发活力　夯实智造力量
　　——2015年SMG人才队伍建设状况研究报告 ……… 徐炳胜 / 060

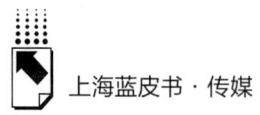

Ⅲ 社会篇

B.6 当前中国主要社会矛盾与问题研究
——基于新浪微博为代表的社会化媒体研究报告
………………………… 孟 建 裴增雨 孙祥飞 / 077

B.7 上海城市形象的国际社交媒体呈现
——基于Twitter的样本分析 ………………… 徐 翔 / 098

B.8 新浪微博中官员形象的媒介呈现与社会化传播研究
………………………………………… 孟 建 裴增雨 / 113

B.9 互联网时代的司法信息传播：上海市司法局"两微一网"的
传播研究 ……………………………………… 孙祥飞 / 129

B.10 新媒体对城市老人社会适应的影响研究
——基于电脑和手机终端的分析 ……………… 丁卓菁 / 143

B.11 媒体融合背景下中国传媒体制改革的趋向 ………… 童 希 / 158

B.12 在校传播学专业学生对传媒行业认知调查
——以上海市高校为例 ………………… 谭 勇 乔 木 / 170

Ⅳ 媒体篇

B.13 世界知名报业集团转型发展研究（2014~2015）
………………………………………………… 黄 超 / 183

B.14 传统媒体参与媒体融合的路径选择与编辑素养提升
………………………………………………… 夏德元 / 199

B.15 2015年地方电视台媒体融合发展报告 ………… 王建磊 / 214

B.16 新时期中国期刊业的发展历程、现状及问题研究
………………………………………………… 孟 晖 / 226

V 网络篇

- B.17 媒介生态变迁视阈下出走媒体人的自媒体创业 …………… 王 月 王 莹 / 240
- B.18 终端化不等于碎片化
  ——浅析媒体融合时代的新闻内容生产 …………… 雷 霞 / 253
- B.19 再生产的"结构洞"：大型互联网公司对媒体反向融合的结构与意义
  ——以BAT的媒体布局为例 …………… 方师师 / 271
- B.20 融合报道的效果：基于"融合报道指数"模型的实证研究 …………… 丁方舟 / 288
- B.21 旧时王谢堂前燕：媒介融合背景下自媒体的使用及相关问题 …………… 展 宁 / 307
- B.22 技术视角的反思：新媒体文化研究 …………… 李 敬 / 323
- B.23 媒介、文化与传媒教育：媒体融合时代的媒介素养研究 …………… 同 心 / 336
- B.24 网络社群：新媒体环境下网络舆情研究的理论进路 …………… 张 华 / 348

- B.25 后记 …………… / 360

Abstract …………… / 361
Contents …………… / 363

总 报 告
General Report

B.1

融合新阶段：以互联网为中心的传播新格局[*]

强荧 焦雨虹[**]

摘 要： 2015年媒体融合发展进入新阶段，建设"数字中国"的国家战略为建构以互联网为中心的传播新格局开启新征程。传统媒体在收缩中艰难转身，通过打造新产品、重塑价值链、搭建新平台、借力资本等方式拥抱互联网，并进行了深度转型创新。新媒体继续快速扩张，移动客户端迅猛发展，影响传媒业整体格局和舆论生态。社交媒体在用户获取、新闻分发、资本控制领域的掌控进一步强化。垂直产品裂变细分，自媒体强势加入，资本深度介入。随着融合改革的深入，中国传

---

[*] 本文受上海社会科学院创新工程"媒介融合发展研究"智库资助。
[**] 强荧，上海社会科学院新闻研究所所长；焦雨虹，副教授，主要研究方向为新闻理论、媒介与传播。

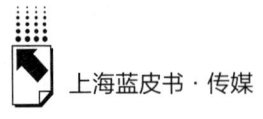

媒将在激烈竞争中创造新格局、新世界。

关键词： 数字中国　移动客户端　社交媒体　自媒体　资本

2015年，在"数字中国"战略背景下，在政策、资本、技术三轮驱动下，互联网经济与互联网文化快速发展，传媒新模式、新业态、新产品层出不穷，不仅为广大民众提供了多样的产品选择，也成为中国参与构建全球网络新格局的重要力量。

融合框架下的传统媒体虽然继续下探，但媒体人、媒体机构创新突破的勇气未减，在网站、移动客户端、社交媒体平台上加大投入，通过内容生产、平台构建、资本借力等方式与新技术、新平台、新媒体联姻，进行深度转型。

互联网领域不断推陈出新，新媒体高歌猛进、攻城略地，微博、微信客户端，各种细分媒体，商业形态各领风骚、风头正劲。移动互联网迅猛发展，对未来新闻传播业的整体格局和舆论生态产生深远影响。智能媒介、智能机器参与新闻业，机器人写稿、无人机采访正式走入视野，未来在重塑媒体的产业形态、内容形态、阅读形态等领域的可能性正在加大。

新媒体吸引了全社会的眼球和注意力，吸引了主流的资本、技术，开始享受政策和行业的各种红利。但与繁荣伴生的问题也愈加突出，"去专业化"、"同质化"、过分"商业化"、"泛娱乐化"、"资源寻租"等问题日益凸显、令人担忧，规范与治理成为当务之急。

2015年的中国传媒，多媒体领域百舸争流、全业态百花齐放，繁荣与危机并存，风险与机遇同在。

一　"数字中国"战略助推传媒新格局

作为全球最大的传媒市场，从数量、形态、产值等多个层面考量，中国传媒的发展速度和成绩引人瞩目。至 2015 年底，中国有 2000 多家报纸、近万种期刊、300 多家电台、近 3000 个电视频道，网站数超过 400 万家，互联网用户达 6.7 亿人，社交媒体微信用户超 6 亿人，微博用户超过 2 亿人。①

其中互联网领域的发展呈现爆发式增长，网络经济、文化、技术快速发展，在世界十大互联网企业中，美国占 6 家，中国占 4 家。基于互联网生发的媒体形态更是精彩纷呈，传统媒体网络化、网络媒体多元化。中国已经成为名副其实的网络大国。

互联网已经全方位覆盖人类的生存和生活两个方面，以互联网为中心的虚拟世界和现实世界互相融合、互相映照、互相渗透，成为社会发展和人类生活的一体两面，两者互相依存互相影响，世界政治、经济、文化格局因互联网发生改变。在 2015 年 10 月发布的 TPP 贸易合作伙伴方案中，基于"互联网"的条款成为重要内容之一，互联网信息流通、互联网贸易、互联网经济等成为关键词。②

显然，互联网已经成为事关国家发展的重要领域，网络发展与治理已经成为当务之急。2015 年国家层面连续推出一系列互联网政策和行动计划，从战略层面对网络发展进行了部署和规划，必将对中国的互联网领域产生重大而深远的影响，基于互联网而生发的新媒体迎来了发展的新机遇和新高峰。

2015 年 3 月 5 日，李克强总理在《政府工作报告》中首次引入"互联网＋"概念，明确指出网络技术助推产业升级，并上升为国家战略。

在 2015 年 10 月召开的中国共产党第十八届中央委员会第五次全体会议上，中央又明确提出了"网络强国战略"、"互联网＋"行动计划、发展分享经济、国家大数据战略等战略部署③。2015 年 11 月，中央网信办围绕

---

① 国新办，http：//www.scio.gov.cn/zxbd/tt/tp/Document/1433796/1433796.htm；CNNIC，http：//www.cnnic.cn/hlwfzyj/。
② 观察者网，http：//www.guancha.cn/GuanChaZheWang/2015_10_08_336822_1.shtml。
③ 新华网：http：//news.xinhuanet.com/fortune/2015-10/29/c_1116983078.htm。

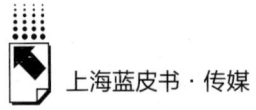

"推进网络强国战略",连续召开了六场座谈会。

2015年12月,第二届"国际互联网大会"在乌镇召开,围绕互联网与国际格局、互联网金融经济、互联网科技与产业、互联网文化等主题,国内外政治家、企业家、科技人员、学者们进行了广泛而深入地交流和探讨①。国家主席习近平在乌镇的讲话尤为引人瞩目,他明确指出,"十三五"时期,中国将大力实施网络强国战略、国家大数据战略、"互联网+"行动计划,发展积极向上的网络文化,拓展网络经济空间,促进互联网和经济社会融合发展。基于"四个原则"和"五项主张",倡议建立"多边、民主、透明的全球互联网治理体系",构建"和平、安全、开放、合作的网络空间"。②

互联网已然成为人类的"新空间、新领域、新家园",亟须"新思想、新规则、新秩序"来构建全球"网络空间共同体"。③ 以国家信息化为核心的"数字中国"明确定位为国家发展战略,"宽带中国"、"互联网+"计划、大数据战略等包含其中。数字中国战略将进一步促进中国产业升级、推动社会治理的进步。

时至今日,网络媒体、新媒体不再仅仅是某一类媒体的形态,而是内涵和外延都无比丰富、广阔的行业代名词,互联网和新媒体成为基本生存状态。

对于中国传媒业来说,此时是转型发展的最佳时机。在以报刊电视为中心的传统媒体时代,在全球传媒格局中,中国传媒的话语权基本处于边缘、失声、甚至被扭曲、被误解的状态。互联网提供了新的机遇和可能,在构建新一轮新媒体传播格局竞争中,中国传媒业理当积极投入、主动参与,并承担责任、发挥力量。

二 传统媒体全线收缩中艰难转身

2015年以来,传统媒体全方位的式微和收缩成为不争的事实,业绩持

---

① Http://www.wicwuzhen.cn/。
② 人民网,http://world.people.com.cn/n1/2015/1216/c1002-27937235.html。
③ Http://www.wicwuzhen.cn/system/2015/12/18/020959042.shtml。

续下滑、媒体人被动或主动离职、报刊休刊、电视台裁员逐渐成为常态，不再轻易引发舆论狂潮。从新闻分发、营收利润、总市值等指标来看，传统报刊、广电下滑趋势无法遏制。媒体和社会都逐渐接受了这个残酷的事实，传统媒体正在逐渐失去往昔的主流"生存模式"。"断崖式下滑""跳水""收缩""关停""休刊"等悲观主义词语已然成为描述传统媒体现状的常见表述。

讨论传统媒体融合转型的现状与未来是个太过宏大的命题，面对全方位的式微和收缩，大家焦虑的核心何时见底？底又在何处？当下的突围和转型大多是为减小下降的幅度而做的努力，现在谈如何遏制下降的大趋势显然有点儿不合时宜。而且，这不仅是中国传媒的焦虑，也是全球传媒共同的焦虑，是个全球"同此凉热"的焦点话题。

对于传统媒体而言，内容、用户是其核心资源，以内容吸引用户换取广告是主要盈利模式，在发行订阅收入、衍生产品收入、服务收入、广告收入中，广告收入是主要来源。自从20世纪90年代媒体进行市场化改革以来，中央电视台每年的广告招标会都是焦点，它既是传媒业的风向标，也常常被当作中国经济的风向标。但是自2014年以来，央视的广告招标会具体数字不再对外公开发布，这固然有其他因素的影响，但其数据的下滑，风向标意义的弱化已成为重要原因。

互联网媒体的迅速发展首先得益于其强大的平台属性，但内容、渠道（平台）、服务三者依然是其核心价值所在。这三个层面的转型重造也是传统媒体目前融合创新的主力战场，不妨围绕它们来梳理2015年的传统媒体业。

（一）核心价值链缺乏支撑

传统媒体商业模式的核心，是以内容吸引用户，用户带来影响力和市场占有率，最终由广告来体现商业价值。因此，"内容为王"一直被传统媒体奉为金科玉律，传媒之间的竞争也往往被看作内容的竞争。但进入互联网时代，传统媒体的内容优势逐渐丧失，内容价值的式微成为必然。

究其原因，一是人类已经从"内容稀缺"进入了"内容过剩"的大时代。互联网的触须打破时空界限延伸至世界每个角落，每时每刻各种信息铺天盖地扑面而来。对用户而言，信息的需求是有限度的，过度泛滥的信息令人难以招架。加上信息同质化现象太过严重，用户的媒介选择更为自由随意，媒介依赖程度急剧下降。加之传统媒体的阅读体验并不令人满意，诸多因素的叠加必然导致传统媒体内容价值的下降。

二是用户的内容需求发生了极大的变化。从传媒功能来说，舆论功能、经济功能、文化教育功能、服务功能、娱乐消遣功能兼而有之。对传统媒体来说，舆论功能、经济功能、文化教育是其主流功能，消遣性娱乐性因其形态的局限相对较弱。随着互联网时代的到来，用户社交、服务、消遣娱乐的需求大幅提升，传统媒体难以应付，生发于网络的新媒体几乎集所有功能于一体，手机上不只能阅读，还能视听、聊天、自拍美图，传统媒体被取代成为必然。

在美国当红聚合媒体 Buzz feed 的内容里，漂亮的猫猫狗狗图片、明星花絮、搞笑轶事一直颇受欢迎。在新浪微博上，人气非常高的"@回忆专用小马甲"拥有约 2300 万个粉丝数，远远超过绝大多数专业媒体粉丝。它的微博内容基本都是一猫一狗两只小宠物的图片、视频。Buzz feed 主编 Stacy-Marie Ishmael 直率地强调，未来媒体不仅要生产和传播严肃的深度报道新闻，更要传播"软新闻"，比如健康、健身、娱乐休闲等内容。

三是新闻采编权的开放削弱了传统媒体的核心优势。2015 年 11 月 6 日，中央网信办向 14 家新闻网站 584 名网络记者颁发了记者证，网媒记者从此正式"持证上岗"。中央网信办副主任徐麟表示未来将稳步扩大发证范围。[①] 这条消息对新媒体和传统媒体都具有极其重大的意义，不过一个是利好刺激，另一个却是不那么乐观罢了。在传统媒体和新媒体的竞争角力中，"拥有新闻采访权"是传统媒体的优势，借此推出有影响力的深度报道、独家新闻是网络媒体难以望其项背的。网络媒体采编权的开放，势必大大削弱

---

① 中央网信办：http://www.cac.gov.cn/2015-11/06/c_1117065947.htm。

传统媒体的内容影响力。

从渠道价值和服务价值层面比较，传统媒体跟新媒体完全不在一个量级。国外的 Google、Facebook，国内的腾讯、阿里用户都是以亿为单位来计量的。平台由资本和技术驱动，新媒体技术迭代更替，新的平台不断涌现。传统媒体参与平台竞争，始终难以望其项背。前几年的"报网联合""台网联合"模式早已成为明日黄花，网站本身也衰落为"旧媒体"。

至于服务价值，更是新媒体的核心驱动力所在，从门户到两微一端，从 PC 到移动终端，用户服务始终是新媒体发展的第一要素，传统媒体当然无法追赶。

基于内容、平台、服务三个层面的考量，传统媒体的下滑无法抵挡。目前传统媒体的融合方向主要是向新媒体靠拢及与新媒体联姻。不管方式如何，主导者的地位正在丧失，传统媒体更多以一个参与者的身份从互联网上获得资源和支持。

（二）传统经营模式难以为继

2015 年以来，从广告市场看，传统媒体广告市场整体下降的趋势更加明显，降幅更大。2015 年 11 月，中国广告协会报刊分会和央视市场研究（CTR）媒介智讯联合发布了《2015 年 1～9 月中国报纸广告市场分析报告》，报告认为"传统媒体广告市场整体下降的局面不仅很难改变，而且有降幅扩大的趋势"。数据显示，2015 年前三季度，传统媒体广告刊登额降幅已扩大至 7.3%。其中，电视广告下降 4.9%，杂志广告下降 18.5%，报纸广告降幅扩大到 34.5%。①

不仅是中国，传统媒体的经营在全球都是敏感的热点话题。几乎每家媒体都为此焦虑、挣扎。在 2015 年 9 月召开的美国在线新闻协会年会上，关于"媒体收入"的话题成为讨论热点，赚钱、盈利是关键词。②

---

① 中国新闻出版广电网，http：//www.chinaxwcb.com/2015-11/11/content_328859.htm。
② 哥伦比亚新闻评论，*Three Ways News Outlets Are Making Money*，http：//www.cjr.org/analysis/the_new_models_new_models_for_news.php。

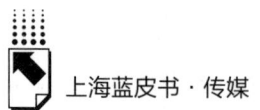

上海市新闻出版局2015年8月发布的《上海市民阅读状况调查报告（2015）》显示，以"阅读时间"来计量，上海市民报纸阅读量持续下降，半数以上市民接触报纸的时间低于30分钟，"基本不阅读"的比例由2014年的23.8%上升至2015年的25.88%。①据网上流传的上海报业集团高韵斐的讲话内容，2015年1~10月，上海报业集团所属各报纸的广告收入下降了14.9%，虽然整体经营形势好过行业平均水平，但他指出，"报纸经营断崖式下滑没有见底"。②

无论是上海，还是其他地区，传统媒体从自身经营到用户使用，下降趋势是一致的。2015年休刊的纸媒遍及各地和各领域，它们中有的永远画上休止符，有的向生而死转战新媒体领域。

《杂文报》《都市主妇》《程序员》掀起了杂志休刊的序幕，2015年下半年告别进入高峰期：云南《生活新报》、湖南《长株潭报》、《上海商报》于10月休刊。《上海壹周》于11月休刊。《瑞丽时尚先锋》于12月休刊。《外滩画报》第673期封面右下角的一块小字告示："告读者：《外滩画报》将于2016年休刊"，这宣告了它的终结，且其该期主题《100本小众杂志探索未来纸媒的可能性》，是为传统纸媒们唱的最后一曲挽歌。

都市时尚读物《上海壹周》《外滩画报》的休刊具有象征意义，它们一度是上海小资生活、时尚生活的指南，用户数量、社会影响、经济效益都曾引领风骚。它们的休刊引发众多网友热议和唏嘘，纷纷表示"陪伴自己长大的"刊物死了。它们的休刊，表明了一个时代的终结。可以说，讨论传统媒体纸质形态的存亡已经不具备太多价值。

2015年以来，推动新媒体产品上市且进入资本市场，是传统媒体集团转型发展的重要步骤。湖北日报传媒集团控股的"荆楚网"、辽宁报业集团旗下的"北国传媒"、大众传媒股份有限公司主导的"山东省互联网传媒集团"等已经或者即将登陆新三板。

---

① 新华网，http://news.xinhuanet.com/newmedia/2015-08/11/c_1116219085.htm。
② 今日头条，http://toutiao.com/i6223207703599120898/。

2015年12月25日,上海东方网股份有限公司(东方网)正式挂牌新三板,成为目前新三板新闻网站中经营规模和资产体量最大的企业。作为中国互联网百强企业之一的东方网(www.eastday.com)成立于2000年,综合影响力位居全国地方新闻网站首位,净资产规模超过15亿元,产业包括互联网传媒、信息技术服务、智慧城市建设和互联网商贸服务等。①

东方网是最早进行全国重点新闻网站改制试点的10家网站之一。早在2009年9月国新办下发的《关于重点新闻网站转企改制试点工作方案》中,公布了10家改制试点的全国重点新闻网站,包括人民网、新华网、央视网3家中央网站,以及东方网、北方网等7家地方网站。至2015年底,人民网、新华网两大中央网站,北方网、东方网两家地方网站已经上市。

值得注意的是,据东方网自己发布的数据显示,从业务组成上来看,电商收入占63%、信息技术服务24%、广告业务3%、其他10%,显然新闻业务已经不是主要收入来源。②

登陆广阔的资本市场,无疑为传媒企业的突破发展带来新的机遇。但机遇与挑战并存,从目前已经挂牌的新三板企业现状来看,交易匮乏、赢利能力薄弱是存在的隐忧。

(三)新媒体产品盈利困难

从报业到广电,传统媒体的融合方向基本是新媒体化、互联网化。报业融合策略主要集中为PC、两微和一端(App),广电主要策略是IPTV、DVB、IP和App几种模式。两者的思路和目的一致,借用新媒体平台和技术扩大用户群,扩展用户链接的通道和平台。

1. 两微平台

新浪微博是媒体重要平台,据微博"首届V影响力峰会"发布的数据,目前媒体微博账号约有2.9万个,粉丝数有28亿个,媒体微博的开通率为

---

① 东方网,http://finance.sina.com.cn/stock/t/2015-12-27/doc-ifxmxxsp7070328.shtml。
② 新浪网,http://finance.sina.com.cn/stock/t/2015-12-27/doc-ifxmxxsp7070328.shtml。

96.5%。① 微信媒体公众号也数量众多。除了法人认证号，媒体大多设置了微博微信矩阵，内容和功能细分力图精准贴近用户。

对媒体而言，微博微信平台目前最大的功能应该体现在营销上，提升用户量，提高用户黏度，提升品牌影响力，粉丝量、阅读数、转发评论数是媒体微博关注的重要指标。

颇有意味的是，不管是主流媒体还是市场化媒体，关注度比较高的依然是传统媒体中的知名媒体，比如人民日报官微粉丝数超过4200万个，市场化媒体中的佼佼者《新京报》官微粉丝数超过1600万个。这意味着在新媒体时代，平台虽有不同，但用户对媒体品牌的认知和追随并未发生变化。

2015年10月，30家媒体在新浪微博开始尝试"付费阅读"功能，用户通过包月包年的方式购买先于纸媒发布的内容，《新周刊》《凤凰周刊》《南都娱乐周刊》等媒体拥有了50万个订阅用户。②

虽然在用户数影响力上有所提升，但总体而言，传统媒体在两微平台的商业价值和盈利模式并不明朗，分成、付费、打赏即使能盈利，但份额和规模都太小，根本无法支撑媒体的生存。因此，两微平台的媒体空间和发展模式依然在摸索中。

2. 客户端

据CNNIC资料显示，至2015年6月，网络新闻用户规模为5.5亿个，手机网络新闻用户为4.6亿个，54.9%的用户把移动新闻应用作为获取新闻的主渠道。"无移动不新闻"，无论新媒体还是旧媒体，移动新闻客户端成为媒体必争之地。

在国内IOS与Android平台上的新闻资讯类App应用超过1000个，从来源上大致可以分为三类：一是老牌门户系如腾讯、搜狐、网易等，二是网络新力量如今日头条、一点资讯、ZAKER、FLIPBOARD等，第三就是传统媒体系。

---

① Http：//tech.sina.com.cn/i/2015-12-10/doc-ifxmpnqm3026744.shtml.
② Http：//tech.sina.com.cn/i/2015-12-10/doc-ifxmpnqm3026744.shtml.

据清华大学沈阳主编的《未来媒体趋势报告》统计，排名前400位的新闻资讯类App中，有传统媒体背景的占47%。上海报业集团的"澎湃"、"界面"，南方报业集团的"并读"、"南方+"，财讯集团的"无界"，长江日报报业集团的"九派"、重庆日报报业集团的"上游"等是其中影响力比较大的传统媒体推出的客户端。①

《未来媒体趋势报告》的数据显示，110家官媒中60%有自己的客户端，其中只有三个央媒客户端下载量达到千万次级别，近一半的下载量在十万次以下。在下载量上占据绝对优势的是"腾讯新闻""今日头条""搜狐新闻""网易新闻"等行业大鳄，它们中不少已经拥有上亿次的下载数。比较而言，媒体系客户端几十万次乃至几万次的下载量显得过分弱小。虽然吸引了眼球，但目前依然是"叫好不叫座"。

移动客户端虽然天地广阔，但最终的存活发展需要用户的选择和使用。调查显示，新闻类应用的用户忠诚度相对较高，属于"高使用频率、高忠诚度"的应用类别，用户一旦形成使用习惯，不会短时间内频繁更替②。一面是用户市场的容量有限，另一面却是客户端的大量涌现，大浪淘沙中同质化、轻量级的客户端必将被淘汰出局。数量太多、重叠度高、同质化高，必将有一大批客户端被抛弃。有学者就预言，新闻客户端的泡沫化程度严重，残酷的大洗牌很快就会到来。③

上海报业集团的新媒体产品"澎湃"和"界面"，是传统媒体打造的新媒体产品中的佼佼者。从市场的角度看，"澎湃""界面"2015年1~10月，累计广告营收占集团媒体广告总额的比重超过8%④。相比较上海报业众多新老媒体而言，其业绩是相当突出的。

中央网信办主管的《网络传播》杂志每月权威发布"中国新闻网站综合传播力排行榜"，"澎湃"在网站传播力、微博微信传播力等指标评标中

---

① Http：//news.sina.com.cn/zhiku/ltsl/2015-11-12/doc-ifxksqis4763553.shtml.
② Http：//mt.sohu.com/20151119/n427098442.shtml.
③ Http：//www.mediacircle.cn/？p=30461.
④ 今日头条，http：//toutiao.com/i6223207703599120898/。

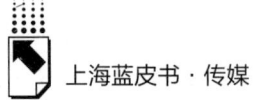

始终跻身前10名，与人民网、新华网等中央重点新闻网站并列。在"地方省级新闻网站传播力排行榜"上，"澎湃"始终位列前三名。①

但如果考察"澎湃"的市场盈利能力，就会发现其并不乐观。"澎湃"目前的盈利渠道主要是广告和内容两个层面。其中广告是主要来源，自2014年7月正式上线至2015年5月，广告收入约为6000万元。内容输出收入为100万~200万元，低得几乎可以忽略不计。②而"澎湃"的运营成本大约为1亿元，收入与成本相比差距不小。可以说，"澎湃"尚未找到合适的盈利模式。

在众多传统媒体集团打造的新媒体产品中，"澎湃"具有标杆式的象征意义，在上线不到一年的时间内，赢得了用户、市场、业内的众多好评。但它的盈利模式的创新之路依然漫长，以此类推，其他新媒体产品的盈利状况可见一斑。

（四）人才加速转型

从传统媒体时代的"无冕之王"，到现在的"新闻民工"，戏谑的称呼变化直观地体现了传媒人的窘境。随着智能机的出现，新闻民工的饭碗在不久的将来也许会被写稿机器人、采访无人机所取代。传媒人的转型离职，既有自动的成分，也包含太多无奈，更遑论那些被裁员、被下岗的传媒人了。

2015年，媒体人的离职转型潮有了新的流向和发展。2015年之前，主要是传统报刊人转战网络新媒体领域，2015年的离职以电视人离开电视媒体转向各种新媒体为主潮。从类别来看，几乎是全方位的，包含内容、经营、管理等诸多类别。其中具有标杆性意义的央视人离职从个别现象发展为具有一定普遍性的现象，离职的包括主播、记者编辑、评论、策划制作等，领域从时政新闻蔓延至体育娱乐业。据上海社科院新闻所SMG评估组的资

---

① @网络传播杂志，http：//weibo.com/p/1002062621961660/home? from = page_ 100206&mod = TAB&is_ all =1。
② 陈昌凤：《媒体融合：从澎湃新闻的实践看传统媒体的创新》，《新闻与写作》2015年第10期。

料显示,上海电视台员工的离职转型也正在成为一种趋势性的现象。上海文广前董事长黎瑞刚也于 2015 年 7 月离开 SMG,投身微鲸电视转型做新媒体电视。

国外媒体的状况与国内具有相当的吻合度,据美国新闻编辑协会 2015 年 7 月发布的统计数据,与 2013 年相比较,采编人员数量下降了 10.4%,小报和城市报下降比例尤其明显①。2015 年 11 月,美国皮尤(Pew)研究中心发布了研究报告《2015 美国新媒体研究报告》,报告指出美国人获取新闻的渠道与比例发生了显著变化:本地电视台新闻获取占 49%,Facebook 获取为 48%,Cnn 为 44%,Fox news 为 39%,Nbc 为 37%②,一众老牌主流电视媒体都输给了 Facebook 这个社交媒体,或者说 Facebook 正在挑战主流电视新闻巨头。

三 新媒体百舸争流泥沙俱下

(一) 跨界超级媒体集团显露雏形

媒体与资本可谓相生相克,既互相依赖又互相搏杀。互联网时代这种冲突尤其突出,资本裹挟技术大举入侵媒体,兼并收购浪潮层出不穷,媒体依赖资本的同时也在挣脱资本的束缚。

综览国外,媒体投资快速升温,体量庞大的超级商业公司、科技公司纷纷进军媒体领域。途径主要包括三种模式:一是通过资本市场的收购兼并,将知名的传统媒体买入麾下。《新闻周刊》《华尔街日报》《华盛顿邮报》《金融时报》等知名媒体纷纷易主求生。二是打造网络平台,吸纳媒体入驻,几乎所有社交网站都运用了这个模式。三是打造自己的原生媒体。苹果公司的"苹果新闻"、Facebook 的"即时新闻"、Google 的"新闻实验室"

---

① Http://asne.org/blog_home.asp?Display=1948.
② 腾讯,http://wribao.php230.com/category/human/966801.html。

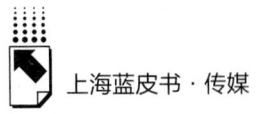

正是这样的尝试。通过资本的运作，野心勃勃的科技公司、商业公司正在成为跨界的新型超级媒体巨头，它们控制了传媒链的重要环节。

在中国，占有资本和技术先天优势的互联网企业，2015年又添上了政策大力支持的新翅膀。如前文所述，"数字中国"战略、"互联网+"计划可谓如虎添翼。因此，不管是传统媒体还是新媒体，以BAT为代表的超级巨头身影几乎到处可见。门户网站起家的腾讯和搜索引擎起家的百度早就涉足传媒领域，"腾讯新闻"更是移动客户端的领头者。电商起家的阿里巴巴近年来频频布局投资传媒领域，其力度之大、领域之广引起中外媒体界、商业界的关注：电商阿里巴巴正在华丽转身为超级传媒巨头？

简单梳理一下阿里巴巴的传媒扩张版图：2014年4月入股华数传媒；2014年5月投资虎嗅网，2015年12月虎嗅网挂牌新三板；2015年3月入股光线传媒；2015年6月入股SMG旗下的第一财经30%股份；2015年8月入股互联网电视项目"微鲸电视"；2015年9月，阿里联手财讯集团、新疆网信办创办"无界新闻"；2015年10月，四川日报集团与阿里巴巴集团宣布成立"封面传媒"，宣称要携手打造一个强调"个性化定制"的新型主流媒体①。2015年11月，阿里收购优酷土豆，至此，爱奇艺公司、优酷土豆、腾讯视频这三家在整体市场份额、移动端份额、付费用户比例排名行业前三位的视频网站全部被BAT收于囊中。2015年12月，阿里巴巴又收购老牌香港传媒南华早报集团。

至此，阿里巴巴已经拥有涵盖报纸、电视、网站、客户端、互联网电视、影视等多个领域的平台，既包括传统媒体也包括新媒体。作为全球最大的商业数据公司之一，阿里巴巴的数据和媒体的平台用户内容资源相结合，其媒体属性彰显。当然，未来的商业价值更是难以估量。

尤其意味深长的是，借助"封面传媒"成立之际，阿里巴巴喊出了"打造新型主流媒体"的定位和口号。政府层面在大力推动"互联网+"，促进产业升级、文化提升；在互联网企业层面，BAT布局媒体版图，扩张

---

① 新华网，http://www.sc.xinhuanet.com/content/2015-10/28/c_1116963824.htm。

商业帝国,媒体的风云激荡成为必然,2015年注定是中国传媒精彩纷呈的年代。

(二)两微平台回归社交功能

技术推动互联网形态不断更迭,从PC互联网到移动互联网、智能互联网,媒介平台从门户发展至客户端,新媒体的形态和业态都随之发生了巨大变化。当下中国的媒体形态可谓百花齐放、百舸争流,各自精彩。

经过6年的发展,新浪微博进入新阶段,功能、内容、经营都发生了巨大变化。至2015年底,活跃用户超过2亿个,认证媒体为2.9万个,企业为82万个,政务微博为13万个。PC端应用演进至移动端为主,内容形态从文字覆盖至文字、图片、视频、音频,即将推出的头条文章和视频直播两大产品会进一步完善内容生态。经营上,从一直亏损迈入小幅盈利新阶段,据新浪财务报告,2015年第二季度净利润为420万美元[1]。

稍加回顾不难发现,早期微博最为引人关注的是其网络舆论场功能,热点话题和激烈的话语风格常常成为网络内外的引爆点。当下的微博内容涵盖时政、生活、产业、娱乐等多个范畴,其中娱乐、生活类内容尤其活跃。以往激烈的舆论引爆演变为公共信息和公共舆论的博弈探讨,情绪和形态更为平和理性。在新浪微博"首届V影响力峰会"上,中央网信办网络新闻信息传播局局长姜军给予微博很高的评价,称其为"突发事件稳定器""正面内容聚合器""公益行动催化器"。[2]

微博开始为内容生产者付费,包括广告分成、读者付费阅读、打赏三种方式。新浪微博副总裁曹增辉表示,2015年前11个月,内容作者在微博平台上累计获得超过2亿元的收入,其中20万名作者通过打赏功能获得了4454万元的收入,预计2016年内容作者在微博平台可获得超过4亿元的收入[3]。2015年12月9日,新浪微博"首届V影响力峰会"在北京召开,拥

---

[1] Http://mt.sohu.com/20150819/n419279809.shtml。

[2] Http://www.weibo.com/2053061043/D7O4PgnEz?mod=weibotime&type=comment。

[3] Http://toutiao.com/i6226437984330187265/。

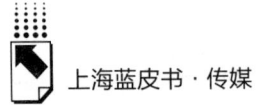

有巨量粉丝的大V纷纷露面，引发舆论热潮，2014年以来弥漫的新浪微博"衰落论"在某种程度上被终结。

微博从当初的网络舆论场逐渐演变为立体多元的社交平台，见证了中国互联网的发展演变。这正是中国媒体融合改革的现状写照：不仅是传统媒体需要融合转型，新媒体同样需要融合改革。

据腾讯数据，微信目前活跃用户超过6亿个，公众号超过千万个，拥有20种语言，覆盖200多个国家和地区。遑论其他，仅仅从用户数量和覆盖率上不难看出，微信已经成为全球性的社交平台、媒体平台。从用户获取、新闻分发市场、资本控制的角度，有专业人士认为微信已经处于"垄断地位"，远远超过传统报业和广电。①

这一点跟美国Facebook的情况非常相似，据牛津大学路透新闻研究所《数字新闻报告2015》指出，在线新闻分发市场上Facebook的影响与日俱增，41%的受访者每周使用其寻找、阅读、观看、分享或评论新闻。②

（三）无移动不媒体

2015年，在互联网用户的终端平台使用中，无论是新闻获取，还是休闲娱乐，移动媒体成为第一选择。"无移动不新闻"，"无移动不媒体"，不论是传统媒体还是新媒体，App移动端都成为各家必争之地，这是2015年媒体最显著的特征之一。

根据企鹅智库发布的《2015中国新媒体趋势报告》数据，微信是网民新闻获取的第一平台，新闻客户端是移动用户的首选，社交应用是新闻渠道的第二选择。新闻应用上移动平台中的手机端是用户的首选③。

2015年12月，中国网络视听节目服务协会发布了《2015年中国网络视听发展研究报告》，数据显示手机已经成为网络视频"第一终端"：作为重要的休闲娱乐应用，网络视频用户达4.61亿个，其中76.7%，即3.54亿个

---

① 新浪传媒，http://news.sina.com.cn/m/pm/2015-11-23/doc-ifxkwuwx0294770.shtml。
② Http：//www.mediacircle.cn/?p=30235。
③ Http：//www.mediacircle.cn/?p=30235。

用户使用手机看网络视频。移动端广告收入占比也不断扩大,手机已经成为网络视频第一终端。①

美国皮尤(Pew)研究中心发布的《2015美国新媒体研究报告》验证了移动端的强势应用:美国前50大新闻网站中有39家移动端访问量超过PC。牛津大学路透新闻研究所基于对12个国家20000名新闻消费者的调查,2015年6月发布了《数字新闻报告2015》,该报告显示,在英国有超过一半的智能手机新闻用户(51%)经常使用BBC新闻的应用程序,智能手机使用增加,而PC的重要性日趋下降。

(四)内容生态链正在重塑

随着媒介技术的演变,内容生态不可避免地被解构、被重塑。

从功能上来说,用户出发的媒体不仅要提供信息资源,也要提供产品和服务资源,也就是说,新媒体内容应该包含信息、产品、服务三大功能。这是新媒体与传统媒体在内容功能上最大的区别之一。如社交平台Facebook、Twitter已经逐渐生长为重要的新闻新产地,但具体调查发现,用户在Facebook上主要是交流休闲,追踪新闻信息居于其次。在微博、微信应用中,除了出现重大社会事件,用户同样以交流、休闲娱乐、服务为主要目的。所以,微信的打车应用、红包应用亦是适应服务需求而开发的。在腾讯新闻客户端,用户既能浏览资讯,也可以处理日常生活事宜,比如交水电费。

从生产主体来看,过去媒体机构以专业媒体人为主的构成完全被打破,从专业媒体人、媒体机构,到自媒体,再到个人,全部都是内容生产者。随着智能机器的推进,机器人、无人机也加入了内容的生产行列。2015年5月,美国国家公共电台(NPR)举行了引人注目的"人机大战":驻白宫资深记者Scott Horsley和电脑软件Word Smith就同一素材展开写稿比赛,结果机器人2分钟完成、记者7分钟完成,当然从质量上记者占有明显优势,但

---

① 中广互联199IT, http://www.mediacircle.cn/? p=30984。

机器人的稿子也并无太多毛病①。2015年9月，腾讯发布了写作机器人Dream writer编写的稿子《8月CPI同比上涨2.0%，创12个月新高》，虽然并无太多亮点，但算得上是篇中规中矩的文稿。时隔一个月后的10月，Dream writer几乎在国家统计局公布数据的同时，针对不同用户输出了3个版本的稿子。②

不仅人人都是记者、编辑，智能机器也成为行业参与者、竞争者。从产业链来看，媒体内容"供应商"的边界几乎消失。因此，优质原创内容成为核心竞争力。2015年以来，网络平台加大了对原创内容的鼓励和刺激。一度屡陷版权官司、抄袭丑闻的"今日头条"也推出了系列内容奖励方案。9月，其推出了"千人万元计划"，自行孵化优质内容，每月至少有1万元来奖励1000个头条号作者，至少有2万元来重点扶持"群媒体"。

从内容形态上来看，可视化音频化等视听体验的追求日益提高。国外的Facebook、国内的新浪微博数据显示，在加大视频功内容应用之后，用户量、滞留时间都有明显的提升。从内容表述来看，通俗化、娱乐化的内容更受欢迎。尤其是年轻用户，更喜欢"有趣"的内容信息和呈现方式。2015年11月6日，《纽约时报》推出虚拟现实新闻客户端"NYT VR"，号称这款360全景、3D虚拟现实体验、多终端适配的"浸入式"视频，能够带来"看新闻视频比3D/IMAX还带感"的全新体验，引来全球媒体围观。③ 主推短视频和时尚新闻的Vox Media、八卦新闻网站Gawker Media在年轻用户中广受欢迎，体现了视听体验是用户选择的重要标准之一。

（五）专业媒体垂直细分化与自媒体水平专业化

新媒体的发展从横向和纵向两个层面同时展开，一面是媒体平台的无限延伸和规模的日益膨胀，另一面是媒体的日益专业化细分化，各种垂直化的专业媒体在2015年呈现爆发式增长。

---

① Http：//news.mydrivers.com/1/431/431400.htm。
② Http：//mt.sohu.com/20151116/n426565670.shtml。
③ 腾讯，http：//news.qq.com/original/dujiabianyi/zhenrenceping.html。

上海报业集团的"澎湃"和"界面",可谓垂直化专业媒体的佼佼者,一个主打时政领域,一个主攻财经领域,既赢得了用户口碑也获得了市场的支持。由阿里巴巴与四川日报集团联合成立的"封面传媒"定位移动媒体平台,将以网站为基础、新闻客户端为主打,覆盖微博微信、视频、数据、论坛、智库等多个层面,打造垂直细分领域的产品矩阵。

2015年自媒体专业化脚步加快。自媒体以个性化的内容提供者身份加入新媒体阵营,内容变现的商业模式一直不太明显,除赚取人气和口碑以外,收益并不乐观。但随着资本的青睐,自媒体得到市场的认可,开始形成一定的运营模式和盈利增长。前媒体人罗振宇的"罗辑思维"2015年底正式对外宣称获得B轮融资,号称估值13.2亿元,被称为自媒体"首富"。11月底,财经作家吴晓波的"蓝狮子"登陆新三板。新榜、蓝鲸传媒、36氪等都获得了千万元级以上的投资。[①] 说"自媒体的春天已经到来"可能是夸大其词,但作为互联网最年轻的产业,对互联网传媒业态的影响巨大而深远。

需要注意的是,垂直细分媒体、自媒体的价值常常通过垂直的方式进行阶层或者领域的链接和服务,媒体价值多是接入口、链接点,因此它们已经不是单纯做媒体,更多的是做专业、做服务。

四 问题与对策

(一)"泛媒"与"祛媒":媒体将消亡?

由于技术和资本的赋能、互联网的赋权,媒体的边界日益模糊。随着介质、平台、内容、机构、人员的泛化,人人是记者,万物皆媒体,处处皆媒介。在腾讯发布的《2015中国新媒体报告》中,直接宣告这是一个"众媒时代"。[②]

---

① Http://news.sina.com.cn/zhiku/zjgd/2015-11-12/doc-ifxksqiv8294467.shtml.
② Http://tech.qq.com/a/20151112/009810.htm#p=12.

众媒、泛媒强调的都是媒体属性，指向了一个正在发生的事实，技术的突破和商业模式的创新决定了媒体的未来，被互联网颠覆的不仅是传统的报纸、杂志、广电，而是所有不能 IP 化的行业和领域。互联网的发展依赖的是不断延伸的接入口、链接点，对于互联网巨头来说，媒体是网络的接入口而已。网络需要更多的接入点，巨头们需要更多的媒体，因此媒体的存亡在很大程度上依赖于各种超级集团、超级资本。近年来迅速升温的媒体投资热充分证明了这点。

媒体的代际更新明显增速，新的形态层出不穷，网络媒体的奠基鼻祖"门户网站"已经基本被淘汰，沦落为"旧媒体""传统媒体"。技术永远在突破，新的形态永远在出现。新媒体也成了一个无边框的存在。如果说互联网是一种基本的生存形态，那么网络媒体、新媒体属于什么媒体？存在即媒体？

概念的无边泛化意味着丧失了其独特的内核，也意味着它存在的必要性被打上了问号。泛媒、众媒本质上可理解为"去媒体化"，专业媒体的存在成为多余，在稀释中逐渐远去。

2015 年上半年，"无界传媒"发布了一篇引起广发热议的访谈录，中央网信办网络新闻信息传播局局长姜军谈《事关中国网络生态未来的 10 个问题》。姜军认为，互联网时代专业化的传播媒介功能在弱化，媒体这种形式未来"可能未必存在"，要"重新考虑媒体的生存价值"。[①] 媒体的未来之路是"去媒体化"？

悖论就此形成：当我们还在讨论媒体转型，争论新媒体旧媒体高下时，依据"泛媒体化"即"去媒体化"的逻辑，媒体本身的存亡已经成为问题。这真是个残酷的结论。

（二）价值品牌的重生与塑造

报纸、杂志休刊，电视规模收缩，频道调整常常引发广泛关注。但实际

---

① 光明网，http：//theory.gmw.cn/2015-06/11/content_ 15946857.htm。

上，代际更新频繁的新媒体消失的数量和速度并不比传统媒体差。许多无名的小企业、小媒体，以及大名鼎鼎的新媒体集团如雅虎也一样难逃衰落。在中国，曾经作为网络媒体象征的门户网站已经基本被边缘化，往昔各有特色的几大微博如今也只有新浪微博还有影响力。

因此，采用二元对立法判断新媒体马上取代传统媒体，实在太过草率和武断。在欧洲传媒市场，传统电视报纸的市场份额和影响力依然是新媒体无法比拟的。即使在新媒体最发达的美国，老牌报纸《纽约时报》《华尔街日报》等在网络平台依然是用户忠诚度最高的品牌。2015年10月，《纽约时报》发布了题为《继续前行》（*Our Path Forward*）的内部报告，百年老报的自信依然彰显，报告称将通过"维持新闻品质"、"提升数字阅读体验"、"定制化服务"扩大用户群，提高盈利能力。[1] 2015年以来，《纽约时报》的数字付费用户持续增长，预计年底将超过百万个。[2]

无论何种媒体，拥有核心竞争力、拓展传播渠道、调整经营策略都是生存发展之本。从这个角度看，传统媒体和新媒体面临的挑战是一样的。

中国传统媒体面临的问题，不能简单地全部推给互联网，推给新媒体。实际上，传统媒体的问题既源于互联网，也跟自身存在的问题分不开。数量过剩，内容同质化，经营不善等问题并不是新问题、新现象，公信力、影响力、传播力的薄弱不是互联网出现才突然产生的。因此，互联网冲击下的收缩调整既是危机，也是机遇。

互联网提供了海量信息，用户的选择标准成为普遍关注和研究的焦点。据新浪微博的数据显示，近一半的用户常常通过品牌路径来访问媒体的内容。《人民日报》2015年11月约20亿次的阅读量中，通过主信息流访问内容的约占60%，其余40%流量来自《人民日报》的官微[3]。在国外，不管是在网站还是移动客户端，在Facebook、Twitter等超级平台上，《纽约时

---

[1] Http：//www.cooboys.com/Article/detail/22464.
[2] Http：//www.weibo.com/1929234823/D1HWzAaAU？type=like.
[3] Http：//finance.sina.cn/usstock/hlwgs/2015-12-10/tech-ifxmpnqm3026744.d.html？cid=76556.

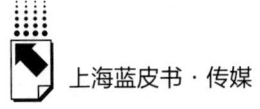

报》《华尔街日报》《每日邮报》等品牌媒体的用户追随度、忠诚度始终居高不下。

媒体加速更迭，平台不停更新，但媒体价值的支撑点并未发生突变：拥有核心竞争力的品牌媒体机构、品牌媒体人，始终是用户的优先选择，最终也会成为商业和资本的优先选择。在数字化转型尝试中，《纽约时报》的每次变革都旗帜鲜明"维持新闻品质"的底线，因此虽然转身艰难，但品牌核心价值始终是其最大的利好，从内容价值到用户价值、商业价值的变现过程更为顺畅快捷。

当下中国媒体，不管是新媒体还是传统媒体，"没落"与"繁荣"都只是表象，打造核心价值品牌才是生存与发展大计。对媒体而言，互联网赋权的革命性意义正体现于此：一方面解放了个体的内容价值，另一方面张扬了专业媒体的专业价值。

（三）新媒体的治理监管

新媒体虽蓬勃生长但又泥沙俱下，暴露的问题跟发展的速度基本成正比。报刊、广电在历史的发展中已经建立了相对完整的治理监管体系。但新媒体发展时间短、势头猛、形态特殊，且又无可借鉴经验，建设公正、合理的网络传播治理体系是当务之急。

网络版权管理虽然逐渐强化，但抄袭依然是个老大难问题：网络媒体抄传统媒体，传统媒体随意转载新媒体，新媒体之间互相抄袭模仿，同质化现象在新媒体领域尤其突出。

发布不实信息和网络谣言，也是网络媒体的痼疾，其危害非常巨大，个人、机构、组织，乃至国家形象，常常被不实的网络谣言中伤。

在传统媒体时代，"新闻寻租""有偿新闻""新闻敲诈"是行业大忌，小到影响媒体人职业生涯，大到可以危及媒体的存亡。但在新媒体领域，这方面的监管相对薄弱。加之新媒体的商业属性、资本属性更为突出，资源的有偿转换更为便捷隐秘，如何规范和治理是个重大问题。

中国已经发展成为全世界最大的传媒市场，是互联网世界的重要建设力量，新媒体生态需要新规则新秩序。

中国传媒发展已经进入构建以互联网为中心的全球传播新格局的新阶段，国际化的广阔空间带来了新的历史契机。不管是传统媒体还是新媒体，着眼当下放眼未来，借力资本拥抱技术，锐意创新打造品牌。新陈代谢、推陈出新是所有领域的生存法则，执念于新旧之分已经毫无意义。打破机制和形态的藩篱，"万类霜天竞自由"，中国传媒当在竞争中发展，在融合中创新，共同创造中国传媒的新世界。

上海文广专题评估

Evaluation Report on SMG

B.2
上海广电迈上新征程：
SMG改革一周年评估报告

上海社会科学院新闻研究所 *

  2014年3月，经中共上海市委、市政府批准，原上海文化广播影视集团（以下简称"大文广"）与上海广播电视台、上海东方传媒集团有限公司（以下简称"小文广"）全面整合，正式组建上海文化广播影视集团有限公司（以下简称"新SMG"），与上海广播电视台一体化运作。上海市委要求，新文广集团按照既定改革方案，力争用一年时间完成内部整合改革，并在一年后对改革成效进行评估。至2015年3月底，各项改革已经进行了整整一年。为及时、准确把握新SMG重组一年来的内容创新及全媒体转型发展情况，并适时总结经验、查找问题、清除障碍，为新SMG下一步深化改革夯

---

* 执笔人：王蔚，上海社会科学院新闻研究所副研究员。

实基础，上海社会科学院受上海市委宣传部委托，组织课题组对上海电视台、新 SMG 改革一周年的情况进行了评估。

一 评估基本情况

此次评估对象为 2014 年整合之后的上海广播电视台、上海文化广播影视集团有限公司。评估内容主要有四方面：一是大、小文广整合及整合之后内部管控的相关工作情况；二是内容创新及全媒体转型情况；三是两家上市公司资产重组及 2014 年经营情况；四是人才队伍建设总体状况及人才队伍建设情况。评估方法主要包括：焦点小组访谈、实地观察、专家访谈、资料分析等。

本次评估，课题组主要注意把握以下四个方面。一是中央和市委精神是否得到有效贯彻。重点评估"党管媒体原则""新闻立台""把社会效益放在首位""加快传统媒体和新兴媒体融合发展""强化意识形态工作的领导权和主动权""处理好阵地和市场、导向和效益的关系""价值观的引领""争建一流的广电集团和新兴的综合文化产业"等精神的落实情况。二是新 SMG 改革的核心举措是否得到有序推进。重点评估新 SMG 改革是不是符合媒体发展方向，市委提出的重要改革理念和重大改革任务是不是扎实落实、是不是取得预期成效。三是新 SMG 传播力、影响力、公信力是否得到有力提升。重点评估围绕"核心价值观引领""传播上海""广电媒体的世界影响"等主题，采取了哪些举措，广电媒体的公信力、影响力得到了哪些提升。四是人的机制和效能是否得到发挥。重点评估企业文化是否得到建设、人才队伍建设的举措和实施是否科学、激励机制是否得到创新等。

二 改革成效

经过评估，新 SMG 的改革成效主要体现在以下六个方面。

（一）确保导向正确，始终把社会效益放在首位，提高主流舆论影响力

新SMG强化党管媒体，党管干部，坚持内容与经营两分开，坚持正确导向，在价值观引领方面能够做到主动而为、积极而为、创新而为。通过坚持"新闻立台"、首创"公益媒体群"模式、重大主题作品等策略积极传播主流价值观，切实推进内容创新、节目创新，提高了主流舆论影响力。在新闻、综艺、纪录片、重大题材影视剧、舞台演出等领域精品力作涌现，得到中宣部、广电总局、文化部及市委宣传部的充分肯定。

（二）机构整合与内部管控初步实现基本目标，为深化改革夯实基础

机构整合与内部管控使新SMG的体制机制活力得到了开发，集团的舆论引导能力及价值观的引领得到提升，集团的盈利能力也得到了很大加强。2014年新SMG的营业总收入整体实现231亿元，净利润达25亿元，总资产规模达498亿元。经专业机构评估，集团公司信用评级达到AAA级别，集团整体资本实力持续增强。一年来，新SMG体制机制改革力度与步伐明显加大，组织架构调整、生产流程再造、管理层级压缩、两大上市公司重组等改革亮点工作有序开展，集团整体经营效益与效率得到明显提升。机构整合与内部管控基本实现了预期的目标，为下一步的改革和发展夯实了基础。

（三）以内容生产体系、模式、体制机制的全面优化，促进可持续的内容创新

初步建立以《台集团节目创新创优工作指引》、《台集团节目创新创优基金管理办法》、《台集团关于重大项目立项管理规定》和《东方卫视中心独立制作人超额收益分享管理办法》等制度和基础为保障的创新生产体系，并取得了良好的实践效果；内容生产模式基本符合社会主义文化产业发展规律；内容生产体制机制改革符合释放创造力发展需要，同时也融入了互联网思维方式。

（四）全媒体转型的主体改革符合媒介技术发展趋势和规律，特色项目和重大进展较为突出

新 SMG 全媒体指挥中心初步建成，看看新闻网、阿基米德，及其他新媒体产品用户稳步增长，与互联网巨头的合作创造了更多全媒体转型发展机遇，为打造互联网媒体集团迈出坚实步伐，为实现组建中国最具创新活力和国际影响力的广电媒体和综合文化产业集团的愿景奠定了初步基础。

（五）资产重组有效凝聚优势资源，提升管理效率，为国资国企改革积累有益经验

本次资产重组有利于增强上海创新驱动发展新动力，有利于率先推进国资国企改革新探索，有利于顺应文化产业发展新趋势，有利于形成业务整合发展新框架。上市公司的资产和盈利规模都将大规模提高，企业经营风险和流动性风险得到有效控制，资产运营效率有所增强。随着上市公司的战略着眼于打造全产业链的新型互联网媒体集团，对各项业务的整合和资源的调配，百视通将提高管理效率，合理配置资源，实现重组后的协同效应，提高偿债能力及盈利能力水平。

（六）人才队伍建设成效显著，制度创新激发内部活力

一年来，新 SMG 牢牢抓住"人"这一核心，以激发人才队伍活力为导向，大力推进人才队伍建设，在整合、改革、推进中取得了较好的成绩。人才总量规模较整合前略有下降，年轻化特征更加显著，中青年人才占比超过了八成；新入职人员以外部招聘为主，人才成熟度有明显提升；岗位结构中专业技术高度集中，高学历占比较大；职称结构中中级以上职称较集中，成为各项业务的主力军。人才队伍建设积累了一定的经验。如注重激发内部活力，创新实施"独立制作人"制度；注重提升员工素养，大力推进业务培训手段创新；注重员工职业规划，通过人才发展机制留住人才等。

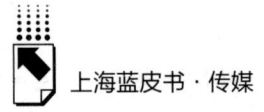

三 改革存在的主要问题

评估发现,在取得改革成效的同时,新 SMG 还必须要应对外部环境带来的问题,同时也必须解决改革中出现的一些难题。

(一)外部环境问题

1. 媒体市场格局改变已成定局,传统媒体颓势难逆

2014 年,我国互联网广告已达 1540 亿元,增长率为 40%,超过了电视和报纸广告之和,确立了在传媒业市场中的主导地位。与此同时,电视广告首次出现负增长,下降了 0.5%,虽然降幅很小,但足以改变传统媒体广告市场的趋势;平面媒体仍在下降,降幅也在扩大,报纸降幅达到 18.3%,比上年多 10 个百分点,杂志降幅为 10.2%,也大大超过上年的降幅。随着受众的快速流失,传统媒体在广告市场和舆论引导等方面的竞争力均呈显著下降趋势。与新媒体融合发展的策略,已成传统媒体重要转机。

2. 市场化新媒体攻城略地之势不减,竞争形势不容乐观

主流官方媒体在发展新媒体方面处于绝对的后发劣势境地已是不争的事实。今天,渠道、平台和用户资源已经牢牢掌握在 BAT 手中。随着阿里和腾讯进入内容制作领域,传统媒体最引以为豪的内容生产优势也将面临巨大挑战。腾讯 2014 年财报显示,其内容业务的投资已居各项战略之首,内容业务已经包含了游戏、文学、动漫、影视、网络视频和 QQ 音乐等。阿里无论是上市前还是上市后都一直在加大文化产业的投资,随着阿里入股光线传媒,其文化帝国在内容制作、发行到渠道、终端等领域均有布局。目前,电影市场已经被 A&T 撬动。未来,传统媒体在内容生产这最后一块阵地的守卫形势非常严峻。

3. 制播分离增强内容生产能力的同时,也进一步加大了对内容制作主动权的争夺,特色产品以及现象级产品成为竞争的重要领域

制播分离是近年来广电改革的重要主题之一,它一方面可以化解资金和创意匮乏等难题，增强传统媒体内容生产能力；另一方面也会带来广播电视的渠道化倾向，以及内容生产人才的流失。随着 2012 年以来国家出台的一些政策鼓励民间资本进入，制播分离的社会化倾向越来越明显，内容制作主体的复杂化、社会资本的多元化都使内容竞争进一步加剧，特色产品和现象级产品成为竞争的重要领域。可以说，谁掌握了特色产品和现象级产品，谁就掌握了内容主导权。

4. 资本介入程度呈增长态势，节目形态创新持续，荧幕多样化时代到来

随着官方扶持力度加大，以及社会资本融入，新兴制作公司、创新节目会在资本助推下快速崭露头角，节目类型空前增多，广电同质化竞争问题将得到缓解。同时，两极化发展将凸显，即一、二线卫视地位很难撼动，三、四线卫视走向萎缩。此外，相较资本而言，优秀制作团队和人才将变成稀缺资源，成为行业竞争的一个重要内容。

（二）改革存在的具体问题

1. 整合尚存在许多管理难题

大小文广整合之后，新 SMG 成为中国体量最大的省级广电媒体及综合文化产业集团，事转企及人员合并，亏损机构的关停并转、人员安置，重大资产重组等，都呈现了规模庞大、业务复杂的特点。从目前情况看，整个管理体系的完备程度尚有欠缺，规章制度有待继续完善，管理结构有待继续优化，管理效率有待继续提升等。

2. 价值观引领要实现社会利益与经济效益兼顾的目标，需要付出越来越多的努力

新 SMG 资产规模升级后，将在互联网领域遭遇更高量级的竞争。然而，一方面，传统媒体广告收益会持续下滑，新媒体的业务开展需要时间，台与集团的盈利能力对研发投入、人才延揽等可持续发展的需求压力较大；另一方面，主流价值观引导与传播的重任也需要占用重要的资源。在媒体融合发展的大背景中，媒介业态发生变化，对经济利益的追求与对社会效益、价值观引领的需要之间的矛盾将会更为突出。

3. 内容创新既面临全国同行的竞争和挑战，也面临新媒体同类业态竞争者的挑战

主要问题在于：首先，现象级产品投入巨大，但目前产出情况不尽如人意；精品力作数量有限，缺乏惊世之作。其次，仅靠"新闻立台"无法满足构建新SMG核心竞争力要求，且当前电视新闻对民生问题的报道挖掘深度不够，影响力有限。此外，节目缺乏特色，专业频道（财经、少儿、纪实等）价值有待进一步提升。再次，影视作品的全媒体化和国际化程度不高。最后，演艺板块的规模效应和协同效应尚未形成。

4. 全媒体深化转型尚需解决多重问题

一是由于业务性质的特殊性，多数新媒体项目对社会资本地融入有所限制，后续资金补给不稳定，影响新媒体的创新与发展空间。二是在与互联网巨头合作中不占据主导权，在相互选择和相互竞争中，其合作关系并不稳固。三是一些新媒体项目的同质化导致内耗。如各类音视频App，存在一定的内容同质化问题，不利于资源的有效利用。四是全媒体人才匮乏制约转型进程。

5. 资产重组后的风险防范尚需重视

一是重组多措并举，短时期内实现资本集中，由此导致重组后新上市公司的内源型发展不足，全员劳动生产率提升有限。二是重组过程比较强调资产整合、业务整合，但企业法人治理结构和管控模式建设相对滞后。从新SMG两个上市公司的合并过程来看，组织体系整合有待深入，对整合过程中的潜在风险缺乏足够认识。三是两个上市公司管理层对重组的积极性不高。重组过程中对部门和人员关系调整推进迟缓，导致控制权不明晰，两家上市企业管理层对重组缺乏应有的热情。

6. 人才结构有待优化，人才流失风险增加

一是集团在新媒体新业态领域的人才队伍尚未建立。新媒体新业态从业人员数量偏少，内部缺乏新媒体人才转化培养机制，外部缺乏新型人才培养基地。二是人才流动加速的新态势导致人才流失风险增加。三是内部激励机制无法适应台、集团的多样化需求。四是引进经营管理和专业高端人才优势不明显，薪酬水平尚缺乏市场竞争力。

四 整体评估结论

经过系统、深入评估，课题组认为：新 SMG 的改革时机是好的，改革方向是对的，改革理念和举措得到有力贯彻，改革推进平稳有序，改革成效符合预期。突出体现为"七个更"。

一是导向更有力，价值观引领工作开展得有声有色，节目的形式和内容更具创新特色，主流媒体传播力、公信力、影响力明显提升。二是目标更明确，大力推动传统媒体和新兴媒体融合发展，着力打造拥有强大实力的广电媒体和新型媒体集团，并为产业经营的更新换代和提升以及集团整体上市做好了准备。三是定位更清晰，将新文广打造成中国最具创新活力和国际影响力的广电媒体及综合文化产业集团之一，与上海建设社会主义现代化国际大都市的地位相适应的目标和愿景已经取得集团领导的共识，并在努力实施。四是资源更集聚，理顺广播电视台和集团公司之间、集团总部和各个子公司及下属机构的关系，使资源得到了合理配置和利用。五是管理更科学，优化了组织架构和管理体制，趋于"结构扁平化，管理矩阵化"，并制定和创新了一系列符合集团发展的规章制度，管理对效益提升的作用凸显。六是队伍更有活力，采用了一系列措施和方法，加大了人才队伍建设和激励机制创新的力度，积极构建企业文化，激发了人才队伍的整体活力，进一步提升了集团员工的职业认同感、使命感和归属感。七是节目更创新，新 SMG 通过激励机制和管理机制的改革，调动员工节目创新的积极性，新节目的开发与创新水平都得到提高，节目的影响力得到进一步提升。总体而言，当前改革已经取得了不错的成效，为深化新 SMG 体制机制改革奠定了良好的基础。

然而，也必须看到各方面改革存在的突出问题，以及未来广电行业发展中不可避免的激烈竞争，这些都要求今后的改革必须以更强有力的举措，更快更好地向纵深推进。

B.3
大胆创新　加速互联网化转型
——2015年SMG内容创新与全媒体转型研究报告

上海社会科学院新闻研究所*

摘　要： 上海文化广播影视集团有限公司重组一年多来，从体制机制改革入手，以打造更加开放、富有创造力的竞争性平台为目标，先后启动娱乐、新闻、广播等业务改革。运用互联网的思维方式，在组织架构上做出了扁平化设计，成立了东方卫视和东方广播两大中心，启动了独立制作人机制，通过节目运营机制改革，激发内容创作的活力。新SMG的扁平化组织机制改革突破了多层级的法人管理架构，建立了闭环式的生产系统，用互联网产品经理的理念，在内容生产流程和商业模式上都进行了创新。

关键词： SMG　内容生产创新　媒体转型

为落实2013年党的十八届三中全会提出的进一步深化文化体制改革要求，以及2014年中央全面深化改革领导小组第四次会议审议通过的《关于推动传统媒体和新兴媒体融合发展的指导意见》，在中宣部、国家新闻出版广电总局、市委、市政府、市委宣传部和上海市文广局等上级部门的领导和大力支持下，2014年3月31日，原上海文化广播影视集团（"大文广"）与

＊ 执笔人：戴丽娜，上海社会科学院新闻研究所副研究员。

上海广播电视台、上海东方传媒集团有限公司（"小文广"）全面整合，正式组建了上海文化广播影视集团有限公司，与上海广播电视台进行一体化运作（以下简称新 SMG 集团）。由此翻开了上海文广改革、发展的新篇章。

一年多来，新 SMG 集团在机构重组、体制机制改革、人才队伍建设、内容生产、全媒体转型发展等方面取得了诸多进展，本文将聚焦分析重组后的 SMG 在内容生产和全媒体转型发展的措施、问题与对策。

一 完善管理机制为内容创新提供支持

（一）创新创优项目管理机制

为提升创新能力，SMG 集聚集体智慧特别制定了《节目创新创优工作指引》①，并设立了节目创新创优基金。每年提供总额 1 亿元的创新创优基金，使用结余自动累计进入下一年的基金池。

新 SMG 进一步完善了节目创新支持体系——"SMG 智造"，它是一个原创内容产品全流程孵化系统，也是 SMG 原创内容产品的品牌和版权管理系统，还是一个原创内容产品的前瞻性战略实践研究系统。它包括"千金买创意""受众研究评估中心""跨媒体传播分析中心"，也包括 SMG 原创节目模式、引进模式的一体化整理的"模式库房"，还包括提升 SMG 自主团队、主控团队的战略性能力的"英国班""韩国班""创意工坊"等，以及未来与国内外合作伙伴联合研发的各种创新机制和机构。②

其中，"英国班"项目海外孵化成效突出，《狗狗冲冲冲》《蜜密选择》《你比古人聪明吗?》等原创节目模式收视效果显著；"受众研究评估中心"为广播电视节目进行了播前、播后测试，为节目生产制作人员和广告销售提

---

① 刘逸帆：《不是创新，就是消亡——专访上海广播电视台台长、上海东方传媒集团有限公司总裁裘新》，《中国广播》2013 年第 6 期。
② SMG 发布：《王建军详解 SMG "互联网＋"时代大战略》，http://chuansong.me/n/1446404。

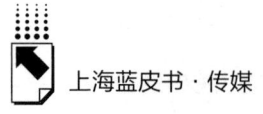

供了有效指导；新创的"智造工场*咖啡学校"邀请台内外专家进行讲座，聚集不同维度的思想火花，进一步启发了员工的创意灵感。

（二）重大项目管理机制

为进一步加强重大项目的策划、拍摄、制作、播出等工作，提升重大主题创作的创新能力，合力打造精品力作，新SMG还从"重大项目立项管理"着手制定了《关于重大项目立项管理规定》，对重大项目可采取提早介入、密切跟踪、及时指导等方式，一旦申请项目被确定为SMG重大项目，将视具体情况给予资金、宣传、播出等资源重点支持。宣传管理委员会定期召开相关会议，对重大主题和重要时间节点进行讨论，对全年重大宣传项目进行密切跟踪和审议。

（三）独立制作人机制

2014年3月15日，由东方卫视、新娱乐、星尚、艺术人文、七彩戏剧等频道组成的千人大中心——东方卫视中心正式开始运营，并启动了深化改革进程，重点打造"独立制作人"机制。东方卫视中心的独立制作人通过公开竞聘组建的团队拥有六大权利，即创意自主权、项目竞标权、团队组建权、经费支配权、收益分享权、资源使用权，涉及人、财、物，包括内部资源、激励机制等。在制作生产和内容创新方面充分放权、充分授权，给予制片人更大支持和竞争。该制度凸显了节目和节目团队的核心地位，降低了运营成本，提升了运营效率。东方卫视中心每月为每位独立制作人编制独立的财务报表，以"准公司制"模式为每位独立制作人，及时反馈所制作季播节目的成本和收入情况，并对收视达标的季播节目核算超额利润，即在保证国资收入增长的情况下，将制作成本核算以后的超额利润部分给予团队分享，扩大激励力度，实现了平台资源的活化高效利用。

独立制作人制度运行后，创新创优生产能力得到了充分释放，一系列品优质精的节目面世。一方面是对大型季播节目进行探索；另一方面则是对现有在播节目进行改版创新。其中，大型喜剧真人秀节目《笑傲江湖》获得口碑和收视率双丰收，最终总决赛收视率为 1.95%，全国同时段排名第二位，广电总局监管中心对其进行了专题表扬。大型创新型真人纪实节目《急诊室故事》获得 2015 年上海电视节最佳系列纪录片奖。东方卫视中心第一个独立制作人工作室——陈蓉工作室牵头的主持人版《霓虹灯下的哨兵》，作为献礼建国 65 周年的重要剧目获得各方的称赞，《新闻联播》还对其进行了专题报道。《女神的新衣》作为国内首档明星跨界时尚真人秀，打通电视、电商、时尚产业链的 "T 2O（TV to Online）" 商业模式，第一季节目平均收视排名全国第三位，取得了百度指数、微博电视、疯狂综艺季三项网络指数第一名的成绩。

（四）创新合作机制，研发生产影视舞台艺术精品

SMG 整合了尚世影业有限公司与重大题材创作办公室，并积极与华特迪士尼影业、时代华纳和好莱坞独立制片公司等国际一流公司展开合作，增强了新 SMG 在影视剧和综艺节目制作行业的资源整合能力和国际化拓展能力。

尚世影业坚守"关注现实"的创作理念，全年创作、拍摄、投资十多部电视剧，包括《平凡的世界》《北平无战事》《产科男医生》《大波》《刑警队长》《寒山令》《爱情碟中谍》《谈判冤家》《从爱情到幸福》《再见，老婆大人》《你会撒谎么》等大剧。

文广演艺集团全年共完成十多台重点新创剧目，包括话剧《生死遗忘》、舞剧《朱鹮》、杂技《炫》、交响乐作品《使命》、滑稽戏《毛里有病》、淮剧《星空之约》、轻音乐《在那遥远的地方——纪念王洛宾作品音乐会》、木偶剧《了不起的灵灵鼠》、评弹《董竹君》等。其中，上海歌舞团原创舞剧《朱鹮》2014 年 10 月赴日本巡回演出 4 场，中国人民对外友好协会会长李小林、中国驻日大使程永华以及日本政治、经济、文化等各界人士约 1500 人到场观看了首场演出，被日方誉为"中国版天鹅湖"，以"民间文艺外交"的方式为发展中日关系发挥了积极作用；12 月，《朱鹮》在北京国家大剧院演出 2 场，引发轰动。

新成立的 SMG 演艺中心先后推出舞台剧《疯狂电视台 2——选秀风云》，启动"奔牛上海——大型城市公共艺术展"，均引起较好社会反响。

2014 年，电视剧《陈云》等 4 件作品获得第 13 届"五个一工程奖"，《三一重工"状告"奥巴马》等 6 件新闻作品获得第 24 届中国新闻奖，《水的礼赞——第 14 届国际泳联世界锦标赛开幕式》等 14 个作品获得第 23 届中国电视文艺"星光奖"；东方卫视《顶级厨师》获得"艾美奖"提名奖；木偶剧《华山神童》获第 16 届"金火花"国际木偶节综合奖金奖等，各类影视、新闻作品获得一大批重要奖项。

二 SMG 内容创新与全媒体转型实践

（一）电视新闻中心：建设全媒体指挥中心，实现全媒体流程与组织再造

电视新闻中心的全媒体融合指挥平台于 2014 年底开建，至 2015 年 4 月初步建成。该平台位于新 SMG 大厦三楼，与东方卫视演播区域、记者工作区域、审片区域相通，实现了人、部门、资源、生产的整合调度。全媒体融合指挥平台由 40 余个工位组成，分成指挥岛、资源岛、分发岛、直播岛四个区域，涵盖了前期聚合、过程调度、后期分发的整个生产链，人员由"能人+专人+人人"三个模式构成，从而将所有分散的力量集中起来，生产效能得以提升。

2015 年 5 月，由上海广播电视台技术运营中心、电视新闻中心联合新奥特公司共同研发的全媒融合技术系统"Xnews"正式亮相。从采访环节来说，Xnews 搭载的手机报片系统，可以让记者随时随地发回图文视频，变节点生产为随时随地生产；从编辑环节来说，打通了 CMS 系统和 Avid 系统，电视新闻中心原创能力导入互联网，生产得到大大提速；从播发环节来说，所有资源内容集聚高效，转化方便，在时效的竞争中占领先机；从考核环节来说，系统建立了网络传播数据抓取、历史稿件检索和工作绩效统计，可以

支撑起生产、管理和考核。

为适应全媒体内容产品的生产和传播需要，各业务单位还对原有的节目生产流程进行了再造。电视新闻中心和看看新闻网全面整合，建立全媒体融合指挥室和编辑部，实现新闻信息的一次采集、多媒体渠道产品生成，从为一屏（电视）生产转变为多屏生产，从有节点发稿转变为全天候发稿。该新闻融合媒体系统已经初步达到BBC全媒体中心的应用水平，为新SMG集团跻身世界一流全媒体新闻机构奠定了基础。为推动记者尽快适应全媒体转型，集团还进行了如下考核机制改革。

让记者"可融合"。全媒体指挥室主导了整个采访流程，适时通报每位记者的工作动态，实现前后期反应无时差。

让记者"能融合"。对记者进行全员全媒体转型培训，树立全媒体工作思维，明确全媒体工作流程职责，提高新媒体内容生产能力。

让记者"想融合"。改变考核机制，将全媒体融合任务分解到人，并进行绩效考核和加权奖励机制，增强全媒体转型的社会效益评估和经济效益评估能力。

优化机制"探索融合"。电视新闻中心建立了"全媒体工作室"制度，重点塑造四位"全媒人"，让其将拥有资源和支持，率先探索网上发布和电视播出之间的互联互动，摸索传统媒体人转型融合的方式方法。同样，东方卫视建立的独立制作人制度，也得到了相当高的个人赋权，激励士气，重塑信念。

（二）东方广播中心：整合四大广播板块，重点推出数字媒体产品——阿基米德

2014年6月成立的东方广播中心，整合了新SMG旗下12个广播频率，整合了原广播新闻中心、东方广播公司、第一财经广播、五星体育广播等四大广播业务板块。这一举措，打破了原有分散管理的格局，有利于实施向新媒体转型的整体战略，进一步整合内容、品牌资源，推动新一轮发展。在此基础上，2014年10月重点推出了广播移动终端产品——阿基米德，目前

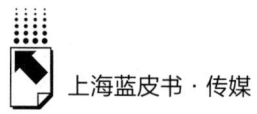

"阿基米德"在用户总量、节目导入、社区营建方面取得初步成效,在与用户的互动方面,已经走在了互联网音频产品的前列。

1. "阿基米德"项目样态初显竞争力,社区活跃超预期

"阿基米德"喻指可以让用户通过每一个广播节目形成的支点,撬动社区、撬动世界,用声音改变生活。目前产品已经实现2600档广播节目的收听回听,社区发帖回复,用户发图私信,节目排行等功能,同时在全国范围内邀请300多位广播主持人加入"阿基米德",与用户在线互动。目前,"阿基米德"已初步形成全国广播产品的样态,将与互联网音频产品第一集团军蜻蜓、喜马拉雅展开竞争。截至2015年5月,用户总数已超过200万个,日活跃用户超过12万个,次日留存率保持在30%,用户发帖数超过400万条。2015年,产品用户数据继续保持高增长态势,过万关注用户的社区达到12个,关注用户最高的社区接近4.5万个。产品已经实现更新换代14次,实现了直播节目收听、24小时内回听、快进快退、社区发帖与恢复、初期管理后台、发图私信、首页优化、秒杀投票等功能。

在"阿基米德"的近4000个节目专属社区中,上海节目有293个,占比约为7%,上海本地用户占比48.6%,已经成长为面向移动互联网人群的全国产品。此外,"阿基米德"还联手联通成立"沃·阿基米德数据实验室",从大数据分析角度优化提升产品功能与传统广播内容生产,为4G及大数据时代的移动互联网产业树立了标杆。

2. 启动"广播全媒体制作中心"项目

为适应上海广播向移动互联网进军战略,东方广播中心正式启动"广播全媒体制作中心"项目。将搭建全媒体采集与分发技术系统,实现广播节目"多信源采集、多媒体编辑、多平台分发";通过生产流程再造,提升上海广播的新闻策划能力、资源整合能力、信息处理能力、数据分析能力及多平台分发能力,从而打造"广播全媒体梦工厂"。

(三)第一财经:实现广播、电视、日报、周刊全媒体整合

第一财经利用报纸、电视、网站和移动端各自优势,整体统筹,在新媒

体报道创新方面进行了积极探索，开拓了一条"4D（报纸、电视、网站、移动端）联动，整体合力"的转型之路。

1. 重构业务流程，打通各个业务平台

由"编委会+总编室"组成全媒体指挥平台，并成立内容聚合中心，由日报记者、电视记者、外拍摄像等构成主体，生产的内容可为日报、电视、周刊、网站、移动端等各个端口所用，特别是在为互联网的内容生产方面，形成快速有效的机制。

2. 形成新媒体矩阵，提升传播抵达率

第一财经已经形成了以微信公众号、移动客户端、网站为主要产品的基本完整的新媒体矩阵。

微博：第一财经拥有54个官方微博，粉丝数超过百万的有3个，其中《第一财经日报》的粉丝数已近500万个。

微信：各种微信号和服务号关注用户数已近200万个。"第一财经资讯"关注人数已达到31万人；证券三大账号（今日股市、谈股论金、公司与行业）也分别有14万人、27万人、12万人，成为微信大号。

App：第一财经旗下移动客户端总安装人数近400万人。移动互动应用App"阿财"于2014年5月19日上线，截至目前已有关注用户数21万个。2015年1月，第一财经移动端和一财网正式改版，自改版以来，网站流量不断提升，其中1月28日刊发的重磅稿件《解密令计划之妻谷丽萍的多重身份》一文单篇点击量高达163万次，与此同时，第一财经移动端的下载量也迅速增加，1月23～29日安卓版本的下载量是周均下载量的3倍。

新SMG集团已与阿里巴巴集团共同成立了第一财经下属新媒体公司，并计划推出基于算法和人工干预相结合的方法制作的财经新闻精选产品，并利用阿里巴巴和淘宝、天猫的海量交易数据开发财经大数据产品。

（四）东方卫视中心：携手优质互联网伙伴，推动全媒体转型

东方卫视中心充分延展现有业务，携手优质互联网合作伙伴，创造全新内容、打造全新业态。

1. 全面启动"哇啦"改版，打造粉丝专属互动娱乐平台

2012年投入运营的东方卫视官方社交应用平台"哇啦"，现已累积用户近1000万个，在同类产品中排名首位。2014年"哇啦"业务进行了全新改版，由原电视伴随型App转向打造粉丝专属互动娱乐平台。深耕粉丝经济，专注垂直社交，打造7×24不间断的明星互动体验。目前，"哇啦商城"已与东方卫视多款手机游戏打通，以换领道具形式，实现多平台用户共享，并将通过与东方卫视天猫店及客户活动，引入实物商品，创造营收新模式。

2. 番茄手机优质内容带动精准营销，率先布局移动终端

2014年，东方卫视中心与迪信通共同开发定制型番茄手机，并共同设计对应的个性化资费套餐和服务体系，力争扩大稳定用户规模，在传媒的移动互联网化方面抢占先机，率先布局。首批番茄手机与三星合作，定位20~40岁人群，与东方卫视中心目标人群精准匹配。

3. 借力地铁Wi-Fi架设抢占流量入口，打造移动互联内容客户端

东方卫视中心与专注地铁Wi-Fi覆盖并享有独家技术垄断的深圳南方银谷科技公司合作进行地铁Wi-Fi架设，东方卫视中心作为独家视频内容合作方，参与地铁Wi-Fi视频媒体广告运营。项目将以东方卫视官方App"哇啦"作为并列系统入口，依托地铁Wi-Fi垄断资源，打造以视频点播为基础，原创为主发力点的移动互联内容客户端。目前拟以上海作为合作试点城市，2015年起向涉及地铁Wi-Fi技术的全国其他城市拓展，计划用3~5年的时间覆盖全国主要城市。

（五）百视通：紧紧抓住新媒体用户资源，引领建设互联网媒体生态

根据百视通重大资产重组方案公告，新SMG已经明确将互联网电视作为业务核心，并致力于打造互联网媒体生态系统，目标是三年发展3000万个以上互联网电视月活跃用户。

1. 用户规模居国内国有新媒体第一位

百视通经过多年的积累，已拥有2250万个IPTV（交互式网络电视）用

户、3800万个有线数字付费电视用户、智能一体机和网络视频用户各3500万个，新媒体业务营收规模已超过30亿元，盈利近10亿元。

2. 跨界布局家庭游戏领域

2014年，百视通与微软已获得国内第一张家庭游戏产业牌照，Xbox One汉化国行版于9月29日正式销售。Xbox One的上市将成为公司进入家庭娱乐市场的里程碑，也是百视通在广电新媒体领域实现从视频行业向游戏娱乐领域的跨界布局。

3. 打造中国首个跨屏的广告程序化投放和精准营销系统平台

2014年8月19日，百视通投资近1亿美元控股"中国第一移动广告平台"——艾德思奇。利用其在互联网和移动端的最新数字营销技术，打造中国首个跨屏的广告程序化投放和精准营销系统平台，发挥广告长尾效应，深度挖掘百视通旗下IPTV、OTT、XBOX、风行网、手机平台的广告价值，未来还有可能将新SMG及其他传统电视广告平台对接到该系统。

（六）"看看新闻"：去"PC"化，拓展品牌发展空间

看看新闻网月用户数近5000万个，月访问量约1.5亿次，每天生产加工新闻12000条左右，其中视频新闻近2000条，"看看新闻""江湖"移动客户端App总装机量年内力争超过300万个。为了进一步延续看看新闻网的品牌效应，新SMG在四个方面进行了新媒体产品布局：一是全力打造"随时随地看正在发生"的最优质的视频新闻移动端产品"看看新闻"App；二是与百视通合作，打造"看看新闻"OTT专区；三是与小米、阿里巴巴、Youtube等互联网企业合作，增强全网络分发能力；四是与"今日头条"深度合作，增强移动端传播能力。

（七）两微一端：提升内容服务到达率

上海广播电视台旗下各频率、频道和单位积极拓展微博、微信、移动客户端等新媒体传播渠道。

微博：截至2014年底，在各微博运营平台中开设的官方微博共计250

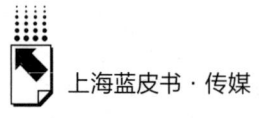

个,其中以部门、频道、频率、公司名义开设官方微博48个;以节目、栏目名义开设官方微博200余个。

微信公众号:在微信上开设公众号(包括服务号和订阅号)共计182个,其中关注用户量过万的有68个,关注用户量过10万的有10个,直接服务人群达400万人。

移动App:目前在苹果或安卓系统上开设了45个移动手机App,其中下载量过10万次的有19个,下载量过百万次的有6个。其中,东方卫视的直播伴随型电视社交应用软件"哇啦"、百视通"体育汇"和"风行视频客户端"的下载量均已超过了500万次。

(八)秒鸽网:传媒行业首家集版权信息、咨询、服务和交易为一体的一站式综合交易平台

SMG旗下的秒鸽传媒交易网(以下简称"秒鸽网")于2014年2月正式上线运营,是中国传媒行业首家集版权信息、咨询、服务和交易为一体的一站式综合交易平台。该网的交易内容是以视频为主体的素材和影视成片,版权方可以上传素材或成片,委托秒鸽网经营,亦可以旗舰店的形式自主经营,灵活实现版权内容的价值变现。秒鸽网基于强大的云媒体技术,秉持"汇聚、创新、分享,传播无限价值"的品牌理念,旨在打造国内规模最大、最权威的数字媒体版权内容综合交易平台,实现音视频版权在线信息共享及商业交易,使传统的版权交流、交易向网络化、全媒体化、全球化转变,成为广大用户购买媒资产品、版权方销售版权产品的双向首选平台。2015年秒鸽网已全面改版。

三 转型面临的困难与问题

(一)内容生产方面

虽然新SMG内容生产与创新能力在重组改革后已有明显提升,但仍

有一些需要改进和解决的问题。目前，内容产品的生产力和竞争力不但面临着来自全国同行的竞争和挑战，同时还面临着来自新媒体同类业态竞争者的挑战。主要存在以下几方面问题：首先，现象级产品投入巨大，但产出情况不尽如人意；精品力作数量有限，缺乏惊世之作。其次，仅靠"新闻立台"无法满足构建新SMG核心竞争力要求，且当前电视新闻对民生问题的报道挖掘深度不够，影响力有限。此外，节目缺乏特色，专业频道（财经、少儿、纪实等）价值有待进一步提升。再次，影视作品的全媒体化和国际化程度不高。最后，演艺板块的规模效应和协同效应尚未形成。

（二）全媒体转型方面

1. 全媒体深化转型面临资金压力

新SMG全媒体转型涉及的多数新媒体项目，由于需要考虑内容控制权，从而放弃了很多社会资本地融入。与完全市场化的新媒体项目能够不断获取数轮融资相比，新SMG的新媒体项目在资金上并不具有优势地位。而资金是否充足，直接影响了新媒体的创新与发展空间。

2. 与互联网龙头企业的合作处于弱势地位

互联网龙头企业已经掌握了互联网发展格局的绝对话语权，与这些企业的合作虽然对新媒体项目的发展有利，但也必须认识到在相互选择过程中，SMG并不占据主导权，合作关系并不稳固。

3. 一些新媒体项目的同质化导致内耗

新SMG在各个条块上都开设了各具特色的新媒体项目，但同时也有不少项目同质化程度较高。如旗下的移动客户端App，音视频占据多数，显然存在一定的内容同质化问题。

4. 全媒体人才匮乏制约转型进程

新SMG主体人才队伍由传统媒体人构成，这已与新媒体业态发展迅速的现实需求构成巨大矛盾，更不用说要求更高的全媒体业务。一方面，由于体制所限，人才队伍现状很难在短期内改善；另一方面，高校与社会人才培

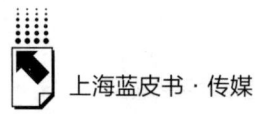

养教育滞后于业界需求，而内部培训能力有限，都使得全媒体人才较为稀缺、匮乏，成为加快全媒体转型的掣肘。

四 发展趋势与应对策略

（一）提升员工思想水平，引领社会主流价值观

面对改革深水期和社会转型期矛盾多发、频发，以及庞杂的新媒体日新月异发展的双重考验，新SMG所面临的传播社会主义核心价值观、主流声音，传递正能量的任务将越来越艰巨。员工整体的思想水平决定了内容产品的思想性。只有形成对问题的正确认识，对趋势的准确判断，对中央和市委精神的深刻理解，才能在内容生产过程中把握正确的价值导向。内容生产不能单纯追求娱乐性，要为产品注入灵魂，使观众和受众产生认同和共鸣。

建议在未来一段时间内，加强对重大活动、重大节点、重大任务和主题宣传的策划，营造积极向上的良好社会氛围，凝心聚力、激发干劲，传播精彩上海、讲好中国故事。

（二）全面提升"内容+渠道+品牌"三位一体的集团竞争力水平

认清媒体发展的本质规律，广播和电视媒体传播信息的音频和视频形式仍将继续存在下去，目前只是方式变了。因此，一方面，将电视作为优秀内容提供者，仍然有巨大生存和发展价值。着力打造有影响力的产品，夯实主业竞争力，以内容产品支撑频道、台和台网。另一方面，互联网化是广电媒体转型发展的方向，也是内容产品传播力拓展的重要渠道，新SMG现在做的任何事情、任何新业务和新内容开发都有必要考虑其与互联网和移动互联网结合的程度。如何有效地将现有的观众转化为用户，并进一步拓展新用户将是未来一段时间内面临的重大现实任务。此外，还需进一步提升和发挥SMG既有品牌效应，保持SMG品牌在新媒体时代的影响力。可以结合上海金融之都的城市特色，利用第一财经现有基础，在全国形成上海广播电视台

的财经类节目特色（如，湖南卫视—娱乐节目、江苏—相亲节目、安徽—电视剧等）。

（三）构筑以台为核心的互联网电视生态体系

随着媒体融合的加深，互联网将成为未来最主要的传播渠道之一，台网联动，对目标受众的无缝隙覆盖是未来广电集团发展的必然趋势。新 SMG 应进一步加强台网联动机制革新，以优质的版权视频资源为核心，整合联动电视频道和视频网站两个播出平台。此外，自制内容在台属视频网站独播趋势已逐渐凸显。以湖南广电为例，自 2014 年 5 月起，其自制内容《花儿与少年》《唱战记》《变形记第八季》等几档新节目已不再对外销售互联网版权，只在湖南广播电视台旗下的视频网站芒果 TV 独播。另外，安徽卫视也终止了《我为歌狂 2》版权转让合同；中央电视台也不再分销 2014 年的世界杯新媒体版权，而仅在 CNTV 平台使用。由此可见，未来广电集团间的竞争将逐步扩展为，以台为中心形成的互联网媒体业务生态系统间的竞争，因此，新 SMG 可进一步推动版权管理机制革新，对内容产品版权集中管理、归口经营，统一配置内容资源。

（四）增加新媒体资金支持，打造具有核心竞争力的新媒体产品

第一，开拓更多的资金融入可能性，为新媒体项目的发展给予有力的资金支持；第二，既要继续提升与龙头互联网企业的合作价值，也要继续寻找一些成长性较好的中小型互联网企业，建设更对等的以及更具主导性的合作关系；第三，综合评估现有新媒体产品的发展性，合并同质化项目，减少资金重复投入；第四，集中优势人员与兵力，打造具有核心竞争力的，能够发挥内容生产专长的新媒体产品；第五，建设与优化新媒体项目孵化机制，采用购买、入股方式，对于新 SMG 内部与外部具有发展前景的新媒体项目予以支持，以此探索或把握新媒体的发展方向。

B.4
以改革求发展：大小文广整合与内部管控评估报告

上海社会科学院新闻研究所 *

摘　要： 2014年作为中国广电业代表之一的上海广电业进行了大规模的整合改革，原大小文广统而合一，在此基础上对其内部的各项工作进行了全面的管理改革。课题组对整个改革的过程进行了细致的调研和分析研究，认为改革的过程虽然艰辛，但改革的成果是显著的，改革的成效是明显的。大小文广的整合和整合之后的内部管控不但使上海广电业有了发展的新契机，也为我国广电业的发展提供了示范性的标本。

关键词： SMG　整合　内部管控　评估　一周年

导　言

2014年3月31日，在中共上海市委以及市政府的批准之下，原上海文化广播影视集团（即原"大文广"）与上海广播电视台、上海东方传媒集团有限公司（即原"小文广"）进行系统整合，组建成立上海文化广播影视集团有限公司，与上海广播电视台一体化运作。市委书记韩正视察并为SMG揭牌时要求新文广集团按照既定改革方案，力争用一年时间完成内部整合改

---

* 执笔人：吕鹏，上海社会科学院新闻研究所副研究员。

革,并在一年后对改革成效进行评估。本报告据此对改革及其成效进行评估。

一 本次评估的对象、目的、方法、内容及工作的开展

(一)评估对象

评估的对象为2014年整合之后的上海广播电视台、上海文化广播影视集团公司。

(二)评估内容

大小文广整合及整合之后内部管控的相关工作情况。

(三)评估目的

评估大小文广整合一年来,上海广播电视台、上海文化广播影视集团公司的整合工作及内部管控工作,总结其工作内容、评价其工作的亮点及特色,分析其存在的问题和不足,从而提供对策和建议。

(四)评估方法

1. 焦点访谈法

与集团领导及集团办公室、人力资源部、总编室、战略投资部等部门的相关负责人进行焦点访谈,就实施一年来工作过程中的成就、困惑以及要求等展开积极讨论,从而为评估报告提供一线的资料。

2. 实地观察法

实地到上海广播电视台进行调研,参观其演播室、全媒体工作室和节目受众测评工作室等,听取相关负责人的介绍,并对相关情况进行了解,从而用直观的感受充实评估研究工作。

3. 专家访谈法

访谈了学界对此改革比较关注和熟悉的专家学者，听取其对本次改革的意见，以丰富研究的观点和思想。

4. 资料分析法

课题组从SMG内部及各种期刊和相关的学术网站获取了大量的文献资料，进行资料分析和研究，以对评估的内容和观点进行研究。

二 大小文广整合与内部管控具体情况的评估

（一）改革实施的背景

1. 党和国家的重视

广播电视等传统媒体是我国舆论引导、宣传最重要的手段和方式，是关系国计民生以及党和国家生死存亡的重要机构，因此，广播电视媒体自身的发展以及在互联网时代的影响力和宣传舆论导向功能的持续有力发挥，是党和国家工作的重中之重，得到了党和国家各级领导的高度重视。

在中央全面深化改革领导小组第四次会议上通过了《关于推动传统媒体和新兴媒体融合发展的指导意见》的文件，且习近平强调"着力打造一批形态多样、手段先进、具有竞争力的新型主流媒体，建成几家拥有强大实力和传播力、公信力、影响力的新型媒体集团，形成立体多样、融合发展的现代传播体系"。① 刘奇葆也强调"传统媒体和新兴媒体的关系，大体经历了三个阶段，一是传统媒体建设新兴媒体，二是传统媒体和新兴媒体互动发展，三是传统媒体和新兴媒体融合发展，现在正进入第三个阶段。"② 随着新媒体的发展，传统媒体向新媒体转型以及媒介融合就成为当今广播电视等传统媒体发展的主流。

---

① 人民网：《传媒专题：推动传统媒体与新兴媒体融合发展》，http://media.people.com.cn/GB/22114/387950/，2015-6-1。
② 刘奇葆：《推动传统媒体与新兴媒体融合发展》，《人民日报》2014年4月23日。

一向关注上海媒体业发展的韩正,也认为上海广播电视业有能力也应该进行改革发展,应将其打造成中国最具创新活力和国际影响力的广电媒体及综合文化产业集团,从而与上海建设社会主义现代化国际大都市的地位相适应。

正是党和国家对于广电业转型新媒体和新兴文化产业集团的高度重视与需求为 SMG 的改革提供了最重要的支持。

2. 外部因素的倒逼

从整合媒介行业来看,随着互联网技术的发展和新媒体的勃兴,媒介环境已经发生了翻天覆地的变化。传统媒体的生产、组织、传播、消费方式正在被瓦解、重构,新媒体来势凶猛,PC、手机、Pad、电视"四屏"构建了新的传播生态场。对传统媒体来说,转型已经迫在眉睫。

3. SMG 自强的内部需求

（1）文化体制改革的需要

文化体制改革已经进入了攻坚阶段,上海作为改革的前沿和排头兵,尤其面临这个问题。上海国有文化传媒资产规模巨大,员工有几万人,旗下有数十家企事业单位,"大企业病"会随着事业的进一步发展而凸显,因此改革已成为必然。SMG 是上海甚至是全国传媒业的代表之一,其问题也具有代表性,因而需要实施改革。

（2）进一步解放生产力的需要

21 世纪以来上海文广进行了三次改革,2001 年,从由上海市电影局、广播电视局和文化局整合而成的上海文化广播影视管理局拆分成立了"大文广"——上海文化广播影视集团。2009 年,"大文广"中的重要组成力量"小文广"——上海东方传媒集团有限公司,作为国内首家实行制播分离的大型广电集团,成为整体转企改制的试点。这次改革明确了事业、企业的关系和各自定位,对 SMG 实行市场化运作,并取得了诸多成果。上一轮改革上海文广系统事业单位形成了"叠床架屋"式的管理层级,已经为进一步的改革发展埋下了隐患,再加上上海文广系统本身涉及的面向广、触及的利益多,因而单方面的改革必然不能取得期望的成效,需要全面、彻底,且是大刀阔斧的改革,以理顺体制与机制,从而释放上海广电的活力。

(3) 提升收益的需要

2013年，SMG实现合并利润总额14.34亿元，同比下降7.3亿元，降幅为34%。其广播、平面媒体以及电视广告的收入都大幅下滑，整体的广告收益也严重下滑，从而造成2013年SMG利润大幅下降。受到新兴媒体的挤压以及同类媒体竞争的影响，传统媒体广告收益的下滑呈必然趋势。在体制机制方面进行灵活改革，释放产业能量，提高经营收益，成为SMG提升自身机能，求得改革发展的必然需要。

(4) 提升舆论引导能力及实现社会效益的需要

广播电视等媒体，具有强大的盈利能力，是其经济效益功能的发挥；但作为社会主义国家的大众传媒，社会效益及舆论引导功能的发挥是其更加重要的功能。在新媒体挤压的大媒介环境之下，传统媒体的舆论引导功能及社会效益的发挥，都呈减弱的态势，因而进行体制机制的改革，也成为SMG提升舆论引导能力及实现社会效益的需要。

（二）总体评价

总体而言，一年间上海大小文广的整合及内部管控的改革，取得了不错的成效。主要表现在三个方面，一是激活了体制机制，二是强化了价值观的引领，三是提升了盈利能力。因此整合和内部管控，总体而言是具有比较大的成效的。

一年来，SMG体制机制的改革进一步推进，改革的力度加大、改革的步伐明显加快，集团的组织架构、生产流程、管理层级等进行了预期调整、整合与压缩，两大上市公司重组等工作有序有节地进行，集团整体经营效益与效率得到明显提升，而舆论引导及价值观引领方面也有诸多良好表现，取得了较好的社会效益。

（三）具体工作

1. 机构整合：强化整合力度，完善法人制度

机构的整合涉及多个层面，最为重要的是大小文广的整合，及之后实施的百视通和东方明珠的整合。

首先，原"大文广"（即原上海文化广播影视集团）和原"小文广"（即上海东方传媒集团有限公司）进行了整合。

新一轮的改革方案规定：上海广播电视台的事业体制保持不变，撤销原"大文广"的事业单位建制，将原单位的经营性资产进行整合之后，建立上海文化广播影视集团公司，属国有独资，并进行正式经营，而"小文广"则也以国有股权规划的方式与上海文化广播影视集团有限公司进行资产、业务等各个方面的整合。

改制之后，上海文广集团是中国目前产业门类最多、产业规模最大的省级广电媒体及综合文化产业集团。其业务包含运营媒体、传输网络、现场演艺、文化旅游以及电视购物、版权销售、文化投资等领域。文广集团负责运营13套广播频率、15个电视频道、15个全国数字付费电视频道、8种报纸杂志、2个新媒体互联网平台。上海文广通过资源整合，优势资源可以有效地进行整合和互补，资源的协同效应也能够得到更好发挥。

在改制过程中，文广集团的公司法人治理结构进一步完善。文广集团按照国有独资企业的模式实施公司治理，在经营管理方面保持了客观独立性。公司设立了董事会、监事会。董事会由5名董事组成，全部由上海市国资委委派。监事会由3名监事组成，其中2人由上海市国资委委派，其余1人为由职工代表担任。公司根据权力机构、执行机构和监督机构各自独立、互相制衡、权责利明晰等原则，将公司的法人治理结构进行了很好地优化，从而进行规范化的管理和运作。

经过初步整合后，公司高级经营管理团队主要来自原上海文化广播影视集团和东方传媒等单位，多数拥有广播电视行业的工作经历，管理经验较为丰富，可充分满足公司现行经营管理需要。

其次，百视通和东方明珠整合。根据重组方案的规定，百视通将收购东方明珠，合并完成之后，百视通成为上海文广唯一保留的上市公司。重组之后的新百视通公司，其资产将跨越千亿元大关，这在传统媒体领域将是首次。

2. 内部管控调整：加大改革力度，提升管理水平

（1）管理机构的压缩整合。"大小文广"叠床架屋、机构臃肿，以至于人浮于事、调度不灵。"大小文广"整合之后，首先就以管理职能整合、管理层级压缩等为出发点，将26个原属"大小文广"的职能部门合并为13个，层级缩减效率大大提升。合并之后，SMG共有职能部门13个，事业部10个，台、集团所属一级子公司21家，二级子公司83家，三级子公司9家。

（2）关停并转公司。为优化国资布局结构，此次改革专门成立了清产核资办公室。SMG计划关停并转一半的亏损子公司。目前，79家控股亏损单位中，已关闭或退出7家，实现"单关"3家，进入"关停并转退"进程11家；非79家控股亏损单位中，实现关闭注销3家。在此过程中，也涉及大规模的人事调整，集团制定了相关的规则和要求，一切以改革为要。

（3）各个板块进行改革。主要有以下几个板块的改革调整。

第一，整合频道资源，组建东方卫视中心。东方卫视中心由原东方卫视、新娱乐、星尚、艺术人文、七彩戏剧、生活时尚数字频道等六大频道整合而成，首推独立制作人机制，做大内容产业。独立制作人机制是此次内部管控的亮点之一。通过公开竞聘，上海广播电视台、上海文化广播影视集团有限公司已经组建了近20个独立制作人团队，集团采取切实的措施，使得制作人团队的"责权利相对等"。

第二，SMG整合原广播新闻中心、东方广播公司、第一财经广播、五星体育广播四大广播业务板块，组建东方广播中心。为激发节目创新，施行"制作人制"和"主持人工作室制"，同时，积极打造广播数字新媒体，广播移动终端产品"阿基米德"于2014年10月在安卓应用市场与苹果系统的App Store上架。

第三，SMG旗下艺术人文频道、七彩戏剧频道等整合成立"上海广播电视台公益媒体群"，不以营利为目的，不进行创收和视听率考核，让平台"沉下心来纯粹地去制作、策划并播出大量有艺术质感和人文气质的节目"。

（4）整合资源，布局新媒体发展。首先，整合频道资源，合并成立东方卫视中心,向互联网转型。东方卫视中心在充分开发现有业务的基础之上,携手互联网合作伙伴,打造全新的业态。一年来,开展了"哇啦"的改版工作,以及与阿里巴巴数字娱乐事业群达成战略合作、开发番茄手机、打造移动互联网内容终端等业务。

其次,组建东方广播中心,推出数字媒体产品。新组建的东方广播中心,为激发节目创新,施行"制作人制"和"主持人工作室制",同时,积极打造广播数字新媒体,广播移动终端产品"阿基米德"于10月在安卓应用市场与苹果系统的 App Store 上架。目前"阿基米德"在用户总量、节目导入、社区营建方面取得初步成效,在与用户的互动方面,已经走在了互联网音频产品的前列。同时启动"广播全媒体制作中心"项目。

再次,将电视新闻中心与看看新闻网融合发展,通过成立全媒体指挥室,对新闻信息实施海绵式吸收。全流程再造,变一屏生产为多屏生产,打造全媒体新闻机构。

最后,以现有资源为基础,加大整合力度,进行全媒体转型发展。第一财经实现报纸、周刊、广播、电视等的全面整合。与阿里巴巴达成合作意向,以"第一财经"为平台,携手进军金融数据服务领域。百视通以现有用户资源为基础,跨界布局家庭游戏领域,并打造中国首个跨屏的广告程序化投放和精准营销系统平台。另外,各个频道也加大微博、微信以及移动 App 的开发。

(5)建设人才队伍,改革激励机制。首先,优化人才配置,创新人才队伍建设体制机制。"大小文广"重组后,强化了台、集团总部在宣传管理、战略管理、投资管理、财务管理、人力资源管理、资源服务与共享等方面的管理职责。一年来,基本完成整合过程中的组织机构调整、人员清理和事业单位交接等工作。"大小文广"整合后,第三批职业通道建设试点工作全面启动,逐步形成一套人才评估、考核、激励、发展的有效机制。与此同时,集团也不断完善强化岗位管理制度,探索了双轨制下的选人用人制度,建立了干部能上能下、竞争择优充满活力的用人机制。

其次,深化薪酬体制改革,探索更具效力的激励机制。总部员工薪酬福利并轨工作有序推进。在完成总部职能部门设置和干部员工归并工作后,人力资源部迅速启动了原文广集团总部员工薪酬福利并轨工作,制订了《原文广集团总部员工薪酬福利并轨方案》。配合东方卫视中心设立独立制作人制度,积极探索独立制作人薪酬激励机制创新,制定独立制片人收益和超额利润分享办法。并还推进了台、集团广告体制改革。同时,将培训业务作为激励机制之一进行强化,以使集团员工成为学习型员工,进而使集团成为学习型组织,企业员工可以不断成长。

（6）加强企业文化建设。2014年,SMG企业文化建设以深入诠释SMG的核心价值观"忠诚、责任、创造、共赢"为重点,以开展"走到一起来"企业文化年度主题系列活动为载体,将企业文化与品牌管理紧密结合,促进SMG企业文化内涵与企业品牌外在形象有机统一。为此,SMG 2014年全年开展了一系列的活动,例如开展了"2014 SMG全运会"、成立了SMG书吧;"2014 SMG企业文化日"更以丰富的形式和内容诠释和践行了企业文化的内涵。

在具体改革措施方面,SMG在小范围内启动试点式改革。其主要思路将选人用人、生产制作等机制进一步"扁平化"处理,形成各式平台以发挥人才的积极性,最终构成以人为核心的闭合式"圆环",从而使生产效率和创新能力能够得到进一步的提升,最终实现"架构扁平化,管理矩阵化"。整合与内部管控,使SMG体制机制的活力得到了开发,集团的舆论引导能力及价值观的引领得到提升。与此同时,集团的盈利能力也得到了很大加强,2014年SMG营业总收入整体实现231亿元;净利润达25亿元,总资产规模达498亿元。经专业机构评估,集团公司信用评级达到AAA级别。集团整体资本实力持续增强。

（四）面临的问题、难点

"大小文广"的整合,涉及诸多机构及人事的调整,原有体制机制的惰性,使得体制机制的改革面临诸多阻力;人事机构的调整,涉及诸多具体的利益关系,也涉及诸多具体规章制度的建设及保障工作的实施;另外,媒体融合发展，既需要升级技术、拓展平台、创新内容，也需要对组织架构、管理机制、融资渠道等进行科学合理的调整和完善，更加需要资金的投入和使用等，所有这些都是在整合与调整改革过程中需要面对、克服和解决的问题。

具体来说，SMG在改革过程中所面临的问题主要有以下几个方面。

1. 规章制度建立问题

"大小文广"整合之后，SMG成为中国体量最大的省级广电媒体及综合文化产业集团。事转企及人员的合并，以及亏损机构的关停并转、人员安置，重大资产重组等，都呈现了规模庞大、业务繁多并复杂的特点。因而完善规章制度的建设，加强集团自身的管控，建立健全宣传管理、战略规划、计划预算、运营汇报、审计监察、业绩评价和绩效考核等管控体系的工作，就成为改革之后及未来工作的重点和难点。配置相关制度建设的好坏，直接关系整合之后机能效益发挥的好坏。

2. 转型之后竞争问题

"大小文广"整合之后，SMG要逐渐向新型互联网媒体转型，如何转型是难点，转型的各项新媒体业务是否符合市场化发展的需要也是问题，同时更为重要的是，向新型媒体转型的SMG必然与现已形成气候的互联网巨头进行直接的碰撞和竞争。如何调整传统媒体业僵化的体制机制，提升SMG的市场化和规模化竞争，并在竞争和冲撞中形成自己的核心竞争力，同时立于不败之地，又能发挥核心价值观的引领和实现社会主义国家广电媒体的社会效益功能的发挥，都是SMG需要面对的问题。

3. 政策支持及补贴问题

传统媒体的广告收益在可预见的将来，会持续地下滑，而新媒体的业务开展仍需一定时间的市场检验与调整，因此集团的盈利及完成宣传部下达的任务指标的压力便加大。与此同时，新媒体业务的开展和集团整体转型，以及合并上市公司的建设等问题也迫在眉睫。特别是，合二为一的上市公司将成为国内传媒行业的首家千亿元级别的上市公司，具有规模和资源优势，但也将直面更高量级的互联网领域的高度竞争等问题，须加快云平台建设、市场拓展、并购投资。因此政府给予什么样的政策支持及行业补贴，也是影响

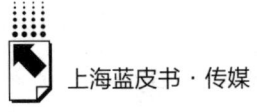

未来集团发展的重要问题之一。

与此同时,实施"党委合一,制播分离,协同运作"的SMG如何保证制播分离之后广播电台电视台不空心化、保持媒介业态发展变化之后广播电视业务的核心竞争力,以及集团整体上市之后,上市公司对利益的追求与广播电台电视台对社会效益、价值观引领的需要之间矛盾的平衡等,都是SMG需要面对并需要积极研究对策进行解决的问题。

三 趋势研判和对策建议

韩正书记在调研SMG时,对SMG的发展提出了具体的要求和愿景。他指出,在推进改革发展的过程中,广播电视台和新文广集团一定要始终牢记发展目标,把握住自己的优势,努力将新文广打造成中国最具创新活力和具有一定国际影响力的广电媒体及综合文化产业集团之一,与上海建设社会主义现代化国际大都市的地位相适应。这是对SMG未来成长及发展的要求。

与此同时,他也提出了三个"一定要",SMG未来的发展也必然需要遵守这三个"一定要"。第一,一定要秉持自己的价值观。必须传承社会主义核心价值观和社会主流价值,并将之融入企业文化和价值观中,反映在自己生产制作的所有产品中,加强价值观引领,形成企业文化灵魂。要坚守"新闻立台",特别是卫视新闻,要清楚目标受众,把握住全国观众关心关注上海的兴奋点,有的放矢地传播上海。

第二,一定要把握推动改革的着力点。改革举措要体现文化发展特有的本质规律、遵循文化产业发展特有的市场规律,要特别重视发展新媒体,通过提高新媒体传播上海的建设力来切实提高其影响力。

第三,一定要牢牢抓住人这个关键和核心。要建立符合文化传媒企业特点的内部管理和激励机制,内部改革要大胆去行政化,善用、善待、善管队伍,切实激发一线队伍的创造活力。

在此基础上,SMG的发展趋势及发展的对策建议如下。

（一）趋势研判

遵循于建立最具创新活力和国际影响力的广播电视及综合性文化产业集团的要求，SMG新上市公司业务已覆盖内容制作、广告营销、线下销售、旅游、演艺等方面，整体上市后，SMG将会成为一个"混血儿"：它将具有多领域的内容生产线，包括财经、娱乐、时尚、影视剧的内容生产、制作、发行；同时，它将具有多媒体通路，如OTT、IPTV、有线网络等；另外，它还将具有多业务平台，包括演艺、旅游、零售等。为此，SMG将会进行以下布局。

1. 内容供应的多元化

在各种内容领域布局中，SMG都拥有一定的优势，因而会提供十分多元而丰富的内容，上市公司未来势必会积极参与内容生产及营销等的投资和战略决策。产业链的全面布局，将会涉及从内容到通路、从线上到线下的各个层面。线下的发展会成为SMG进一步改革发展的着力点之一，旅游、演艺等线下的行业都将会与互联网之间有重组调整。

2. 内容供应不断创造IP（内容版权）

SMG将进行全产业链布局。上市公司投资拥有IP，互联网通过通路让这些IP到达使用的用户，从而创造新的价值，以让线上IP在线下获得新的发展机会与潜力。

3. 以股东利益为重

SMG未来要完成公司的整体上市，互联网新媒体领域的业务将持续拓展，以新上市公司为载体的内容、服务、平台、渠道等生态系统的建设将成为重点。而所有这些都是为基于对上市公司股东的利益为要的。未来业务的发展及行业的变革，将会更加遵循市场规律。

4. 做媒体引领者

建立最具创新活力和国际影响力的广播电视及综合性文化产业集团是SMG的愿景之一，整合之后的SMG成为中国当前最大的省级媒体机构，未来SMG的目标是在体制机制解放的基础之上，更快地发展新型文化产业，

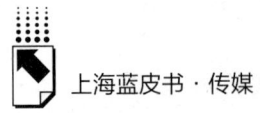

向互联网媒体转型,以实现在国内领先,与国际传媒集团相抗衡,从而在国内外实现价值观的引领与输出。

(二)对策建议

为实现以上愿景与目标,未来 SMG 的发展应遵循以下对策建议。

1. 融合发展

媒体融合发展是趋势,伴随着这一趋势,文化传媒产业将加速裂变。受互联网发展的影响,传统媒体的渠道优势及内容优势,都逐渐地被瓦解,广电行业的广告收益及受众人群都流失严重,因此,媒介融合不仅成为一个重要的议题,也成为未来 SMG 发展的必然抉择。媒介融合是手段,其目的是使 SMG 的传播力、公信力、影响力都能够得到实质性的提升,从而将其打造建设成为新型主流媒体,这一新型媒体应是极具社会效益和经济效益的现代媒体集团。从而使 SMG 不但能够传播价值观,也成为能够生产和引领价值观的机构。

2. 互联网转型

SMG 需要进一步深化机制体制改革,加速推进集团互联网化转型。在此过程中,深度探索集团与上市公司一体两翼、耦合发展的模式,推动 SMG 传统媒体与新兴媒体融合发展;并通过管理提升、机制优化、业务创新、合作与拓展等方式保持经营业绩的持续增长。发挥内容制作、用户流量、线上线下服务等资源优势,采取"统一平台"加"多渠道"、"多终端"策略,强化用户的体现、大数据的应用、内容产品的生成,最大限度满足受众需求。

3. 体制机制改革

继续推进体制机制的改革,以上市公司机制倒逼台、集团的内部改革,建立与市场接轨的组织架构和生产流程。与此同时,进一步推进各项改革措施。SMG 需要进一步加强扁平化管理,加大市场化用人制度的建设力度,深化独立制片人制度的实施。整合各个板块的工作,加快流程再造和机制调整,为人才的成长提供体制和机制及政策规章的保证。创新发展环境,从而吸引各色人才，尤其是新媒体人才进入集团。

4. 建设企业文化

企业文化既关系员工的归属感与创造力的发挥，同时也关系企业未来的成长及效益的创造，因此对企业文化的建设一向是组织机构极为重视的工作要点。SMG作为高端人力资源极为集中的组织机构，其企业文化对其当下及未来的成长，就更为重要。SMG已经提出了"忠诚、责任、创造、共赢"这八个字的SMG核心价值观。所谓忠诚，指热爱SMG，坦率真诚，不触碰底线；责任指敢于担当，永不懈怠，爱惜做事的人；创造指创新创优，永不停滞，占据行业最前端；而共赢则是开放包容，合作共赢，共享改革发展成果。企业的核心价值观已经得到阐释，未来则需要让企业的核心价值观深入人心并成为改革和发展的动力。为此，则需要更进一步地研制一系列的具体措施与举措。

结　论

"大小文广"整合之后，SMG成为目前中国产业门类最多、产业规模最大的省级广电媒体及综合文化产业集团。2014年SMG营业总收入整体实现231亿元；净利润达25亿元，总资产规模达498亿元，从业人员有18000余人。继续进行价值观引领和新闻立台。虽然机构整合和内部管控也面临着一定的困难和问题，但总体而言，"大小文广"整合一年来，各项工作平稳开展，媒体的活力和生产力得到了较大的提升，体制机制的改革取得了一定的成效，内部管控的效用得到了比较大的发挥。

B.5
激发活力 夯实智造力量

——2015年SMG人才队伍建设状况研究报告

徐炳胜[*]

摘　要： 一年来，SMG牢牢抓住"人"这一核心，以激发人才队伍活力为导向，大力推进人才队伍建设，在整合、改革、推进中取得了较好的成绩。一方面，人才队伍总体状况较优。另一方面，人才队伍建设成效显著。人才队伍建设积累了一定的经验。如注重激发内部活力，创新实施"独立制作人"制度；注重提升员工素养，大力推进业务培训手段创新；注重员工职业规划，通过人才发展机制留住人才等。

关键词： SMG　人才队伍建设　人才评估

2014年3月31日，经中共上海市委、市政府批准，原上海文化广播影视集团（"大文广"）与上海广播电视台、上海东方传媒集团有限公司（"小文广"）全面整合，正式组建上海文化广播影视集团有限公司，与上海广播电视台一体化运作。为了了解一年来SMG整合后人才优化、整合和管理方面的成效，上海社科院课题组进行了两方面的评估分析：一是"大小文广"整合及整合之后人才队伍总体概况。包括规模水平、年龄结构、入

---

[*] 徐炳胜，博士，上海社会科学院部门经济所副研究员，研究方向为产业经济、创新经济和人才发展。

职情况、岗位结构、学历结构、专业技术职称结构等。二是"大小文广"整合及整合之后人才队伍建设推进情况。包括人才队伍配置、职业通道建设、岗位管理、薪酬体制、业务培训等方面。

一 人才队伍总体概况

（一）总体规模：人员总量略有减少，年轻化特征显著

目前，纳入SMG人才统计范围①的有台、集团职能部门13个、直属事业部8个、下属一级子公司21家、二级子公司80家、三级子公司10家。截至2014年末，SMG人才总体规模为18006人，比2013年末的18324人减少318人，下降1.7%。其中，男性和女性的占比分别为56%和44%；中共党员和非中共党员的占比分别为25%和75%。

1. 企业人员成为人才主力，占比远高于事业人员

截至2014年末，企业在岗人数为12683人，占总人数的70.4%；事业在岗人数为3011人，占总人数的16.7%，主要集中在台、文广演艺及下属剧场、文广实业（含挂编单位）等单位；劳务派遣人数为1113人，占总人数的6.2%，主要集中在文广实业、东方明珠、文广演艺等单位；其他从业人员有1199人，占总人数的6.6%。

2. 中青年人才占比超八成，年轻化趋势特征显著

从年龄结构来看，目前全台、集团从业人员平均年龄为35.8岁，45岁以下中青年占81.7%，30岁以下的约占职工总数的40%。内容生产、市场经营和技术制作岗位人员整体相对年轻化，平均年龄在33岁左右（见表1），45岁以下中青年占比分别为89%、90%和88%。

---

① 人员总量部分统计范围指从业人员（事业、企业、劳务派遣、其他从业人员、离岗人员）；人员结构分析部分统计范围包括事业、企业和劳务派遣人员。

表1　2014年SMG岗位系列平均年龄

单位：岁

岗位系列	全面管理	内容生产	市场经营	技术制作	职能管理	工勤技能	其他
平均年龄	46.1	33.9	33.6	33.9	37.2	38.1	36.0

（二）入职情况：外部招聘占据多数，人才成熟度提升

2014年，SMG入职人数合计3779人，入职率①为20.6%。入职人员来源可分为外部招聘和内部流动，其中，外部招聘3087人，占比82%，内部流动692人，占比18%。

外部招聘渠道包括应届毕业生、社会成熟人才、其他从业人员，2014年度入职的应届毕业生有373人，占外部招聘人员的12%，外部招聘的社会成熟人才有2502人，占81%。整体外聘人才的成熟度明显提高。剩余的7%为其他从业人员，包括退休返聘、下岗协保、外单位借用及非全日制人员（见图1）。

对各单位招聘原因进行统计，数据显示，正常人员更替（离职、退休）占比56%，新增业务及新增栏目/项目占比17%。

（三）岗位结构：专业技术高度集中，传统岗位超六成

集团内岗位系列分为全面管理类、内容生产类、市场经营类、技术制作类、职能管理类、工勤技能类和其他类。全面管理类指台、集团直属职能部门、事业部的领导班子和直属公司高管层。内容生产类指各类传媒与文化产品的内容创作和生产岗位，包括媒体采编播岗位、舞台戏剧/影视剧编创岗位等。市场经营类指参与市场开拓运营、商业运作、贸易等的经营性岗位；技术制作类指内容（产品）生产的工业流程中掌握相关制作与运维技术的

---

① 入职率＝当年总入职人数/当年平均人数；年平均人数＝（2014年末人数＋2013年末人数）/2。

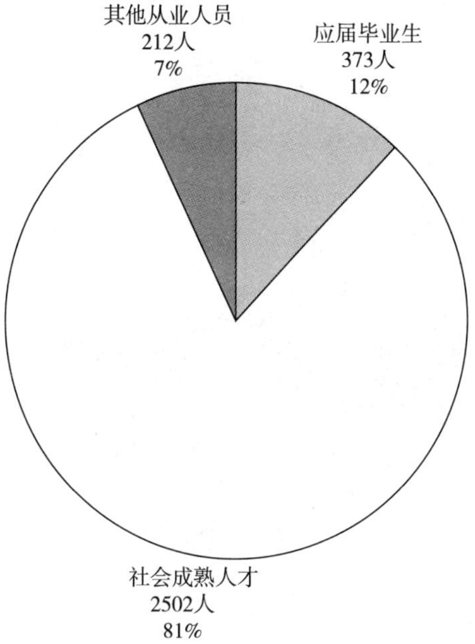

其他从业人员
212人
7%

应届毕业生
373人
12%

社会成熟人才
2502人
81%

图1　2014年SMG外部招聘人员来源分布

岗位；职能管理类指不直接参与生产与运营、承担组织内部管理活动的岗位；工勤技能类指承担技能操作和维护、后勤保障、服务等职责的岗位；其他类指其他与主营业务不相关的专业技术岗位，例如教育、医疗、古玩鉴定。

从岗位系列结构来看，内容生产、技术制作和工勤技能等专业技术岗位人员集中度较高，分别占员工总数的25%、22%和24%（见图2）。

（四）学历结构：高学历结构较显著，岗位之间差异大

目前大学本科及以上学历员工占比为56.2%，呈现显著的高学历结构特征（见图3）。

（五）职称结构：中级以上职称集中，成为业务主力军

SMG已聘任专业技术职务的人员达到5897人，除工勤技能岗位人员外，可聘专业技术职务的人员共计12841人，已聘任专业技术职务的比例达到46%。从聘任专业技术职务等级分布分析，在已聘任专业技术职务的人

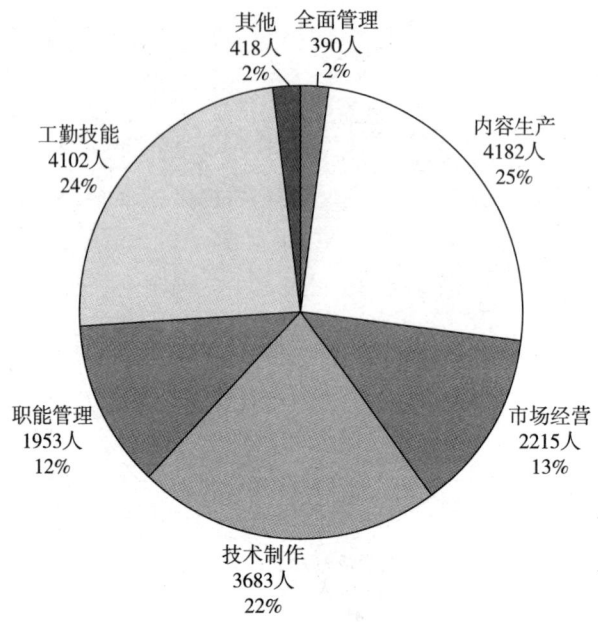

图2　2014年SMG岗位系列结构

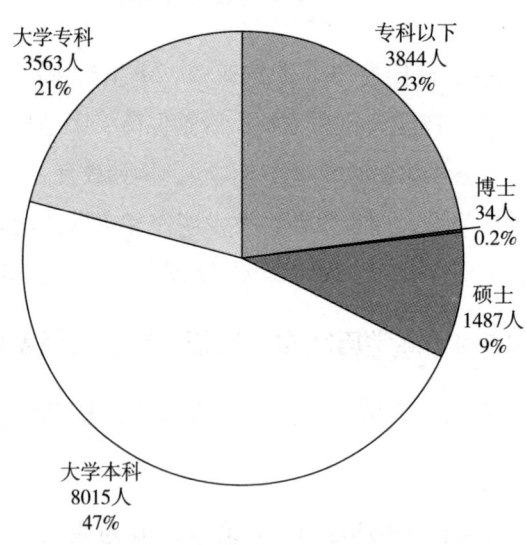

图3　2014年SMG人才总体学历结构

员中,聘任中级及以上专业技术职务的人员占已聘任人员的61%,占所有可聘人员的28%(见图4)。

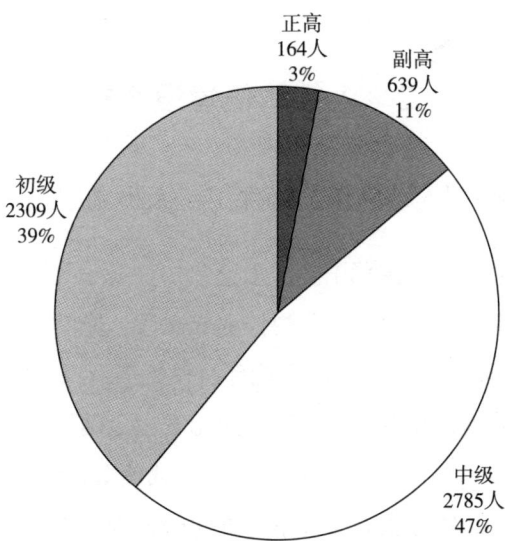

图4　2014年SMG聘任专业技术职务等级分布

在已聘任专业技术职务的人员中，主要业务岗位大多数能够由艺术系列、新闻系列和工程系列专业技术职务所覆盖，而市场经营和职能管理岗位，则能够取得经济、会计等相关系列的专业技术职务资格（见图5）。

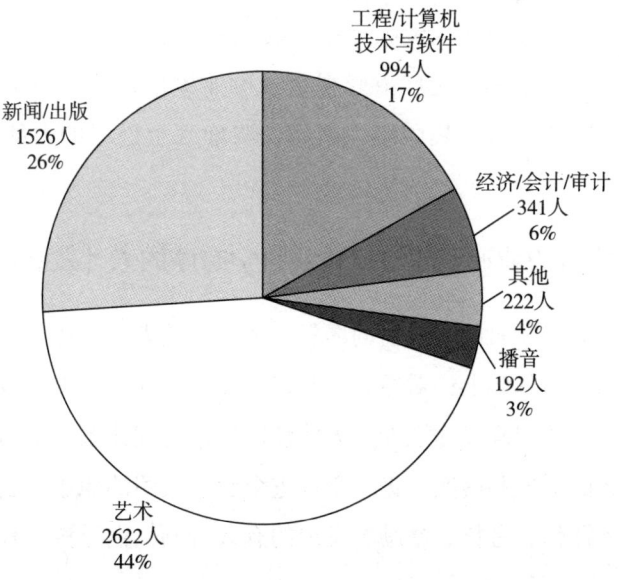

图5　2014年SMG聘任专业技术职务类别分布

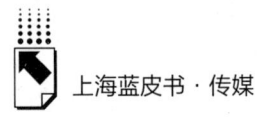

二 人才队伍建设举措

(一)优化配置人才队伍,确保了"大小文广"整合的顺利进行

1. 优化了总部职能设置和干部员工整合

上海文化广播影视集团有限公司挂牌成立后,原文广集团与上海广播电视台的机构重组即时启动。《总部职能部门设置等有关事宜的方案》以凸显强化管控职能为前提,在总部职能部门职能定位上确保下属单位业务自主权的同时,强化了台、集团总部在宣传管理、战略管理、投资管理、财务管理、人力资源管理、资源服务与共享等方面的管理职责。以优化整合管理职能、减少管理层级为出发点,把原"大小文广"总部两级管理层共 26 个职能部门合并缩减为一级管理层 13 个职能部门,建立了层次精简、架构合理、职能健全的扁平化总部职能组织。

2. 完成了组织机构调整和人员清理工作

一年来,基本完成整合过程中的组织机构调整、人员清理和事业单位交接等工作。完成东方网挂编人员整体转出和上海声像出版社事业编制人员整体转入、核销上海文化广播影视集团事业单位,完成台所属事业单位举办单位变更,梳理台、集团组织架构,明确三个层级的内部组织机构表等工作。

(二)推进职业通道建设,构建科学有序的人才发展环境

为满足专业人才对职业发展的渴望,解决专业人才职业晋升中的突出问题,在充分调研的基础上,对原有《SMG 专业人才职业发展通道管理办法》进行补充完善,并明确以建立专业人才任职资格管理体系为基础,通过试点单位具体方案的形成和落实,进一步推进全台、集团的职业通道建设,逐步健全一套人才评估、考核、激励、发展的有效机制,倡导科学有序的人才发展环境。

1. 明确构建员工职业发展体系

在版权资产中心、东方广播中心等试点单位具体方案的落实过程中，要求通过重新定义和划分专业岗位序列、等级形成横向双通道发展、纵向六个等级晋升的员工职业发展体系（见图6）。

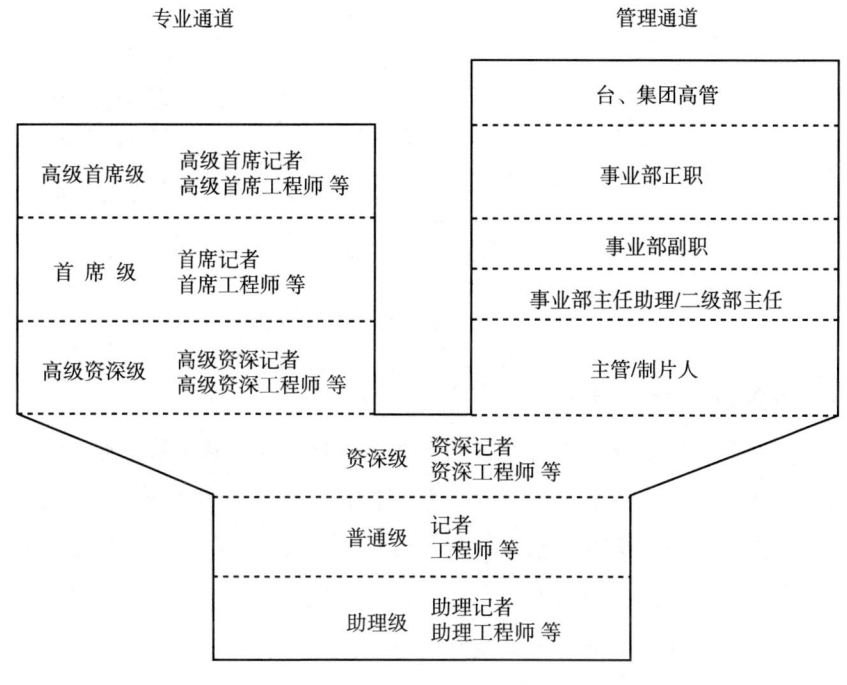

图6　SMG"Y形"职业发展双通道

2. 制订具体的专业岗位任职资格标准

同时，要求试点单位通过制订具体的专业岗位《任职资格标准》，使专业人才职业发展有明确的目标，专业人才评定有据可循（见图7）。

3. 制订专业岗位等级评定方法和程序

员工专业岗位等级评定按专业序列和等级分类开展。低等级专业岗位采用部门内部评定方式产生，高等级专业岗位采用公开竞聘方式产生。通过制订专业岗位等级评定方法和程序，强化高等级岗位的年度竞聘，形成能上能下的职业晋升机制。

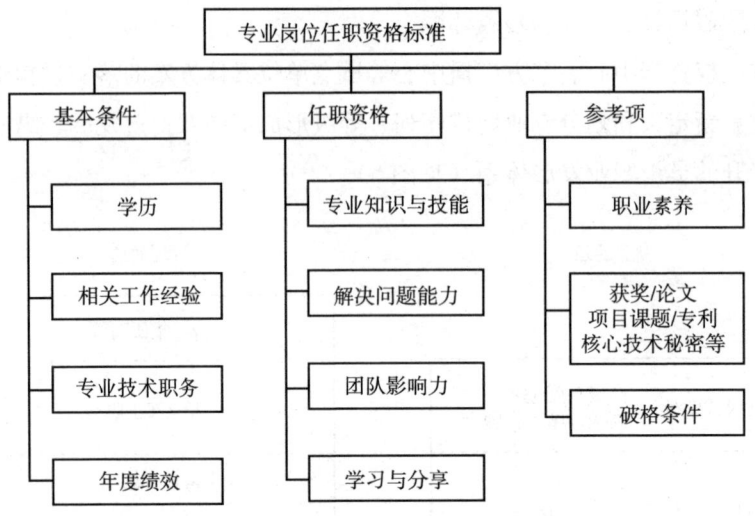

图7 SMG专业岗位任职资格标准框架

4. 探索尝试多元化激励

强调在薪酬管理体系中，设置与专业通道相对应的薪酬晋升通道，对于聘任到各等级专业岗位的员工按台、集团岗位薪酬体系执行相应薪酬标准。其中，首席级及以上岗位的基本薪酬定位与中层管理人员对标，使专业通道岗位的薪酬覆盖范围进一步增大；此外，台、集团实行宽带薪酬标准，走专业通道的员工即使专业岗位等级没有晋升，但通过提升业绩也有一定的薪酬上升空间。同时，对首席级、高级首席级的员工提供多元化的激励手段，包括物质激励和非物质激励。

（三）强化岗位管理，探索了双轨制下的选人用人制度

1. 推行干部任期管理制

2014年，为保证改革任务的顺利完成和进一步规范干部管理，推出了干部任期管理制度，对干部任期年龄、任期届限、考核管理等做了明确规定。并要求距离退休年龄不满3年的干部转为其他非管理岗位，打破了干部职务终身制，建立了干部能上能下、竞争择优充满活力的用人机制。同时，积极做好退出干部的后续管理，为有据、高效管理提供了制度保障。

2. 推进干部竞聘上岗制

在2013年底多家单位内部竞聘的基础上，自2014年5月起，又先后对多家单位、部门的领导班子开展了内部竞聘工作。如五岸传播公司，通过公开竞聘，台、集团内部横向流动方式，除了台、集团内部有着较丰富管理潜力和经验的同志进入五岸公司领导班子，还从台、集团外部选拔引进了1名具备专业背景的职业经理人担任副总，逐步形成了内外结合、竞争上岗的选拔用人机制。

按照企业化管理的方向，根据业务整合和流程再造，新成立的东方卫视中心、东方广播中心等实行公司化管理。在班子配备过程中，按照"内设机构扁平化、管理团队精简化、经营责任具体化"的原则，主要负责人和党委班子成员由人力资源部负责考核，台、集团党委会按规定任命的方法，两中心的下设二级部门主任均由中心班子成员兼任，有效地压缩了管理层级。

3. 完善了董监事委派制

为进一步完善公司法人治理结构，保障台、集团合法权益，台、集团就董监事派出和管控原则进行了补充和完善。《董监事管理暂行办法》部分内容修订完善工作顺利推进。同时，针对董监事相关事宜，人力资源部、战略投资部、计划财务部等多部门建立了联席工作会议制度，联动协同，确保工作顺利推进。

（四）探索创新激励机制，激发人才队伍的工作热情

1. 有序推进总部员工薪酬福利并轨工作

在完成总部职能部门设置和干部员工归并工作后，原文广集团总部员工薪酬福利并轨工作在台、集团党委领导下于2014年5月根据反复测算、精心设计、多方研究讨论的《原文广集团总部员工薪酬福利并轨方案》正式推进，薪酬福利归并工作通过"一人一信"，即将此次薪酬福利归并主要原则、新的薪酬福利结构和标准，书面告知原文广集团总部每位员工，并开辟专门的咨询窗口，指定专人进行政策解释，确保了薪酬福利并轨工作平稳有

序推进。

2. 根据改革要求制定台、集团人员管理原则

"大小文广"整合后，根据台、集团事业产业发展和改革的要求，人员管理既要体现台集团职能管控，又要充分满足业务单元的流程再造，台、集团对现有人员情况及人员管控方式进行了梳理，制定了《人员管控报告》，对台、集团职能部门、事业部和子公司进行分类管理，提出了职能部门"定岗定编"、事业部"定职定责"、子公司"定法定规"的管控原则，并探索人员入口和出口同步把控的相关措施，为整体人员管控提供了切实、可行的具体举措。

3. 顺利推进东方卫视中心和东方广播中心改革

2014年，台、集团整合成立东方卫视中心和东方广播中心，根据台、集团打造扁平化管理模式的要求，分别为两个中心量身打造了人力资源管控方案，配合制订了薪酬与绩效制度，并完成人员划转和薪酬福利并轨。同时配合东方卫视中心设立独立制作人制度，积极探索独立制作人薪酬激励机制创新，制定独立制片人收益和超额利润分享办法。

4. 用长期激励手段吸引凝聚内容创作人才

为更进一步凝聚核心内容团队，激发创作活力，由真实传媒有限公司同纪录片制作团队共同出资，成立上海云集将来传播有限公司，致力于会聚纪录片制作一流人才，以内容生产为核心，打造国内乃至世界顶级的真实类内容制作和运营品牌。新公司将以市场化方式独立运作，实现真正的制播分离。根据投资协议，管理团队（含制片人、导演）持有部分期权池，为未来成长起来的骨干留下股权激励空间。这种给予核心员工持股激励的尝试使公司活力初显。目前，新公司的设立程序正在有序推进，包括《中国飨宴》《老药工》等在内的五个高端精品纪录片项目已经立项，并开始前期筹备工作。新公司吸引了若干个来自央视、凤凰等国内一线纪录片制作团队、曾经拍摄过《故宫》《茶叶》《舌尖上的中国》等优秀作品的创制人才加盟、签约。

（五）全面展开各类培训，提升人才队伍的综合素养

1. 开展全媒体融合培训

从集团"全媒体"转型战略出发，围绕实现"从一屏转变为多屏、从定点发布新闻转变为即时发布，单一广播或电视记者转变为复合型记者，同时培养具有全媒体采编播能力和素养的团队"的培训终极目标，紧贴业务开展"全媒体"融合培训。"星火计划 SMG 全媒体融合培训项目"以业务为导向，关注企业战略转型中的重点需求，承担企业转型发展的思想引领者重任。"引风吹火""钻木求火""洞若观火""破壁燎火"四大培训模块通过邀请国内外行业先行者来台讲座，台内全媒体先锋骨干出访学习的"请进来、走出来"双途径的方式获得较好反响和效果。

2. 开展节目创意开发赴英、韩培训

关注节目创新创优，"带创意出国、带样片回国"是英国班的基本方针。2014 年经各单位内部竞争得到的 44 个提案通过公开选拔，选出 5 个节目创新研发项目及其团队，赴英培训。学员们系统了解英国媒体系统概况与政策环境、英国主要商业广播公司概况，以及英国电视业受众研究和节目创意研发的理论与方法，结合各自节目研发项目的实际，将各自创意提案进一步孵化成型，回国后完成制作呈现荧屏。2014 年 11 月，以"带着创意出国，带着剧本回来"为主旨的"编剧创意赴韩培训班"项目正式启动。通过考核比较，最终选定 15 位学员于 2015 年 8 月赴韩，参加为期 21 天的培训。

3. 开展新任主管系列培训

从用户需求出发，注重培训效果落地开展"新任主管（制片人）"系列培训。新任主管培训是管理类培训的基础环节，在"用互联网思维做培训"的指导思想下，2014 年该项目坚持以用户为导向，注重"培训需求调研"，注重"培训效果落地"，通过反复的需求沟通，综合考量不同用户的实际需求。在常规的模块制理论学习外，特别设计了"行动学习计划"，在培训结束后，还发布了 21 周的定制版学习任务，要求学员每周完成指定任务并提

交报告，举行终极任务研讨会暨培训总结会。

4. 开展"助跑新人——新员工入职培训"

顺应学员变化趋势，创新培训模式开展"助跑新人——新员工入职培训"。2014年助跑新人培训架构上，不仅增加了培训启动会环节，还将所有培训模块以SMG各档品牌节目为串联线，所有活动通过微信平台实现线上预热，使学员参与感更强烈。培训内容上，全新设计开发的《企业文化与内部管理》课程，帮助新员工了解企业文化、熟悉企业内部管理流程。对沿用的《高效员工职业化》课程在时长和内容上也都做了进一步优化。除此以外，精心编纂的"入职宝典"与"服务宝典"也受到了学员好评。

5. 加强内部讲师团队建设

38位内训师来自台、集团从高管到一线骨干的各个岗位。2014年，通过对现任讲师进行分层级管理，使内部讲师团队整体素质上得到进一步提升。具体操作上，安排具有一定授课经验的内部讲师开发内部课程，使其从单一讲师发展成具有课程开发能力的培训师。而对另一部分授课经验尚浅的内部讲师进行集中培训，帮助其提高授课能力，晋升为成熟讲师。2014年7月，由内部讲师团队自主研发成功的《企业文化与内部流程》课程成功在新员工培训中运用，受到了各职能部门与学员的好评。

三 积累的经验和存在的问题

（一）人才队伍建设积累的经验

1. 注重激发内部活力，创新实施"独立制作人"制度

2014年3月起，东方卫视中心启动深化改革进程，通过进一步推进节目制作和播出环节的适当分离，打造"独立制作人"制度，赋予节目团队更多的自主权，形成体制内创业机制，促进人才快速成长，激发人才创新潜力，释放内部创新活力，不断扩大东方卫视作为主流媒体的影响力。独立制作人通过公开竞聘组成团队，拥有六大权利，即创意自主权、项目竞标权、

团队组建权、经费支配权、收益分享权、资源使用权，涉及人、财、物，包括内部资源、激励机制等。《东方卫视中心独立制作人超额收益分享管理办法（2014年试行版）》实行后，中心每月为每位独立制作人编制独立的财务报表，以"准公司制"模式为每位独立制作人，及时反馈所制作季播节目的全成本和全收入情况，并对收视达标的季播节目核算超额利润，在制作生产和内容创新方面充分放权、充分授权，给予制片人更大支持和更大竞争，凸显节目和节目团队的核心地位，降低了运营成本，提升了运营效率。

2. 注重提升员工素养，大力推进业务培训手段创新

SMG整合后，高度重视员工业务能力和综合素养的提升，不断创新业务培训手段。不仅开展星火计划SMG全媒体融合培训、电视节目创意开发赴英韩培训、新任主管（制片人）系列培训、助跑新人新员工入职培训，还注重内部培训能力提升，加强内部讲师团队建设。适应潮流趋势，利用新型传播工具，建立微信公众培训平台。2014年7月底，"东方传媒学院"官方微信平台建立，成为培训受众延伸与培训内容分享的新平台。平台依托培训项目缓步进行台内推广，在"全媒体""英国班""助跑新人"等重点培训项目中起到了较好的知识二次传播作用。

3. 注重员工职业规划，通过人才发展机制留住人才

SMG整合后，始终围绕台、集团事业产业发展需要，注重员工职业规划，持续开展专业人才职业发展通道工作，逐步形成一套人才评估、考核、激励、发展的有效机制，通过有效的人才发展管理机制留住人才。专业人才职业发展通道建设旨在体现专业人才的岗位价值，鼓励专业人才走职业化发展道路，使组织发展与员工职业发展相结合，实现组织与员工的共同成长。先后通过三次试点，产生了影响力和示范效应，实现了各单位业务发展、专业人才培养及个人职业生涯发展齐头并进。

四 人才队伍建设的评估结论

一年来，SMG牢牢抓住"人"这一核心，以激发人才队伍活力为导向，

大力推进人才队伍建设，在整合、改革、推进中取得了较好的成绩。一方面，人才队伍总体状况较优。人才总体规模较整合前略有下降，年轻化特征更加显著，中青年人才占比超过了八成；新入职人员以外部招聘占据多数，人才成熟度有明显提升；总离职率相对较高，主动离职占据六成；岗位结构中专业技术高度集中，传统岗位占比超六成；高学历结构较显著，但岗位之间差异较大；职称结构中中级以上职称较集中，成为各项业务的主力军。另一方面，人才队伍建设成效显著。优化了总部职能设置和干部员工整合，完成了组织机构调整和人员清理工作，确保了"大小文广"整合的顺利进行；推进职业通道建设，形成了科学有序的人才发展机制；强化岗位管理制度，推行干部任期管理制、推进干部竞聘上岗制、完善了董监事委派制，探索了双轨制下的选人用人制度；深化薪酬体制改革，激励了干部人才队伍的工作热情；开展全媒体融合培训、节目创意开发赴英培训、新任主管系列培训、助跑新人新员工入职培训、加强内部讲师团队建设，提升了干部人才队伍的综合素养。

一年来，人才队伍建设积累了一定的经验。如注重激发内部活力，创新实施"独立制作人"制度；注重提升员工素养，大力推进业务培训手段创新；注重员工职业规划，通过人才发展机制留住人才等。但也存在一些亟待克服的问题。如人才结构难以适应台集团转型发展的需要、人才流动加速新态势下人才流失风险增加、内部激励机制无法适应台、集团多样化需求、引进经营管理和专业高端人才优势不明显等。

目前，随着新媒体发展的突飞猛进，人才结构不仅呈现年轻化的趋势，而且新媒体人才的占比也呈现逐步提高的态势，传统媒体人才面临转型与提高；并且媒体行业人才流动加快，人才竞争加剧已成为新态势。针对当前存在的问题和面临的形势，下一步在人才管理体制机制方面，既要建立一套与市场接轨、可复制推广的人力资源管理体系，为留住人才、吸引人才打造一个良好的平台，也要加强人员增长的管理和指导。在人才职业通道建设方面，要认真总结和推广三批次专业人才通道实施和岗位聘任试点工作经验，覆盖SMG下属各单位，完善专业人才职业发展晋升制度。在核心人才选拔培养方面,要推动各业务团队储备人才的培养和人才队伍的建设,初步形成结构合理、可持续发展的专业人才梯队。在引进高端专业人才方面,要转变薪酬管理模式,推动薪酬体系与专业人才职业发展、绩效考核等工作全面融合发展,试点实施各类人才激励手段,引入市场机制,对高端人才提供有具有市场竞争力的薪酬激励和制度激励。

五 趋势的研判和下一步建议

(一)人才队伍建设的趋势研判

1. 人才结构水平有待提升

传统媒体行业逐步转型,传统媒体与新媒体融合发展成为互联网时代媒体行业发展的显著特点。SMG 以及湖南、浙江、江苏等兄弟省份的媒体发展经验已经表明,随着新媒体发展的突飞猛进,人才结构不仅呈现年轻化的趋势,而且新媒体人才的占比也呈现逐步提高的态势,传统媒体人才面临转型与提高。SMG 正处于转型、融合发展的关键期。顺应形势的需要,逐步提升人才结构水平,应成为下一步人才工作的重要议题。

2. 人才流动速度逐步加快

随着互联网的广泛运用,媒体与互联网融合产生各类新业态。在新的技术支撑体系下,数字杂志、数字报纸、数字广播、手机短信、移动电视、网络、桌面视窗、数字电视、数字电影、触摸媒体、手机网络等相继涌现,对高端人才的需求更加强烈,人才在行业内甚至是跨界流动的速度将加快,人才竞争加剧已经成为今后媒体行业发展的新态势。

(二)人才队伍建设的政策建议

1. 在人才管理体制机制方面,要有新突破

在管理体系上,搭建 SMG 和上市公司人力资源管理框架,建立一套与市场接轨、可复制推广的人力资源管理体系,为留住人才、吸引人才打造一

个良好的平台；在管控模式上，对职能部门、事业部和子公司进行分类管理，实现好"三定"，即职能部门定岗定编、事业部定职定责、公司定法定规，从人员总量和人力成本、人员进口和出口等方面建立差别化管控手段，加强人员增长的管理和指导。

2. 在人才职业通道建设方面，要有新进展

认真总结和推广三批次专业人才通道实施和岗位聘任试点工作经验，覆盖SMG下属各单位，进一步完善配套岗位薪酬体系及弹性福利等激励机制，加强专业技术职务等各项配套制度建设，完善专业人才职业发展晋升制度。

3. 在核心人才选拔培养方面，要有新变革

通过对台、集团核心专业人才的选拔、激励、培养和开发，提升其成长性、敬业度和附加值，推动各业务团队储备人才的培养和人才队伍的建设，初步形成结构合理、可持续发展的专业人才梯队。制定核心专业人才队伍规划，确立评价标准，做好核心专业人才评价过程的有效管控；加大台、集团层面对核心专业人才的激励力度，通过项目制、独立制片人制等机制建设，给予人才更大的发展和展示的平台；加大关键岗位、关键人才的薪酬竞争力，采取积极的市场对标，加大人力投入，充分调动人的积极性，好的节目要与人捆绑在一起，留住人才。

社 会 篇

Report on Social Subjects

B.6
当前中国主要社会矛盾与问题研究
——基于新浪微博为代表的社会化媒体研究报告

孟 建　裴增雨　孙祥飞*

摘　要： 本研究以新浪微博作为社会化媒体的代表，运用"大数据"技术，采集了党的十八大闭幕以来的数据，经分析，当前中国社会的主要矛盾存在于食品安全、环境保护、社会公平、反腐倡廉、住房改革等方面。

关键词： 社会矛盾　新浪微博　社会化媒体

---

* 孟建，教授，博士生导师，复旦大学国际公共关系研究中心主任；裴增雨，复旦大学国际公共关系研究中心研究员；孙祥飞，博士，华东政法大学讲师。

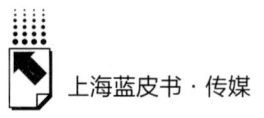

第一部分 研究背景及研究目的

依据党的十八大报告所提出的"坚持科学决策、民主决策、依法决策,健全决策机制和程序,发挥思想库作用"精神,复旦大学国际公共关系研究中心、英智传播集团、名道公共传播研究所三方联合开展了"国家治理体系建设中的十大关系研究"重大系列课题研究。这项研究于2013年2月正式启动,由安徽合肥学堂信息技术有限公司提供数据支持。该项重大系列课题研究,紧紧抓住当下及未来一段时间中国面对和亟须解决的重大疑难问题,在对传统媒体进行大量抽样分析的基础上,充分运用"大数据"技术,采集了党的十八大闭幕以来截至2014年5月31日长达18个月的海量数据,并以这些海量数据为分析研究的基础,进行了全面而深入的数据研判和话语分析。与此同时,本研究还注意运用现代公共关系理论中"关系管理"的研究方法,并协同政治学、经济学、社会学等多种学科进行本课题的研究。

开展这项研究的目的是要落实党的十八大和十八届三中全会要求加强中国特色新型智库建设的重要精神,做到"因势而谋、应势而动、顺势而为",为国家治理提供重要的智力支持和决策参考。

第二部分 研究过程与样本说明

本研究认为,以微博、微信为代表的社会化媒体成为反映中国发展现状、了解民众紧迫需求的重要风向标,更是中国国家治理和社会治理机构问计于民、搭建官民互动渠道的重要平台。研究以2012年中国共产党第十八次全国代表大会闭幕以来截止到2014年5月31日,共18个月的数据进行了多角度、全方位的分析和研究。研究以媒体报道中呈现的复杂社会关系和社会矛盾为依托,通过对海量数据的分析与研判,根据对多个传播平台与传播载体中传播热度的赋值与计算,统计到自从党的十八大以来具有较高传播热度的新闻话题和社会舆论事件300个。此类话题涉及政治、经济、文化、民生、外交等若干的层面,反映了中国社会各个阶层对国家治理社会管理的迫切需求。

近年来,鉴于社会矛盾普遍存在的现状和网络新媒体的迅速发展,本研究通过海量数据采集和多元话语分析的方式,对当前社会中普遍存在的社会矛盾进行了多角度的分析。本研究认为,当前以微博为代表的社会化媒体在传播社会话题、反映公众舆论、传播群体诉求方面具有重要的作用,而微博上所呈现的公众对特定话题的传播状态,应是当前社会实际状态的缩影。因此,为了了解当前不同的社会群体对当前中国社会主要矛盾的认知,研究采用多元话语分析的方法,探讨不同层次的主体对这一问题所持有的不同评价、观点及传播的效果。

研究选取自党的十八大以来至 2014 年 5 月 31 日,广泛存在于传统媒体和新媒体(含微博、微信、主流论坛)上具有广泛社会关注度的热点事件与热点话题数百个,建立社会热点话题数据库。本课题研究的过程及实施的路径如图 1 所示。

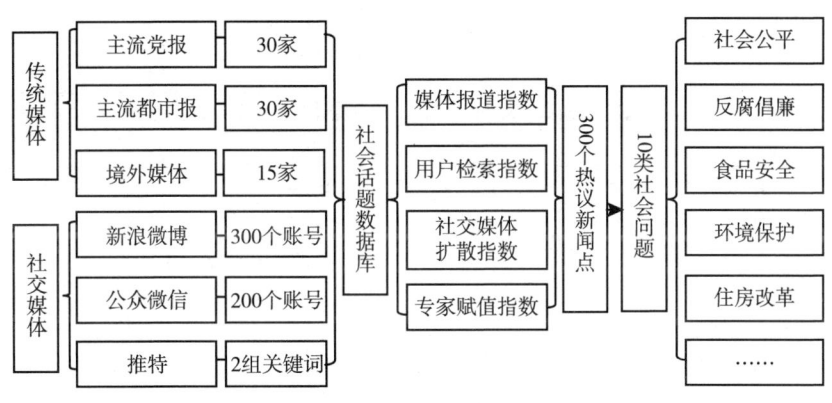

图 1 本研究的过程及实施路径

第一,研究样本来源中所提及的传统媒体主要包括国内外主流媒体 75 家(含国内党报 30 家、国内主流都市报 30 家,以及境外媒体 15 家)。社会化媒体包含微博、微信和推特三个平台,其中,微博选择新浪微博的媒体账号 100 个、舆论领袖账号 100 个、活跃草根账号 100 个;推特账号选择"中国/中国人"和"China/Chinese"两组;微信平台选择新闻类公众账号 100 个。

第二，通过对以上媒体平台及社交媒体账号进行复杂的人工统计，提取文本中的关键话题与关键事件，建立数据库，该数据库经过整理后形成一个汇集了自党的十八大以来截止到2014年5月底的社会话题数据库，包含"郭美美事件""薄熙来事件"等在内的新闻热点话题300个。

第三，将以上300个新闻话题按照食品安全、环境保护等进行聚类，共得到10类社会话题，进而，根据其在传统媒体和新媒体上的传播热度进行综合评估，引入媒体报道指数、用户检索指数、社交媒体扩散指数和专家赋值指数四个具体的评判指标统计出影响中国当前发展的十大问题。

表1中所呈现的是根据媒体报道指数、用户检索指数、社交媒体扩散指数、专家赋值指数等复杂计算后，得到的数据分析结果。依据综合指数计算进行排行后，可以看到十类被媒体热议、公众高度关注的热点话题，如食品安全、环境保护、社会公平及反腐倡廉等。

表1 社会热点话题综合指数排行

单位：%，分

排行榜	话题	媒体报道指数 30	用户检索指数 30	社交媒体扩散指数 30	专家赋值指数 10	综合指数
1	食品安全	6.92	9.26	9.94	8.74	8.71
2	环境保护	9.20	6.74	4.97	6.97	6.97
3	社会公平	8.96	2.53	3.37	4.92	4.95
4	反腐倡廉	6.58	4.03	1.39	4.00	4.00
5	住房改革	6.26	2.42	0.45	3.01	3.04
6	邻国关系	4.11	2.10	0.05	3.82	2.26
7	医患关系	1.22	3.67	0.81	1.90	1.90
8	国民素质	3.34	1.46	0.49	1.73	1.76
9	国家形象	2.02	1.75	0.34	1.37	1.37
10	法治建设	1.66	0.77	0.45	0.96	0.96

表1中的综合指数得分满分为10分，得分越高表明社会影响力越大。通过表1中的数据可以看出，在媒体的报道层面，得分前两位是环境保护和社会公平；而从公众关注的角度来看，食品安全与环境保护两大议题居前两位；

从社会化媒体传播的角度来看，食品安全和环境保护也是传播最为广泛的议题。

通过表1中对十大热点话题进行的综合指数排行情况可以看出，食品安全是当前社会最为关注的议题，综合指数得分为8.71分；其次是环境保护，其综合得分为6.97分；接下来是社会公平（得分为4.95分）和反腐倡廉（得分为4.00分）。

第三部分　研究方法与操作路径

本研究重点采用的研究方法为基于多案例的实证研究和基于海量数据的多元话语分析两种方法。研究经过上述步骤后，得出影响当前中国发展的十大矛盾。进而，研究以基于案例和话题的多元话语分析，主要统计对同一话题不同群体的人所持有的观点、看法、情绪和意见，并期望通过对微博平台上有关"社会矛盾"博文的分析，了解微博用户对当前社会矛盾的总体看法、具体类型以及相关意见和建议。本研究以"社会矛盾"为关键词的新浪微博有184236条。

从不同地域博文发布数量来看，对用户数量与该地区网民的分布情况，专门结合中国互联网信息中心所公布的网民地域分布情况，进行了如表2所示的统计。

表2　不同地域自媒体对"社会矛盾"的关注情况

地区	网民人数（万人）	采集用户数（个）	样本博文数量（条）
广　东	6992	16257	20824
山　东	4329	5683	7753
江　苏	4095	7944	10403
河　北	3389	2700	3609
浙　江	3330	7279	9017
河　南	3283	4418	6863
四　川	2835	4838	5935
湖　北	2491	3916	4884
辽　宁	2453	3147	4539

续表

地区	网民人数(万人)	采集用户数(个)	样本博文数量(条)
湖 南	2410	2585	3473
福 建	2402	3717	4541
安 徽	2150	2716	3836
广 西	1774	1576	2144
山 西	1755	1460	1909
陕 西	1689	2703	3696
上 海	1683	11417	14766
北 京	1556	19233	27108
云 南	1528	1492	1914
黑龙江	1514	1526	2024
江 西	1468	1648	2148
重 庆	1293	2345	2848
吉 林	1163	1063	1374
贵 州	1146	842	1088
新 疆	1094	957	1331
内蒙古	1093	1088	2079
甘 肃	894	1088	1431
天 津	866	1967	2419
海 南	411	673	986
宁 夏	283	374	471
青 海	274	221	282
西 藏	115	222	274
澳 门	—	348	393
台 湾	—	341	401
香 港	—	1106	1437
海 外	—	4292	5319
其 他	—	17949	20717
总 计	61758	141131	184236

根据表2统计发现,一方面,各地区所发布的相关博文数量和微博用户数量与中国网络媒体人口的分布情况具有典型的相关性,即网络用户基数庞大的地区微博的活跃度也较高;另一方面,各地区的微博活跃状况也与地方活动的举办、新闻事件的发生等有着较大的关系。从网民基数来看,广东、山东、江苏、河北、浙江五地数量位居前五,从微博用户的活跃状况来看,广东、上海、江苏、浙江、山东五地位居前五;而从博文的数量来看,北京、广东、上海、江苏、浙江五地位居前五(见表3)。

表3 不同地域自媒体对一般话题和"社会矛盾"话题的关注对比

网民数量前5名	广东	山东	江苏	河北	浙江
微博用户活跃前5名	广东	上海	江苏	浙江	山东
关注"社会矛盾"前5名	北京	广东	上海	江苏	浙江

在以微博为代表的社会化媒体中,认证用户往往具有较高的影响力,表4是本次样本按照认证类型进行的统计和整理。

表4 不同类别用户对"社会矛盾"的关注程度

单位:条,个

认证情况	认证	博文数	用户数	人均博文
认证用户	认证个人	12528	7849	1.60
	认证媒体	1551	852	1.82
	认证企业	1953	1407	1.39
	认证软件	10	5	2.00
	认证社团	150	114	1.32
	认证网站	667	441	1.51
	认证校园	283	244	1.16
	认证政府	4313	2668	1.62
普通用户	微博达人	30321	21906	1.38
	普通个人	132415	105600	1.25
	微女郎	45	45	1.00
总计		184236	141131	1.31

根据表4中的统计,141131个账号发布博文184236条,平均每个账号发布博文1.31条,其中,博文发布数量最多的是普通个人账号,共发布博文132415条,占样本总数的71.87%;其次是微博达人用户共发布博文30321条,平均每个账号发布博文数量1.38条。认证政府机构发布的博文数量为4313条,在认证账号所发布的博文中其数量仅次于认证个人,超过了媒体账号所发布的博文数量,位居第二。相比而言,媒体账号发布的博文数量并不多,仅占所统计样本总数的0.84%。

在当前的微博舆论圈中,具有影响力的微博分为三大类群体,一是个人

V认证群体，部分影响力不亚于媒体账号和政务账号，二是媒体账号，三是政务账号。关于政务和媒体账号在本次"社会矛盾"议题中的表现情况详见表5所示。

表5　不同类别公众服务账号对"社会矛盾"的关注程度

单位：条，个

排序	政府类型	博文数	用户数	人均博文	媒体类型	博文数	用户数	人均博文
1	公检法	2180	1222	1.78	其他*	610	324	1.88
2	市政	1835	1221	1.50	都市	556	391	1.42
3	党团	181	137	1.32	财经	161	62	2.60
4	教育	50	40	1.25	党报	106	38	2.79
5	旅游	30	19	1.58	法制	77	22	3.50
6	卫生	23	18	1.28	港澳台	32	8	4.00
7	交通	14	11	1.27	外媒	6	5	1.20
8	—	—	—	—	台湾	3	2	1.50
	总计	4313	2668	1.62	总计	1551	852	1.82

* 媒体账号中的"其他"主要是指包括各类自媒体账号等在内的不属于"都市"等7类账号的其他账号，以下研究中所提及的媒体账号中的"其他"均遵循这一分类方式。

从表5中可以看出，在政务微博中，公检法系统所发布的博文数量最多，由1222个账号发布2180条博文，每个账号平均发布博文数量为1.78条；其次为市政类账号，在微博中拥有广泛用户数量的党团微博所发布的博文数量相对较少。在1551条由媒体发布的博文中，自媒体类账号（其他）发布的数量较多，都市类媒体位居其次。

对表4和表5进行对比后可看出，政务微博相较于媒体微博而言，更关注社会矛盾这一话题的表述，但这并不意味着政务微博会刻意关注当前影响中国社会发展的一些负面问题，而是"社会矛盾"这一表述更为宏观和笼统，因其没有与社会现实话题和社会事件高度结合而成为其关注的对象，相反，媒体账号更倾向于关注具体的、社会实践中的具体问题和具体现象，在对一些较为抽象的议题上，并不刻意关注。

第四部分 样本走势与话题分布

一 时间走势

研究以月份为单位，统计了十八大以来共 18 个月的博文发布数量。研究发现，博文在发布趋势上，虽然在 2013 年 3 月（14319 条）、7 月（16259 条）、11 月（14544 条），2014 年 3 月（10630 条）出现数个峰值，但在整体上呈现下降的趋势。详见图 2 的数据统计。

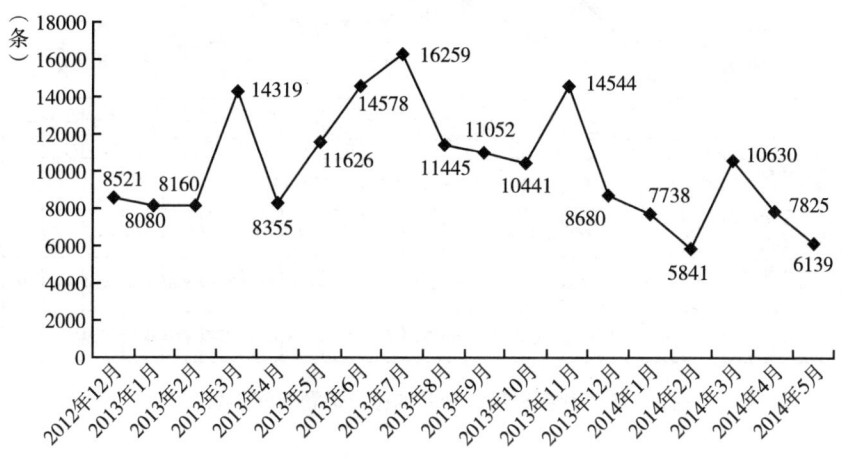

图 2 与"社会矛盾"相关的微博话题时间走势（1）

根据进一步统计，在这 18 个月中，博文发布的平均值为每月 10235 条，其中高于平均值的为 2013 年 3~11 月（除 2013 年 4 月），从 2013 年 12 月开始到 2014 年 5 月，除了 2014 年 3 月略高于平均值之外，其余月份均低于平均值。之所以出现上述情况，研究初步做出如下推断：第一，随着国家大力推进互联网整治，部分经常以时政话题为发布内容的网络用户逐渐回避讨论；第二，随着中国在干群关系、反腐败等层面进行的大刀阔斧的改革，社会矛盾作为社会议题的热度呈现下滑局面；第三，部分源于社会现实中的突发、意外、重大事件的发生导致了社会媒体上的热议，进而引发小的传播峰值的出现。本研究在后续的观察中将予以具体的统计分析。

为了进一步探讨在以微博为代表的社会化媒体上时间走势的差异，研究分别就博文发布的数量、原创微博的数量、总转发数以及总评论数进行了历史趋势的分析与统计。具体见图3的统计数据。

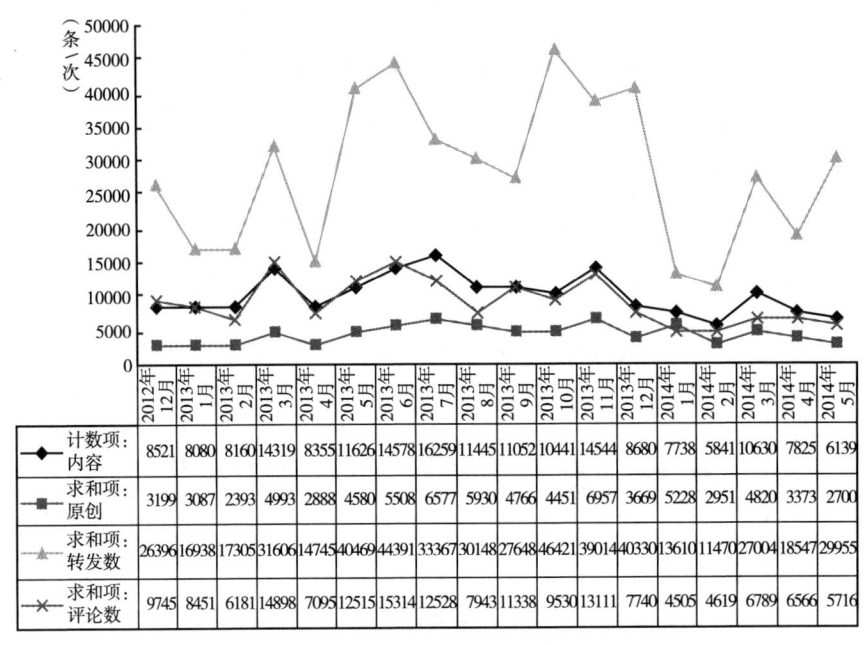

图3　与"社会矛盾"相关的微博话题时间走势（2）

根据图3所呈现的数据走势可以看出，微博发布的总数、原创微博的数量、总转发数以及总评论数这四个统计维度在时间走势上具有较高的一致性。

二　区域分布

研究对博文发布者所在的地理位置进行了统计与分析，所涉及的地理位置包含了中国所有的省、自治区和直辖市，同时，也有部分海外用户发布了对"社会矛盾"这一话题的观点和意见。经过初步的数据统计后，北京、广东、上海、江苏、浙江、山东、河南、四川这6省2市的用户数量、博文总数与原创微博的数量排名均靠前。详见图4所示。

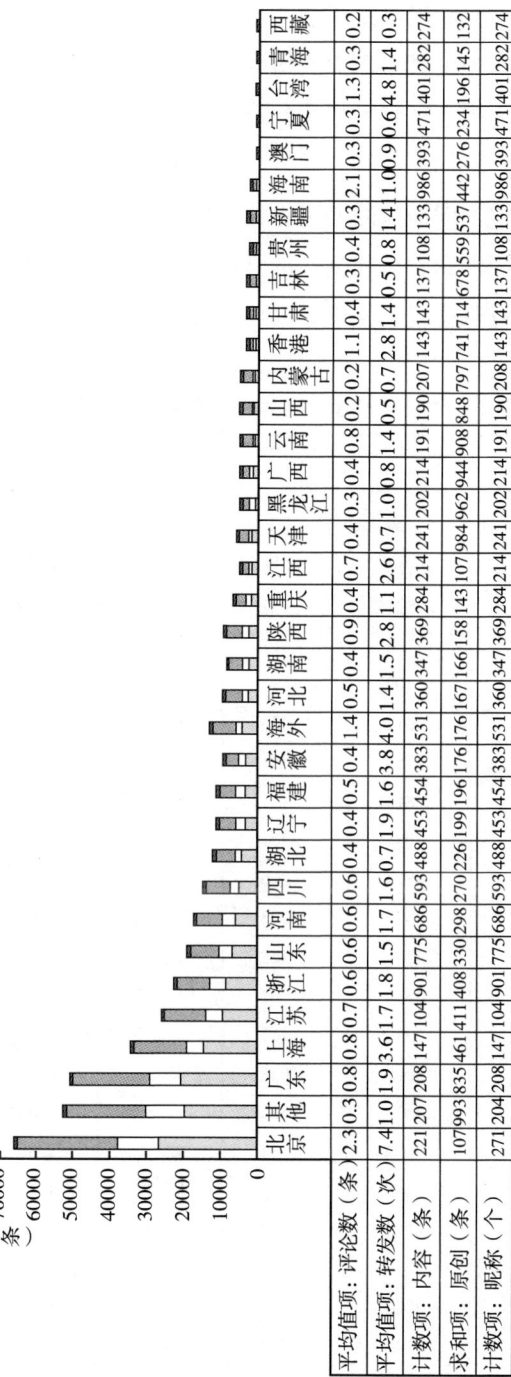

图 4 与"社会矛盾"相关的微博话题地区分布

这一发现与中国互联网信息中心关于中国网民用户数量进行的调研及统计结果基本一致,与中国微博用户的地域分布规律高度一致,同时,这一结论在历次的多项研究中也得到了相关的证明。显然,这一研究并非我们所期望的核心研究结论。

为此,研究断定不同地区的网民在相关博文的发布上有着不同的传播力和覆盖面,有着不同的影响力和阐释的维度。由此,研究对博文的原创情况及平均转发和平均评论进行了统计。具体的数据如表6所示。

表6 "社会矛盾"相关的微博话题地区分布

地理分布	用户数(个)	博文数			影响力	
		总数(条)	原创数(条)	原创率(%)	均转发(次)	均评论(条)
北 京	27107	27108	10700	39.47	7.43	2.39
其 他	20403	20717	9939	47.98	1.03	0.30
广 东	20824	20824	8357	40.13	1.99	0.81
上 海	14766	14766	4617	31.27	3.69	0.87
江 苏	10403	10403	4111	39.53	1.71	0.75
浙 江	9016	9017	4086	45.31	1.88	0.65
山 东	7753	7753	3301	42.58	1.59	0.61
河 南	6863	6863	2984	43.48	1.73	0.65
四 川	5935	5935	2701	45.51	1.65	0.62
湖 北	4884	4884	2266	46.40	0.76	0.46
辽 宁	4539	4539	1993	43.91	1.99	0.44
福 建	4541	4541	1968	43.34	1.65	0.52
安 徽	3836	3836	1761	45.91	3.85	0.45
海 外	5319	5319	1761	33.11	4.05	1.48
河 北	3609	3609	1679	46.52	1.49	0.53
湖 南	3473	3473	1662	47.85	1.52	0.46
陕 西	3696	3696	1582	42.80	2.88	0.92
重 庆	2848	2848	1433	50.32	1.12	0.49
江 西	2148	2148	1072	49.91	2.66	0.75
天 津	2419	2419	984	40.68	0.77	0.42
黑龙江	2024	2024	962	47.53	1.02	0.35
广 西	2144	2144	944	44.03	0.82	0.45

续表

地理分布	用户数(个)	博文数			影响力	
		总数(条)	原创数(条)	原创率(%)	均转发(次)	均评论(条)
云南	1914	1914	908	47.44	1.48	0.51
山西	1909	1909	848	44.42	0.51	0.23
内蒙古	2080	2079	797	38.34	0.77	0.21
香港	1437	1437	741	51.57	2.82	1.11
甘肃	1431	1431	714	49.90	1.45	0.43
吉林	1374	1374	678	49.34	0.54	0.34
贵州	1088	1088	559	51.38	0.80	0.49
新疆	1331	1331	537	40.35	1.47	0.36
海南	986	986	442	44.83	11.59	2.15
澳门	393	393	276	70.23	0.94	0.33
宁夏	471	471	234	49.68	0.66	0.39
台湾	401	401	196	48.88	4.87	1.30
青海	282	282	145	51.42	1.48	0.38
西藏	274	274	132	48.18	0.38	0.29
总计	183921	184236	78070	—	—	—
平均值	5108.92	5117.67	2168.61	42.38	2.76	0.89

根据表6的统计我们可以发现，北京、广东等6省2市在微博用户数量、博文发布数量以及博文的原创数量这三个维度方面位居前几名，但就平均转发数和平均评论数而言，大都落后于全国平均水平。在转发数的统计中，全国微博的平均转发数为2.76次，而在北京等6省2市中，仅有北京和上海两市的平均转发数超过了全国的平均值；在平均评论数方面，全国的平均值为0.89条，但在6省2市这8个地区中，仅有北京的平均评论数（2.39条）位居全国平均值之上。而一些微博用户数量并不多的地域反而拥有较高的微博原创率。

研究发现，排名前列的6省2市拥有庞大的微博用户群，并保持了高度的微博活跃度，因而在"社会矛盾"这一话题上有着较多的信息贡献；海南地区虽然在微博用户数量及博文的发布数量上不占有绝对优势，但在平均转发数及平均评论数方面排名靠前。

三 发布平台分布

研究以微博发布为来源的聚类,并统计了微博发布者所采用的1307类(款)应用。依据发布微博条数排序,筛选出应用频次在500次以上的应用平台。该发布来源包括了常见的微博(即weibo.com)、Android客户端等28类(款)应用。

从具体统计来看,当前用户使用微博发布与"社会矛盾"相关的话题时,用户所采用的应用类型相对多元化和多样性,但最常使用的三大平台是PC端页面微博、Android客户端和iPhone客户端。根据《中国移动互联网发展报告(2014)》公布的数据,我国移动互联网用户总数已达8.38亿户,中国目前已经进入全民移动互联网时代。这意味着,移动互联网已经成为当前的主流化趋势。

本次研究中发现,排名前28位的应用平台来源于桌面版的微博共有69280条,占前28位应用发布博文总数(131629条)的52.63%,来源于移动客户端或其他移动平台的微博共有41788条,占前28位应用发布微博总数的31.75%。也即意味着,在10条微博中,有3条微博来源于移动客户端。

第五部分 主要结论与调查发现

一 社会公众对社会矛盾与问题的总体看法

对184236条博文所涉及的内容以及78070条原创博文的内容进行了高频词的统计分析,在筛选掉无明确意义的辅助性用词之后,将博文的用词分为主体性用词、修饰性用词、策略性用词和参考用词四类,分别统计其高频用词和词频数,进而根据出现频次进行排序,筛选出排行前15位的高频用词(见表7)。

表7 自媒体中与"社会矛盾"相关的高频用词分布

单位：次

类别 排序	全样本								原创微博							
	主体性用词		修饰性用词		策略性用词		参考用词		主体性用词		修饰性用词		策略性用词		参考用词	
	用词	词频	用词	词频	用词	词频	用词	词频	用词	词频	用词	词频	用词	词频	用词	词频
1	政府	25758	激化	32360	改革	32919	人民日报	3043	经济	10541	激化	14199	改革	12598	无孔不入	2615
2	经济	24357	尖锐	11959	解决	24401	社会主义	2774	政府	10463	敏感	6542	发展	10810	精明强干	2068
3	国家	20132	加剧	9389	发展	20085	改革开放	2741	人民	9369	尖锐	5555	化解	9491	改革开放	1651
4	人民	16994	差距	9148	化解	16930	无孔不入	2623	政治	8764	小心	5762	解决	9135	资本主义	1369
5	我们	15753	贫富	9037	法律	13899	资本主义	2257	学生	7632	务必	5727	法律	6529	有目共睹	1124
6	律师	13644	公正	8917	制度	10280	既得利益	2116	国家	7579	势力	5151	管理	5939	地方政府	1102
7	政治	12713	和谐	8851	管理	9022	精明强干	2068	工作	7222	稳定	4502	制度	5754	富国强兵	1099
8	体制	11942	引发	8446	司法	8832	地方政府	1909	大家	7200	容易	4439	建设	4097	现实主义	1093
9	他们	11822	越来越	8408	建设	7494	市场经济	1444	历史	7000	利益	4194	行政	3833	优患意识	1065
10	大家	11794	稳定	7827	权力	7185	有目共睹	1146	我们	6628	和谐	4190	民众	3738	社会主义	1036
11	腐败	11516	导致	7777	回复	8516	富国强兵	1104	群众	5762	差距	4184	调解	3735	市场经济	969
12	利益	10751	安全	7126	民众	8453	现实主义	1101	腐败	5604	公正	4131	清官	3425	人民日报	854
13	历史	10288	敏感	6944	百姓	8383	言论自由	957	思想	3875	影响	4065	变法	3405	安居乐业	766
14	工作	9979	危机	6786	媒体	7695	环境污染	850	贫富	3724	加强	3856	司法	3185	经济危机	675
15	群众	9906	公平	6782	贪官	6713	罪魁祸首	743	体制	3442	加剧	3602	法治	3134	贫富悬殊	391

表 7 中的数据可以得出以下几个结论：第一，政府、国家、经济、政治及体制是与"社会矛盾"进行捆绑的关键性的主体用词，贪污腐败、既得利益和社会公平（贫富分化）是公众最为关注的焦点；第二，跟"社会矛盾"相捆绑的修饰性的用词主要包括"激化""尖锐""加剧""敏感"等，表明公众对"社会矛盾"的感觉和认知较为强烈；第三，以四字用词来看，"既得利益""地方政府""环境污染"等表述成为高频用词，表明公众普遍的情绪集中在基层政府管理方式、改革开放成果分配不均、以牺牲环境保护换取经济利润等三个具体的层面。

二 不同类型主体对社会问题与矛盾的关注分析

研究依照微博转发数量筛选出前 20 条备受用户关注的信息。根据研究，具有较高影响力的 20 条博文已涉及中国当前社会矛盾的产生原因以及解决当前中国社会矛盾的具体策略，并且绝大部分博文都聚焦于两个层面展开分析。基本的观点汇总如下。

第一，对中国当前社会矛盾产生的根源进行的分析。微博上有影响力的观点对中国社会矛盾的原因归结为执法部门选择性执法，政府权力滥用与不受监督，基层政府的不作为，改革成果受惠对象不均衡，对敏感问题的过度反应与过度处理等。例如，认证为"知名地产商"的任志强指出，"央二不断暴露出大量政府机构行政不作为的现象。如谁弄脏了我们的空气、门难进、脸难看等。许多的基层矛盾大多来自政府部门的不作为和乱作为。重要的不仅是中央政府在说什么？而是基层政府部门在做什么？花了纳税人的钱却不为纳税人提供公共服务已成为激化社会矛盾的主要原因之一"，这条博文获得了 3747 次转发和 1216 条评论。

第二，对当前中国社会矛盾处理的对策的分析。研究发现，当前在微博上较有影响力的观点主要体现在：通过法治思维、法制渠道对国家和社会进行治理；改善分配方式，将改革的成果多惠及普通大众而非特权或公权力阶层；宣传和舆论引导并非解决社会矛盾的根本举措，它只能在优政的基础上起到画龙点睛的作用；权力不受监督是社会矛盾产生的一个重要原因，加之党政不分、粗暴管理等各种表现，为此"宪政"是解决问题的措施；改善公权力机构与民众进行沟通的方式，最大限度地将"上访"变为"下访"，从源头上化解社会矛盾。

第三，研究发现，较为粗暴和落后的底层社会管理方式既是社会矛盾激化的原因，又是为公众所诟病的对象。在具有影响力的典型微博样本中，公众普遍认可清晰、明确的顶层设计，但对基层政府的管理和涉及的与民生相关的一些基本问题的处理上存在较大的争议。数据统计显示，在184236条相关的博文中，涉及"基层政府""地方政府"的博文有3388条博文。观点涉及地方政府的粗暴行政、地方政府的不作为、以城管为代表的群体的不当行为等若干层面。

同时，根据前文的分析，微博中最具有影响力和活跃度的三大认证群体分别为网络大V（个人认证账号）、媒体认证账号和政务认证账号（政务微博）。不同群体的微博往往有各自的话题建构及传播策略，而因其各自身份的差异也容易出现不同的传播效果（转发数和评论数）。为了研究这三类群体的差异，研究分别依据博文转发数进行排序后各自选择了三类账号中最受公众关注的十条博文。这十条博文累计获得12339次转发，累计获得4530条评论。从媒体所聚焦点情况来看，具体的社会问题，如上访、房地产、过度追求GDP导致的负面问题、群体性事件等都是媒体所聚焦的具体问题。这表明，媒体账号在谈及社会矛盾时往往聚焦于具体的、实践性的社会案例，而很少以抽象的理论和口号式的语录来建构"社会矛盾"的话语。

从政务微博情况来看，排名前十条的博文共获得了3408次转发和635条评论，与媒体账号相比而言，政务微博的影响力相对较小，其获得转发的总次数仅为媒体账号所获得总转发次数的27.62%，还不到其1/3，而其获得的评论数仅为媒体账号所发布博文获得评论总数的14.02%。这意味着，当前的政务微博缺少普遍的影响力，虽拥有庞大的用户数量，但缺少有效果、有态度的引导。而从具体的话语表述来看，政务微博较多谈及相对宽泛和抽象的理论，并且以领导的讲话、会议的精神和某些实践活动的谋划及表态为主,很少就具体的社会实践问题展开议题的建构和传播,因而其信息缺乏必要的传播力。

从认证个人用户情况来看,排名前十条的博文共获得了32206次转发和6058条评论,其转发数和评论数均高于媒体微博。这意味着,在当前以微博为代表的社交媒体上,少数的网络大V,在某些特定的语境下和特定话题中,影响力并不亚于媒体账号的影响力。从上述十条博文中所提及的内容来看,对当前相对高频的社会矛盾的原因及对策的分析占据了较大的比重,其中"改革"是最为核心的表述用词。此外,从网络大V的观点来看,批评性的话语和建设性的话语共存,理性的声音不在少数,意味着在微博上获得较高认同的博文并不一定要采用夺人眼球、危言耸听的方式来吸引关注。

三 不同类型主体对社会问题与矛盾的传播效果分析

本研究所采集到的184236条相关的博文,共覆盖认证个人、普通用户等11类认证及非认证群体。表8是根据博文的发布主体分别就用户数、博文数量、转发数与评论数进行的统计。

表8 不同类别账号发布的"社会矛盾"话题传播情况

用户类型	用户数（个）	博文数量			转发数（次）		评论数（条）	
		博文总数（条）	百分比（%）	原创数（条）	总转发	均转发	总评论	均评论
普通用户	105600	132415	71.87	57771	177763	1.34	50174	0.38
认证个人	7849	12528	6.80	4276	180347	14.40	57989	4.63
认证媒体	852	1551	0.84	1368	67852	43.75	25933	16.72
认证企业	1407	1953	1.06	1594	6110	3.13	2146	1.10
认证软件	5	10	0.01	10	324	32.40	118	11.80
认证社团	114	150	0.08	102	495	3.30	216	1.44
认证网站	441	667	0.36	564	4412	6.61	1508	2.26
认证校园	244	283	0.15	177	446	1.58	200	0.71
认证政府	2668	4313	2.34	3314	13873	3.22	5399	1.25
微博达人	21906	30321	16.46	8882	57724	1.90	20849	0.69
微女郎	45	45	0.02	12	18	0.40	52	1.16
总 计	141131	184236	100.00	78070	509364	2.76	164904	0.89

根据表 8 的统计，依据博文数量排序，话题发布密集的有普通用户、微博达人、认证个人和政务微博。其中，普通用户发布的博文数量最多，共有 105600 个用户发布了 132415 条博文，占 141131 个用户发布博文总数的 71.87%，这印证了微博中对于特定话题的传播呈现的琐碎的多数与重要的少数并存的局面。以认证用户的博文发布情况来看，个人认证博文发布的数量为 12528 条，占博文总数的 6.80%，远远大于媒体微博和政务微博所发布博文数量的占比。

从博文的原创情况来看，184236 条微博中共有原创博文 78070 条，占博文发布总数的 42.37%，其余的 57.63% 的微博为转发。数据表明，超过一半的微博用户倾向于通过转发他人的微博来获取关于"社会矛盾"的认知评价及信息，而不是自主发布与之相关的原创博文来表达情绪或意见。

从传播的效果来看，以平均转发数为评价标准，媒体微博发布的博文拥有相对较高的转发量，平均获得 43.75 次转发；其次为认证软件的账号，所发布的十条微博平均获得 32.40 次转发。以平均评论数为标准，可以得出一样的结论。总体而言，综合考虑博文条数和影响力，普通用户以琐碎的观点拥有最大广度的传播覆盖面，占据了所有样本获得总转发次数的 34.90%，认证媒体发布的博文在传播的覆盖面上，占据了所有样本获得总转发次数的 13.32%。相较而言，政务微博在此方面发声的数量及传播力较弱。

研究专门就博文发布者属于认证个人的身份情况进行了统计汇总，具体情况如表 9 所示。

表 9　不同类职业的认证个人账号发布的与"社会矛盾"相关话题情况

单位：条，次

认证身份	原创博文数	总转发	均转发	总评论	均评论
记者/编辑/媒体人	389	10449	26.86	3335	8.57
商人	911	23664	25.98	6609	7.25
律师	484	14255	29.45	6419	13.26
教授/教师/学者	444	33065	74.47	4764	10.73
作家/诗人	277	20068	72.45	7117	25.69

从表9中的数据可以看出，在五大类活跃用户群体中，属于商人群体（即认证为董事长、总经理等身份的人）发布的原创博文数量最多，共发布博文911条；而从博文所获得的转发量来看，认证为教师/教授/学者的群体发布的原创博文获得的转发次数最多，其平均的转发次数也位于五大类认证用户之首；从原创博文获得的评论情况来看，认证为作家或诗人的用户获得了数量最多的评论，同时平均获得的评论数也位居五大类群体之首。

四　当前社会媒体最关注的主要话题聚类

为了进一步探讨微博用户所集中指向的议题，研究以上文中的重点博文为参考，提取出若干个社会矛盾的维度，并以所采集的样本中所包含的78070条原创博文数据进行全样本的统计分析。具体统计包含"官民冲突""贪污腐败"等九类矛盾类型以及对"城管""法官""律师"等若干指向性的对象进行高频话题聚类分析。

研究采用的方法为：针对上文的基础结论，参考转发量超过500次的原创博文中涉及的观点和话题进行关键词的提炼，根据关键词以及关键词的相关用词的分析归纳该条博文的观点，进而以关键词匹配的方式统计全部原创微博中包含此观点的博文条数，最终归纳为多类议题在全部原创微博样本中的比例及分布情况。详见表10的统计情况。

表10　与"社会矛盾"相关话题的主要内容分布

单位：条，%

矛盾表现		微博数	百分比	排序
矛盾类型	贪污腐败	4662	5.97	1
	贫富分化	3969	5.08	2
	环境污染	2501	3.20	3
	分配不公	2264	2.90	4
	医患关系	2080	2.66	5
	权力滥用	1986	2.54	6
	特权阶层	607	0.78	7
	食品安全	589	0.75	8
	官民冲突	578	0.74	9

续表

矛盾表现		微博数	百分比	排序
涉及对象	政府机构	9268	11.87	1
	法治建设	5338	6.84	2
	制度建设	4782	6.13	3
	官员	2532	3.24	4
	城管部门	1723	2.21	5
	法官、律师	496	0.64	6
参考议题	民主	2511	3.22	1
	宪政	381	0.49	2
	言论自由	159	0.20	3
	公民社会	42	0.05	4

通过表10的数据可以直观看出,在转发超过500次的原创博文中,关注度居首位的是贪污腐败,占样本总数的5.97%,涉及4662条相关博文。其次为贫富分化,该话题占样本总数的5.08%,涉及3969条博文,接下来是环境污染和分配不公。

研究发现,在与社会矛盾相关的具体对象中,政府机构、法治建设、制度建设以及官员被提及的频率极高,在涉及的六类对象中,政府机构以9268条博文位居榜首,占样本总数的11.87%,这意味着每十条博文即有一条博文将当前的各类社会矛盾以政府为明确的指向对象。同时,研究进一步探讨了"基层政府"与社会矛盾相联系的情况,发现基层政府也是当前社会矛盾指向非常具体、明确的对象,相关博文共有888条。研究进一步发现,在"宪政"等四类参考话题中,"民主"这一议题的讨论较多,而对"宪政""言论/新闻自由""公民社会"等议题讨论的较少。这说明随着国家大力推进各项改革措施,"宪政"和民主等争议声音渐渐趋向缓和,很难成为当前社会有影响力的议题。

研究认为,通过对媒体报道指数、用户检索指数、社交媒体扩散指数、专家赋值指数四类评价指标进行综合评估后,可知当前中国社会的主要矛盾在食品安全、环境保护、社会公平、反腐倡廉、住房改革等方面,而位居第一的是食品安全问题。

B.7
上海城市形象的国际社交媒体呈现
——基于Twitter的样本分析*

徐 翔**

摘 要: 全球社交媒体的强势崛起构成了国际信息秩序中的新动态和新挑战,也为城市形象的国际传播带来新的语境和方式。本文通过相关爬虫软件提取和结构化处理国际社交媒体的网络文本信息,结合语义网络、共词聚类等方法进行内容挖掘和实证考察,研究分析以Twitter为代表的国际社交媒体中上海的城市形象呈现特征及其优化路径。

关键词: 社交媒体 上海 城市形象 国际传播

城市形象的传播是关系城市健康繁荣发展、增强城市竞争力、辐射与发挥城市"软实力"的重要构成。所谓城市形象,"是指城市以其公共设施(地理环境、经济贸易、建筑景观、商业、交通、教育、卫生等)、法律制度、政府治理、历史文化传统以及市民价值观念、生活质量和行为方式等要素集合下,使公众形成的对某城市认知的印象总和。"[①] 随着互联网和新媒

---

* 本文是国家社科基金项目"中国文化对外社交媒体传播机制研究"(13CXW050)、同济大学人文社会科学跨学科研究基金项目(智能)汽车文化研究的阶段性成果。
** 徐翔,博士,同济大学艺术与传媒学院副教授,硕士生导师,主要研究方向为城市传播、网络传播。
① 《借鉴国外经验 做好城市形象网络营销》,http://www.citure.net/info/2010818/201081894240.shtml。

体的发展，包括社会化媒体在内的各种新兴媒介在城市形象营销和管理中得到越来越多的重视，城市网络形象评价指标体系①、城市形象媒体监测系统②等研究和实践运用促进了城市形象建设与管理在网络媒体时代的提升。当前，"社会化媒体"或"社交媒体"（social media）迅猛崛起，占据着社会舆论和传播的主要阵地。在国际社会，以 Twitter 和 Facebook 等为代表的全球性的社交媒体对全球传播产生了巨大影响。本文对国际社交媒体中的上海城市形象呈现现状与特点进行分析。

本研究以 Twitter 为样本对象，主要基于其在全球社交媒体中的重要性和代表性。根据 Alexa 的网站排名的统计，Twitter 在全球网站中常年高居前 10 位，在全球的社会化媒体中也常年居于领军行列。在 2013 年 9 月 11 日、2014 年 8 月 11 日和 2014 年 12 月 7 日对 Alexa 全球网站排名数据的三次考察中，Twitter 分别居于全球第十位、第七位和第九位。根据 Twitter 在 2014 年第一季度和第二季度的财报，其活跃用户数分别达到 2.55 亿个和 2.71 亿个；2014 年第二季度，Twitter 时间线访问量达 1730 亿次，同比增长 15%。

一 研究设计

本研究的目的是以实证方法考察在国际社交媒体传播中，上海城市形象的呈现具有怎样的特点与构成。通过 Twitter 的样本研究，针对的具体问题包括以下相关联的几个方面：（1）在以 Twitter 为代表的国际社交媒体中，上海城市形象的呈现具有哪些主要构成？（2）在以 Twitter 为代表的国际社交媒体中，上海城市形象的构成具有怎样的内部关联？（3）在以 Twitter 为代表的国际社交媒体中，上海城市形象的构成具有怎样的内部结构？针对上述问题，研究采取的具体方法是：从高频词的角度分析上海城市形象呈现中

---

① 《我国首份"城市网络形象排行榜"发布》，http://news.xinhuanet.com/politics/2012-08/07/c_112650225.htm。
② 孙江华、严威、周建新：《城市形象媒体监测系统的建设及应用》，《现代传播》2009 年第 4 期。

的要素和"议题"内容特征；从共词的角度分析上海城市形象呈现中的共现特征；从语义网络的角度分析上海城市形象呈现中的结构特征。

本研究以"shanghai"为内容搜索的关键词，在 Twitter 搜索按照时间先后排序的推文，并用爬虫软件从 Twitter 上进行推文的爬取以及结构化处理。得到发布时间从 2015 年 6 月 13 日到 2015 年 9 月 26 日之间与"shanghai"相关推文并进行数据清洗、去除重复推文后，共有 28481 条。其文本分析的对象包括推文的正文内容，没有标题，也不含其他信息。抽样所得的推文样本根据分析软件的需要，进行文本预处理，包括把英文的大写字母一律转为小写、中文的繁体字一律转化为简体字，以便于分词和词频统计、内容挖掘。研究中采取 ROST ContentMining 软件进行分词处理，用 ROST NewsAnalysis Tools 进行中英文的词频统计和词语挖掘，用 NetDraw 进行语义网络分析，用 SPSS 进行统计分析。其中，在用 ROST ContentMining 和 ROST News Analysis Tools 分析时，针对所得的样本内容，构建了中英文的词库并设定了中英文过滤词。

二 高频词与呈现主题特征

媒体对于公共话题、热点对象、社会议题的讨论，构建和折射出公众的关注和聚焦点，体现了媒介对"议程"的设置。科亨指出，新闻媒介在告诉人们怎么想的方面可能并不成功，但是在告诉人们想什么的方法则异常成功。[1] 就城市形象的传播来说，媒介中经常出现的高频词同样也关系城市形象在传播与呈现中的"议程"，关系什么是被言说的和什么是不被言说的。对于国际社交媒体上发布的关于上海的信息进行抽样和采集，通过 ROST 文本挖掘软件考察其热词状况，展现上海城市形象国际"社交化"传播的热点内容和议题构成。

对采集所得的 Twitter 正文文字进行文本预处理以及内容挖掘，得到所

---

[1] Cohen，B. *The Press and Foreign Policy*. Princeton，NJ：Princeton University Press. 1963. P. 13.

有推文的词频分布情况。对文本进行分词后，会得到由英文文本的自然切分而得到的一些无意义的词。将这些分词所得的无意义的词包括在内，共得到61904个不同的词。其中，最高词频为26919次，之后迅速衰减到数百次或者更低。在出现过的词中，词频为一次的有42921个；词频为两次的有6757个，词频为三次的有2899个，词频为四次有1732个。词频高于100次的只有275个词。在高频词的处理中，对一些无明显意义且在不同媒体中共同出现的高频词予以剔除，包括by、in等介词，i、you、they、we等人称代词，please、because、must、then、while等连词和虚词，以及一些无意义的字符如rt、html等，主要留下名词、形容词、动词等，增强高频词的识别度。前200位的高频词及其词频如表1、表2所示。

表1　Twitter样本中的第1~100位高频词及其词频

单位：次

词频排序	高频词	出现词频	词频排序	高频词	出现词频	词频排序	高频词	出现词频	词频排序	高频词	出现词频
1	shanghai	26919	18	韩国	554	35	international	330	52	pudong	276
2	china	5331	19	video	511	36	shares	326	53	人权宣言	265
3	news	1661	20	world	505	37	hotel	322	54	日本	257
4	中国	1343	21	current	490	38	travel	317	55	北京	257
5	chinese	1047	22	newyork	488	39	city	317	56	exchange	251
6	stocks	1022	23	markets	472	40	week	315	57	high	250
7	new	1019	24	photo	472	41	domains	315	58	opening	242
8	hongkong	832	25	facebook	459	42	buff	314	59	great	242
9	beijing	829	26	business	440	43	世界	314	60	low	242
10	composite	783	27	premises	403	44	rain	313	61	morning	241
11	asia	767	28	conditions	393	45	concert	312	62	opens	239
12	brics	702	29	live	376	46	film	312	63	july	238
13	market	680	30	reuters	369	47	luxury	307	64	music	238
14	上海	641	31	record	368	48	trading	299	65	india	234
15	airport	624	32	中华人民共和国	352	49	tomoworld	294	66	disneyland	233
16	weather	574	33	shenzhen	350	50	festival	293	67	masters	229
17	stock	560	34	good	333	51	exoluxion	278	68	photos	228

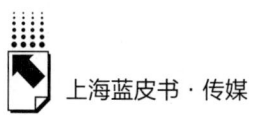

续表

词频排序	高频词	出现词频	词频排序	高频词	出现词频	词频排序	高频词	出现词频	词频排序	高频词	出现词频
69	event	227	77	team	213	85	disney	207	93	hyukkiss	196
70	jobs	225	78	seoul	213	86	open	207	94	path	195
71	aug	225	79	london	212	87	art	205	95	work	195
72	development	220	80	xintiandi	212	88	新闻	204	96	inter	191
73	air	216	81	fan	210	89	park	201	97	shenhua	190
74	love	214	82	cooperation	208	90	tower	199	98	chain	190
75	daily	214	83	expatinc	208	91	book	199	99	bayern	188
76	香港	214	84	expatinc	208	92	fancam	196	100	look	186

表2 Twitter样本中的第101～200位高频词及其词频

单位：次

词频排序	高频词	出现词频	词频排序	高频词	出现词频	词频排序	高频词	出现词频	词频排序	高频词	出现词频
101	query	186	122	pollution	156	143	win	139	164	silver	124
102	sydney	184	123	bang	156	144	free	137	165	restaurant	123
103	brand	182	124	lower	152	145	happy	136	166	clear	123
104	asian	180	125	hongqiao	152	146	light	136	167	track	122
105	global	177	126	south	150	147	launches	135	168	plunge	121
106	chains	177	127	media	149	148	movie	135	169	campaign	120
107	汉语	177	128	full	148	149	move	135	170	center	119
108	kai	176	129	source	148	150	place	134	171	jeeves	119
109	trade	176	130	home	148	151	fans	133	172	porter	119
110	大乘	176	131	preview	147	152	star	133	173	pink	117
111	madame	174	132	fun	147	153	old	132	174	medium	117
112	hiring	168	133	man	147	154	fashion	130	175	university	117
113	cloudy	167	134	life	144	155	nike	130	176	bigbang	116
114	tussauds	166	135	mumbai	144	156	conference	129	177	red	116
115	higher	165	136	financial	143	157	pirpollution	127	178	国际机场	116
116	people	163	137	september	142	158	august	127	179	money	115
117	tokyo	163	138	support	141	159	june	126	180	usa	115
118	producer	161	139	manila	141	160	times	126	181	ebay	115
119	sehun	159	140	jakarta	140	161	wuyifan	126	182	meeting	115
120	report	158	141	fast	140	162	street	125	183	flight	114
121	banco	158	142	yuan	140	163	amazing	124	184	food	114

续表

词频排序	高频词	出现词频	词频排序	高频词	出现词频	词频排序	高频词	出现词频	词频排序	高频词	出现词频
185	economy	114	189	logo	112	193	mobile	111	197	bolsa	110
186	demba	114	190	online	112	194	launch	110	198	siege	108
187	investors	113	191	growth	112	195	group	110	199	chanyeol	107
188	plunges	113	192	伊斯兰	112	196	check	110	200	paris	107

从高频词的分布来看，与上海相关的热词在主题及其所涉及的层面较为分散，上海城市形象的呈现涉及经济、商务、环境、娱乐、交往等多个方面。首先，上海的城市形象处于中国国家传播的大语境之中，在高频热词中，除了"shanghai"本身之外，高居前五位的还有"china""中国""chinese"，并且其词频大大高于其他词。上海城市形象在社交媒体的呈现不能离开其作为中国的国家性城市和中心城市之一这个大背景，并与国家形象的传播及塑造紧密勾连。这既是上海的一个优势和基础，也是其需要承担的责任。其次，上海的城市形象与作为经济中心城市的属性高度关联，股票、市场、商业、金砖国家等与经济或发展相关的词都具有高呈现度，这与具有文化城市特点的北京或具有旅游休闲特色的青岛等城市是不同的。再次，上海所呈现的城市形象具有显著的国际性和开放性，与国际上其他城市的交往及关联在高频词中都具有高呈现度和高感知度，"hongkong""newyork""souel""london""tokyo""mumbai""paris""马尼拉""雅加达""韩国""日本""世界"等词频频出现。最后，上海的城市形象在文化方面主要集中在现代的影音娱乐，电影、音乐、流行偶像等构成上海重要的文化元素。例如，"exolution""chanyeol"都是与人气偶像组合EXO相关的高频词。

三 共现词与语义网络分析

使用ROST软件对采集的文本进行共现词分析，考察高呈现度的共同出现的二元词对状况。共现频次差异很大，呈现明显的"长尾"状，少部分具有核心性的词占了很大的比重。前200位的二元共现词如表3、表4所示。

103

表3　Twitter样本的第1~100位共现词

单位：次

共现词排序	共现词	共现词	共现频次	共现词排序	共现词	共现词	共现频次	共现词排序	共现词	共现词	共现频次
1	shanghai	china	2096	19	shanghai	stock	362	37	韩国	china	227	55	shanghai	北京	192
2	shanghai	news	687	20	shanghai	newyork	352	38	中国	北京	226	56	韩国	news	191
3	shanghai	composite	652	21	shanghai	asia	351	39	韩国	record	224	57	shanghai	marketing	191
4	shanghai	new	621	22	china	record	345	40	shanghai	world	221	58	shanghai	香港	190
5	shanghai	chinese	607	23	中国	中国	340	41	luxury	concert	221	59	香港	北京	187
6	shanghai	beijing	581	24	shanghai	market	339	42	china	china	221	60	hongkong	北京	187
7	shanghai	hongkong	564	25	shanghai	上海	316	43	shanghai	tomoworld	219	61	汉语	北京	184
8	shanghai	stocks	553	26	shanghai	tomoworld	293	44	luxury	pudong	219	62	china	news	184
9	shanghai	current	472	27	中国	china	278	45	luxury	tomoworld	218	63	汉语	大乘	183
10	shanghai	weather	469	28	shanghai	markets	277	46	shanghai	internatio	218	64	汉语	中国	183
11	weather	current	460	29	shanghai	brics	274	47	shanghai	video	217	65	shanghai	xintiandi	182
12	airport	shanghai	424	30	stocks	china	262	48	shanghai	film	211	66	大乘	北京	181
13	shanghai	premises	403	31	shanghai	luxury	260	49	shanghai	xhenzhen	210	67	中国	大乘	180
14	news	premises	403	32	韩国	中国	243	50	shanghai	shares	209	68	中华人民共和国	中国	180
15	shanghai	conditions	391	33	中国	record	242	51	中国	hongkong	205	69	shanghai	汉语	180
16	conditions	current	387	34	shanghai	live	241	52	中国	香港	204	70	stock	market	179
17	conditions	weather	383	35	shanghai	exoluxion	230	53	新闻	news	194	71	汉语	hongkong	179
18	中国	news	363	36	china	hongkong	230	54	香港	hongkong	192	72	china	chinese	179

续表

共现词排序	共现词	共现词	共现频次	共现词排序	共现词	共现词	共现频次	共现词排序	共现词	共现词	共现频次
73	中华人民共和国	大乘	179	87	chains	hongkong	178	94	chains	大乘	176
74	中华人民共和国	汉语	179	88	chain	北京	177	95	chains	香港	176
75	shanghai	chaina	179	89	shanghai	chains	177	96	chains	北京	176
76	shanghai	大乘	178	90	中华人民共和国	香港	177	97	中华人民共和国	chain	176
77	shanghai	business	178	91	大乘	chain	177	98	chain	大乘	176
78	中华人民共和国	北京	178	92	chains	中国	177	99	中华人民共和国	chains	176
79	shanghai	rain	178	93	chain	chain	177	100	chain	hongkong	176

表 4 Twitter 样本的第 101~200 位共现词

单位:次

共现词排序	共现词	共现词	共现频次	共现词排序	共现词	共现词	共现频次	共现词排序	共现词	共现词	共现频次
101	chain	香港	176	109	shanghai	opening	169	113	shanghai	exchange	162
102	汉语	chain	176	110	shanghai	team	166	114	shanghai	city	162
103	中国	新闻	170	111	shanghai	travel	166	115	shanghai	photo	161
104	shanghai	book	169	112	tussauds	madame	164	116	composite	hotel	160
									shanghai	cooperatio	159
									shanghai	brand	156
									shanghai	good	156
									composite	china	155

续表

共现词排序	共现词	共现词	共现频次	共现词排序	共现词	共现词	共现频次	共现词排序	共现词	共现词	共现频次	共现词排序	共现词	共现词	共现频次
117	china	stock	155	138	shanghai	kai	131	159	brics	development	120	180	日本	china	114
118	shanghai	scoul	153	139	nweyork	marketing	130	160	manila	seoul	119	181	shanghai	love	113
119	shanghai	masters	152	140	shanghai	developmen	130	161	shanghai	jeeves	119	182	日本	brand	113
120	shanghai	sydney	152	141	shanghai	cloudy	129	162	porter	premises	119	183	shanghai	record	112
121	developmen	new	147	142	shanghai	morning	127	163	porter	jeeves	119	184	stocks	chinese	112
122	shanghai	festival	147	143	news	record	126	164	jeeves	nwes	119	185	fan	shanghai	111
123	beijing	china	146	144	shanghai	manila	125	165	日本	中国	119	186	china	team	110
124	shanghai	opens	145	145	china	xintiandi	124	166	porter	news	119	187	stocks	composite	110
125	airport	pudong	144	146	shanghai	music	124	167	porter	shanghai	119	188	日本	日本	109
126	shanghai	hongqiao	141	147	shanghai	open	124	168	shanghai	disney	119	189	韩国	bayern	109
127	shanghai	trading	141	148	cloudy	current	123	169	shanghai	premises	118	190	shanghai	art	108
128	shanghai	shenhau	140	149	xintiandi	tomoworld	123	170	jeeves	jakarta	117	191	shanghai	producer	107
129	shanghai	india	140	150	book	xintiandi	123	171	shanghai	light	117	192	shanghai	asian	160
130	shanghai	week	137	151	luxury	xintiandi	122	172	shanghai	tussauds	116	193	bejing	hongkong	106
131	sahenzhen	china	135	152	beijing	中国	122	173	jakarta	mumbai	116	194	chain	shenzhen	106
132	shanghai	disneyland	134	153	shanghai	madame	122	174	manila	mumbai	116	195	shenzhen	markets	106
133	shanghai	mumbai	134	154	shanghai	higher	122	175	seoul	mumbai	116	196	shanghai	伊斯兰	106
134	shanghai	air	133	155	shanghai	july	121	176	schun	shanghai	116	197	伊斯兰	北京	106
135	sydney	newyork	131	156	conditions	cloudy	121	177	jakarta	manila	116	198	香港	伊斯兰	106
136	shanghai	tower	131	157	china	market	121	178	jakarta	scoul	116	199	伊斯兰	伊斯兰	106
137	china	markets	131	158	cloudy	weather	115	179	shanghai	event	115	200	汉语	伊斯兰	106

从二元共现词及其频率来看，上海城市形象的呈现与国家语境具有最为紧密的关联，这和词频分析的结果是一致的。"stock""market""markets""business"都是与上海高度共现的词，它们与经济主题相关。"hongkong""asia""newyork"等词与上海具有很高的共现度，显现了上海作为在亚太乃至全球范围具有的中心度和辐射力。此外，"beijing""shenzhen"也是经常出现的词，它们与香港、韩国等国内和亚洲范围内的国家和地区一起，呈现了上海作为一种具有较广泛城市纽带、具有城市之间互动活力的形象。总体上看，高频共词中与生活、休闲主题关联较少。将共现词以 VNA 格式处理后，由 NETDRAW 软件绘出前 100 个高频词的语义网络（见图 1），图 1 显示了上海城市形象在国际社交媒体传播中的语义网络结构。除了最核心的词"shanghai"之外，"china""asia""chinese"具有中心性，勾画了上海在宏大的国家性和超国家性语境中的话语形象，这是一个世界级城市形象应该具有并且需进一步加强的格局。"markest""stocks"等经济类的主题词，把上海与其他众多元素勾连起来，体现了以经济中心、金融城市为主导的城市形象特征。

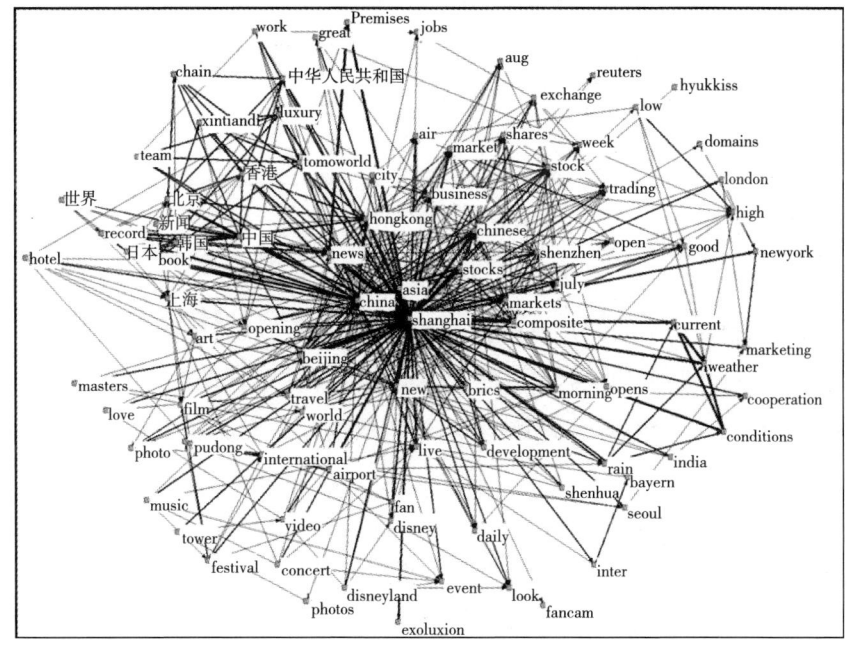

图 1　Twitter 样本前 100 个高频词的语义网络

四 共词聚类分析

在对于高呈现度的元素和特征分析的基础上,通过对共词聚类分析进一步探讨上海城市形象在国际社交媒体传播中的类型划分特征。[①] Callon 等在 1983 年提出共词分析(co-word analysis),用来扩展共被引分析(co-citation analysis)。[②] 共词网络方法"最为常见的就是利用论文关键词及其共现关系构建共词矩阵,进而映射为共词网络并可视化,从而来揭示某一学科、某一领域、某一主题的研究热点与趋势、知识结构与演化等。"[③] 本节的思路是通过共词聚类方法,取前 200 位的高频词,取其相互间的共现频次建立 200×200 的共词矩阵,该共词矩阵局部地截取出来如表 5 所示。

表 5 Twitter 样本高频词的共词矩阵(局部截取)

单位:次

高频词	shanghai	china	news	中国	chinese	stocks	new	hongkong	beijing
shanghai	—	2097	686	340	607	553	621	563	581
china	2097	—	182	276	179	262	78	230	146
news	686	182	—	363	18	15	23	32	8
中国	340	276	363	—	3	1	1	205	123
hinese	607	179	18	3	—	111	26	71	88
stocks	553	262	15	1	111	—	7	57	18
new	621	78	23	1	26	7	—	2	8
hongkong	563	230	32	205	71	57	2	—	105
beijing	581	146	8	123	88	18	8	105	—

通过高频词相互间的共现程度,定量描述其相似性和相异性,并以相异程度作为衡量其距离的依据,以此进行聚类分析。为了消除频次悬殊带来的影响,用 Ochiia 系数把共词矩阵转换为相似矩阵,方法是将共词矩阵中的

[①] Whittaker, J. "Creativity and conformity in science: titles, keywords and co-word analysis," *Social Studies of Science*, 1989. Vol. 19 (3). pp. 473 – 496.

[②] Callon, M., Courtial, J. P., Turner, W, A, et al. "From translations to problematic networks: An introduction to co-word analysis," *Social Science Information*, 1983. Vol. 22 (2). pp. 19 – 235.

[③] 张斌:《共词网络的结构与演化:概念与理论进展》,《情报杂志》2014 年第 7 期。

每个数都除以其涉及的两个高频词的总频次开方的乘积，表示词与词之间的关联程度。A、B 两词的 Ochiia 系数 = A、B 两词共现频次/($\sqrt{\text{A 词出现的总频次}} \times \sqrt{\text{B 词出现的总频次}}$)。其中，矩阵对角线的数据表示某词与自身的相关联程度，均为 1。用 1 减去相似矩阵中的每个数，得到表示两词间相异程度的相异矩阵（见表 6）。

表 6　Twitter 样本高频词的相异矩阵

高频词	shanghai	china	news	中国	chinese	stocks	new	hongkong	beijing
shanghai	0	0.134792	0.069718	0.032802	0.080398	0.075878	0.086004	0.05726	0.089894
china	0.134792	0	0.034228	0.049274	0.043873	0.066525	0.01999	0.043211	0.041802
news	0.069718	0.034228	0	0.102464	0.006976	0.006022	0.00932	0.009505	0.003622
中国	0.032802	0.049274	0.102464	0	0.001104	0.000381	0.000385	0.057805	0.052857
chinese	0.080398	0.043873	0.006976	0.001104	0	0.058075	0.01373	0.027486	0.051918
stocks	0.075878	0.066525	0.006022	0.000381	0.058075	0	0.003829	0.022859	0.011001
new	0.086004	0.01999	0.00932	0.000385	0.01373	0.003829	0	0.00081	0.004935
hongkong	0.05726	0.043211	0.009505	0.057805	0.027486	0.022859	0.00081	0	0.047935
beijing	0.089894	0.041802	0.003622	0.052857	0.051918	0.011001	0.004935	0.047935	0

把相异矩阵输入 SPSS 软件中进行聚类分析，聚类方法为组间平均锁链距离的系统聚类，距离采用余弦距离。图 2 是冰柱图的部分截选。

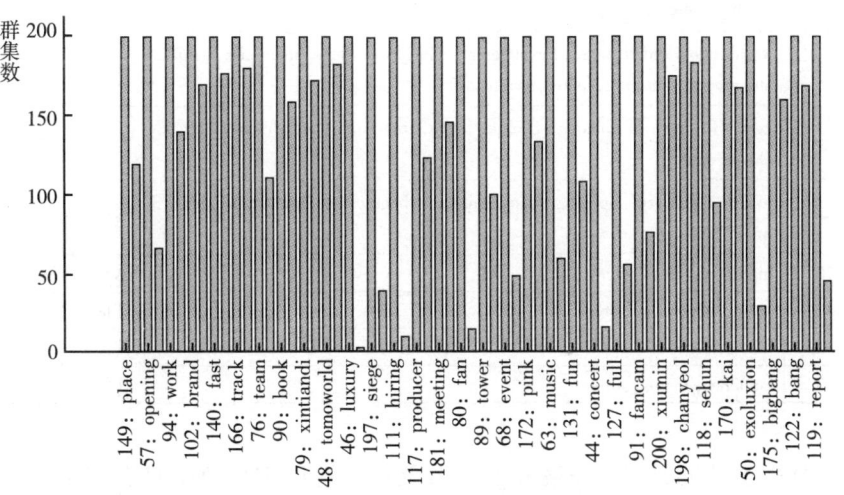

图 2　Twitter 样本前 200 个高频词聚类分析冰柱（部分截选）

根据聚类结果，可以将这些关键词分为13个类，并考察其主题特征。如表7所示。

表7　Twitter样本前200个高频词的聚类分析结果

类序号	类中关键词	类的主要特征
1	shanghai, china, chinese, stocks, composite, asia, market, stock, markets, live, shenzhen, shares, trading, morning, aug, open, asian, global, trade, higher, lower, south, support, yuan, plunge, economy, investors, plunges, growth, beijing, week, exchange, move, silver, ebay, shenhua	经济和商务
2	news, 中国, hongkong, 韩国, record, 中华人民共和国, 世界, 日本, 北京, 香港, 新闻, chain, chains, 汉语, 大乘, 伊斯兰	亚太与国际
3	new, brics, business, opens, development, art, banco, financial, fashion, mobile, launch	金砖国家与发展
4	上海, airport, international, film, festival, pudong, disneyland, disney, park, look, hongqiao, media, preview, movie, fans, star, logo	电影和娱乐
5	weather, current, premises, conditions, reuters, domains, buff, rain, 人权宣言, masters, daily, seoul, marketing, expatinc, hyukkiss, query, sydney, madame, cloudy, tussauds, source, mumbai, manila, jakarta, light, conference, airpollution, wuyifan, clear, campaign, jeeves, porter, medium, university, 国际机场, group, bolsa, july, path, september, august, june	地方生活和事物
6	video, exoluxion, photos, fancam, kai, sehun, report, bang, full, amazing, bigbang, chanyeol, xiumin, concert, music, event, tower, fun, pink, fan, producer, meeting	流行偶像
7	world, photo, good, hotel, travel, great, jobs, love, home, man, life, happy, old, street, restaurant, center, usa, food	旅游
8	newyork, city, air, london, people, tokyo, free, nike, red, money, flight, check, paris	国际大都市
9	luxury, tomoworld, opening, team, xintiandi, book, work, brand, fast, place, track	消费文化
10	high, low, inter, bayern, pollution, win	体育活动和事件
11	india, cooperation, times	其他
12	hiring, siege	其他
13	launches, demba, online	其他

从聚类结果看到，经济和商务形象在上海城市形象中具有很重要的地位，其包含的高频词的数量也占有很大比例，包括经济和商业活动、经济和

金融事务、经济交往、经济组织和机构、经济增长等多个层面。在高度国际化的背景中，上海的城市形象紧密嵌入在与亚太、全球范围内其他地区和城市的交互关系之中，包括韩国、日本等国家以及纽约、伦敦、香港等城市。尤其是在表7中的第八类所示的聚类结果中，其主要的特征是与纽约、伦敦、巴黎、东京等知名"世界城市"（world city）的关联，显示了上海作为中国的国际性大都市向"世界城市"的成长和辐射力的提升。现代流行文化是上海城市形象的较重要方面，它们既包括电影文化，也包括流行音乐、大众偶像、粉丝文化，EXO、xiumin 都是近年来流行偶像的热词。旅游和消费构成了上海城市形象中较为休闲的部分，新天地成为上海的重要坐标。地方事务的形象构成较为多元分散，天气、时令有较多呈现，与其他城市的交往关联也多，但是缺乏鲜明的上海特色性形象。体育形象在上海城市形象中也偶有呈现，但并不占主要地位。

结　语

在对社交媒体样本进行挖掘的基础上，可以看到国际传播和呈现中的上海城市形象的主要构成和特点。其一是经济、商务、金融元素在上海城市形象中具有高度重要的地位，这和上海作为我国的经济和金融中心城市的特征是匹配的，上海也在向世界传达出自身的这种城市形象特点。其二是上海的城市形象具有鲜明的现代性和现代元素，无论是城市的文化、消费、娱乐以及空间等元素，它们体现了"现代都市"的意象和主导色彩。其三是上海城市形象所具有的显著的国际性和开放性，处于中国和国内、国外联通互动的枢纽上。无论是与北京、深圳及香港、首尔、马尼拉等国内和亚太城市的关联，还是与纽约、伦敦、东京等全球级核心城市的关联，上海都体现了自身的城市辐射力。在政治和经济活动、国际组织、娱乐偶像等方面，上海也都呈现了较强的国际化特征，而非内部指向型的城市。

在城市形象的国际社交媒体呈现上，上海目前仍然存在一些较为显著的问题。城市形象较为分散，缺乏主导特征以及特色化的城市形象，就受众的感知而言也容易出现缺乏中心与亮点的状况。尤其在集中的城市符号和城市意象方面，Twitter上所呈现的仍然比较薄弱。例如"新天地"作为近年来上海符号的代表具有较好的传播热度，但是它的出现频次在前200个热词中只在第80位，仍然处于较落后的位置。在地方生活和地方空间、事务上，还缺乏有效的城市形象凝练。上海的城市形象在社交媒体上的表现尚显单薄，以经济和商务、现代流行文化、国际化元素等为主导的城市形象固然能体现海派的特点，但是城市形象应该在此基础上，丰富和拓展更具有认知度和识别度的方面，例如历史文化、休闲娱乐、民众生活等，加大城市形象在国际呈现中的立体化和质感度。

针对当前的现状和问题，上海在国际社交媒体的城市形象传播还需进一步加以改善。要明确与整合国际社交媒体上的城市形象定位，树立与加强海派城市特色在社交媒体的打造与呈现；凝练具有鲜明上海特色、具有系统性的城市符号群和城市意象，加大具有标识性的节点、坐标在社交媒体空间中的塑造、传播；改变过于侧重经济特征和现代都市特征的城市形象，加强生活、日常元素和文化元素等柔性要素在上海城市形象中的构成和比重，提升城市形象的亲和力。上海是中国最为重要的中心城市之一，在全球社交媒体的新语境下亟须重视和加强城市形象的国际塑造及其国际话语权的优化，推动国际传播新秩序中的"全球城市"构建和提升。

B.8
新浪微博中官员形象的媒介呈现与社会化传播研究

孟 建 裴增雨*

摘 要: 本研究以新浪微博作为社会化媒体的代表,运用"大数据"技术,采集了党的十八大闭幕以来的数据,分析媒介呈现中的官员形象发现:社会公众对"官员"的情绪表达明显呈负面,官员财产和粗暴言行是相关微博获得高转发率的主要诱因,不同机构、不同人群有关"官员"的"发布主题"呈明显差异,"官员"的负面话题集中呈现于"贪腐"。

关键词: 官员形象 媒介呈现 新浪微博

第一部分 研究背景及研究目的

在我国当前各种社会利益关系当中,干群关系是基础的社会关系,干群利益矛盾是社会转型期最主要的社会利益矛盾之一。这种关系不但直接关乎广大群众的切身利益,影响和制约着多种人民内部矛盾的解决,甚至直接关乎政权的稳定和社会的安定。因此,应当将干群关系视作我国当前各类社会关系和社会矛盾中的一个突出问题,使之成为国家治理中高度关注的焦点。

但干群关系到底处于什么样的状况,在中国社会错综复杂的各类社会关

---

* 孟建,教授,博士生导师,复旦大学国际公共关系研究中心主任;裴增雨,复旦大学国际公共关系研究中心研究员。

系中到底居于什么样的地位，当前还少有系统化研究。在执行层面，更多干群关系的量化考察也都停留在执行层面，如一名领导要联系多少个乡镇社区，帮扶多少户基层群众，每年利用多少时间集中走访等，而对这种制度所带来的"效果层面"鲜有分析。若将对这种"效果"的考察放大到整个社会层面，更是缺乏有效的评估手段。

本研究认为，通过对飞速发展的社会化媒体的考察，某种程度上已经可以实现对上述内容的有效分析。为此，本研究以新浪微博为平台，以2012年党的十八大闭幕以来截止到2014年5月31日，共18个月的海量数据进行了多角度、全方位的分析，进而以基于案例和话题的多元话语分析为方法，主要分析了同一话题不同群体的人所持有的观点、看法、情绪和意见，本研究共采集相关原创博文数据共达1407208条。

第二部分 样本说明与传播态势

本研究所采集到的1407208条相关的博文，共覆盖认证个人、普通用户等若干类认证及非认证群体，这140多万条微博共由879635人发布，人均发布博文1.60条。具体博文详见表1的统计。

表1 不同类别用户对"官员"的关注程度

单位：条，个

是否认证	认证	博文数	用户数	人均博文
认证用户	认证个人	78654	22975	3.42
	认证媒体	22128	3209	6.90
	认证企业	22407	10560	2.12
	认证软件	104	39	2.67
	认证社团	798	419	1.90
	认证网站	9342	2645	3.53
	认证校园	912	601	1.52
	认证政府	5709	2374	2.40
普通用户	微博达人	169296	89347	1.89
	普通个人	1097632	747288	1.47
	微女郎	226	178	1.27
合计		1407208	879635	1.60

表1统计发现，普通个人及微博达人（以上均为非认证用户）是讨论"官员"话题最为频繁的群体。在所有的认证用户中，认证个人（俗称大V或中V）是讨论官员问题的第二大主体，此外，认证媒体和认证企业尾随其后，成为第三类主要表态主体。

鉴于媒体微博账号的特殊影响力和政务类微博在近年迅速发展的态势，研究将本次样本中由媒体账号和政务账号发布的博文进行分类统计。具体的数据详见表2所示。

表2 不同类别公众服务账号对"官员"的关注程度

单位：条，个

媒体账号				政务微博			
认证	博文数	用户数	人均博文	认证	博文数	用户数	人均博文
财经	1749	166	10.54	党团	373	184	2.03
党报	2699	333	8.11	公检法	2307	815	2.83
都市	7311	1434	5.10	交通	24	21	1.14
法制	175	27	6.48	教育	46	33	1.39
港澳台	758	74	10.24	旅游	76	57	1.33
其他	9125	1154	7.91	市政	2857	1249	2.29
外媒	311	21	14.81	卫生	26	15	1.73
总计	22128	3209	6.90	总计	5709	2374	2.40

首先，从媒体账号的数据来看，根据表2中的统计发现，除去"其他"（主要包括一些自媒体账号和部分以推送热点新闻的网站）外，都市报媒体是关注"官员"群体最为集中的载体，相比而言，党报也有相当数量的报道但其频率远低于都市媒体。这种现象与媒体本身的属性及定位有关，党报是党的喉舌，对"官员"的报道属于其职责的范畴，而都市类媒体一般自负盈亏，需要发布有公众注意力的新闻来吸引眼球，从而实现其第二次售卖，因"官员"在当前社会中属于具有较高关注度的群体，容易引发社会及公众的注意力，因而成为其重点报道的对象。

其次，政务微博在近年来已经成为国家机构、各级组织进行官民互动的重要平台，根据表2中的统计可以看出，市政相关的微博账号和公检法相关的账号属于政务账号中最为活跃的群体，其博文发布的数量和账号均发布的数量都位于前列,已经成为当前涉及"官员"话题的博文最具有代表性的政务账号。

最后,从表2中的对比情况来看,媒体发布的博文数量远远高于政务账号发布的博文数量,3209个媒体账号共发布博文22128条,平均每个账号发布博文6.90条,从博文发布总数上来看,媒体账号发布的数量是政务微博发布博文数量的3.88倍。意味着,政务微博虽然成为政府等公权力机构的标配,但其活跃度和影响力都需要进一步提升和优化。

第三部分 样本走势与话题分布

一 时间走势

图1所呈现的是根据360搜索指数进行检索后得出的数据走势图。根据图1中的关注度走势可以看出,媒体对"官员"的报道具有很大的波动性,从具体报道时涉及的新闻内容来看,涉及官员的一般性表态行为,如确认或否认某个命题,或涉及官员的职务调动,而出现的偶然的峰值一般都是与官员相关的某些负面事件为主。与此同时,公众对"官员"的搜索也具有很强的变动性,但其搜索度的走势除了在总体上与媒体报道的频次具有基本的吻合度之外,在细节上并不具有吻合度。

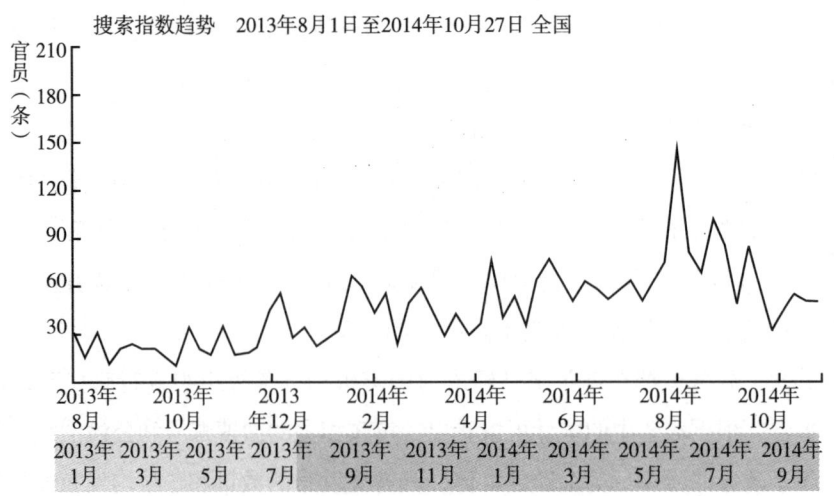

图 1　提及"官员"的网络搜索和媒体关注度走势

研究统计了 18 个月以来,微博上关于"官员"这一话题的博文数据走势,详见图 2 所示。

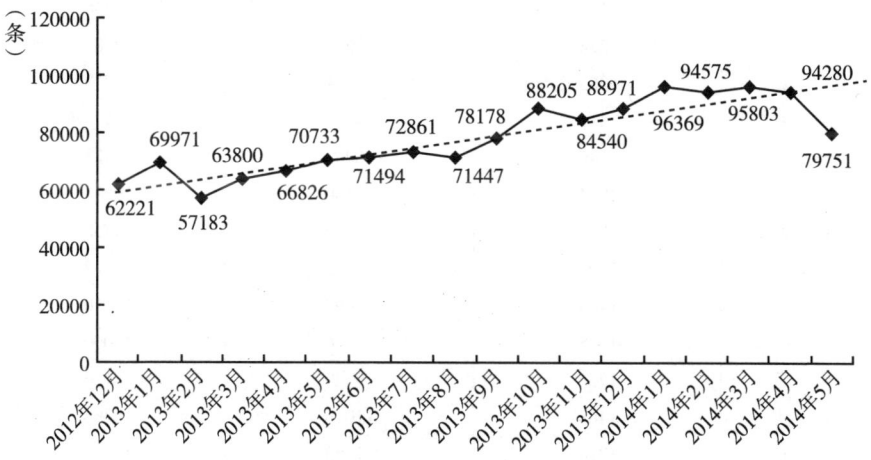

图 2　提及"官员"的微博热度走势

依据图 2 的微博热度走势(虚线部分)来看,整体的数量虽然在个别的月份有所缓和,但在总体上呈现相对稳定的上升趋势。这与媒体对官员的报道和网民通过搜索引擎对官员这一群体进行关注的走势相吻合，但相比于网民主动的检索和用户数量来看，并没有较大的波动。这或许意味着，微博用户对于短时间内官员的变动、问题官员的查处关注情况，并不像媒体的关注一样具有较高的实效敏感度。从数据走势的整体状况来看，博文数量呈现稳定的增长局面，这意味着社交媒体用户越来越多的对"官员"这一群体表示关注。

二 地域分布

表3中按照地域将提及"官员"一词的博文和用户进行了汇总统计，并结合中国当前的网民数量进行了数据对比。

表3 不同地域自媒体对"官员"的关注情况

地区	网民人数（万人）	采集用户数（个）	样本博文数量（条）
西 藏	115	2742	3548
青 海	274	2640	3787
宁 夏	283	3321	4738
海 南	411	4768	7925
贵 州	1146	6251	9528
新 疆	1094	7580	10837
甘 肃	894	7542	11768
内蒙古	1093	7865	13522
吉 林	1163	9098	15030
云 南	1528	9346	15060
山 西	1755	9329	16120
江 西	1468	11016	16794
广 西	1774	11463	16885
黑龙江	1514	10718	18570
天 津	866	13887	21054
陕 西	1689	14813	26280
湖 南	2410	17312	27103
重 庆	1293	20084	28720

续表

地区	网民人数（万人）	采集用户数（个）	样本博文数量（条）
河 北	3389	17011	29887
安 徽	2150	21309	33527
辽 宁	2453	20992	36776
四 川	2835	26148	40767
河 南	3283	25113	42658
福 建	2402	28937	44325
山 东	4329	30826	55802
湖 北	2491	24542	60061
江 苏	4095	42693	69755
浙 江	3330	53027	79939
上 海	1683	51244	84358
广 东	6992	106056	161975
北 京	1556	91570	171656
澳 门	0	5678	7165
海 外	0	21901	38458
其 他	0	123841	154817
台 湾	0	4632	6708
香 港	0	14340	21305
合 计	61758	879635	1407208

从表3中的统计数据可以看出，谈及"官员"这一话题的博文数量的地域分布、用户的地域分布与中国网民的实际人口分布情况具有一致性，这验证了本研究第一篇关于中国当前社会主要矛盾研究的初步结论。这意味着，在某种程度上，中国网民的数量与中国社交媒体用户的数量具有很强的关联性，通过对以微博为代表的社交媒体的分析，足以反映中国网民对当前中国社会的主要矛盾和"官员"等若干话题的情绪及意见。

三 发布平台分布

博文发布的应用来源反映了当前社会公众的应用使用情况。通过对1407208条博文来源中高频应用汇总后进行排序得到图3所示的数据。

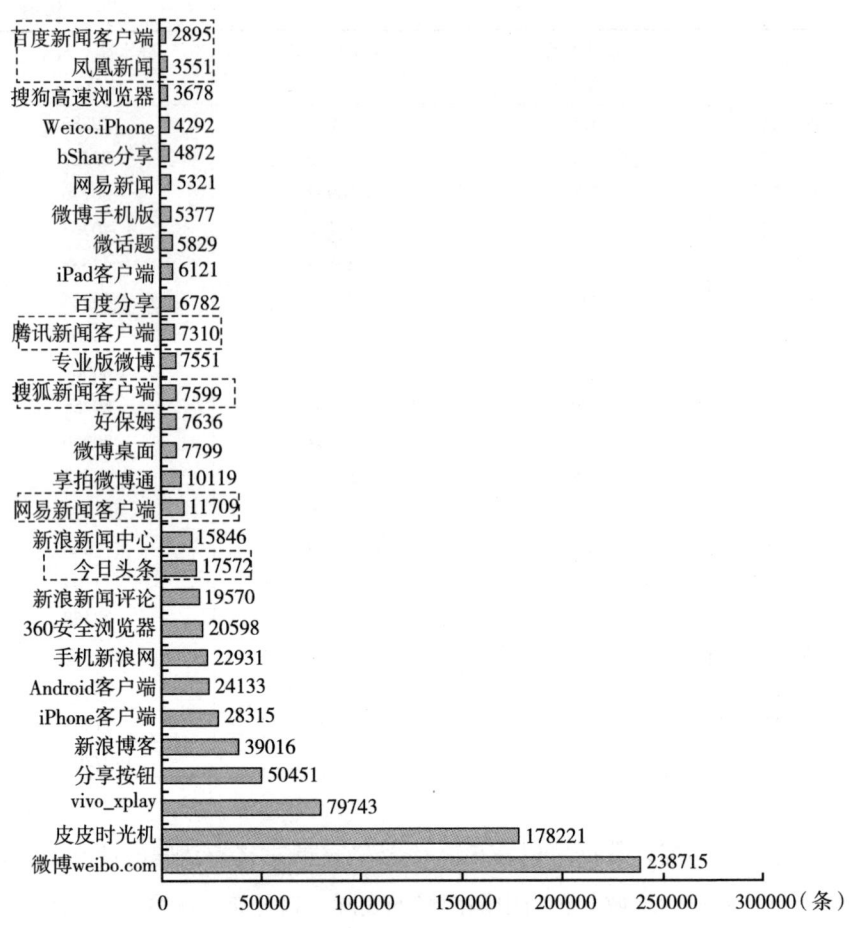

图3 与"官员"相关的微博话题的发布平台分布

根据图3中的数据统计显示,虽然博文发布有着极为多样化的来源和渠道,但也呈现了相对集中的规律性。尤其是图3中所框出的移动客户端(App)更成为主流的信息来源平台。这意味着,在当今的信息传播语境下,移动媒体已经成为主流的趋势,移动互联网已经渗入每个人的日常生活。移动客户端在今天公众获取信息的过程中扮演着极为重要的角色。

第四部分 主要调查发现

一 社会公众对"官员"的情绪表达明显呈负面倾向

本研究对1407208条博文所涉及的内容进行了高频词的统计分析。本研究在对少数重要的博文进行文本分析的基础上，初步判断出社交媒体所聚焦的话题内容，并围绕这些内容分析出四类解读"官员"话语的表述用词。其中主体性用词以名词为主，按照其在140万余条博文中出现的频次进行排序统计。动态性用词，则主要反映和表现"官员"群体为核心的一些举措、变化和变动；身份性用词，主要统计和汇总了与"官员"身份相关的词，参考性用词，主要以四字的表述为主，用以表明"官员"话语的情感。详见表4所示。

表4　自媒体中与"官员"相关的高频用词分布

单位：次

主体性用词		动态性用词		身份性用词		参考性用词	
用词	频次	用词	频次	用词	频次	用词	频次
干部	79162	关注	118459	书记	40639	微乎其微	24086
人民	67290	公开	108466	局长	37635	地方官员	16037
官场	64203	处理	96168	党员	34639	地方政府	9389
事件	63067	报道	79175	公务员	32126	只谈风月	6192
大学生	59755	免职	57873	市长	22952	心神不宁	6143
兴趣	58947	打击	56671	司长	8466	交头接耳	4275
头条	58907	发表	53928	厅长	8268	实干兴邦	3733
志愿者	58881	反腐	49987	县长	6595	岿然不动	3638
北京	56672	升迁	44629	公仆	6234	恬不知耻	3357
凤凰	54399	举报	44460	人大代表	4932	官官相护	3009
—	—	—	—	处长	4523	—	—

根据表4的统计显示，当前以微博为代表的社会化媒体在提及"官员"这一话题时，其情绪以负面为主，这与本部分研究在本篇开始时所提及的观

点相一致，当公众提及"官员"这一话题时，除了"关注"、"公开"和"发表"这类相对中性的表述之外，其余的关键词，如"处理""免职""打击"等均为负面的情绪。

从身份性用词来看，局长、市长、司长、厅长等级别的官员出现的频次较高。此外，通过对参考性用词的分析后发现，地方政府机构及其官员的公众热议度较高。参考性用词中的表述，也呈现了以负面情绪为主的特征。

此外，研究专门统计了140万余条博文中出现"腐败""贪腐"词语的博文，共发现相关内容有99629条，占所搜集样本数的7%。这意味着，每100条与官员相关的博文中就有7条博文谈及官员的"腐败"问题。

二 官员财产和粗暴言行是相关微博获得高转发率的主要诱因

研究根据转发数排序筛选出排名在前的25条博文。根据对这25条博文所涉及情感的分析，提及"官员"这一群体时，其基本的情绪均以负面为主。在25条博文中，负面情绪（直接发表对官员的批评和指责声音或涉及官员的渎职、贪腐行为的）共有17条，占所选出样本总数的68.00%，正面情绪（主要涉及对官员的表扬及典型的先进案例的）有1条，占所选样本总数的4.00%，中性的（不涉及对官员的直接批评或指责，亦不涉及对具体某一个官员出现的行为进行的负面评价）有7条，占所选样本总数的28.00%。

对转发数量排名前25条的博文进一步分析，可以看出以下几个鲜明的特点。

第一，官员的财产公开是公众热议最多的话题，表现为公众通过对呼吁官员公开财产类的信息的转发来表达对某种观点的认同感；涉及官员财产公开的博文数量较多，共有5条，约占所选样本数的25%；公众通过调侃和揶揄的方式，以刘铁男等人被查处后的资产报道，来嘲讽当前举足不前的财产公开制度。

第二，官员的粗暴及荒唐的言行往往是公众聚焦的关键点，主要表现为部分官员在对特定的问题进行回应时的不当言辞，在对具体事件进行处理时所使用的简单、粗暴的措施等方面。如上述博文中所提及的强拆、殴打、对"失独"问题的回应等。表现出官员处理问题时存在的以权力为中心的诉求和荒唐的言论。

第三，官员的"四风"问题也是公众所讨论的焦点问题，主要表现在"官僚主义"、"享乐主义"和"奢靡之风"这三个方面。表4中所统计的话题中，有涉及新型的、隐蔽的享乐主义和奢靡之风的现象（如将公务宴请转战私密会所等），也有涉及超标用车（贫困县领导用豪华车）等具体现象。

三 不同机构、不同人群有关"官员"的"发布主题"呈明显差异

在以微博为代表的社会化媒体中，政务微博因为其自上而下的重视拥有着广泛的覆盖面，不仅成为政府及时发布信息的重要窗口，也成为沟通官民意见的重要桥梁。重视政务微博的建设，充分发挥其在当前重要的社会议题中的功能，有助于在第一时间了解民众诉求，化解社会矛盾。同时，媒体微博在各类账号中属于覆盖面广、影响力大的群体，经常在一些重要的社会议题中扮演着传播信息、守望环境、解读政策、表达公众诉求的重要角色。此外，个人认证账号（俗称大V）处于普通个人和政务微博之间的过渡地带，因其粉丝数量众多，能够将不受公众关注的社会事件在转发后变为显性的社会议题，现已成为普通公众进行诉求表达的一个重要渠道。为此，研究将本次数据采集的样本分别按照发布主体的差异，各自统计出其被转发的前10条，以探讨不同主体热门微博所体现的诉求和观点。

本研究对被转发数量前10条的政务账号所发的博文进行了分析，平均每条获得转发数为852.6次，最高的转发数为2659次，最低的转发数为342次。上述博文中，认证身份为"广东省政法委、省平安办、省综治办、省

维稳办官方微博"的"广东政法"微博所发布的对周星驰两会提案的猜想,因这条博文结合了时政热点并与娱乐话题和娱乐明星进行了捆绑,获得了2659次转发,成为政务微博账号中最具有传播力的博文。从其他的博文来看,政务账号并没有刻意回避焦点或敏感问题,对于官员的负面问题也予以关注。但从整体的比重来看,政务账号在博文的发布上倾向于软性话题、事实通告性信息等,在涉及官员的负面问题时,往往以已经定论的事实为主,并不主动建构议题并予以传播。

媒体微博作为其传统平台的传播力延伸渠道,本研究对其发布的10条热门微博进行了分析。被转发数量排名前10条的博文中,由《人民日报》微博发布的共有3条,头条新闻发布的有4条,财经网发布的有2条。10条博文累计获得248409次转发,获得83586条评论,平均获得转发数24840.9次。与政务微博账号相比,媒体类微博更具有话题建构能力、议题传播能力。从媒体微博所涉及的内容来看,其话题的覆盖面,针对的社会事件更为广泛也更为具体,不仅涉及当前一些领导人的重要讲话,更涉及与官员负面事件的一些直接问题,以及对当前频发的官员负面事件的持续拷问。这种聚焦典型案例进行议题建构的方式对于引导舆论起到了较为积极的作用。相比而言,政务微博普遍存在的问题是,对社会的敏感、热点、重点、负面问题关注度不够,不仅漠视当前公众最急迫需要回应的诉求,而且在主流社会议题的引导上,往往难以超脱口号式、公文式、歌颂式的表达,难以在政务微博圈子之外形成更为广泛的传播力。

微博中的大V是典型的舆论领袖,具有将普通的议题转化成为公众议题的能力,也具有将官方的政策、文件、讲话、精神进行解读传达给公众的能力。可以说,微博中的大V是官民两个舆论场进行互动的缓冲地带,起着搭建桥梁,缓冲过渡的角色。本研究对转发数量排名前10的认证个人账号发布的"官员"相关最热话题进行了分析。10条博文共获得336614次转发,89201条评论,平均获得转发33661.40次,平均获得评论8920.10条,获得转发数是政务账号前10条热门微博所获得转发数的39.48倍。这意味着,当前个人认证账号的影响力已经远远超过了政务微博的影响力。而以微博所发布的内容作为比较的对象,政务微博的内容相对较为闭合,对于社会的热、痛、难、疑问题关注度不够。与此同时,根据对媒体微博前10条热门博文和认证个人前10条热门微博的对比分析,认证个人所发布的博文获得的转发数是媒体微博的1.36倍,这意味着,具有影响力的大V在以微博为代表的社交媒体上,所产生的影响力甚至已经超越媒体微博账号的影响力。

同时,如果研究以607255条博文发布者的身份为依据,也可对其传播效果进行聚类统计分析。传播效果意味着某个群体所传播的信息为其他用户转发和评论的情况,其转发数和评论数越高则表明其传播的效果越明显。表5所统计的是11类用户的微博发布、获得转发及评论状况。

表5 不同类别账号发布的"官员"话题传播情况

是否认证	主体类别	人数（个）	博文数（条）	转发数（次）		评论数（条）	
				总转发	均转发	总评论	均评论
认证用户	认证个人	34920	34920	446151	12.78	159272	4.56
	认证媒体	9566	9566	538922	56.34	283730	29.66
	认证企业	8847	8847	43759	4.95	16562	1.87
	认证软件	31	31	25	0.81	20	0.65
	认证社团	345	345	2971	8.61	959	2.78
	认证网站	3701	3701	28152	7.61	11737	3.17
	认证校园	453	453	532	1.17	253	0.56
	认证政府	2911	2911	24260	8.33	13128	4.51
普通用户	微博达人	54944	54943	198306	3.61	59857	1.09
	普通个人	489419	491455	404576	0.82	139959	0.28
	微女郎	83	83	334	4.02	156	1.88
总计	—	605220	607255	1687988	2.78	685633	1.13

根据表5中统计的数据显示,在11类微博用户中,认证媒体、认证个人、认证政府、认证网站等有着较高的传播影响力。以博文的转发及评论状况来看,虽然未认证用户发布的数量远远超过了认证用户所发布的博文的数量,但其影响力(总转发及总评论数)远不如认证用户。这表明,在"官员"这一话题中,以媒体、大V、政务等为代表的认证群体所发布的博文较

少，但获得了较高的覆盖面。

从微博所获得的平均转发数及评论数情况来看，认证媒体具有最好的传播效果，在平均转发和平均评论上都位居第一。而政务微博和个人微博在这一话题中也扮演了极为重要的话题建构者和传播者角色。此上分析意味着：一方面，政务微博在"官员"这一话题上发挥了较大的议题建构作用，媒体在话题的传播上发挥了极大的作用；另一方面，认证用户也积极地参与了话题的建构与阐释，表明其在当前中国主要社会话题的建构、传播与阐释中起到了不容忽视的作用。

四 "官员"的负面话题集中呈现于"贪腐"

研究承接上文的结论，进一步对更多样本的观点及角度进行聚类。本研究专门针对"官员"存在的负面问题的种类及表现进行梳理，并结合公众对这类问题的讨论，梳理出社交媒体对处理此类问题的主要诉求与具体的策略。

本次研究对象的样本数量较大，为了使研究更容易进行，随机筛选了140万个样本中的607255条博文进行分析。将博文中较为集中的议题进行如下统计。

表6 与"官员"相关负面话题的主要内容

问题话语	博文数（条）	百分比（%）	图例	总转发（次）	总评论（条）
官员腐败/贪污	75177	12.38		277312	104824
职权滥用	37439	6.17		183175	57655
财产/现金	20460	3.37		117469	47802
房产	12038	1.98		44716	155555
二奶/情妇	11873	1.96		24756	10114
豪车/豪宅/豪赌	11088	1.83		29106	12365
权/钱/色交易	4742	0.78		7938	3968
裸官	4551	0.75		22202	7037
官商勾结	2044	0.34		6871	1949
粗暴执法	1937	0.32		46533	7573

本研究对 60 余万条博文内容的高频话题进行总结和梳理后，整理出社会公众对"官员"存在的十大问题的批评。其中，排行第一的是官员的腐败及贪污问题，共出现 75177 条博文与之相关，占所统计样本总数的 12.38%，也即意味着在当前公众的视野中，当谈及官员时，每 10 条与官员相关的表述中就有至少一条与官员的贪污腐败相关的负面信息，这也意味着在当前，"官员"群体的腐败问题是最为社会各界所关心的。其次是官员的"职权滥用"问题，相关博文共有 37439 条，占样本总数的比例为 6.17%；再次为官员的"财产/现金"等涉及官员资产的问题，相关博文数共有 20460 条，占样本总数的 3.37%。以上 10 类问题共涉及博文 181349 条，占样本总数的 29.87%。

此外，本研究对当前公众针对中国官员存在的问题所给出的对策和建议进行了梳理和统计，共整理出公众提及最为频繁的 10 类相关举措，具体情况详见表 7 所示。

表 7　自媒体对与"官员"相关负面话题的对策和建议

对策话语	博文数（条）	百分比（%）	图例	总转发（次）	总评论（条）
严惩/惩处/惩罚	19527	3.22		17195	9059
反腐败	19163	3.16		67919	26123
监督	16414	2.70		33452	12160
制度建设	15064	2.48		65217	34108
举报	12685	2.09		42145	19649
曝光	6311	1.04		25083	12642
信息/财产公开	6297	1.04		36079	22650
依法/法制	4481	0.74		34648	23090
纪检/暗访	3314	0.55		20165	8817
上访	2869	0.47		17451	4101

根据表 7 的统计我们发现，在针对当前官员的负面表现进行惩处的具体对策上，严惩、惩罚和惩处提及的频次最高，出现的频次为 19527 次，约占样本总数的 3.22%，其次为"反腐败"，这一话语提及的频次为 19163 次，占样本总数的 3.16。上述举措累计出现的次数为 106125 次，占

样本总数的 17.48%。

本研究认为，当前反腐工作已经取得了一定的成效，但与此同时所带来的问题是"官员"整体的污名化现象。即在若干的官员及干部中，有问题的官员及已经被查出的问题仍是少数，但在公众的评价和传播中，所建构的官员形象在整体上是偏负面的。底层官员、基层政府的粗暴执法问题、部分官员的贪腐问题成为拉低官员整体形象的直接因素。因而，根据以上梳理，本研究认为，当前中国主要的社会矛盾之一体现在干群关系这一问题上，官员的问题以贪腐为主，反腐败工作极为紧迫。

B.9
互联网时代的司法信息传播：上海市司法局"两微一网"的传播研究*

孙祥飞**

摘　要： 新媒体改变了信息传播的生态，也改变了司法信息公开与传播的方式。上海市司法局以新媒体技术为依托，建构了集门户网站、政务微博、政务微信为一体的多元化的司法信息传播格局。本研究采用数据挖掘的方式，就上海市司法局"两微一网"的运营状况、使用频率、传播内容与传播效果进行了多角度分析，以期发现以上海市司法局为代表的中国司法信息传播实践的基本状况。

关键词： 司法传播　信息公开　上海市司法局

有学者认为，法治的存在形态可分为"作为社会治理方式的法治和作为民间生活形态的法治。前者以意识形态性与国家政治生活紧密相关，后者具有专业知识和经验的内涵，是解决问题、实行权利救济的技术"[①]。新媒

---

* 本文系中国博士后科学基金第57批面上资助项目"两微一端中的法治话语传播研究——以大数据为方法"（2015M570353）、上海市社会科学基金青年项目"社会主义核心价值观在'两微一端'中的传播与阐释"（2015EXW002）、华东政法大学2014年度科学研究项目（14HZK021）阶段性研究成果。

** 孙祥飞，新闻传播学博士，法学在站博士后，华东政法大学人文学院讲师，上海交通大学大数据与传播创新实验室特约研究员，研究方向为法治传播、新媒体与大数据。

① 马雁、史志钦：《法治话语、法律议论的公众型构过程与背景——以社会诉讼为载体》，《北京行政学院学报》2007年第1期，第76页。

体技术的发展拓展了司法信息传播的广度与深度，使司法信息传播逐渐成为中国法治生活化的重要组成部分——司法和法治已经由一种"统治的方式"转变为一种"社会治理方式"和"民间生活形态"。本研究以上海市司法局的"两微一网"（即微博、微信和门户网站）为具体的研究对象，探讨在这一宏大的社会及法治背景下，司法系统在司法信息公开与传播中的实践与变革。

一 司法信息传播的生态及现状分析

司法信息传播是中国司法实践的一个重要组成部分。在公众主体意识、公民意识不断觉醒的背景下，新知识群体、专业型的公共舆论领袖正成为独立于官方与民间的又一强大权力主体，这部分群体在阐释社会议题、解读司法案件、传播法治理念、助推信息公开等层面扮演着极为重要的角色。正因如此，司法信息的传播不能固守单向度的宣传和教化，而应以积极、主动、多元且易于接受的方式与公众进行对话。

新媒体在中国经济、社会发展的过程中，首先，扮演的角色是信息传播的平台和渠道，是重要的舆论和思想阵地；其次，新媒体还是社会变革的重要推动力量，尤其是在典型的社会事件、重大及突发事件中以倒逼的方式助推民主化进程；最后，新媒体是政府进行国家治理和社会管理的新渠道，既作为一种新型的社会资本，又是国家及社会治理的重要资源。2013年10月1日，国务院办公厅下发《关于进一步加强政府信息公开回应社会关切提升政府公信力的意见》（以下简称《意见》）。《意见》将政府网站、政务微博、政务微信与新闻发言人并列为政府信息公开的方式，明确指出，"各地区各部门应积极探索利用政务微博、微信等新媒体，及时发布各类权威政务信息"①。可以说，"两微一网"已经成为互联网时代公权力机构进行信息发

---

① 国务院办公厅：《关于进一步加强政府信息公开回应社会关切提升政府公信力的意见》（国办发〔2013〕100号），2013年10月1日。

布与传播的阵地。

中国司法领域借助新媒体进行信息公开的尝试以互联网门户网站的搭建为开端。根据对网站域名 moj.gov.cn 的 Whois 查询，中国司法部官方网站域名于 2005 年 12 月 15 日注册，迄今已恰满 10 年。中国司法领域的门户网站建设目前已经全面开花，"法网导航"网站（http：//fawang365.com）对中国公检法司四大系统的门户网站建设情况进行了归类整理，除中西部少部分地区地的市级和区县级网站没有开通外，从中央到地方，一个横跨公检法司四大系统，纵跨中央、省市、区县的互联网门户网站体系已经基本建构完成。

自 2010 年中国进入"微博元年"开始，司法系统开设微博官方账号成为司法领域信息公开的新态势，《人民日报》与新浪微博等多家机构联合发布的《2014 年度人民日报政务指数报告》中公布的数据显示，司法系统认证微博微博总数量为 7611 个，成为"政务微博中的'第一梯队'"①。与此同时，2011 年微信逐渐进入公众视野，成为继微博之后的又一重要社交应用平台，根据腾讯研究院发布的《"互联网+"微信政务民生白皮书》公布的数据显示，截至 2014 年 12 月 31 日，全国政务微信总量达到 40924 个，其中司法领域的微信也占据了不小的比重。

二 上海市司法局"两微一网"的运营概况

上海市司法局以互联网为平台进行的信息发布与官民互动渠道建设体现在"两微一网"传播体系的架构上。司法局官方网站域名于 2000 年注册，政务微博于 2012 年初开通，政务微信于 2014 年底开通，目前官方网站"上海市司法行政"网、官方微博"上海司法行政发布"、官方微信公号"法治上海"三个平台成为上海市司法局基于新媒体的司法信息公开与传播体系的主要阵地。

---

① 人民网舆情监测室：《2014 年度人民日报政务指数报告》，2015 年 1 月。

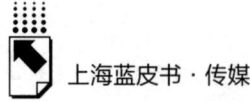

上海市司法局官方网站为"上海市司法行政"网（http：//www.justice.gov.cn），该域名注册于2000年8月22日，目前谷歌PR值为7，中国网站排名第6174位。表1是上海市司法局官方网站与中国司法部官方网站具体信息。

表1 司法部与上海市司法局官方网站对比

对比内容	上海市司法局	中华人民共和国司法部
网址	http://www.justice.gov.cn	http://www.moj.gov.cn
注册日期	2000年8月22日	2005年12月15日
Google PR	7	8
百度收录	7050	70000
百度反链	45100	101000
中国网站排名（位）	6174	3655

根据数据采集及人工统计，上海市司法局官方网站"上海市司法行政"所开设"新闻动态"栏目截至2015年10月7日已累计发布新闻数量8620篇，其中"媒体热点"栏目发布相关文章764篇。"上海市司法行政"具备常态的新闻发布功能和以咨询与服务为表现方式的互动功能。研究选取"新闻动态""信息公开"两个以信息动态发布为表现方式的栏目和以"网上办事结果公示""'网上咨询'答复"两个具有互动和服务特征的栏目进行了简要数据统计，详见表2。

表2 上海市司法行政网信息发布状况

单位：篇，条

信息发布	数量	信息互动	数量
新闻动态	8620	网上办事结果公示	27109
信息公开	1395	"网上咨询"答复	6031

上海司法局官方微博账号"上海司法行政发布"开通于2012年1月5日，第一条微博发布于2012年1月30日，截止到2015年10月7日中午共发布博文4773条，拥有粉丝143516个，上海司法局官方微信"法治上海"

自 2014 年 12 月 4 日"中国第一个宪法日"当天发布首条微信文章，截至 2015 年 10 月 6 日中午共发布微信文章 753 篇（详见表3），拥有 5282 个订阅用户。

表3　上海司法局"两微"信息发布状况

微博官方账号	数量	微信官方公号	数量
发布数量（条）	4773	发布数量（篇）	753
首篇发布日期	2012年1月30日	首篇发布日期	2014年12月4日
粉丝数（个）	143516	用户订阅数（个）	5282
总转发数（次）	10388	总阅读数（次）	765955
均转发数（次）	2.18	均阅读数（次）	1017.20
总评论数（条）	2798	总点赞数（个）	10368
均评论数（条）	0.59	均点赞数（个）	13.77

根据上述数据的整理，上海市司法局"两微一网"均在借助互联网进行司法信息传播层面进行了大量的尝试和实践，不管是其为微博、微信还是门户网站均扮演了作为信息发布平台、官民互动平台、意见征询平台的重要角色，并且根据其平台的特点突出了各自功能的差异性。

三　上海市司法局"两微一网"的使用频率

本研究通过大数据采集技术，对上海市司法局"两微一网"中的信息发布与传播状况进行了数据抓取，其中微博抓取的是 2012 年 1 月 30 日至 2015 年 10 月 7 日的 4773 条内容及每条博文对应的转发及评论数，微信抓取的是 2014 年 12 月 4 日至 2015 年 10 月 6 日的 753 篇推送文章及相关的阅读数与点赞数，网站抓取的是"新闻动态"栏目中的 5710 篇新闻信息。图 1 是 2012 年 1 月至 2015 年 10 月初微博的发布状况。

从图 1 可以看出，上海司法局官方微博发布整体呈现"两端低中间高"的状态，即自从官方微博开通之后，上海司法局微博发布数量较少，但整体呈缓慢增长的状况，这一阶段持续到 2013 年 3 月；此后发布数量呈现井喷

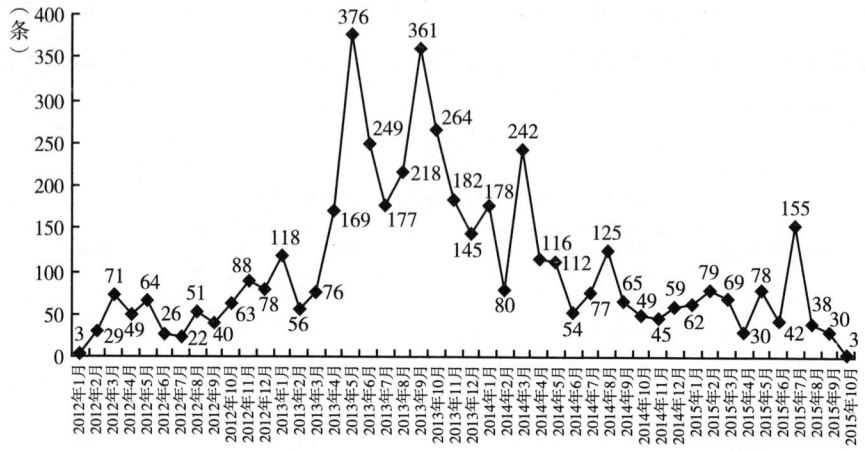

图1　上海市司法局官方微博"上海司法行政发布"博文发布状况

式增长并持续到2014年4月，尽管此后依然有发布量的反弹，但总体呈现下滑趋势。这主要与微博的式微和微信的崛起有关。图2是上海市司法局微信公号"法治上海"发布的文章情况统计。

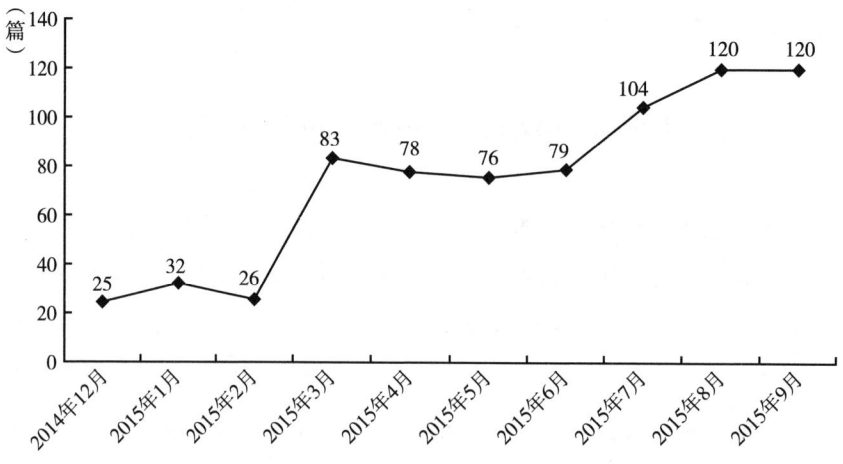

图2　上海市司法局官方微信公众号"法治上海"文章的推送状况

图2统计数据显示，"法治上海"自2014年12月发布首篇文章以来其发布数量呈现递增趋势，这与上海市司法局官方微博的发布数量走势情况恰

好相反，意味着在微信迅速崛起、微博用户数下滑的背景下，公权力机构在某种程度上呈现"两微兼顾，偏向微信"的状况。

与微博、微信相比，官方网站依然是上海市司法局进行信息发布的重要平台，并且除偶然的节假日有发布空缺外，其常态的信息发布一直持续。本研究采用大数据技术对官方网站上"新闻动态"栏目中所有的信息进行了数据采集，根据人工排查，该栏目所发布的信息在2013年1月16日之前没有标记信息发布的具体日期，故本研究仅仅统计该日期之后的信息发布情况（见图3）。

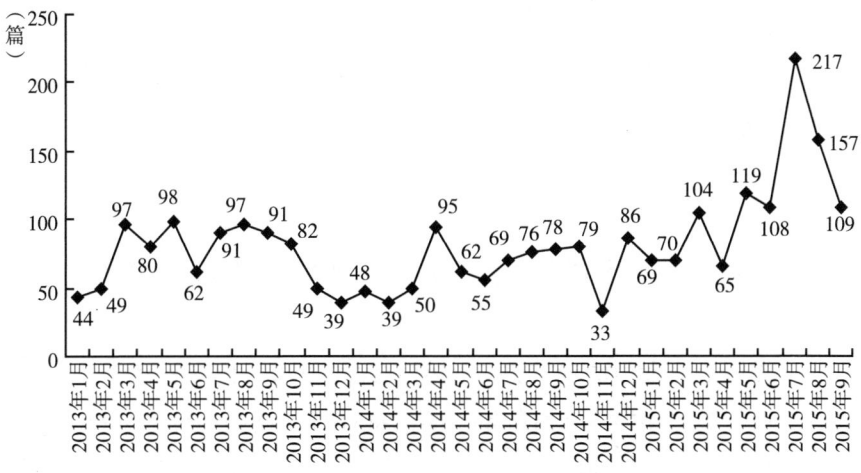

图3　上海市司法局官方网站"新闻动态"栏目信息发布状况

图3的数据统计显示，官方网站一直是上海市司法局重要的信息发布平台，并且随着时间的增长，信息发布的数量呈现逐渐增加的趋势。为了进一步了解上海市司法局"两微一网"整体的使用频率，研究选取2014年12月至2015年10月初的数据状况进行了对比分析（见图4）。

据图4的统计可以发现，近十个月以来，门户网站一直是上海市司法局最主要的信息传播与官民互动阵地，使用频率持续增长；微博作为移动互联网时代媒体属性最强的社会化媒体在使用频率上与官方网站的信息发布频率具有较高的一致性；政务微信作为继政务微博之后又一社交平台正日渐受到上海市司法局的关注，在使用频率方面呈现与日俱增的状况。

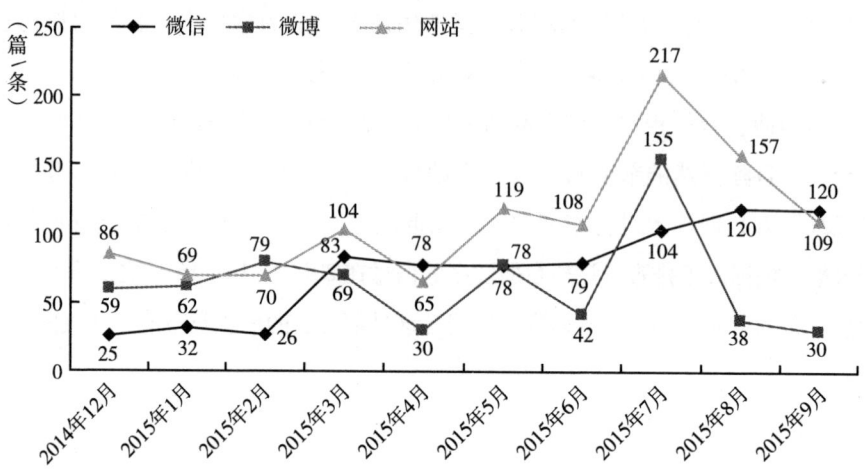

图4　上海市司法局"两微一网"信息发布的对比分析

四　上海市司法局"两微一网"的内容分析

为了探讨上海市司法局"两微一网"信息发布时的内容状况,研究专门就其微博、微信和门户网站所发布的信息进行了高频词统计分析。其中,微博统计的是其官方微博所有博文的内容,微信统计的是其公众账号所有历史文章的标题,网站统计的是司法局官方网站"新闻动态"栏目所发布的5710篇文章的标题。研究排除无实际意义的虚词和表示抽象概念的辅助性用词之后,形成了表4所示的高频词使用对比情况。

表4　上海司法局"两微一网"信息的高频词使用状况

单位:次

排序	微博		微信		网站	
	用词	频次	用词	频次	用词	频次
1	司法	3184	上海	121	行政	513
2	法律	3178	法治	64	调解	414
3	工作	2368	法律	50	调研	265
4	活动	2065	司法	38	鉴定	239
5	调解	1854	分钟	34	黄浦区	189

续表

排序	微博		微信		网站	
	用词	频次	用词	频次	用词	频次
6	律师	1703	律师	30	许可	186
7	援助	1595	新闻	25	组织	185
8	开展	1569	知道	22	部门	174
9	服务	1438	风云	22	纠纷	152
10	行政	1229	资讯	20	领导	146
11	社区	1062	告诉	19	管理	140
12	戒毒	1031	如何	17	精神	112
13	宣传	1006	法官	17	贯彻	106
14	纠纷	929	调解	17	行业	93
15	社会	755	竞赛	16	长宁区	91

经以上对比，上海司法局"两微一网"在内容上立足上海本地，紧扣司法领域的相关话题，以社会现实问题为导向，具有案件案例解读、普及法律知识、提供社会服务等功能。整体来看，"两微一网"所体现的共性是：第一，本地意识，即立足上海本地的具体情况进行信息发布，尤其是在网站平台的信息发布中，如"黄浦区""长宁区"等用词高频出现；第二，热点意识，即围绕社会上新近的重要、热点话题进行相关的信息发布、评论或解读，以此满足公众信息需求，进行法治宣传和舆论引导；第三，服务意识，即通过发布各种法律援助活动的介绍信息，传播与公众切身利益紧密相关的信息来满足公众日常的涉法服务需求和涉法信息需求；第四，专业意识，即围绕法律、司法领域的相关问题进行信息发布，并将司法信息的传播与发布融入日常生活中，实现传播效果的最大化。

研究通过对上海市司法局"两微一网"所发布的内容进行深度观察后认为，在"两微一网"的使用过程中，呈现"一体两翼"的传播格局，其中门户网站是信息公开的第一平台，在及时准确公开各类司法行政信息方面发挥了重要作用，具有信息聚合、动态发布、便民互动的立体化功能；"两翼"指的是微博和微信，是上海市司法局顺应"互联网+"潮流进行新媒体问政的重要平台，注重突出信息的时效性和生活化，兼具普法、宣传与服务的功能。

五 上海市司法局"两微"平台的传播效果

"两微"的传播效果通过公众的参与状况得以评价,本研究对上海市司法局官方微博的转发数、评论数,官方微信的阅读、点赞数进行了全部抓取(见图5)。

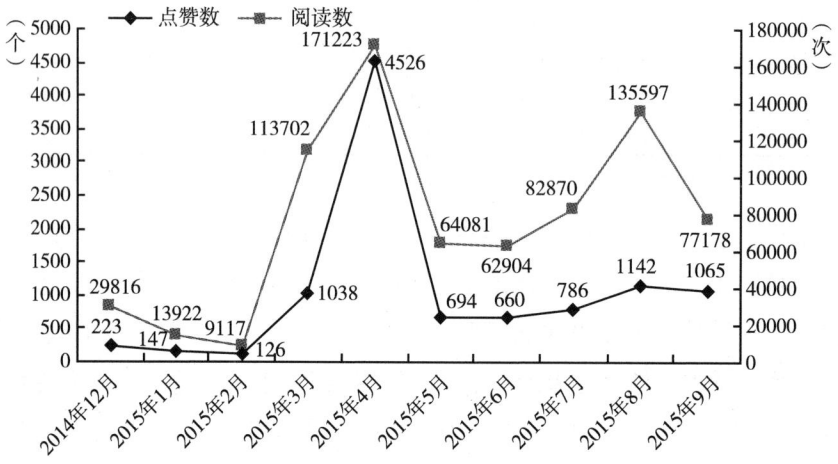

图5 上海市司法局官方微信公众号"法治上海"文章的阅读与点赞状况

从微信公众号所发文章的阅读数与点赞数来看,2014年4月出现峰值,与其所发布的一篇题为"涨知识 | 如果放在美国,毕福剑的节目会被停播吗?"的文章获得了10万余次的阅读量有关,该篇文章获得3798个赞,使4月阅读数与点赞数达到历史上的峰值。整体而言,微信阅读数与点赞数均呈现持续增长的趋势。研究发现,在753篇微信文章中,阅读数超过10000(含)次的共有8篇,阅读数超过5000次的共有17篇,阅读数超过2000次的共有52篇,阅读数超过1000次的共有137篇,其占所发布微信文章总数的18.19%。此外,研究统计发现,阅读数低于100(不含)次的共有101篇,占所发布微信文章总数的13.41%。其中,阅读数超过1万次的文章详见表5所示。

表5 上海司法局官方微信公号"法治上海"文章阅读数 TOP 8

单位：次，个

文章序号	文章标题	发布时间	阅读数	点赞数
1	《涨知识！如果放在美国，毕福剑的节目会被停播吗？》	2015/4/8	100001	3798
3	《八国联军入亚行，笑得太爽了！》	2015/3/21	75220	508
1	《上海居民同志们注意了，这12种证明居委会不能开，大热天别白跑一趟了！》	2015/8/8	25661	132
1	《最新最强的短信诈骗：据说，今天有很多上海市民收到了这样一条短信！》	2015/5/6	25417	88
1	《优秀，是一种品质！——沉痛哀悼上海市高级人民法院副院长邹碧华》	2014/12/10	21563	68
1	《今天在虹桥机场发生的惊人一幕…大阅兵竟然对上海有这么大的影响！》	2015/9/3	14802	36
4	《悲催！房子炸没了，房贷还要还！》	2015/8/17	12358	32
1	《强大的新骗局，上海已很多人受骗！》	2015/4/13	10552	26

据表5的统计，8篇阅读数超过1万次的文章包含以下几个层面：第一，对高公众关注度的社会热点事件进行的解读；第二，对公众日常生活紧密相关的重要信息进行的传播；第三，对重要、重大社会事件进行的法律视角的解读。此上三类信息传播均具有社会现实的紧密关注度，并且以借势传播的方式宣传法治理念。相比而言，上海市司法局官方微博所发布的信息影响效果相对较弱，其中，转发数为0的博文共有1963条，占所采集博文数的41.21%；转发次数最多的一篇博文共获得转发375次，在其所发布的4763条博文中，共有191条博文的转发数在10次以上（含），占比4.01%。图6是对上海市司法局微博所获转发及评论数进行的基于月份的统计。

从图6数据走势来看，上海市司法局微博账号所发博文获得的转发数和评论数呈现"中间高两头低"的状况，以2013年10月为分界点，之前活跃度持续攀升，之后持续下滑，这与其微博发布数量的整体走势一致。这意味着，在微博用户向微信阵地转移的同时，上海市司法局工作的侧重点也有所转移，但并没有放弃已经建立的微博平台，而是呈现"两者兼顾，微信为主"的思路。

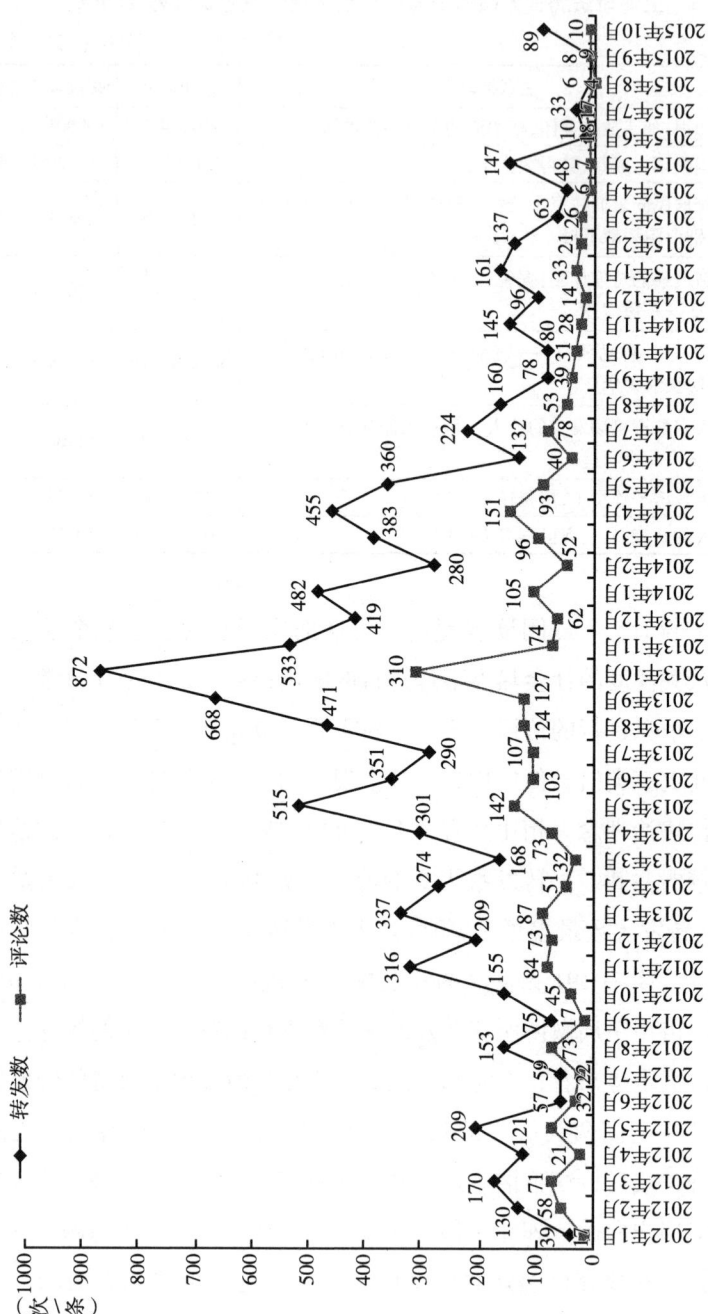

图 6 上海市司法局官方微博"上海司法行政发布"博文转发数与评论数

小结："互联网+"时代的司法信息传播

互联网进入中国已经有 20 多年的时间，中国互联网从门户网站到网络社区，从博客到微博，再到"两微一端"（微博、微信、客户端）的迅速发展，极大地改变了传统信息传播的方式和既有的信息传播生态。得益于新媒体的赋权，普通公众拥有了开口说话的能力，从而一跃成为"互联网+"时代信息生产最为庞大的群体，也正因如此，传统的公权力机构所拥有的话语权优势被众声喧哗的网络声音消解。在此背景下，上海市司法局以"两微一网"为阵地，积极建构以互联网为依托的司法信息传播新格局，是新媒体语境下司法信息公开生存状态与发展策略的一个缩影。本研究相关结论简要总结如下。

第一，上海市司法局"两微一网"是中国司法信息公开与传播的一个缩影，也是社会主义法治教育实践的一个缩影，其所搭建的门户网站、政务微博、政务微信建构了以互联网为核心的"一体两翼"的传播体系，体现了鲜明的时代特征、服务意识和专业思维。除上海市司法局这一典型个案，中国的公安、检察院、法院系统也均在此类实践上不懈前行——"横向到边、纵向到底"的司法信息传播体系已经初步形成。同时，鉴于不同平台的特殊性，门户网站更注重其信息的聚合性和内容的整合性，微博平台更注重信息传播的时效性、公开性与互动性，微信更注重信息传播的社交化。

第二，新媒体已经成为党和国家重要的执政资源，司法信息公开也不再是一种单向度的意识形态宣传，在公众主体意识和公民意识日渐觉醒的背景下，司法信息传播正成为一种国家治理与社会治理的方式。中国司法信息公开的步伐是伴随着中国互联网的发展不断发展起来的，也正是中国的司法机构以主动、积极的姿态拥抱互联网、融入互联网，才使得新媒体作为一种执政能源能够实现其作用和效果的最大化。上海市司法局对"两微一网"的运用是中国司法信息公开发展轨迹的一个缩影，它体现了与技术、时代发展相吻合的特征。

第三，司法信息的传播行为不仅是一种信息的公开发布行为，它体现了司法信息作为一种宝贵资源从幕后到台前的一种转变，这种转变使司法信息不再是一种垄断性资源，而是成为一种典型的社会公共资源，在加速司法传播变革的同时，也催生了中国司法实践在依法治国的道路上逐步深入。长期以来，中国司法领域的信息具有极强的专业性和相对的封闭性，它往往在特定的专业领域内流通，而社会化媒体在司法领域的广泛应用，使其摆脱了时间和空间的局限性，为公众法治素养的启蒙起到了极为重要的推动作用，也成为中国司法改革的重要助推力量。

第四，司法信息公开的主体、载体与公众三者在现今语境下都发生了很大变化。新媒体技术使权力作为一种资源进行了重新分配，被技术赋权的公众拥有了对知情权和话语权和普遍诉求，公众的"在场意识"和"离场介入意识"不断强化，新知识群体正成为独立于权力与资本之外的又一力量，影响着司法实践。因而，在此背景下，以积极、主动的方式实施信息公开，搭建多样化、多渠道的信息传播载体，与数以亿计的互联网用户展开互动，成为公权力机构尤其是司法机构顺应潮流的选择。

B.10
新媒体对城市老人社会适应的影响研究

——基于电脑和手机终端的分析

丁卓菁[*]

摘　要： 退休老人面临着一系列新的社会适应问题，包括生活环境的适应、社会关系的适应、自我角色重新定位等。本文将探讨城市老人的社会适应问题，并对老人日常生活中的新媒体与其社会适应的关系做了探讨。以上海老人作为分析对象，采用街头随访的形式抽样，一共回收有效样本376份。研究发现，当前上海老人的社会适应状况总体良好，大部分老人都能在日常生活中自理，在经济收入上自给自足；在人际关系适应与社会适应认知度方面，情况也基本理想，都能比较积极地调整自我和重新定位。特别需要注意的是，在新媒体使用与城市老人的社会适应相关性方面，结果显示均呈正面相关性。说明新媒体的使用对提高老人的社会适应能力是有帮助的。

关键词： 城市老人　新媒体　社会适应

---

[*] 丁卓菁，上海大学上海电影学院传播学博士，上海工程技术大学副教授，研究方向为传播社会学、发展传播学，主要聚焦于媒介与社会互动研究，特别关注新媒体研究。

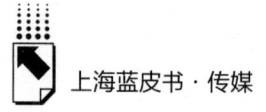

一 研究现状与研究目的

（一）研究现状

1. 社会适应研究

国内外关于"社会适应"研究的文献数量尚可，但在研究侧重点上略有不同：国外的研究主要聚焦在国家间个体或者群体流动的社会适应问题，譬如，Kim（1978）探讨了韩国移民在芝加哥的社会适应问题[1]，Cuellar, Harris & Jasso（1980）研究了墨西哥移民在美国的社会适应转变[2]，Fan（1990）讨论了香港移民在多伦多的适应问题[3]，Cheung（1996）探讨了中国移民家庭在美国的适应情况[4]，Ghuman（2000）调查了南亚青年在澳大利亚的适应现状[5]。从国内来看，研究比较侧重分析国内环境中的个体或者流动群体的社会适应问题。在研究对象上，侧重分析儿童与青少年、农民工、移民等；在学科专业分类上，以心理学、社会学等学科为主。例如，曾守锤（2010）分析了国内流动儿童的社会适应现状[6]，李飞、钟涨宝（2010）研究城市化进程中失地农民的社会适应现状[7]，风笑天（2004）探讨了三峡农村移民的社会适应问题[8]。

---

[1] Kim, Y. Y. (1978), "A communication Approach to Acculturation Processes: Korean Immigrants in Chicago," *International Journal of Intercultural Relations*, Vol. 2, pp. 197–224.

[2] Cuellar, I., Harris, L. C., & Jasso, R. (1980), "An Acculturation Scale for Mexican American Normal and Clinical Populations," *Hispanic Journal of Behavioral*.

[3] Fan, C. D. (1990), *Acculturation Mode, Consistency, and Adjustment of Hong Kong Chinese Immigrants in Toronto. Canada*, Ontario: University of Windsor (UMI Dissertation Services).

[4] Cheung, K. M. (1996), *Cultural Adjustment and Differential Acculturation among Chinese New Immigrant Families in the United States.* In S. Lau (Ed.), *Growing up the Chinese way: Chinese Child and Adolescent Development*, Hong Kong: Chinese University Press.

[5] Ghuman, P. A. S. (2000), "Acculturation of South Asian Adolescents in Australia," *British Journal of Educational Psychology*, Vol. 70, pp. 305–316.

[6] 曾守锤：《流动儿童的社会适应状况及其风险因素的研究》，《心理科学》2010年第2期。

[7] 李飞、钟涨宝：《城市化进程中失地农民的社会适应研究》，《青年研究》2010年第2期。

[8] 风笑天：《三峡农村移民的社会适应》，《社会学研究》2004年第5期。

2. 老人社会适应研究

目前国内关于老人社会适应研究的文献数量不多，相关的包括：阎志强（2006）提出，老人的社会适应具有个体差异，要采取多样化的措施提高退休老人社会适应的能力。丁志宏（2012）认为，老人的社会适应能力与自身"资源"关系密切，例如健康、教育等，提高老人的社会适应能力需要实现为老人资源增权。

3. 新媒体与社会适应研究

目前国内从传播学角度展开社会适应研究文献数量不多，从国外来看，研究主要聚焦新媒体与移民的社会适应。例如，Bakardjieva（2003）指出，通过互联网，移民可以找到对应日常生活困境的方法。还有不少研究更为具体，例如，互联网可以帮助移民克服时间、距离等现实障碍，帮助移民减少因为咨询错误产生的羞愧感，并起到保护隐私的作用等。从国内来看，目前与此相关的文献不多，分别是：发表在《中国电视》（1994），题为《媒介传播对儿童社会适应的消极影响》一文，徐礼平（2013）的《电视对农村留守儿童的消极影响》，胡小安（2007）题为《大众传播与老年人社会适应研究》的硕士论文。三篇论文分析了媒介信息内容对不同受众群体社会适应的影响。国外的文献为本课题研究带来了启示；国内的研究在分析框架、理论深度等方面尚欠缺。

本文将在吸取相关研究成果的基础上，以老人社会适应为研究内容，从新媒体使用的视角切入，以期弥补学界在这个方面的研究。

（二）研究目的

电脑与手机在上海城市老人中已实现了较大范围内的扩散与使用，对城市老人的日常生活起着一定作用。目前，国内传播学界的老人研究尚处在起步阶段。尽管研究数量不多，但已有部分研究开始关注老人与新媒体，探讨数字时代老人的新媒体使用、认知与评价。不过，少有研究聚焦新媒体使用对老人产生的相关影响，本文试图弥补这一研究不足。

退休后，如何调整自我、适应新生活是老人面临的重要问题，学界亦有相关研究聚焦于此，但数量不多；在已有的研究中，大部分均归属于社会学领域，就现状做一个调研分析。总体而言，目前的研究聚焦于老人的社会适应现状，但少有研究分析探讨老人社会适应的影响因素。

本文拟从发展传播学的视角展开，围绕城市老人社会适应这一研究议题，从新媒体使用的角度展开分析，探讨新媒体使用在城市老人社会适应过程中的作用，以期对以上两个部分的研究做进一步的补充。

本文拟就两个方面展开探讨：第一，当前城市老人社会适应现状如何？在概念分析的维度中，他们是否存在一定的社会适应困境？第二，新媒体的使用是否会对城市老人的社会适应产生影响？是正面的影响还是负面的影响？

二 核心概念与研究方法

（一）"社会适应"的概念界定

国内关于"社会适应"有不同的分析维度和研究视角，概括而言，大致可以分为两种视角：第一种视角，从社会化的角度讨论"适应"，认为"社会化与适应是一个事物从两个方面的不同表述，可划分为三个层面：经济层面、社会层面和心理层面。"① 第二种视角，从社会化的角度界定"社会适应"的主要内容，包括对社会生活环境的适应、对社会角色的适应、对社会活动的适应等。②

而关于"老人社会适应"的概念内涵，国内外的情况如下。

第一，国外的概念界定。

按照美国学者哈维格斯特的观点，退休老人要适应体力与健康的衰退、适应退休与收入减少、适应配偶的死亡，与同龄人建立快活而亲密的关系、承担公民的社会义务、对于物质生活的满足降低。一般意义上，社会适应是

---

① 朱力：《论农民工阶层的城市适应》，《江海学刊》2002年第6期。
② 贾晓波：《心理适应的本质与机制》，《天津师范大学学报》（社会科学版）2001年第1期。

指个体或群体积极习惯他们感受到的新的社会环境的过程。

第二，国内的概念界定。

国内关于老人社会适应研究比较有代表性的学者是阎志强和陈勃。阎志强基于人与环境相互关系的理论提出概念内涵。根据该理论，个体在一个与其身体、认识、情感需要和能力相适应的环境中能够体验生活的满足感。①为描述评价退休老人的社会适应，阎志强提出，社会适应界定为退休老人对晚年生活各方面的习惯、认同和满意程度。②

陈勃认为，所谓"社会适应"是指个体与特定社会环境相互作用达成协调关系的过程，以及这种协调关系呈现的状态。对不同个体来说"社会适应"不是"是"与"非"的问题，即适应不适应的问题，而是适应程度的差异问题。他将老年群体社会适应分为"生存性社会适应"与"发展性社会适应"两大类。"生存性社会适应"主要指老年人在现实的社会生活中能够自理、存活的程度；"发展性社会适应"主要指老年人在现实的社会生活中能够发挥自身潜能、扩展自我价值的程度。③

本文在参考以上概念内涵的基础之上，提出"老人社会适应"的概念内涵，本文将偏重从人际关系适应、社会适应认知度等两个维度展开。

（二）调查方法

本次调研以随机抽样、填写问卷等方式进行，由笔者所在单位的学生在街头、小区、公园随访退休老年人完成。其中，女性以 55 岁以上为研究对象，男性以 60 岁以上为研究对象。我们共发放问卷 400 份，回收 400 份，问卷回收率 100%；有效问卷 376 份。

在受访者中，男性所占的比重达到 42.31%，女性所占的比重达到 57.69%。年龄方面，55~59 岁的占 30.77%，60~69 岁的占 28.85%，70~79 岁的占 28.85%，80 岁以上的占 11.54%。在月收入方面，1000 元以下的占到

---

① Nancy R. Hooyman, H. Asuman Kiyak, *Soclal Gerontology* (5th ed), AViacom Company, 1999.
② 阎志强：《广东退休老人社会适应研究》，《南方人口》2006 年第 4 期。
③ 陈勃：《人口老龄化背景下城市老年人的社会适应问题研究》，《社会科学》2008 年第 6 期。

7.69%，1001～2000元的占到15.38%，2001～4000元的占到46.15%，4001～6000元的占到19.23%，6001元以上的占到11.54%。在教育程度上，不识字的占到11.54%，小学文化的占到13.46%，初中文化的占到28.85%，高中及中专的占到19.23%，大专及以上的占到26.92%。在退休年龄上，半年以下的占到9.62%，半年到一年的占到3.85%，一年以上至两年的占到7.69%，两年以上到三年的占到3.85%，三年以上的占到75%。

三 研究变量

（一）人口变量

本研究的人口变量包括性别、年龄、月收入、受教育程度和退休年龄，选项的分类情况如上文所述。

（二）媒介使用程度

分别研究电脑和手机对城市老人社会适应的影响研究。受访者被问及日常生活中两种媒体的使用程度，用里克特五点态度量表来测量，分为：①从不使用；②偶尔使用；③一般；④经常使用；⑤基本上每天都使用。

（三）社会适应

本文对城市老人社会适应的测量，将侧重从人际关系适应、社会心理适应、社会适应认知度等三个维度展开，受访者将表达他们的适应程度，分别采用态度量表或者"是""否"来进行测量。

（四）人际关系适应

对"人际关系适应"将分别从家庭关系适应、社区关系适应、社会关系适应等三个维度展开，分别用里克特五点态度量表进行测量。

其中，"家庭关系适应"将分为：与配偶关系适应、与子女关系适应、与子女配偶关系适应、与隔代关系适应等四个维度展开。这四个选项共同合成"家庭关系适应度"。

社区生活目前在城市老人的日常生活中所占比重亦越来越大，因此，本文将社区关系适应亦作为一项重要的测量指标，并从与邻居关系适应、与社区所在居委工作人员的关系适应、参与社区活动频率等三个维度展开。

退休以后，老人的社会关系将趋向于原有社会关系的维系，因心理保守，大部分老人都不会选择再去拓展新的社交圈，因此，对于城市老人"社会关系适应"将主要分为两个方面展开，即与亲戚朋友的关系适应、与原单位同事的关系适应两个维度展开。

（五）社会心理适应

社会心理适应主要分自尊、抑郁两个维度展开。

自尊量表（Self-Esteem Scale，SES）采用的是 Rosenberg 于 1965 年编制的量表，最初用以评定青少年关于自我价值和自我接纳的总体感受，目前是我国心理学界使用最多的自尊测量工具。共分 10 道题展开，"非常同意"计 4 分，"同意"计 3 分，"不同意"计 2 分，"非常不同意"计 1 分，1、2、4、6、7 正向记分，3、5、8、9、10 反向记分，总分范围是 10~40 分，分值越高，自尊程度越高。

抑郁量表采用的是老年抑郁量表（GDS），共 30 个条目中，用"是""否"进行回答，10 条用反序计分（回答"否"表示抑郁存在），20 条用正序计（回答"是"表示抑郁存在）。每项表示抑郁的回答得 1 分。

（六）社会适应认知度

这部分主要测量城市老人对于自身角色变化与社会变化程度的感知状况。用里克特五点态度表进行测量，分为"因自己不再受到别人重视而感到不满""我至今不习惯别人把我当作老年人""现在的社会变化，对老年人来说越来越不利""现在越来越多的观点让我难以接受"四个维度。

四 研究结果

(一)上海老人社会适应现状

1. 上海老人日常生活的自理能力

关于日常生活中的自理能力,本次调研的被测对象中有61.54%人表示可以"完全能自理",21.15%人表示"比较能自理","不能自理"和"不太能自理"的加起来不到10%。由此可知,本次被测的大部分上海老人是具备生活自理能力的老人。

2. 上海老人的经济适应情况

关于退休后,城市老人的经济适应现状,本次调研对象中,有36.54%人表示"一般",34.62%人表示"比较满意",26.92%人表示"非常满意";只有不到2%的人表"不太满意",没有老人表示"一点都不满意"。说明,当前大部分上海老人经济收入稳定,经济情况良好。

3. 上海老人的人际关系适应情况

第一,家庭关系适应现状中,五个态度量表分别赋值1~5分,"很不好"赋值1分,"很好"赋值5分。结果显示,与隔代关系的情况最好,位居第一,与配偶关系、与子女关系位居第二,与子女的配偶关系位居第三;但是,无论是与配偶关系、与子女关系、与子女配偶关系,还是与隔代关系,平均分都在4分以上,说明整体而言,上海老人的家庭关系适应情况是良好的,他们拥有相对和睦和温馨的家庭氛围。其中,与隔代关系的情况是分值最高的,平均分为4.52分,远远高于其他选项的分数,说明在家庭所有的人际关系中,隔代关系是最能让老人产生满足感与愉悦感的。不仅如此,在其他人际关系选项的分值排列中,隔代关系的情况亦是分数最高,情况最好的。

第二,社会关系适应。五个态度量表分别赋值1~5分,"很不好"赋值1分,"很好"赋值5分。结果显示,总体情况依然良好,无论是与亲戚朋友的关系，还是与原单位同事的关系，分值都在4分左右，其中，与亲戚朋友的关系略高于后者，为4.19分，与原单位同事的关系，分值为3.88分。整体而言，社会关系的适应情况，略低于家庭关系的适应情况，由此可见家庭关系是老人在日常生活中最重视并精心维系和寄予期望的。

第三，社区关系适应。五个态度量表分别赋值1~5分，"很不好"赋值1分，"很好"赋值5分；"从不参与社区活动"赋值1分，"经常参与社区活动"赋值5分。中国有句俗话叫"远亲不如近邻"，说明了维系邻居关系在日常生活中的重要性。从本次调研的情况来看，上海老人的社区参与程度与社区关系适应，平均分都在3.5分左右，说明社区关系的适应现状情况尚可，虽然总体上低于家庭关系的维系、社会关系的维系，但整体介于"一般"和"还可以"之间。其中，与社区邻居关系的适应程度分值最高，为3.98分，与社区居委会干部工作人员的适应程度次之，分值为3.56分，参与社区活动频率的平均分为3.48分。

第四，依据以上的情况可知，在上海老人人际关系适应的现状中，各选项的排名情况分别为（从高到低）：与隔代关系、与配偶及子女关系、与亲戚朋友关系、与子女的配偶关系、与社区邻居的关系、与原单位同事的关系、与社区所在居委会工作人员的关系。这里显示了血缘关系、地缘关系、业缘关系三者在上海老人人际关系适应中的依次重要性。

4. 上海老人的社会心理适应情况

老人的自尊量表测量后显示，总体数值为29.87分，在10~40分的总分分布中，情况尚可，说明目前的老年人均是具有较强自尊心和自信心的。而在老人抑郁量表的测试中，结果显示，分值情况在10分左右，说明本次被测老年人大部分都不存在抑郁情况。

以上两项显示，本次测试的老年人大部分的社会心理适应状况良好，基本上都有较强的自尊心，抑郁的情况较少出现，这可能和本次被测对象年龄较轻、自理能力较强、对日常生活的满意度较高有关。

5. 上海老人社会适应的识别度

这部分的调查分别用里克特五点态度量表进行测量。

在"因自己不再受别人重视而感到不满"选项中,大部分老人都集中在"比较不会不满意""一般"两个选项,并且"比较不会不满意"的选项比例略高于后者;"非常不满意"和"比较不满意"的比例不到10%。说明大部分老人的心态都比较积极健康,可以适应退休以后在社会身份角色上发生变化,并以积极的态度正确对待他人的态度。

在"我至今不习惯别人把我当作老年人"选项中,整体情况依然集中在"一般""比较习惯"这两个选项,其中"一般"选项的比例高于"比较习惯",说明大部分老人都能正确对待"老年人"这个称号,不会觉得这一概念存在一定程度上的歧视;但整体的积极状态低于之前一个部分的测量。

在"现代的社会变化,对老年人来说,越来越不利"选项上,情况依然主要集中在"一般""还可以,没有那么严重",说明大部分上海老人的心态依然是比较正面积极的,他们并不惧怕社会的变化,也乐于在一定程度上积极接受社会变化带来的后果,并在一定程度上进行自我调整。

在"现在越来越多的观点让我难以接受"选项上,"一般"是最为明显和突出的选项,人数超过一半以上,"比较难以接受"选项也有逾20%的人做选择。说明在观念的层面,大部分老年人还是相对保守的。

但总体而言,上海老人有着较高的社会适应识别度,他们能意识到社会环境中发生的变化并以比较积极正面的心态去应对这一变化,同时一定程度上调整自己的心态从而更加从容自信。

(二)上海老人新媒体的使用现状与使用频次

首先是上海老人的新媒体使用频次。用五点态度量表进行测量,分别赋值1~5分,"从不使用"赋值1分,"基本上每天使用"赋值5分。结果显示,老人的电脑使用频率得分为2.67分,老人的手机使用频率得分为3.29分。这与本人在2011年和2012年做的两次调研情况基本相符,说明手机在上海老人中的普及与使用频率是高于电脑的。

其次是上海老人新媒体功能的使用频次。分别赋值1~5分,"从不使用"赋值1分,"基本上每天使用"赋值5分。将电脑的使用功能划分15

个具体选项，结果详见表1。得分排名前五位的分别是：网络新闻、搜索引擎、网络炒股、网络视频和QQ。

表1 上海老人电脑功能的使用频次

单位：%，分

题目/选项	1 从不使用	2 偶尔使用	3 一般	4 经常使用	5 基本上每天使用	平均分
QQ	57.69	13.46	11.54	1.92	15.38	2.04
飞信	76.92	7.69	5.77	5.77	3.85	1.52
收发电子邮件	61.54	9.62	15.38	3.85	9.62	1.9
搜索引擎	38.46	23.08	21.15	7.69	9.62	2.27
网络新闻	38.46	17.31	13.46	21.15	9.62	2.46
网络音乐	55.77	17.31	7.69	9.62	9.62	2.00
网络视频	51.92	13.46	15.38	11.54	7.69	2.1
网络文学	65.38	19.23	5.77	3.85	5.77	1.65
博客	71.15	9.62	5.77	3.85	9.62	1.71
微博客	71.15	7.69	7.69	5.77	7.69	1.71
社交网站	71.15	9.62	3.85	3.85	11.54	1.75
网络购物	59.62	11.54	15.38	7.69	5.77	1.88
网上银行	65.38	5.77	11.54	7.69	9.62	1.9
旅行预定	71.15	11.54	5.77	5.77	5.77	1.63
网络炒股	63.46	1.92	5.77	13.46	15.38	2.15

将手机互联网的功能划分为17项，分别用五点态度量表进行测量，结果详见表2。其中排名前五位的分别是：拨打或者接听电话、发送短信、微信、天气预报、拍照片或者摄像。

表2 上海老人手机功能的使用频次

单位：%，分

题目/选项	1 从不用	2 很少使用	3 一般	4 经常使用	5 基本上天天使用	平均分
拨打或接听电话	15.38	7.69	23.08	26.92	26.92	3.42
发送短信	26.92	19.23	19.23	23.08	11.54	2.73
微信	46.15	9.62	3.85	11.54	28.85	2.67
拍照片或者摄像	40.38	3.46	13.46	21.15	11.54	2.50
手机小游戏	57.69	9.62	9.62	15.38	7.69	2.06

续表

题目/选项	1 从不用	2 很少使用	3 一般	4 经常使用	5 基本上天天使用	平均分
手机定闹钟	42.31	21.15	13.46	11.54	11.54	2.29
用手机收听广播	255.77	23.08	11.54	5.77	3.85	1.79
手机浏览新闻	46.15	7.69	19.23	19.23	7.69	2.35
手机网络音乐	61.54	11.54	5.77	9.62	11.54	1.98
手机微博	71.15	5.77	7.69	7.69	7.69	1.75
手机网络视频	365.38	23.85	9.62	15.38	5.77	1.92
手机搜索	55.77	15.38	7.69	13.46	7.69	2.02
天气预报	46.15	9.62	5.77	23.08	15.38	2.52
手机网上银行	67.31	7.69	5.77	13.46	5.77	1.83
手机网上购物	65.38	13.46	7.69	5.77	7.69	1.77
手机预定	75.00	9.62	1.92	9.62	3.85	1.58
手机证券	67.31	5.77	3.85	15.38	7.69	1.90

对比笔者在2011年和2012年做的两次调研发现，在电脑和手机的功能使用中，虽然排名居前的选项大致没有发生变化，例如电脑依然主要是用来了解新闻、搜索信息和保持沟通联系，手机依然是用来沟通信息、娱乐、了解天气状况，但使用行为的变化还是存在的。例如，电脑的使用中凸显了"网络炒股"的选项，手机的使用中凸显了"微信"的选项。说明上海老人的新媒体使用并不是一成不变的，对新媒体平台上的新功能，他们是善于学习、接纳并使用的。

（三）新媒体对上海老人社会适应的影响情况

本部分，主要就新媒体对上海老人人际关系适应、社会适应识别度两项做分析，探讨新媒体的使用是否会对上海老人的人际关系适应、社会适应识别度方面产生正向或者负向的影响。社会心理适应部分，题目及答案的设计，并不适合做这一相关性分析，因此略去对这一项的计算。

在老人社会适应的两种分析维度中，家庭关系采用主因素分析及最大方差正交旋转显示，这三个选项可以呈现一个因素（Eigenvalue＝3.83，可解释变量为60.83%），将社会关系采用同样的方法，显示可以呈现一个因素

(Eigenvalue = 2.71，可解释变量为 66.73%)，社区社会关系的呈现度为 (Eigenvalue = 2.40，可解释变量为 69.87%)，也可以作为一个因素进行分析。在社会适应的认知度方面，将分别测量每一个单项，并没有做主因素分析。

使用皮尔森相关分析研究新媒体使用程度和对城市老人社会适应程度的双变数关系。

首先，在新媒体与老人人际关系适应程度关系方面，情况如下。

互联网使用程度、手机使用程度与城市老人家庭关系适应显著相关，成弱正相关；($r=0.26$，$p<0.001$)、($r=0.15$，$p<0.001$)；与城市老人社会关系适应显著相关，亦成弱正相关，与城市老人社区关系适应显著相关，亦成弱正相关，($r=0.19$，$p<0.001$)、($r=0.17$，$p<0.001$)；与城市老人社区关系适应程度显著相关，亦成弱正相关，($r=0.23$，$p<0.001$)和($r=0.15$，$p<0.001$)。

说明新媒体的使用，在一定程度上对老人人际关系的建构、维系具有正向影响。使用新媒体，会帮助老人更好地构筑自己的社会关系网路，更有利于提升他们从社会交往活动中获得主体满意度和幸福感。

其次，在新媒体与城市老人社会适应识别关系方面，情况如下。

在社会适应的识别度方面，电脑的使用频率、手机的使用频率对四项测量指标的影响也均为弱正相关，分别表现为：($r=0.37$，$p<0.001$)和($r=0.37$，$p<0.001$)，($r=0.18$，$p<0.001$)和($r=0.17$，$p<0.001$)，($r=0.13$，$p<0.001$)和($r=0.15$，$p<0.001$)，($r=0.25$，$p<0.001$)($r=0.15$，$p<0.001$)。

说明新媒体的使用，在一定程度上有助于上海老人提升社会适应的识别度，帮助他们更好地定位自我和理解社会变化，从而更进一步地做好心理调适。

五 研究总结

本次研究旨在了解上海老人的新媒体使用与他们社会适应的关系，我们将新媒体分为电脑、手机两类，并将社会适应分为人际关系适应、社会心理适应、社会适应识别度三个方面。在了解上海老人社会适应现状及新媒体使用现状的基础上，分析新媒体使用对上海老人人际关系适应、社会识别度适应的影响。本次调研发现。

第一，在上海老人的社会适应现状中，无论是人际关系适应，还是社会心理适应抑或是社会适应识别度等三者，老人的整体情况均良好。这可能是与本次抽象对象的年龄主要集中在低龄和中龄老人，并且在自理能力和经济条件方面均较好有关。

在人际关系适应中，家庭关系的适应情况是最好的，其中与隔代关系的适应是分值最高的，与社区所在的居委会工作人员的关系适应是分值最低的。在人际关系适应中，血缘关系、地缘关系、业缘关系是重要的因素。但总从整体上看，上海老人均有一个比较和谐良好的人际关系。在社会心理适应方面，测量结果显示，上海老人均拥有良好的自尊心态，大部分老人没有抑郁的症状，他们的心理适应现状是健康并且积极的。在社会适应识别度方面，大部分老人都能意识到社会环境和自身角色的变化，但对于这种变化他们均持比较正面的评价，他们能够接受环境的变化并做出积极的调整，他们并不惧怕变化。但是在观念和意识的层面，他们依然体现了一定程度的保守心态。

第二，在上海老人新媒体使用现状方面：手机是相对于电脑而言，使用频率更好的新媒体；综合以往笔者做过的两次调研，可以得出这样一个结论，手机在老年群体中是扩散程度和使用频率最高的新媒体。

老人使用电脑和手机的功能类型，并不是一成不变的，而是随着技术平台建设及日常生活所需而发生改变的。以手机为例，近两年微信的发展势头迅猛，并在一定程度上掩盖了微博和博客的使用势头；然而，微信在老年群体中，也成为使用频率最高的功能之一，这说明大部分老人乐于接受新媒体的新功能、新平台，并能进一步采纳和使用，他们并不是保守和落后的。

第三，当我们把电脑、手机的使用作为一项自变量放入上海老人社会适应现状的过程中分析时，我们发现大部分均呈弱正相关的关系。说明新媒体的使用至少在一定程度上，是可以帮助老人优化社会适应过程的。这点发现也可以和之前的相关研究呼应。新媒体可以成为一种推进和提升老人社会适应过程的重要渠道和手段，可以在一定程度上产生现实的社会生产力。因此，对于新媒体的社会影响力，需持一种积极乐观的态度。

第四，本研究尚存进一步探讨研究的空间：分别就手机和电脑做比较研究，探讨二者各自在老人社会适应过程中产生的不同影响；就新媒体与传统媒体做比较研究，探讨二者在老人社会适应过程中何者影响力更大，传统媒体特别是在老年群体中扩散率最大的电视机，能对老人社会适应产生影响吗？是产生正面还是负面的影响？等等，诸如此类的问题。

第五，本研究将对社会适应的研究有一定的意义。以往关于社会适应的研究往往从人类学、社会学以及心理学的角度出发，探讨分析社会适应现状及其中存在的种种问题。而本研究是从传播学的角度入手，通过研究新媒体使用的程度与社会适应的关系，来探讨城市老人适应社会的途径。可以在一定程度上丰富社会适应的研究，并在一定程度上丰富新媒体社会效应的研究。

B.11
媒体融合背景下中国传媒体制改革的趋向*

童 希**

摘 要： 确保传媒意识形态安全、实现国有资产增值保值和激发传媒活力是我国传媒体制设计和规制监管的目标，如何对三者进行调和则构成了产业发展的最大课题。在媒体融合的态势下，传媒产业自身发展加上新媒体的倒逼推动了体制变迁并逐步触及改革存量，这其中的核心是对传媒产权的顶层设计。本文着重从传媒产权制度变革的角度对中国传媒体制的改革演进进行分析，并围绕特殊管理股等制度设计对新形势下的体制改革的思路和趋势进行研判。

关键词： 产权制度 特殊管理股 传媒改革 媒介融合

一 中国传媒体制改革的背景与历史沿革

20世纪70年代以来的中国传媒体制改革是以市场化为主要方向的，其内在逻辑与中国改革开放起推进作用的国有企业改制过程一脉相承，包含在文化体制改革之中。基于传媒产业的特殊性，即对意识形态和文化安全等因

---

* 本文为上海市哲学社会科学规划课题(2014EXW002)成果之一，并受到上海社会科学院创新工程"媒体融合发展研究"智库资助。
** 童希，博士，复旦大学发展研究院博士后（社会学方向），上海社会科学院新闻研究所助理研究员，主要研究方向为新闻学理论、媒介经营管理、新媒体传播等。

素的考量，传媒改革又与其他国有企业的改革过程有所区别，形成了自己的轨迹，对中国历次传媒改革的历史过程和结果的准确认识是设计当前传媒改制、资本运作的目标和路径的前提。

（一）国企改革背景下的文化体制改革

中国传媒体制改革是在国企改革以及文化体制改革的大背景下提出的。国企改革是中国现代化的重大历史事件，经历了漫长过程，至今仍在演变之中。国有企业严格来说只包括全民所有制企业，在实际的经营过程中需经历从全体人民到国家权力中心，再到委托人的双重授权过程，这三个主体的目标和运作方式各异，而最终的结果是实际所有者缺位，导致企业内部机制难以发挥作用，而外部又难以参与市场交易，进而带来政企不分，代理成本高、效率低等问题，成了"公有地的悲哀"。[①]

1978年召开的党的十一届三中全会标志着中国改革开放的开端，但最先启动的是农村改革，直到1984年党的十二届三中全会，国家开始系统推进经济体制改革，国企改革宣告启动。国企改革初期以扩权让利为目标，之后开始推行双轨条件下的企业经营承包制，这一系列的变化给国有企业带来生产积极性，但未能整体转变经济运行轨道，仍在原有体制框架中修补；在1993年召开的党的十四届三中全会上，国家将国企改革目标确立为建立以"产权清晰、权责明确、政企分开、管理科学"为基本特征的现代企业制度；2003年的党的十六届三中全会上，国家针对之前改革中存在的问题，即产权不清，国有产权流动不畅，与市场化层面产权多元化的设定不符，机制没有根本的转换等，开始建立以"归属清晰、权责明确、保护严格、流转顺畅"为特征的现代产权制度，推动发展混合所有制经济。这一阐述更为明确地体现了现代市场经济的本质，将国企改革推向更深入的市场化轨道。[②]

[①] 钱广贵：《论国有传媒企业的产权制度改革》，《中国媒体发展研究报告》，武汉大学出版社，2013。

[②] 王忠明：《国企改革：从现代企业制度到现代产权制度——纪念改革开放30周年》，《中国发展观察》2008年第7期。

随着2001年中国加入WTO，传媒产业面临更激烈的竞争，国内媒体表现了追求产业发展的动力。在国企改革的背景下，经历了1996年以后的集团化过程，在党的十六大上文化体制改革进入议事日程，将文化单位分为公益性事业和经营性产业两大类，要求两部分业务相对独立运行，这正式拉开了中国传媒体制改革的大幕。

（二）传媒体制改革的历史沿革

中国的新闻改革经过了微观、宏观到中观的变迁，从党的十一届三中全会之后否定假大空和"帮八股"的文风，追求新闻真实性等微观新闻改革，到理论界所呼唤的从政治体制上根本实现新闻业变革的宏观思路，再到以传媒经营管理为驱动的中观思路，逐步聚焦更有操作性的层面，即利用市场化力量赋予媒介产业自发生长的空间。[1]

中国媒体作为党的意识形态喉舌，其产业运行逻辑是用国家所有制赋予的市场垄断地位获得超常利润，以此担当维护意识形态安全的政治任务。[2]这一产业体制的框架下，传媒制度呈现阶段演进的渐进式改革的特征。

以报业为例，按照制度变迁的经济理论，可将中国传媒制度变迁分为四个阶段，首先是1978年《人民日报》等报刊率先实行的"事业单位、企业化管理"改革，由政府主导，传媒业通过经营分配环节的突破尝试企业化管理；第二个阶段是由20世纪80年代末开始，迫于激烈的竞争，报业开始注重受众，通过提升报纸的可读性来赢得竞争，90年代的晚报、都市报的成功就是这一"经济效益推动型"市场化制度变迁的成果；第三阶段是90年代中后期，报业集团等结构调整为主的制度变迁是在行政力量的控制下完成的；第四阶段则是以培育市场主体为主要目标，通过政治和资本的合作，着重应对传媒投融资等紧迫问题，以2003年国务院颁发关于文化体制改革

---

[1] 裘正义：《传媒市场取向与中国新闻改革中观思路的若干问题》，《复旦学报》（社会科学版）1995年第3期。

[2] 胡正荣：《媒介寻租、产业整合与媒介资本化过程》，《媒介研究——媒介公共政策与制度创新》2004年第1期。

的相关文件为分期。①

有学者用"模拟"现代企业制度来描述传媒在改革初期的经营行为,"事业单位、企业化管理"和传媒集团化改革本质上都是对市场主体进行模拟,逐步实现自主经营、自负盈亏,宣传和经营初步分开。在此过程中,对于所有权和经营权的分离、委托代理关系、法人治理机构、激励约束机制也相应地参照企业模式进行了模拟,然而这种模拟最终没有达到理想的效果,因为政府目标的多元在各个部分都对企业模式产生了扭曲。② 以激励机制为例,传媒既有对应于企业模式的实现利润的诉求,又有对应于事业单位性质的宣传目标,而为保证传媒意识形态的主导权,传媒集团领导由上级党委任命,这在现实中既导致宣传目标压过利润诉求,又导致缺乏直接的升迁机制难以留住宝贵人才。

从产业结构来看,初期的传媒集团改革目标集中在"部分剥离"上,从内容制作与广告的分开,逐渐演变为新闻宣传与产业经营的分开,试图通过这种剥离暂时缓解市场经济条件下事业体制对传媒产业发展带来的束缚,但又不削弱对传媒的控制。这样的剥离也带来诸多问题,例如采编权和经营权难以统一,事业、企业法人之间出现矛盾等。③

在此基础上,学者和业界开始对传媒产业结构和制度进行设计,认为中国传媒想要做大做强,必须进入市场跨媒体、产业、区域发展,吸收业外资本也必不可少,因此应当实行双轨制,将党的喉舌,即一报两台和党领导下的媒体区分开来,分层发展、分级管理,对党的喉舌媒体给予重大新闻报道权、公费订阅、频道垄断、财政补贴、广告政策、人才输送等机制保证,让这些媒体专心做好党的宣传工作,而后者则设立管理委员会和行业协会,通过政策通气和学习会保证党的领导,但是应当具有独立编辑权和经营权,独

---

① 周劲:《转型期中国传媒制度变迁的经济学分析——以报业改革为例》,《现代传播》2005年第1期。
② 肖赞军:《传媒现代企业制度从模拟到创建》,《当代传播》2007年第2期。
③ 黄玉波、张金海:《从"部分剥离"走向"整体转制"——当前中国传媒产业体制改革趋向初探》,《新闻大学》2006年第3期。

立运作,实现自负盈亏发展,服务于民众的新闻、娱乐等文化需求。① 从产业体制来看,传媒集团应当向整体转制的方向发展,即实现事业和企业法人的相对独立,在之前的事业单位,即传媒集团下成立集团有限公司,包含经营性资产和所有经营性质的下属媒体,整体转制为法人,从而实现生产和经营的统一。②

二 媒体融合条件下传媒体制改革的挑战

新技术的迅猛发展打破了我们固有的对传媒的理解,新媒体成为人们交流信息、生成舆论的重要场所,传统媒体的发展没有跟上人们的文化需求,其式微极大影响党和政府的宣传效果;而伴随新媒体产业的快速发展,业外资本也开始以网络媒体为平台加速进军媒体业,这些都为传媒体制改革带来新的挑战。

(一)媒体融合态势下传媒产业竞争加剧

现代社会完全沉浸于传播之中,技术的发展使得人们获取资讯的方式、对新闻的定义、交流意见的方式等迅速改变,这种媒介融合的态势对传媒产业的最大影响就是产业边界的消融。随着技术和业务边界的交叉,传媒产业内部与相关产业间的技术边界消失,从而扩大了传媒产业市场边界,形成了大媒体产业,③ 我们对传媒的传统理解也被颠覆。

以往在媒体产业中,政府从垄断、外部性等产业经济特征出发,对电信、传媒领域一直用严格的主管、主办制,对产权交易采取禁止和限制等管控措施,导致传媒产业市场高度垄断,集中度高,具有缝隙竞争的特征。因

---

① 李良荣:《论中国新闻媒体的双轨制——再论中国新闻媒体的双重性》,《现代传播》2003年第4期。
② 黄玉波、张金海:《从"部分剥离"走向"整体转制"——当前中国传媒产业体制改革趋向初探》,《新闻大学》2006年第3期。
③ 陶喜红、王灿发:《产业融合对传媒产业边界的影响》,《新闻界》2010年第1期。

融合态势加剧，市场容量扩大，进入壁垒被打破，原先的垄断性产业中产生了竞争，竞争性垄断的市场结构形成①。如果将新媒体公司可以分为新闻网站、门户网站、搜索引擎、视频网站、金融资讯等五类，从股权结构和资本运作来看，我们会发现新闻类新媒体公司由于政策控制仍由传统媒体控股，资本表现稳健；门户网站、搜索引擎则多由外资控股或参股；视频网站行业股权变更频繁；金融资讯类公司大都由创业者控股，外部民营资本少量参股。②这样的局面呈现了在现代的信息格局中，以往占据垄断地位的传统媒体和背后的国有资本现在只是偏安一隅，在受众的信息获取中影响力大大下降。

在日趋激烈的竞争中，中国传媒产业要发展壮大，必由之路就是合并重组，传媒跨界整合和价值创新是传媒整合的主要动作和主导战略，通过整合资源、共享内容、渠道，实现规模经济和范围经济的优势。但中国传媒行业的重组更多的是计划体制下的行政行为，且外资参与程度低③，相较外资或民营新媒体企业资本运作以市场需求为风向标，行动快速，布局超前，传统媒体在融合的产业环境中并不占优。新媒体是资本密集型产业，要发展融合媒体，必须解决传媒产业的资本运营效率问题，而这样的问题在中国传媒市场主体地位不明晰的情况下，解决起来更加棘手。

（二）泛媒体行业中业外资本突破规制异军突起

中国传媒业对于资本业内、业外界限的分明，不仅通过报刊图书的刊号书号的审批权、广电的特许权等进行约束，政府更是通过多种行政法规对传媒准入做了严格限制，2005年，国务院颁布《关于非公有资本进入文化产业的若干决定》，将传媒领域产权的进入分为鼓励、允许、禁止三类，分类管理。国家对境外资本的限制更为严格，因我国对意识形态渗透的敏感，一

---

① 金雪涛：《基于产业融合的中国传媒产业市场结构特征研究》，《现代传播》2011年第3期。
② 梁智勇：《中国新媒体上市公司股权结构分析及其资本运作新动向》，《新闻大学》2013年第3期。
③ 张向东：《中国传媒产业合并重组策略研究——兼谈上海报业集团成立的启示》，《新闻记者》2013年第12期。

直对境外资本进入传媒规制甚多，1990年国务院出台规定，禁止新闻、出版、广播、电视、电影行业设立外资企业，之后的各项规定也没有放松这一规制，对于合资企业，包括与港澳台的合作都是持禁止态度。

而实际情况要比纸面上的规定复杂得多，在国际上，传媒业就被认为是高回报产业，在中国，拥有垄断地位的媒体更令资本觊觎，尽管直接投资传媒是不合法的，对投资人权益也没有保障，也有相关判例处罚不合规定的业外资本投资行为，但这仍然不能阻止外资以各种变通的方式进入。学者曾用一句话概括了中国传媒利用业外资本的合法性问题："公司办传媒，不行；传媒办公司，可以"，媒介办公司则成为传媒利用业外资本的突破点。上海东方明珠股份有限公司是第一例成功引入业外资本的案例，媒体通过将可以开展经营活动的业务及资产分离出来，与业外资本合作，一起经营。根据相关的条例规定，通过这种方式，印刷媒体的广告、印刷、发行等经营业务，广电的广告、节目制作乃至网络都在一定程度上允许外资进入。[1]

传媒对资本的渴求还推动产业通过上市涉足资本市场，公开募集更大规模的资本，而市场对于传媒拥有的影响力也颇为倾心，垄断的传播资源给予传媒以强大的集资能力。传媒上市大多通过将传媒核心业务与经营业务分离，再将经营业务注入独立法人资格企业，并通过这一企业上市。但是，政府对媒体的监管要求和证监会对上市公司的监管存在冲突，媒体上市公司为了规避媒体监管政策，将核心的内容编辑和频道专有权保护在核心地带，不放入上市公司，只将经营性项目例如广告、发行等部分作为上市资产，存在产权缺失问题，实际运行中会出现广告经营等业务对媒体单位依赖性大，关联收入高等问题，与证监会的核心要求——产权清晰、资产完整、业务独立等存在矛盾。[2]

在媒体融合的条件下，传媒产业的高速发展却绕开了这些业外资本进入的门槛。从资本性质的角度看，网络媒体已经基本跳出了原先针对传统媒体的监管框架，境外资本通过投资中国互联网企业股权、并购互联网企业、战

---

[1] 魏永征：《中国传媒业利用业外资本合法性研究》，《新闻与传播研究》2001年第2期。
[2] 屠正锋：《传媒改制上市的模式创新》，《新闻界》2005年第3期。

略合资、品牌合作以及购买境外上市的中国企业股票等方式直接或间接地实现了对中国网络媒体的资本渗透。由于中国的上市审批制度对互联网企业不利，而新媒体公司所需要的资金又十分庞大，绝大部分中国的互联网企业都是通过可变利益实体的架构在境外上市，新浪就是最早也是最具代表性的一例。在这个框架下，境外资本可以持股甚至控股中国网络媒体公司，进而绕过规制壁垒，从2005～2011年的统计数据来看，境外资本进入中国的网络媒体市场在金额、案例数、单笔金额上上升势头都十分明显。① 这一现实揭示了，在媒体融合条件下，传统的为保护意识形态安全而设立的针对媒体资本的规制基本失效，且在市场化、国际化的趋势下，传统监管手段将遭遇更多的肢解。

三 继续推进传媒改革的路径与战略

我国传媒改革是以经营方式的变化为契机从边缘启动的，从成本和阻力最小、收益可能性最大的地方展开，以增量、渐进改革为主要特征，而这种路径缺乏完整的宏观视野，边缘超前于主流，增量领先存量，出现市场和行政力量的对峙而又互相渗透的局面。② 而这种放开与保护之间微妙的平衡在媒介融合的大背景下被打破，想要绕开核心，继续增量改革已经遭遇瓶颈，在新媒体凌厉的攻势下，传媒改革必须对存量下手，进行宏观体制设计，在传媒意识形态安全、国有资产增值保值和激发传媒活力这三重目标上实现机制设计的突破。

（一）存量改革的核心是产权改革

改革初期的"事业单位、企业化管理"体制适应传媒市场化的趋势，起到了积极的效果，但在文化体制改革进入新阶段之时，这一体制成为桎

---

① 闻学、肖海林、史楷绩：《境外资本进入中国网络媒体市场：方式、机制和分布》，《中央财经大学学报》2013年第9期。
② 朱春阳、李琳：《面对传媒改革：存量改革的路径规划与战略反思——兼评周劲博士的〈传媒治理：理论与模式的中国式建构〉》，《中国出版》2009年第1期。

梏,《公司法》要求企业应是有限责任公司或股份有限公司,所有权与经营权应该适当分离,中国传媒集团的产权制度存在的问题在传媒产业高度垄断的条件下并不显著,但在媒体融合环境下,我们审视传媒业面临的重大危机时,都能清晰地看到背后产权问题的影子。这是改革开放以来国有企业产权改革的中心,也是今后传媒业产权改革的关键。

首先是产权清晰度。产权清晰包含法律和经济意义上两层含义,前者十分清晰,基本为国有资产,但后者,即在实际经济运行中产权并不清晰。产权所有者对产权并不具有约束力,责权利也并不统一,企业绝大部分资产都是企业自己经营所得,国家拨款已经很少。另外,传媒是人力资源密集行业,很大程度上是人才的事业,但在这里,媒体员工特别是高层管理人员无法兑现人力资本价格,这也导致大量优秀人才流失。其次是产权多元化不足。产权一元化导致政府干预微观经营活动,而在制度上,国家尚未放开业外资本进入的传统媒体的路径,部分媒体通过引入业外国有资本扩大规模,而民营资本、境外资本等仍然很难进入这一行业,这极大限制了传媒自身发展。最后在产权流动方面,国有传媒企业在兼并、重组方面基本以国家意志为主,这也导致退出机制的匮乏,经营不善的媒体只能通过行政指令清退,很少通过产权流动的方式实现自然演化。在新技术、平台快速进化的今天,在与新媒体进行合作时,也难以快速行动。[1]

在媒体融合背景下,传统媒体与新媒体表现的差异从根源上与产权制度有关,若要传统媒体拥有更强的竞争力,改革必须从产权制度、企业法人治理、政府管理模式等方面入手,以建立"归属清晰,权责明确、保护严格、流转顺畅"的现代产权制度为目标,推进存量改革。

(二)以试行特殊管理股为契机让渡更多治理权

2013年召开的党的十八届三中全会发布了《中共中央关于全面深化改革若干重大问题的决定》,提出了"对按规定转制的重要国有传媒企业探索

---

[1] 钱广贵:《论国有传媒企业的产权制度改革》。

实行特殊管理股制度",这是设计一种超越普通股东的特殊股份,以保有国家对重大事项的决策权和对企业控制权。国务院办公厅在2014年4月发布通知,重申"对按规定转制的重要国有传媒企业探索实行特殊管理股制度,经批准可以展开试点"。

对于特殊管理股的具体含义,党的十八届三中全会起草组编写的辅导读本对特殊管理股进行了描述,认为这是在国外被采用的一种股权设计,目标是使创始人股东在股份制改造和融资过程中防止被恶意收购,并保有最大决策权和控制权,但就这一制度设计的细节官方还未做出进一步详细的阐述。[①]

特殊管理股这类股权结构设计一直存在争议,因其与一股一票的投票权与按股分红的收益权相抵触,但在家族企业、新媒体公司中为了保持创始人的控制而得到了部分应用,此种股权结构有利于制定长期稳定的公司发展战略,管理层推行创新战略时可以更加着眼长远。这一制度对我国传媒产权改革具有一定的借鉴意义。国有传媒想要确保控制权必须占有51%以上股权,而这样一来国有股比重大,流动性缺乏,而如果引入新的投资人,势必造成原有股权被稀释,产生控制权旁落的可能。[②] 如果采用这种股权结构,可以减少对此问题的担忧,着力引入资本发展传媒产业。

特殊管理股股权有两种模式,一种为双层股权结构,另一种是金股。前者通过设立不同类型的股份,对其数量、享有权利、优先权等事先加以规定,后者则主要由政府持有特殊一股,永久或在一定期限内对某些事务享有超级投票权或一票否决权。双层股权结构多用于家族企业、国有媒体、高科技和新经济公司,以防被恶意收购、控制权稀释,而黄金股制度则多用于国有企业私有化过程,主要为达成政策目标,保护国家文化安全等。[③] 在中国的国有企业改制中,出现了类似金股的模式,例如在萍乡钢铁有限责任公司

[①] 张向东:《试论中国传媒业的几种体制形态——兼论特殊管理股制度以及管理层持股》,《新闻记者》2014年第12期。

[②] 张世海:《论特殊管理股在我国传媒业中的作用》,《中国出版》2015年8月下。

[③] 潘爱玲、郭超:《国有传媒企业改革中特殊管理股制度的探索:国际经验与中国选择》,《东岳论坛》2015年第3期。

的改制中，江西省国有资产管理办公室通过持有可以一票否决的金股，用以监督改制后的公司履行改制方案、保护职工权益；哈中庆燃气公司在引入战略投资时设置金股，对涉及公共利益问题可一票否决；青岛啤酒的改制中，外资公司将20%股票投票权以信托方式交由青岛国资办行使，保障国有资本控制权。①

对照国内外的已实行案例，在中国传媒业试点实行特殊管理股时，应该根据行业竞争情况、媒体性质、业外资本准入门槛等条件分别设定试点目标、试点模式。有较强意识形态属性、有舆论引导责任的传媒；已建立完善法人治理结构，尤其是有较成熟的股份制传媒企业；有核心竞争力、良好成长性、风险可控、能够实现可持续发展的传媒企业更适于试行特殊管理股。② 如果采用金股模式，特殊管理股可能包括重大人事任免或是舆论导向的重大事项否决权，另外应有保护公共利益方面的权利条款；如果偏向双重股权结构，那么国家所持股份将获得较多表决权，从而保证传媒意识形态安全。③

特殊管理股的有效实施将为我国传媒建立更为分散的股权结构，制约传媒企业的体制也将得到缓解，市场能力有望增强，有助于建立真正的现代企业制度，成为市场主体。④ 在国有企业股权改造及大力发展混合所有制经济的大背景下，以特殊管理股这一重大政策窗口开放为契机，对传媒引入资本、完善企业制度具有重大意义，将对传媒产业的股权结构、政府规制、资本运营、政策法制等方面产生重大影响。在新的政策思路的指导下，国有资本通过持有特殊管理股牢牢守住文化信息安全和资产保值增值两条底线，将角色从兴办转到监管上，实现传媒产业的有条件市场化。

---

① 周正兵：《关于我国传媒业特殊管理股制度试点的几点思考》，《中国出版》2014年10月上。
② 田海明、范伟军：《国有传媒企业实行特殊管理股制度的几点思考》，《中国出版传媒商报》2013年12月31日，第11版。
③ 陈振荣、倪静静：《国有传媒企业实行特殊管理股制度的国际经验及启示》，《新闻研究导刊》2015年第4期。
④ 郭全中：《特殊管理股制度对传媒改革影响深远》，《中国新闻出版报》2013年11月26日，第5版。

结　语

　　文化体制改革背景下的中国传媒体制改革已坚持推进了十余年，为传媒业与市场化接轨打下了坚实的基础，取得令人瞩目的成绩。但我们也要看到，现有国有媒体大多通过国家财政拨款、自身扩大再生产来实现发展，对于资本市场依赖程度低，除了上市，中国媒体与资本互动的很多环节和机制还是缺乏的，例如风险投资、股权投资等，除了国有资产，对社会、民营资本的引入也刚刚起步，亟须放开股权的约束。当行政挂帅的传媒集团限于地域、层级等传统行政管理规制而裹足不前的时候，体制机制灵活的新媒体通过线上线下的联通，全面吸引了人们的注意力，提供给受众喜闻乐见的文化休闲形式和内容。在百度、阿里巴巴、腾讯以及其他新型媒体面前，传统的传媒产业显得步履蹒跚，尾大不掉。

　　多维度的媒体融合不仅消解了行业和区域垄断，也带来传播权力的去中心化，挑战着传统媒体话语权，新媒体的竞争和国际内容的冲击正是传媒体制改革的动力和契机。出于对传统媒体影响力下降的担忧，中央也适时出台了相关指导意见。2014年，中共中央出台的《关于推动传统媒体和新兴媒体融合发展的指导意见》要求促进传统媒体和新兴媒体融合发展，加快建设形态多样、手段先进、具有强大竞争力和传播力的新型主流媒体，建成几家拥有强大实力和传播力、公信力、影响力的新型传媒集团，形成立体多样、融合发展的现代传播体系。[①]

　　要完成这样的目标，就需要以确保传媒意识形态安全、实现国有资产增值保值和激发传媒活力为传媒体制设计和规制监管为目标，继续推荐传媒体制改革，通过加强对传媒体制的顶层设计，继续坚定地朝建立现代企业法人治理的方向前进，尤其是通过机制创新对产权结构进一步优化，形成多元化的资本格局，让传媒企业真正参与资本市场中，借助市场力量，优胜劣汰，为优质的传媒企业创造增强资金实力的机会，真正释放集团化的规模优势。

---

① 刘奇葆：《加快推动传统媒体和新兴媒体融合发展》，《党建》2014年第5期。

B.12
在校传播学专业学生对传媒行业认知调查
——以上海市高校为例

谭勇 乔木*

摘 要: 传媒业进入剧烈的转型变革期,作为未来传媒从业者,传播学专业的学生如何看待当下传媒现状?未来从事传媒业的意向、期待如何?本文通过对上海市四所高校,东华大学、复旦大学、上海交通大学以及华东师范大学在读传播学专业学生进行了问卷调查,并进行了相关数据分析,力图呈现在校传播学学生对传媒行业的认知现状。由于对传媒业评价不高,学生自己的核心竞争力弱,因此未来从事传媒业的意向偏低。

关键词: 在校传播学专业学生 传媒行业 认知 就业意向

前 言

传播学相较其他专业来说尚属"年轻",也正因如此,传播学并不知名,其与新闻学相较,便可直观感受出来。

我国传播学专业本科教育从2001年开始,教育部批准在复旦大学、中

---

* 谭勇,东华大学传播系学生;乔木,博士,东华大学传播系教师,主要研究方向为传播学理论与方法、新媒体产业。

国农业大学、中国传媒大学、华南师范大学四所高校试开办传播学本科教学，后范围逐渐扩大，至2013年4月，计有52所各级各类高等院校开设了传播学专业。这些高校培养传播学专业人才的目的基本集中在以下几点：使他们能够适应21世纪社会、经济和文化发展需要，德、智、体、美诸方面全面发展；能够系统掌握大众媒体及网络等新媒体的运作机制和应用技能，通晓新闻传播政策和法规，熟练运用外语和计算机；能够在电视台、广播电台、网络公司等各类传媒机构，以及各类企事业单位和政府宣传部门从事媒介市场分析、信息采编与管理、宣传策划等方面工作。

当下正处在传播学专业学习、传播学专业教育模式下的学生对整个传媒行业如何看待？他们关心、担忧、期待的焦点问题究竟有哪些？毕业后会到相关的传媒行业工作吗？本文选取了上海市四所具有代表性的高校中的传播学专业学生进行了问卷调查。这四所高校分别是：东华大学、复旦大学、上海交通大学以及华东师范大学。

一　问卷基本情况

本次调查问卷共发放140份，回收135份，其中有效问卷131份。在131份有效问卷中，东华大学77份、复旦大学17份、上海交通大学22份、华东师范大学15份。

有效问卷中，男生20人，占15.3%；女生111人，占84.7%。传播学专业以女生居多，所以此处的男女比例符合实际，并不存在有失偏颇之处。目前，在东华大学2012级的传播学专业同学中，男生仅有3人，女生则有44人。

此外，受调查学生中，大四有40人，占30.5%；大三有40人，占30.5%；大二有47人，占35.9%；大一有4人，占3.1%。大一的同学占比少，是由问卷性质决定的。大一的同学才刚学习传播学，并未曾接触传播学较为核心的东西，因此在填写本问卷时有些题目不太能看得懂，比如用人双轨制问题；再者有些高校在大一时采用的传播大类教学，并未分配到具体专业，如东华大学即采用这种体制，大一传播大类的同学在大一快结束时，选择自己想学的专业，可以学传播学，也可以学公共关系，还可以学教育技术，想转专业的同学也是可以转到其他学院的。所以笔者在发放问卷时，有意避免了大一同学填写。而大二、大三、大四的同学则比例相当，十分符合笔者的期望。

基于以上材料，本问卷内容具有比较大的分析价值。

二 受访者去传媒行业就业意向比例不高

仅57.3%的受调查者表示打算去传媒行业工作，情况不容乐观。

统计数据显示受调查者中有75人选择去传媒行业工作，占57.3%；有15位受调查者明确表示不准备去传媒行业工作，占11.5%；还有41位受调查者不清楚自己的目标，无法确定是否去传媒行业工作。

设立传播学本科专业是为了培养能够适应21世纪信息社会的优秀传播人才。因应了传播科技发展的挑战，弥补了传统新闻教育的不足，为我国新闻传播业及相关行业培养了一批应用型人才，这是值得充分肯定的。[①] 但是调查数据显示，准备去传媒行业及相关行业工作的受调查者仅有57.3%，情况不容乐观。诚然，其他专业的学生也不尽是到专业相关行业工作，但其占比不至于这样低。何况传播学作为一个"新兴"专业，如果其培养的学生只有一半多愿意到传媒行业工作，这里还只是愿意，实际上到传媒行业工作的学生的比例将比调查数据更小，那么传播学专业的存在意义何在？出现这种情况的原因又是什么呢？是传媒行业的问题，还是传播学教育的问题，抑或是学生自己问题？

三 探索"不高"的原因

1. 受调查者对传媒行业的认知

（1）传媒行业工作人员睡眠质量差、工作时间长且无规律是一大原因

[①] 张振亭、张会娜：《从试办到"转正"：我国传播学专业的现状、问题及对策研究》，《新闻界》2013年第19期。

受调查者对传媒行业的认知如何，在很大程度上影响了他是否决定到传媒行业工作。

有学者在论文中提出：2014年3月17日，中国医师协会发布的最新《2014中国睡眠指数报告》显示，教师、公务员睡眠质量最好，媒体人最差，列12类职业的最后一位，是"起的比鸡早睡的比狗晚"。[①] 与此呼应的是，受调查者对此也是赞同的。

在表1中我们可以看到，关于"传媒行业工作人员睡眠质量差"这一说法，受调查者打分的均值约为3.96分。表1中的所有说法，笔者均设置了五个选项，分别为非常不赞同、不赞同、中间态度、赞同、非常赞同，其中非常不赞同记1分，不赞同记2分，中间态度记3分，赞同记4分，非常赞同记5分。选择赞同和非常赞同的受调查者有101人，占比77.1%；而持中间态度的也有17人，占比13.0%；由此可见，受调查同学普遍赞同"传媒行业工作人员睡眠质量差"这一说法。

而且在关于"传媒行业工作人员工作时间长且无规律"这一说法中，数据显示，受调查者打分的均值约为3.76分（见表1），同样很高。选择赞同和非常赞同的受调查者达91人，占比69.5%；而持中间态度的亦有24人，占18.3%。由此，对于"传媒行业工作人员工作时间长且无规律"这一说法，受调查者也是普遍赞同的。

表1 描述统计量

单位：个，分

类 别	N	极小值	极大值	均值	标准差
传媒行业工作人员睡眠质量差	131	1.00	5.00	3.9618	1.04811
从事传媒行业工作影响恋爱和家庭	131	1.00	5.00	2.8931	1.06158
传媒行业工作人员工作时间长且无规律	131	1.00	5.00	3.7634	1.02155
您觉得传媒行业上的用人双轨制不合理	131	1.00	5.00	3.2290	0.98109
信息社会变幻莫测,传媒行业的未来不明朗	131	1.00	5.00	3.0840	1.15717

---

① 江作苏、王敏：《传媒转型期媒体人的精神困境》，《新闻界》2014年第14期。

续表

类别	N	极小值	极大值	均值	标准差
传统媒体行业人才的离职潮是您不到传媒行业工作的原因之一	131	1.00	5.00	2.5267	1.05487
传媒行业工作人员地位不高不受尊重	131	1.00	5.00	2.5191	1.11183
在传媒行业工作不能实现人生远大理想	131	1.00	5.00	2.0534	1.04007
您能清楚地区分传播学与新闻学	131	1.00	5.00	3.4122	1.06605
您学习传播学之后对就业仍感到迷茫	131	1.00	5.00	3.4427	1.00123
您学习传播学之后具有核心竞争力	131	1.00	5.00	2.7099	0.87256
您觉得本科期间传播学课程理论太重实践太少	131	1.00	5.00	3.5802	1.12970
自己对传媒行业相关信息了解太少	131	1.00	5.00	3.5267	0.93913
您喜欢传播学	131	1.00	5.00	3.4580	0.91365
您觉得学习传播学没有用	131	1.00	5.00	2.2137	0.96880
假设您继续攻读研究生您会选择传播学	131	1.00	5.00	2.6794	1.23579
有效的 N(列表状态)	131	—	—	—	—

注：本表为各问题描述统计，其中 N=131。

自然是传媒工作人员工作时间长且无规律才造成他们睡眠质量差的。受调查者缘何有这样的认知呢？其实与各类相关报道有关。受媒体特性的规约，媒体人作息时间不能处处合乎人的生物钟周期。为了工作之需，白天不知夜的黑，对于职业媒体人来说业已司空见惯。新媒体的崛起，打乱了媒体人本就失调的生物钟。信息的海量涌动，造成严重的信息超载，颠覆了传统意义上的信息生产与传播方式。为了迎战新传播革命带来的冲击，媒体人只能不断地挖掘自身潜力，超负荷运转，以适应快节奏的信息传播环境。①

同时媒体人的死亡报道，也从侧面反映了媒体人工作的辛苦，内心承受了压力巨大。2014 年 5 月 16 日，年仅 50 岁的广州日报社社长汤应武突发心脏病去世。此前一周的凌晨（5 月 8 日），深圳报业发行物流公司总经理张敬武，因患严重抑郁症自杀。②

如此将"传媒行业工作人员睡眠质量差""传媒行业工作人员工作时间

---

① 张涛甫：《传统媒体人的赌气与赌命》，《青年记者》2014 年第 16 期。
② 江作苏、王敏：《传媒转型期媒体人的精神困境》，《新闻界》2014 年第 14 期。

长且无规律"作为受调查者不准备去传媒行业工作的原因,是有可信度的。

(2)从事传媒行业工作影响恋爱和家庭、用人双轨制、传媒行业未来不明朗非主要因素

统计数据还反映了受调查者对"从事传媒行业工作影响恋爱和家庭"、"传媒行业上的用人双轨制不合理"以及"信息社会变幻莫测传媒行业的未来不明朗"这三种说法基本持中间态度。

关于"从事传媒行业工作影响恋爱和家庭"这一说法,数据显示,受调查者打分的均值约为2.89分(见表1),基本靠近中间态度,但略微偏向不赞同方向。选择赞同和非常赞同的受调查者有39人,占比29.8%;而持中间态度的有52人,占39.7%;而选择不赞同和非常不赞同的则有40人,占30.5%。由此,对于"传媒行业工作人员工作时间长且无规律"这一说法,受调查者中有近半数人保持中间态度,整体来看,略微偏向不赞同。

关于"您觉得传媒行业上的用人双轨制不合理"这一说法,数据显示,受调查者打分的均值约为3.23分(见表1),也是基本靠近中间态度,但略微偏向赞同方向。选择赞同和非常赞同的受调查者有42人,占比32.0%;而持中间态度的亦有68人,占51.9%;而选择不赞同和非常不赞同的则有21人,占16.0%。由此,对于"您觉得传媒行业上的用人双轨制不合理"这一说法,受调查者中有一半人保持中间态度,整体来看,略微偏向赞同。

关于"信息社会变幻莫测,传媒行业的未来不明朗"这一说法,数据显示,受调查者打分的均值约为3.08分(见表1),也是基本靠近中间态度,但略微偏向赞同方向。选择赞同和非常赞同的受调查者有47人,占比35.9%;而持中间态度的亦有40人,占30.5%;而选择不赞同和非常不赞同的则有44人,占33.6%。由此,对于"您觉得传媒行业上的用人双轨制不合理"这一说法,受调查者分成了三种态度,一是赞同,二是不赞同,三是持中间态度。三者差别并不明显。

这里可以看出,对"信息社会变幻莫测,传媒行业的未来不明朗"这一说法,受调查者没有一致的看法。出现这样的现象,恐怕与本题具有的开

放性有关，信息社会变幻，不同的人有不同的看法。乐观者可能看到机遇，悲观者可能看不到希望，喜欢走一步算一步的人基本采取中间态度。

婚恋网站百合网发布的《2012年中国人婚恋状况调查报告》显示，在最不受欢迎的职业排行榜中，空姐、导游、记者位列前三名，做媒体被认为是"没人要"的职业，给人留下"娱乐圈乱，媒体人忙"的刻板印象。① 但是调查数据显示，受调查者并不赞同"从事传媒行业工作影响恋爱和家庭"，相反还略微偏向不赞同。出现这样一种情况，一方面受调查者本身还是在读学生，并不能对传媒行业工作人员在婚恋及家庭方面的问题有切身体会，所以在回答这个问题的时候，往往没有比较明确的参考标准，只能凭借自己初步的认知水平做答。而我们在后面的问题中可以看到，受调查中有一半以上的人承认自己本科期间"对传媒行业相关信息了解太少"。这样就更能解释这一现象出现的原因。

在用人机制上，两种体制并存，少数体制内人员曾因享有的那份特权而沾沾自喜，以为保护了自己的既得利益。而恰恰是所谓的双轨制，既伤了遭受不公平待遇的别人，也因其佼佼者的抱憾离开而伤害了传统媒体的可持续发展。② 传统媒体用人双轨制，被一些学者所诟病。然而我们的受调查者并没有显示特别的不赞同，他们接近于中间态度，但也偏向不赞同用人双轨制。这里可以看出，如果将"传媒行业上的用人双轨制不合理"作为他们不准备去传媒行业工作的原因之一，会显得有些牵强，并不具有很强的说服力。出现这样的现象，可能由于在校学生还不能切身体会到，或者是感受到什么是"用人双轨制"，以及这种制度所带来的种种困扰。尤其那些没有写过论文的同学，可能对这种制度了解得更少，因而保持了中间态度。

（3）受调查者基本一致认为在传媒行业能实现人生理想、传媒行业工作人员地位高且受尊重、传统媒体行业人才的离职潮不影响他们的抉择

再者，通过数据分析，调查者对于"传统媒体行业人才的离职潮是您

---

① 江作苏、王敏：《传媒转型期媒体人的精神困境》，《新闻界》2014年第14期。
② 梁勤俭：《传统媒体缘何成了新媒体人才库》，《青年记者》2015年第18期。

不到传媒行业工作的原因之一"、"传媒行业工作人员地位不高不受尊重"以及"在传媒行业工作不能实现人生远大理想"这几种说法基本持不赞同的态度。

关于"传统媒体行业人才的离职潮是您不到传媒行业工作的原因之一"这一说法，数据显示，受调查者打分的均值约为2.53分（见表1），可见整体认知是在不赞同的方向。选择赞同和非常赞同的受调查者仅有22人，占比16.8%；而持中间态度的亦有44人，占33.6%；而选择不赞同和非常不赞同的则有65人，占49.6%。由此，对于"传统媒体行业人才的离职潮是您不到传媒行业工作的原因之一"这一说法，受调查者中有半数人是持不赞同的态度。

关于"传媒行业工作人员地位不高不受尊重"这一说法，数据显示，受调查者打分的均值约为2.52分（见表1），可见他们对此说法的整体认知也是在不赞同的方向。选择赞同和非常赞同的受调查者仅有24人，占比18.3%；而持中间态度的亦有39人，占29.8%；而选择不赞同和非常不赞同的则有68人，占51.9%。由此，对于"传媒行业工作人员地位不高不受尊重"这一说法，受调查者中有半数人是持不赞同的态度。

关于"在传媒行业工作不能实现人生远大理想"这一说法，数据显示，受调查者打分的均值约为2.05分（见表1），可见他们对此说法的整体认知也是不赞同的。选择赞同和非常赞同的受调查者仅有13人，占比9.9%；而持中间态度的亦有20人，占15.3%；而选择不赞同和非常不赞同的则有98人，占75.6%。由此，对于"在传媒行业工作不能实现人生远大理想"这一说法，受调查者中有75%的人是持不赞同的态度。

笔者在设计问卷之初，曾猜测受调查者会受传统媒体工作人员相继离职的相关信息的影响，从而说服自己不去传媒行业工作。但是通过调查发现，近半数的受访者是不受这个因素影响的。在受调查者心目中，传媒工作人员的地位还是比较高的，也受人尊重，因为他们不赞同"传媒行业工作人员地位不高不受尊重"这一说法。此外，受调查者还高度一致的不赞同"在传媒行业工作不能实现人生远大理想"，可见他们对传媒行业其实寄予了许多理想。传播学专业在教学过程中，一般都会强调学习本专业的意义何在。问卷数据有这样的结果，说明受调查者对学习传播学的意义何在还是很重视的，因而都能赞同在传媒行业工作能够实现人生远大理想这一说法。这是传播学教育比较令人欣慰的地方。

以上三类说法，是不大会成为在读传播学专业学生不到传媒行业工作的原因。

(4) 传媒行业不能提供令人满意的薪酬是一大原因

在本次调查问卷中，对于受调查者的月薪期待问题，统计数据显示在受调查的同学中，月薪期待在5000元及以下的仅6人，占4.6%；月薪期待在5000~7000元（含）的有45人，占到34.4%；月薪期待在7000~10000元（含）的有43人，占到32.8%；月薪期待在10000元以上的有37人，占到28.2%。

统计数据还显示，在受调查的同学中，对传媒行业提供的薪资水平满意度，选择满意的仅有10位同学，占7.6%；选择非常满意的，一个也没有；选择一般的有82人，占62.6%；有35人选择不满意，占26.7%；有4位受调查同学选择非常不满意，占3.1%。

一方面，受调查者期待高薪；另一方面，传媒行业却不能给出令人满意的薪资水平。这是受调查者不去传媒行业工作的一大原因。而且我们发现，如今的离职潮，也正是传媒行业不能提供具有竞争力的薪资水平而引起的。媒体人离开传统媒体，最直接的动因就是"收入"。以报道国美事件而出名的记者郎朗在离开《21世纪经济报道》时，发布了一篇长微博说明离职原因。他提到，媒体行业过去所提供的薪水还是能让人满意的，但物价上涨之后，整个媒体行业的薪水不上涨，到了今天，记者早已不能被视为中等收入群体。① 由此，我们可以知道受调查者期待高薪是十分正常的，就连工作多年的记者都会因为薪资问题而辞职。所以受调查者在选择入行的时候，就对薪酬有了比较高的期待。传媒行业若不能提供比较诱人的薪酬，那么即使受

---

① 魏武挥：《那些年出走的媒体人》，《社会观察》2014年第3期。

调查者认为传媒行业可以实现人生理想,他们也会望而却步。

综上所述,在影响受调查者不到传媒行业工作的原因中,"传媒行业工作人员睡眠质量差"、"传媒行业工作人员工作时间长且无规律"是重要因素;其次是"传媒行业上的用人双规制不合理"、"信息社会变幻莫测,传媒行业的未来不明朗"。

2. 在传播学教育方面

(1) 新闻学与传播学的混淆非主因

"新闻"与"传播"在我国本身就是一个"剪不断,理还乱"的两个概念。这种相互纠缠的"胶着的状态"在新闻教育与传播教育中同样存在。[①] 那么受调查者是否可以区分这两个专业呢?

数据显示,关于"您能清楚地区分传播学与新闻学"这一说法,受调查者打分的均值约为 3.41 分(见表 1),可见他们对此说法的整体认知偏向赞同,即他们能够清楚地区分传播学与新闻学。选择赞同和非常赞同的受调查者有 64 人,占比 48.9%;而持中间态度的亦有 45 人,占 34.4%;而选择不赞同和非常不赞同的则有 22 人,占 16.8%。由此,对于"您能清楚地区分传播学与新闻学"这一说法,受调查者中近 50% 是持赞同的态度的。

这一现象说明,受调查者所属四所高校,在传播学专业的教学方面有一定的成绩,至少让自己学生能够清楚地区分传播学与新闻学,但是仍然有 16.8% 的受调查者是不能区分的,还有 34.4% 的受访者处于"混淆"状态。

(2) 课程理论重实践少、缺乏传媒行业相关信息等是重要原因

我们认为大学之中学习一门专业,就应当具备相应的核心竞争力,也应当明确自己的就业方向。那么传播学专业的同学是怎样的情况呢?

据调查,受调查者对"您学习传播学之后对就业仍感到迷茫""您觉得

---

① 张振亭、张会娜:《从试办到"转正":我国传播学专业的现状、问题及对策研究》,《新闻界》2013 年第 19 期。

本科期间传播学课程理论太重实践太少""自己对传媒行业相关信息了解太少"这三种说法基本持赞同态度。而对"您学习传播学之后具有核心竞争力"这一说法则基本持否定态度。

关于"您学习传播学之后对就业仍感到迷茫"这一说法，数据显示，受调查者打分的均值约为3.44分（见表1），可见他们对此说法的整体认知也偏向赞同。选择赞同和非常赞同的受调查者有63人，占比48.1%；而持中间态度的亦有47人，占35.9%；而选择不赞同和非常不赞同的则有21人，占16.0%。由此，对于"您学习传播学之后对就业仍感到迷茫"这一说法，受调查者中近50%是持赞同的态度的。

关于"您觉得本科期间传播学课程理论太重实践太少"这一说法，数据显示，受调查者打分的均值约为3.58分（见表1），可见他们对此说法的整体认知偏向赞同。选择赞同和非常赞同的受调查者有83人，占比63.4%；而持中间态度的亦有23人，占17.6%；而选择不赞同和非常不赞同的则有25人，占19.1%。由此，对于"您觉得本科期间传播学课程理论太重实践太少"这一说法，受调查者中超过60%是持赞同的态度的。而持不赞同和非常不赞同态度的占到19.1%。

关于"自己对传媒行业相关信息了解太少"这一说法，数据显示，受调查者打分的均值约为3.53分（见表1），可见他们对此说法的整体认知偏向赞同。选择赞同和非常赞同的受调查者有68人，占比51.9%；而持中间态度的亦有46人，占35.1%；而选择不赞同和非常不赞同的则有17人，占13.0%。由此，对于"自己对传媒行业相关信息了解太少"这一说法，受调查者中超过50%是持赞同的态度的。而持不赞同和非常不赞同态度的仅占到13.0%。

关于"您学习传播学之后具有核心竞争力"这一说法，数据显示，受调查者打分的均值约为2.71分（见表1），可见他们对此说法的整体认知偏向不赞同。选择赞同和非常赞同的受调查者仅有19人，占比14.5%；而持中间态度的亦有63人，占48.1%；而选择不赞同和非常不赞同的则有49人，占37.4%。由此，对于"学习传播学之后具有核心竞争力"这一说法，受调查者中近40%是持不赞同的态度的。而持中间态度的也占到将近一半。

近半数的受访者认为自己学习传播学之后对就业仍感到迷茫，且有近40%的受访者认为自己学习传播学之后不具备核心竞争力。半数以上受访者认为自己对传媒行业相关信息了解太少，且有63.4%的受访者认为自己本科期间传播学课程理论太重、实践太少。

有学者就曾通过各高校的传播学专业课程设置比较指出：理论教学居于绝对的主导地位，造成学生"学完就忘记了"，根本无法和实际建立联系，更不能建立合理的实际联想，学生感觉学习之后在工作中根本"用不上"，造成教学资源巨大的浪费，甚至是："学而无用"。[1] 这一说法契合我们的调查数据。受调查者本身就认为自己本科期间学习传播学理论太重而实践太少，再加上对传媒行业信息了解过少，因而就会对自己未来的就业感到迷茫。没能结合相应的实践教学，学生也不能很好的掌握传播学的相关应用，从而没法联系实际，感觉学习之后在工作中根本"用不上"，如此便自然认为自己不具备核心竞争力。

3. 受调查者自身因素探讨

笔者在设计问卷时，曾设计开放题，即请受访者回答自己"去"或"不去"传媒行业工作的原因。受访者给出了不少答案。

对于准备去传媒行业工作的，其中"专业对口或专业相关""爱好或喜欢"占了绝大多数，也有受访者这样写道：好玩，新鲜，就业前景大；觉得传媒行业是与时代接轨的，方方面面都离不开传媒；可以更加快速及时了解社会新信息；增加社会影响力、名声和荣誉、社会责任；拓展人脉，接触先进的新媒体技术，社会地位较高；想与喜欢的明星近距离接触；这是一个有自身特色的行业，我认为很有发展潜力等。

当然不去的受访者也写出了他们的一些原因。其中不喜欢、工资低占主流。还有同学写道：担心工作机会不多，担心工资；太辛苦；现在纸媒要求

---

[1] 张玲：《传播学本科教学模式探索》，《新闻界》2008年第6期。

太高；行业整体没落等。

如此，我们知道受访者不去传媒行业工作的自身原因一是自己本就不喜欢，再有是怕辛苦，还有担心自己不能胜任的。

结 论

笔者基于问卷调查之真实数据，对传播学教育现状进行了比较全面的分析，并从中得出以下结论。

当下传播学专业教育课程理论重于实践，导致学生不能将所学理论与相关业务相结合，不能学以致用，这进一步使他们对自己的就业方向不清晰，认为自己不具备相应的核心竞争力。

传播学专业的同学不准备去传媒行业工作的原因，主要有传媒行业不能提供令人满意的薪酬，且传媒行业工作人员睡眠质量差，工作时间长且无规律，用人双轨制的不合理；在教育方面，由于偏重理论，学生对传播相关业务不熟，对于传媒行业相关信息的了解也较少，且重理论导致学生有种"学而无用"之感，甚至担心自己不能胜任传媒行业工作；个人方面，传播学专业的学生自己不喜欢传播学或传媒行业也是其不去传媒行业工作的原因。

媒 体 篇

The Media

B.13
世界知名报业集团转型发展研究
(2014~2015)

黄 超*

摘　要： 本文就2014~2015年世界知名报业集团转型发展进行观察，主要从行业转型、集团转型、媒体转型进行宏观、中观、微观三个层面的分析，并简要总结美、英、日报业集团的区域差异化转型。行业方面，"内容"挖掘、大数据与数据库分析、业务分拆与媒介融合、数字化阅读模式等四个领域得到了长足发展。集团方面，多元业务结构、数字终端建设、数字付费阅读、数据库营销化成为热门发力点。媒体方面，品牌瘦身及整合、"王中王"成主流共识、

---

* 黄超，博士，《人民日报》总编室编辑，主要研究方向为新闻理论及实务、新媒体、政治传播。

提振交互式新闻生产、强化阅读终端开发是最具年度特点的新趋势。

关键词： 世界报业集团　行业转型　集团转型　区域转型

2015年5月，福布斯发布全球企业2000强榜单。在媒体公司中，跻身前十的分别是康卡斯特（Comcast）、迪士尼、20世纪福克斯、时代华纳（Time Warner）、时代华纳有线电视（Time Warner Cable）、DirecTV、WPP、哥伦比亚广播、维亚康姆与英国天空广播。[①] 其中，数年来徘徊于第八、第九名的康卡斯特公司取代了时代华纳老大的地位。该公司除了坐拥千万级电视用户外，还吸引着海量宽带网络用户，是以互联网产业为依托的美国最大宽带供应商。而位居前十的媒体公司没有一家是传统报业集团，至多旗下掌控了几家老牌报刊的股权。众所周知，随着新媒体技术的迅速发展和互联网产业的不断倒逼，那些名气响当当的世界知名报业集团近年来一直在积极转型发展，每一年都有或大或小的新举措。尽管从产业体量和总体发展来看，这些报业集团的成长并没有明显起色，但很多路径取向和转型走向值得总结。

一　行业转型

2014~2015年，整个媒体领域，或者说整个传媒行业正在进行一场内涵深刻的大变革。Web 3.0时代互联网技术迅速发展，网络资源的易于获得和社会化移动终端的即时便捷性正吸引着越来越多的"读者"变成"用户"。传统报业在经历几十年甚至百年的发展后，面对新的媒介形式和新的

---

① 《2015福布斯全球企业2000强》，福布斯中文网，2015年5月7日，http://www.forbeschina.com/list/show_ list.php? id=2265。

用户需求，要想在新媒体时代保持自身的资源优势和竞争力，就需要有敏锐的信息嗅觉和正确的判断力，顺应新媒体形式发展，并及时做出调整。

（一）坚守"内容"为王

数字技术发展使得信息获取渠道更加方便和多样，便利了读者接触新闻。而信息来源无论怎样丰富，读者最直接关注的仍是新闻内容。如今传统大报也正继续利用这种优势，在庞杂的信息和多样的渠道中保持高识别度，保持稳定的读者群。2013年第一季度，美国新创办杂志的数量不到30家，而到了2014年第一季度，很多新杂志登陆美国报业市场，共有45家新生杂志创办，如《奥兹博士的美好生活》《纽约资本》等。其中，地方化杂志《奥斯汀之路》和行业类杂志《电车行动》很受关注，虽然其目标群体比较特殊，但"分众化"的内容理念则是办刊要义的最好体现。①

为保证新闻内容质量，整个报业开始进行了裁员合并、开展校园记者培养计划、完善进修制度、聘请优秀专栏作家和评论员等方式保证新闻从业人员的水平，进而提高稿件质量。2014年10月以来，《纽约时报》《华尔街日报》《今日美国》等美国乃至世界范围内的大报都陆续公布了自己的裁员计划，主要目的还是通过节省人力资源成本应对报业剧变，进而开拓数字化内容生产的前沿业务。其中，宣布裁掉100名左右新闻编辑的《纽约时报》更是引发了世界新闻业界的唏嘘不已，"报纸将死"的叹息愈加沉重。②

此外，传统报业还精心打造品牌栏目、挖掘时评的含金量，以深刻的观点和强大的新闻整合能力吸引读者。除了《纽约时报》和《华盛顿邮报》，《洛杉矶时报》是美国西部地区规模最大、影响力最大、地位最高的大开版日报。2015年7月，《洛杉矶时报》网站全新改版，继续"互联网化"、强

---

① 《纸媒已死？盘点美国杂志生存之道》，中国新闻出版社，2014年6月19日，http：// mp.weixin.qq.com/s?_biz=MzA3MzQ1MzQzNA==&mid=201372967&idx=2&sn= 53c57ed10cef42664929a77df2b87815&3rd=MzA3MDU4NTYzMw==&scene=6#rd。

② 《2014全球媒体裁员的规模，远比想象中惊悚》，腾讯网，2014年12月11日，http：// mp.weixin.qq.com/s?_biz=MzA3MzQ1MzQzNA==&mid=205281959&idx=4&sn= 4c7054dcfcf8a51302ccb6f2403b4797&3rd=MzA3MDU4NTYzMw==&scene=6#rd。

化用户参与和分享、更彻底的本地化、数据新闻的更深入应用等成为其网站设计的四大特点。①

（二）大数据与数据库分析

传媒经济处理的是受众的注意力资源，准确分析受众信息需求、精确推送和投放新闻以及广告内容，可以使媒体节约运营成本，提升资源使用回报率。2014年12月，国际报业营销协会发布了战略报告《大数据让传媒公司的决策更加明智》，报告研究了美国新闻集团近三年在大数据领域的作为。报告数据显示，新闻集团已经开始尝试利用大数据，巧妙植入新闻采编、客户关系管理等多个运作流程中。从2014年开始，新闻集团主要从三个方面着手实施先前制定的大数据战略。首先，打通所有部门壁垒，形成全集团、各部门业务数据的收集汇总；其次，从安全性能入手，确保集团内部所有数据避免出现泄露、被窃等涉及隐私危害的问题；最后，对收集来的数据进行整合分析，在有价值的结果基础上展开与利益方或第三方机构的合作，获取利润。截至2015年中期，新闻集团大数据战略的计划仍在第二步过程中，做好有价值数据的"防火墙""保护膜"是数据开发及应用的关键步骤，不能急也急不来。②

随着新技术发展，整个传统报业开始逐步选择、加强建立读者数据库，分析读者阅读偏好，从而调整编排与报道策略，顺应读者需要，保持高稳定读者群。在数字化经济时代，越来越多的商务人士迫切需求有效、有用、有趣的深度资讯，这也深刻改变了传统财经媒体对大数据应用的认知。一直以来，彭博社获取利润的主要来源是其金融服务涉及的每位客户每年支付的2万美元的服务费。但从2014年开始，彭博社通过几个重点项目开始向在线

---

① 《美国纸媒新闻网站变脸记》，梦工厂观察，2014年7月1日，http：//mp.weixin.qq.com/s?_biz=MzA3MzQ1MzQzNA==&mid=201509472&idx=2&sn=720c28af8581fb62e7091e1b5ea63059&3rd=MzA3MDU4NTYzMw==&scene=6#rd。

② 《新闻集团经营大数据3年，如今开始用来赚钱》，腾讯网，2014年12月17日，http：//mp.weixin.qq.com/s?_biz=MzA3MzQ1MzQzNA==&mid=205526165&idx=1&sn=560082aade0bbfd8e1f60a29a82cfc18&3rd=MzA3MDU4NTYzMw==&scene=6#rd。

视频领域这个巨大市场进行了战略性拓展。通过在线视频，彭博社可以吸引更多的商务用户，广告商非常乐意看到这类具有消费力和引导力的用户关注自己的品牌曝光。①

（三）业务分拆与媒介融合

在壮大经营业务的同时，全球范围内的传统报业进一步将出版业务与娱乐等业务分拆一方面，传统报业不断加强新闻业务的运营能力，打好根基。从2014年至今，英国三一镜报集团一共建立了四个新型新闻机构：防病毒干扰网站UsVsThem、数据新闻网站Ampp3d、The Sunday People、报纸的数字拓展版thepeople.co.uk以及该报官网的体育板块数字版Row Z。三一镜报集团在这些衍生网站运营的基础上吸引了上百万个新读者，数字版盈利更是在半年内增长了47.5%，达到2510万美元。数据显示，到2014年6月，三一镜报集团的同期读者数每月以91%的惊人速度持续增长，高达6130万人。②

另一方面，传统报业正不断扩大企业层面的掌控范围，增强话语权，为企业新闻业务发展提供最好的渠道环境。2013年12月，新闻集团和新闻纪事报公司合并组建了号称"美国第二大报业集团"的数字第一媒体集团。该集团拥有《洛杉矶时报》《圣何塞信使新闻》《丹佛邮报》等76家知名报纸和160家周刊。2014年9月，美国数字第一媒体集团开始进行战略调整，计划将集团旗下的部分业务部门或一个甚至多个区域性报纸转手出售。这样的战略转型主要还是出于对集团股东商业利益最大化的考量，但不可否认的是：新媒体环境下的报业发展正不断倒逼媒体集团发展，形成了整个行业重

---

① 《财媒大佬彭博发力在线视频，意欲何为?》，腾讯网，2014年8月29日，http://mp.weixin.qq.com/s?_biz=MzA3MzQ1MzQzNA==&mid=202349570&idx=1&sn=fccb0bca981e1ac0a0431f29f6d6d4a6&3rd=MzA3MDU4NTYzMw=&scene=6#rd。

② 《二 镜报移动端实战：独立新闻网站引领新风向》，腾讯网，2014年6月8日，http://mp.weixin.qq.com/s?_biz=MzA3MzQ1MzQzNA==&mid=201982217&idx=1&sn=9670374feafc27f649ba107e5b6a184b&3rd=MzA3MDU4NTYzMw=&scene=6#rd。

新洗牌的严峻局面。①

在出版与非出版业务分拆同时，出版业务内部也进行着媒介融合。论坛报集团将旗下亏损严重的报纸改制为独立的媒体公司，而将盈利增长点寄托于旗下的电视台。其中就包括我们熟悉的《洛杉矶时报》、《芝加哥论坛报》和《巴尔的摩太阳报》。与之相似，甘尼特集团早在2009年就开始积极布局电视行业，到2014年其股票价格从5年前不足2美元上升至28美元。②

全行业不断进行采编调整，建立多媒体新闻编辑部，实现新闻资源统一编排分配，报纸、杂志、电脑、手机终端信息互补，最大化利用新闻资源。在过去的一年，《纽约时报》发生了很多变化。社交媒体编辑们加入新部门——用户开发部。在与先前运营《纽约时报》Facebook账号的员工共同努力，在公司业务上获得了新资源，专注于搜索引擎优化工作、社区管理、新闻分析和增长。而用户开发部门则专注于设置标准来让《纽约时报》的新闻覆盖更广泛的用户。③ 2014年，作为美国最大的报业集团，甘尼特报业更改了新闻编辑室的岗位设置。它全新引入了一些在不久之前还是闻所未闻的岗位，例如内容教练、社区内容编辑、参与式编辑，等等。④

（四）数字化阅读模式

新媒体时代最显著特征为数字化阅读取代传统纸质阅读。因而传统报业转型的重点措施在于优化数字平台，开发电脑、手机、平板及多种阅读器终端，重新设计阅览版面，采用适宜碎片化阅读的文字形式，使得信息更具穿

---

① 杜鹃：《美第二大报业集团寻买家》，《中国传媒科技》2014年第9期。
② 《美国报业转型五大战略与三大模式》，腾讯网，2014年6月13日，http：//mp.weixin.qq.com/s?_biz=MzA3MzQ1MzQzNA==&mid=201309108&idx=2&sn=1fd8f700305acd7f1f7179b3706fd317&3rd=MzA3MDU4NTYzMw==&scene=6#rd。
③ 《2014年〈纽约时报〉Twitter实验心得》，腾讯网，2015年3月13日，http：//mp.weixin.qq.com/s?_biz=MzA3MzQ1MzQzNA==&mid=208830265&idx=1&sn=1da24dee537957bcedce28eb6c85bf2e&3rd=MzA3MDU4NTYzMw==&scene=6#rd。
④ 《未来新闻编辑室岗位设计的五大新兴趋势》，腾讯网，2014年9月3日，http：//mp.weixin.qq.com/s?_biz=MzA3MzQ1MzQzNA==&mid=202420232&idx=1&sn=0534d80401af3913fd785f6c7c6d507a&3rd=MzA3MDU4NTYzMw==&scene=6#rd。

透性。2014年11月,《经济学人》强力推出了名为 Espresso 的移动客户端应用。这款应用是一个24小时不断更新的新闻产品,打破了传统周刊应用每周更新的传统,成为《经济学人》172年历史上的"第一次"。在内容上,Espresso 的主打界面主要包括5篇原创文章:①精辟解读用户当天必须知道的重要资讯;②用简洁明了的方式打包前夜发生的重要新闻;③及时提供股市、汇市上的重要和最新数据。在时间上,Espresso 确保在用户每天早餐之前推送,使其在每个工作日开始前掌握全球政治经济领域的最新动态。①

为弥补纸质新闻收入减少的损失,传统报业已经或正在采取数字化收费手段,对高质量新闻进行收费,并通过多终端打包优惠等方法鼓励读者订阅,依靠稳定高质量的读者来源实现盈利方式平稳过渡。2015年,荷兰知名的互联网阅读产品——在线报架美国 Blendle 推出了《纽约时报》、《华尔街日报》和《华盛顿邮报》三大知名报纸的资讯内容。对于这三家媒体,Blendle 一改以往按月或按期订阅的传统,用户对任何单篇报道感兴趣即可单独购买。在价格上,三大报纸的报道平均每篇20美分。在地区上,单篇购买服务首批仅限荷兰本土,并逐渐向全球其他市场推广。② 2014年,在大数据产业的驱动下,《纽约时报》推出了一系列政治、政策类网站(如 The Upshot),还有多个只在移动终端使用的 App。比较成功的是移动应用 NYT Cooking。这是一款集 App 和网站于一体的新产品,至2014年11月拥有300万个独立访问者。而 NYT Now 是一款组织展示日常新闻报道的移动应用,需要用户每月支付8美元订阅。虽然没有达到最初的订阅目标,但是《纽约时报》通过市场营销及定价策略,使其出现了盈利转机。在2014年,苹果公司 iTunes 和 App Store 将这两款产品列入"2014最佳"应用程序名单。不过,并非所有的数字化收费手段都能持久有效。在这些 App 中,表现最差的恐怕要数 NYT Opinion 了。该应用企图让用户每月自掏腰包6美元支付

---

① 魏星:《欧媒转型考察记172岁〈经济学人〉的变与不变》,网易网,2015年3月13日,http://news.163.com/15/0303/13/AJPMVVT500014SEH.html。
② 徐璐明:《美国三大报即将开启单篇付费阅读》,中国新闻出版网,2015年3月24日,http://media.sohu.com/20150324/n410218501.shtml。

其内容产品，仅4个月就宣告失败。①

此外，全行业还广泛开展与各终端生产商和通信服务商的合作，通过收购、兼并等方式获取渠道优势，进行有报业特色的网站开发、搜索优化。其中，与 SNS 系统的合作最为显著。全行业通过构建与诸如 Facebook、Twitter 等相连的新闻分享渠道，新闻可以通过社交网站的好友圈分享得以扩散，在定向投放新闻的同时扩大新闻的传播量。当下，网民用户的社交对话往往发生在活力四射的社交平台、在线论坛等平台上，而常常被我们担心的网络秩序维持问题也因为网络传播的自净功能使那些滥用批评权的网民处于边缘位置。为此，从 2015 年起，英国路透社决定鼓励用户到 Facebook 或 Twitter 上发表对新闻事件的意见，而路透社官方网站上的新闻评论功能也不再开放。②

二 集团转型

（一）多元业务结构

集团发展各项社会和文化事业给集团的收益带来不小的支持。各媒介集团随着实力不断增强，多出于投资考虑进军文体娱乐等行业，建立电影、广告、出版公司，并通过举办多种论坛、会议、书画展、体育比赛等形式提升集团权威性与影响力，减缓分散传统媒体收益份额下降带来冲击，保持收益增长。2014 年，亚马逊创始人兼 CEO 杰夫·贝索斯（Jeff Bezos）斥资 2.5 亿美元从经营了 80 多年的格雷厄姆（Graham）家族手中收购了《华盛顿邮报》，显示了亚马逊打造未来可持续数字媒体业务的愿景。《华盛顿邮报》推出了一个拓展国内和国际读者的新项目，即向合作报纸和服务的订户提供《华盛顿邮报》付费电子产品的免费接入权。这一项目在 2014 年 5 月正式

---

① 张宸：《2014〈纽约时报〉转型之年》，《中国报业》2015 年第 1 期。
② 《路透社把评论赶到了社交网站，是福是祸》，腾讯网，2014 年 11 月 14 日，http：//mp. weixin. qq. com/s？ _ biz = MzA3MzQ1MzQzNA = = &mid = 204298489&idx = 2&sn = d9da4e6d27ffc22f114f78a1c782d191&3rd = MzA3MDU4NTYzMw = = &scene = 6#rd。

启动，而且服务对象还可以拓展至任何出售订阅服务的公司，比如亚马逊的Prime寄送服务。①

（二）数字终端建设

在新媒体时代，阅读终端的开发是打通传统媒体向新媒体转型的必要渠道。因此，各集团纷纷采取措施，或兼并数字媒体网站，或集团联合建立数字出版企业，以内部交易减少成本。此外，集团还加强与移动终端平台的合作，出版 iPhone、iPad 等客户端，满足受众移动阅读要求。一方面，各集团加强自身网站建设，细化门户网站分类，增加图片与视频报道吸引受众；另一方面，联手 SNS 网站，通过好友间分享扩大推送渠道；优化搜索引擎，通过专业的数字搜索技术改造，增加访问量。

过去一年，数字化、专业化、全球化成为《华尔街日报》未来转型发展的核心战略，成为其融合建设崭露头角的三大法宝。而这三大战略的落实都基于数字终端建设的不断完善。② BBC 则不断更新移动终端上的报道方式。2014 年印度大选时，BBC News India 在微信国际版 WeChat 上开通公众号（见图1），实时更新选举情况，这种及时快速的报道方式收到很好的效果。

（三）数字付费阅读

转型期以来印刷版报纸订阅以及广告收入急剧下降。为改变报纸颓势，多数集团实施电子版内容收费策略，对超过一定阅读篇幅的读者制定不同的收费标准，并且采取打包销售的策略，侧面刺激了移动终端阅读需求。打造原生广告、拓展植入式赞助商和视频等方式可以获得更多通过手机浏览报纸的读者，该方式已成为《纽约时报》付费阅读的重要增长点。在 2014 年第

---

① 《金融时报：风投和科技助美国新闻业重生》，1991IT 网，2014 年 7 月 9 日，http://mp.weixin.qq.com/s?_biz=MzA3MzQ1MzQzNA==&mid=201604307&idx=2&sn=b7b9bbff176fc45d04246f125bb62f2c&3rd=MzA3MDU4NTYzMw==&scene=6#rd。

② 张炜：《从美国〈华尔街日报〉看传统媒体的融合转型》，《人民日报》2015 年 5 月 21 日，第 14 版。

图 1　BBC News India 的 WeChat 公众号界面

三季度,《纽约时报》的移动广告收入虽然只占其数字广告的一成,但数字流量中超过 50% 来自移动终端。这也成为其数字付费阅读商业模式未来亟待突破的方面。①

（四）数据库营销化

媒介集团拥有的优势资源便是旗下多样的媒体分支及其分类细化的受众群,而新媒体的发展便利了读者阅读数据的采集与分析。用户反馈形成了庞大数据库,各集团便以此分析不同读者的偏好,从而细化受众分类,有的放矢地进行新闻加工与发布,提高信息发布和利用效率,并且减少信息冗余,

---

① 殷鹏:《国际传媒大鳄 2015 年各有"着力"〈纽约时报〉进军数字化》,中国新闻出版网,2015 年 1 月 6 日, http://www.ce.cn/culture/gd/201501/06/t20150106_4276089.shtml。

提升受众满意度，获得稳定市场份额，增加收益。2014年，哥伦比亚大学数学家克里斯·温格斯（Chris Wiggins）被聘为《纽约时报》"首席数据官"。这个职位的设计主要在于预测将要取消付费阅读的用户，制定扩大订阅规模的策略。①

此外，新媒体的崛起与传统媒体的衰落，使得各集团开始削减传统媒体的支出，合并报纸，裁撤编辑；同时建立多媒体编辑中心，内容统一编辑后各自发布。这一做法有助于提升工作效率，同时最大化利用资源，降低了人力和金钱成本。

值得一提的是，2014~2015年，在诸多媒体集团尤其是日本报业集团中，人才培养是提升内容质量的重要渠道。因此各报纸纷纷建立自己的人才团队，通过与大学新闻专业合作建立人才储备基地、开办新闻培训班或新闻学校、定期进行员工培训等方式储备人才，同时严格选拔标准，提升企业人力资源价值。

三　媒体转型

新媒体时代是数字的时代。在报纸杂志式微、网络抢占市场的情况下，纸质媒体纷纷转向网络业务，一方面，开设报纸电子版，建立数字化部门，根据读者需求细化子网站分类，以争取新老读者，弥补印刷版报纸发行量下降的损失；另一方面，改进印刷版报纸的版面设计，每版页面变小，以方便读者携带与阅读。

（一）品牌瘦身及整合

纸质媒体自身选择守住品牌阵地。传统高端报纸选择将旗下中小型报纸合并入大报系统中，裁撤部分人员，进行采编人员整合，将主要精力放在品牌大报的内容编写上，统一品牌形象。

---

① 腾讯网：《〈纽约时报〉为什么要聘请"首席数据官"？》，《新闻记者》2014年第3期。

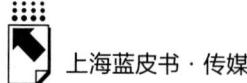

2014年初,《卫报》实行了信托式所有权结构以及股票募集的可观资金让报纸可以在重新调整编辑和商业策略时更游刃有余。相比20万用户的订阅量,尽管印刷版收入更高,但全球超过1亿次的浏览量让《卫报》的根本性数字化变革有了希望。基于股东决定权逐步下降的所有权形式,《卫报》能够更专注地关注未来发展。① 2014年8月5日,论坛报业集团开始独立上市交易。而其母公司更名为论坛媒体(Tribune Media)。②

2015年6月,《今日美国》主编大卫·凯尔文表示,该报社将在未来5~6年内停止纸质日报的出版。"当然,某种印刷产品可能会在我们今后的职业生涯中持续存在。"他补充说,日报出版仍然是《今日美国》一个有利可图的产品。但同时,2015年第一季度《今日美国》的出版收益已经同比下降9%。据数据统计,2014年3~9月,该报每周印刷版发行量同比下跌17%。2015年3月,该报600名员工中又被裁掉90人。③

(二)"王中王"成主流共识

面对海量数字化信息冲击,传统大报重新定位,以"高质量内容+全覆盖渠道"的"王中王"取胜。一方面,报纸延续高端新闻纸风格,内容庄重、严谨,聘请知名撰稿人或专家撰写专栏或评论。另一方面,报网互动更加机制化,并且不断进行报纸网站改版。

当读者注意力已经从大屏向小屏转移,当社交、移动已经成为大势所趋,传统新闻编辑室也在这一浪潮中或被动或主动进入新时代。英国三一镜报集团显然是主动出击的突击选手,于2014年5月主动推行了新闻编辑室

---

① 《一位纸媒数字化转型负责人的反思:印刷终将消逝》,腾讯网,2014年11月3日,http://mp.weixin.qq.com/s?_biz=MzA3MzQ1MzQzNA==&mid=203769959&idx=1&sn=795542e4c1042f87c49880acb86a02da&3rd=MzA3MDU4NTYzMw==&scene=6#rd。
② 《报业终结,美国六大传媒巨头的分拆与解体》,钛媒体,2015年6月29日,http://news.sina.com.cn/m/pm/2015-06-29/doc-ifxennen6773587.shtml。
③ 《〈今日美国〉5~6年内将停止出版纸报》,中国新闻出版网,2015年6月8日,http://media.sohu.com/20150608/n414609479.shtml。

3.1 策略。在这个具有前瞻性的编辑室里，编辑室被分为了即时和常态两个系统，每年的工作按照日历形式安排，一切以数字为优先。即时系统包括专为直播内容工作的记者和社交媒体社区。"常态写手"（agenda writers）会以更长远的眼光观察正在发生的事情，并且关注人们对新闻有何反应。[1] 可见，纸质媒体不断利用非时效性特征，反其道而行之，专注于新闻的多元解读和后续评论，充分发挥信息整合功能，进行深度挖掘和报道。

（三）提振交互式新闻生产

近一年来，很多报刊媒体充分利用网络反馈的及时性特征，建立专职采编人员、专栏作家及普通用户集合的新闻生产链条，发挥自媒体优势，广泛接受普通网民的新闻投稿和新闻线索；还通过与社交网站进行合作，引入普通用户的新闻评论意见，在分享传播新闻同时实现新闻二次生产，扩大新闻价值。

2014年9月，BBC在社交平台Line上开通账号，依靠BBC短新闻视频作为最重要的信息媒介，收获了近1亿名订阅者。BBC短新闻同其他新闻的内容明显不同的是有更多的线上文字和图片。[2] 2015年，《纽约时报》开始进行"一句话报道"（one-sentence stories）的新产品实验，试图为苹果手表用户提供个性化十足的全新新闻阅读体验。[3]《金融时报》对其新闻编辑室进行了"大调整"，把数字化思考问题的思维融入记者采编环节。[4] 而

---

[1] 《新闻编辑室进入3.1时代，移动派记者如何完美应对》，腾讯网，2014年12月1日，http://mp.weixin.qq.com/s?_biz=MzA3MzQ1MzQzNA==&mid=204926247&idx=1&sn=a8703f4c0683671064ee69ad495a4155&3rd=MzA3MDU4NTYzMw==&scene=6#rd。

[2] 《战役升级！BBC独家解析2015如何打造移动端订制产品》，腾讯网，2015年6月8日，http://mp.weixin.qq.com/s?_biz=MzA3MzQ1MzQzNA==&mid=212752017&idx=1&sn=a78d2c162d83150aa41df215d1bd8356&3rd=MzA3MDU4NTYzMw==&scene=6#rd。

[3] 《〈纽约时报〉进击苹果手表："一句话报道"长啥样?》，南方传媒观察，2015年4月3日，http://mp.weixin.qq.com/s?_biz=MzA4OTY1MDgzMA==&mid=203668121&idx=4&sn=c02eb5c2c98f60ec4671fbb782607d01&3rd=MzA3MDU4NTYzMw==&scene=6#rd。

[4] 《英国〈金融时报〉2015新闻编辑室改革方案》，腾讯网，2014年11月25日，http://mp.weixin.qq.com/s?_biz=MjM5NjQ3NjQ4Mw==&mid=202530928&idx=1&sn=e691bdda55c2e0202ff21d92db5a02a8&3rd=MzA3MDU4NTYzMw==&scene=6#rd。

《泰晤士报》和《星期日泰晤士报》的数字发展团队则在网上共同发布了一个自由的开源工具，便于新闻编辑室用来生产图片，使记者能够更加方便地创作社交分享类图片，平衡照片、标志、文字这些元素。①

（四）强化阅读终端开发

传统报刊媒体开始联手数字终端生产公司与数字出版公司，提升媒体整体数字制作能力，建立手机、平板电脑、电纸书等多种移动客户端，抢占读者最细化市场份额，同时开发数字营销能力，为广告商提供方便渠道。

2015年5月，Facebook正式推出了期待很高的新闻快读服务（见图2）。新闻快读服务的目的在于提升新闻阅读体验，提升内容打开速度。过去，用户在Facebook IOS应用的信息流中的点击新闻链接，会跳转到媒体网站上浏览。而现在，用户可直接在新闻快读服务页阅读内容，其文章打开速度比过去的8秒还要快10倍。

图2　与Facebook合作的9家媒体

---

① 《传媒Boss新使命：为员工开发智能开源工具》，腾讯网，2015年3月27日，http：//mp. weixin. qq. com/s?＿biz＝MzA3MzQ1MzQzNA＝＝&mid＝209390454&idx＝1&sn＝f828d8c3979614e651b3614602711fdc&3rd＝MzA3MDU4NTYzMw＝＝&scene＝6#rd。

目前，Facebook 已经为《卫报》网站贡献了近 20% 的流量（不包括其自身应用的访问量），为《纽约时报》带来网络流量的 14%～16%。而这些数字仍在不断刷新。不过，仍有一些出版商担心 Facebook 将对新闻内容和版面拥有太多的权力，包括新闻集团、《大西洋月刊》等媒体。①

四　区域转型

（一）美国

美国传媒集团的规模世界最大。多数传媒集团依托自身主打报纸品牌，外加广泛多元的业务网络，将传媒集团触角伸向通信、娱乐、地产等多领域，不断扩大经营范围，以增加收益。此外，为保证出版业务与非出版业务各自的经营质量，许多集团还进行业务拆分，两部分各自独立运行，一方面保证出版业务质量，另一方面便于两部分专门化运作，稳定出版业务收入的同时最大化获得非出版收入。

美国作为世界上科技水平最高的国家，在传媒转型时也必然充分运用此优势。美国传媒集团选择强强联手方式，组建数字出版公司或与其合作，铺设全数字化网络，搭建自有终端平台，并改进电子版面，整合读者、广告商的利益，从而在媒介转型领域抢占先机，获得优势。

（二）英国

以《卫报》等为代表的纸报是英国乃至世界报纸的模板。在数字化冲击下，报业转型想要维持优势，必须深耕内容，以高质量、高深度的整合性报道、时评、专栏等吸引读者。为此，英国报纸纷纷采取裁撤人员、精编编辑队伍的方式，提高稿件编辑能力，从而打造高质量内容。此外，无论报纸

---

① 殷鹏：《国际传媒大鳄 2015 年各有"着力"〈纽约时报〉进军数字化》，中国新闻出版网，2015 年 1 月 6 日，http://mp.weixin.qq.com/s?_biz=MzA3MzQ1MzQzNA==&mid=211648170&idx=2&sn=aaab1147c6e26571a3a069ee3e3b48ec&3rd=MzA3MDU4NTYzMw==&scene=6#rd。

电子版或印刷版,均进行版面革新,采用小版式、多栏目等方法适应读者已经改变的阅读习惯。

在多媒体手段发达,传统印刷手段日渐式微的情况下,整合资源成为开源节流的办法。英国传媒集团选择进行媒介融合,整合平台,成立多媒体新闻编辑部,将印刷版、移动终端版及电脑网络版内容进行统一编辑,既充分利用了新闻资源和人力资源,又节约了运营成本,一举两得。

(三)日本

日本的报业集团十分重视采编人员的培养。集团均形成了从大学专业人才储备到在职人员培训的一系列人才管理系统,并针对不同的人才素质设计了不同的课程。几个权威的集团还设立了自己的记者学校,并开展研讨会,集团内业务岗位分工明确。最具特色的是,日本记者采取终身雇用制,解决了人员流动带来的管理和内容困难,保证了报纸的风格和品质。

日本传媒历来重视报纸周边服务,如专门配送制度。与此同时,集团还经常举办艺术展览、音乐会、体育比赛等活动,进行事件营销。一方面,集团可以延伸产业触角,增强对其他领域的控制以增加资产;另一方面,可以提高受众对报纸的认同度,以全面的服务打开订阅市场。

日本报业相比其他国家最独特之处在于其完善的配送制度。日本报业集团均建立自己的配送网络,设立专卖店,并与报亭等进行合作,同时坚持配送到家,给读者带来最大程度的便利。这种方法能够稳定读者群,避免销售量出现大的起伏,同时延伸出来的订阅会员制也有利于刺激读者订阅。

B.14
传统媒体参与媒体融合的路径选择与编辑素养提升

夏德元 *

摘　要： 传统媒体与新兴媒体融合发展，是增强文化软实力、保持主流舆论领导地位和传统媒体走出困境的需要；近年来互联网巨头在内容生产领域广泛布局的新动向说明，媒体融合已经不再是传统媒体要做的战略选择，而是正在影响其生存发展的主要因素了。在这样的形势下，传统媒体必须打破幻想，强化互联网思维，适应互动阅读、移动阅读、碎片化阅读、图像化阅读的趋势，积极与新兴媒体和教育等相关行业融合发展，才有可能走出困境，闯出一片新天地。为此，承担着内容生产和资源组织重要责任的编辑人员的互联网思维、新媒体传播素养、互联网文化建构能力、互联网内容生产能力以及价值创造和意义诠释能力都有待提升。

关键词： 媒体融合　路径选择　编辑素养　互联网思维

一　媒体融合的必要性与紧迫性

所谓媒体融合，通常被理解为传媒业内部各种不同媒体形态之间的组

---

* 夏德元，博士，上海理工大学出版印刷与艺术设计学院教授，互联网与文化创意产业协同创新中心主任，复旦大学新闻传播与媒介化社会研究国家哲学社会科学创新基地研究员。

合，其组合形态的最高形式是超大型的传媒集团，这是狭义的媒体融合。还应有一种广义的媒体融合，即媒体与资本等有关要素的集聚与融合乃至跨行业的融合，比如媒体与社会政治、经济、军事、文化、教育以及涉及人民群众衣、食、住、行各行业的融合。

按理说，在中央《关于推动传统媒体和新兴媒体融合发展的指导意见》发布后，关于要不要进行媒体融合的问题已经没有讨论的必要了，应讨论的是怎样融合、如何加快融合的问题。

但是笔者发现，关于媒体融合的必要性，虽然媒体上已经进行了大规模、高规格的宣传，但我们还是有一些模糊认识需要澄清，只有真正认识了媒体融合的必要性和重大战略意义，我们才会更加自觉、更加主动、更加有创造性地去施行，去推进。

那么，推动传统媒体和新兴媒体融合发展这件事，为什么被提到如此高的高度呢？

（一）媒体融合是增强文化软实力的需要

中央在关于推进传统媒体和新兴媒体融合发展的指导意见中，明确提出了融合发展的目标之一，就是要着力打造一批新型传媒集团，这显然是指狭义的媒体融合。

有人认为，习近平主席之所以提出要着力打造新型传媒集团的要求，是因为表面繁荣、实质上欠发达的中国媒体与中国的大国形象很不相符。中国的硬实力发展了，但软实力还没有跟上，中国主导的价值观，屡屡被西方价值观压制；在国际舆论中，中国媒体的弱势，也屡屡在国际问题上使中国陷入被动局面，这极大削弱了中国的话语权。因此，建成几家新型传媒集团，以多样的形态、先进的手段，提高中国的竞争力、影响力，也是大国崛起的当务之急。所以说，媒体融合，对外是增强文化软实力的需要。

但是，这还不是中央如此强调媒体融合的全部原因。事实上，在媒体融合问题上，我们已经没有多少回旋余地了，因为，不管你是否愿意，拥抱新媒体，运用新媒体，传统媒体与新兴媒体融合发展已经是一种世界潮流，一种维系世界秩序的重要纽带，乃至成为国际政治、经济、军事、文化斗争的新工具。其不仅关系国家的文化安全、意识形态安全，也关系国家的政治稳定和长治久安。

（二）媒体融合是保持主流舆论领导地位的需要

我们仔细研读文件，就会发现，虽然文件的措辞是推动传统媒体与新兴媒体融合发展，但字里行间充满了对网络技术、互联网思维、用户体验等新兴媒体特质的赞赏和推崇。笔者个人甚至觉得，之所以不再提传统媒体的转型发展，而是提融合发展，是把希望完全寄托在了新兴媒体上而又为传统媒体留足了面子的一种委婉表达。之所以这样说，是因为，加快媒体融合主要是保持主流舆论领导地位的需要。

在舆论场上，传统主流媒体已经非常被动了。根据历史数据，在2013年最有影响的100个热点事件的传播中，由知名网络意见领袖等首先发起或者虽不是他们发起但后来占据了主导作用的事件占近50%，而这些事件（不管是谁占据主导）的首发平台为新媒体的则占70%。

传统媒体受旧的传播观念影响，虽然也能在微博微信平台建立官方账号，但其传播效果往往适得其反。在一些影响全局的社会事件发生后，我们的政府机关以及传统主流媒体官方微博的影响力和社会动员能力，往往不及一些微博"大V"。笔者曾经查阅了新浪微博媒体影响力排名，名列前茅的媒体微博有"@央视新闻""@人民日报"等。其中"@人民日报"微博的粉丝有633万个，"@央视新闻"微博的粉丝有487万个；而名列前茅的名人（不包括影视明星的）的微博粉丝数，排名前两位的则分别有4287万个与3252万个，相差可谓悬殊。不仅如此，网络"大V"只要在微博上出现，哪怕只发一个标点符号，就能引来成千上万的问候和点赞，而一些官方机构在某些事件发生时只要一发声，则往往引来一片质疑甚至嘲弄。在这样的境况下，传统媒体再不与新兴媒体进行深度融合，就真的要被取代了。

（三）媒体融合是传统媒体走出困境的需要

如果说2014年因为将"媒体融合提升到深化改革的战略层面"而堪称传统"媒体融合元年"[①]的话，那么，2015年则是"互联网+元年"——进入2015年后，国内互联网巨头纷纷高调宣布介入内容生产。其中，当当表示"将斥巨资扶持一大批有潜力的作者，出版范围涵盖大众和教育图书市场的全部品类，同时引导作者适应数字阅读的创作潮流"，计划招募优秀出版人，共同完成"10个图书策划公司、100个选题工作室"的大计划，铸就图书策划领域的梦之队。京东则宣布收购社交阅读应用"拇指阅读"。京东相关负责人表示，收购一方面是出于对内容业务的重视，另一方面是布局全消费链条的需要。与此同时，伴随着阿里巴巴的加入，网络文学成为百度、阿里巴巴、腾讯"三巨头"逐鹿的新领域。在布局网络文学方面，三巨头虽各有侧重，但目的都在于围绕IP（即知识产权），打通文学、游戏、影视等泛娱乐产业链。[②] 不仅如此，阿里巴巴最近还宣布成立音乐集团，正式向互联网音乐领域进军。

这些动向说明，媒体融合已经不再是传统媒体要做的战略选择，而是正在影响其生存发展的主要因素了。也就是说，如果我们不主动参与媒体融合，那么，新兴媒体乃至任何一个有实力的电商平台都可以完全撇开传统媒体机构，而另造一个媒体王国。在这样的形势下，怨天尤人显然是无济于事的，只有积极应战，才有可能走出困境，闯出一片新天地。

二 传统媒体在媒体融合环境中的作为和路径选择

那么，传统媒体在媒体融合时代是否还有生存发展的空间，又有哪些转型的路径可供选择呢？

[①] 唐绪军、黄楚新、刘瑞生：《国家战略：中国新媒体发展的新阶段》，见中国社会科学院新闻与传播研究所《中国新媒体发展报告 No.6（2015）》，社会科学文献出版社，2015，第8页。

[②] 以上信息均来自2015年7月6日出版的《中国新闻出版报》。

（一）关于媒体融合的两种思路

在《关于推动传统媒体和新兴媒体融合发展的指导意见》中，明确强调要推动媒体融合发展，就必须遵循新闻传播规律和新兴媒体发展规律，强化互联网思维。

但是，在社会生活实践中，人们在处理传统媒体与互联网的关系时，存在两种截然不同的思路：一种是用"传统媒体思维"办互联网，把互联网视为传统媒体的延伸和补充；另一种是用"互联网思维"改造传统媒体，在互联网框架下重新寻找传统媒体的社会价值。

有知名高校出版社总编辑在文章中就提出了三个观点：互联网只是一种工具和手段；"互联网+"不是传统媒体的职责；传统媒体需要做的只是"+"互联网。[①] 不能不说，这样的认识，正是大部分传统新闻出版机构在互联网浪潮冲击下节节败退的原因。

对这个问题，上海世纪出版集团前总裁陈昕似乎有更清醒的认识。陈昕在接受《东方早报》记者采访时指出："融合发展是多样化、多层次、多环节、全覆盖的深度融合……当然，融合发展对于传统出版社而言，最初可能是'+互联网'的概念，即我们在做好传统出版业务的同时，开拓数字出版等新的业务领域。但是，融合发展的目标是要过渡到'互联网+'的概念。"这就意味着传统出版机构的各生产要素要从"纸"的载体向数字网络平台转移，充分利用移动通信网络、大数据技术等，形成全新的业务体系和商业模式。"只有到这一步，才可以说真正完成了融合发展。"[②]

另有官员从城市竞争的高度，把未来的城市分为两种，一种是"互联网+"的城市，另一种是"+互联网"的城市。成为"互联网+"的城市，可以调动其他城市的资源；但如果成为"+互联网"的城市，其资源就只

[①] 吴培华：《我们走进的是"+互联网"时代——再论传统出版在坚守与变革中前行》，《科技与出版》微信公众号，2015年8月14日。

[②] 马睿：《陈昕谈传统出版业的数字转型时刻》，《东方早报·上海书评》2015年8月9日。

能被其他"互联网+"的城市所调动了。① 这样的分析，同样适用于媒体之间的竞争。率先实施"互联网+"的媒体，可以调用或吸收其他媒体的内容、人才等资源，而固守"+互联网"策略的媒体，则未必有继续生存和发展的空间。

（二）关于互联网思维的各种表述

何为"互联网思维"，迄今为止学术界还没有一个公认的定义。笔者认为，笼统言之，所谓互联网思维，就是适应互联网时代生产生活方式和文化发展潮流的思维方式。

中国社会科学院信息化研究中心秘书长姜奇平曾经在《互联网周刊》上发表《互联网的女性化思维》的文章，认为互联网与女性主义存在一种内在关联，"网络开始女性化"，他说，女性对互联网的最大影响在于，她们的行为正在改变我们这个时代男人和女人共同的思想特质。这种转变主要包括从理性化转向感性化；从理智化转向情感化；从中心化转向去中心化。② 马云曾经在演讲中表示，互联网思维是跨界、大数据、简捷和整合；周鸿祎将其概括为"用户至上、体验为王、单点突破、颠覆创新"这样十六字箴言。雷军则把它总结成七个字，号称七字诀，即"专注、极致、口碑、快"。

其实，这样的思维方式早就在社会生活实践中萌发，而不是到了当今这个时代才突然冒出来的怪物。只不过，互联网技术的飞速发展带来了社会生活方式的颠覆性变革，才使得这样的思维方式凸显了前所未有的重要性。

根据笔者的理解，互联网思维中最重要的精神之一是"用户至上"。虽然过去人们也常把"客户就是上帝""顾客至上"挂在嘴边，但是，那时的经营者最多将"顾客"作为销售利润的源泉，而不可能认识到"用户"的真正价值。毫无疑问，最能体现"用户至上"精神的就是服务者与用户的

---

① 《市长们再也坐不住了！一篇可以引爆一座"互联网+"城市的分享！》，见"互联网思想"微信公众号，2015年8月27日。
② 姜奇平：《互联网的女性主义特征》，《互联网周刊》2012年4月9日。

快速有效互动以及用户之间的即时有效互动。顺着这样的思路，我们就能发现，交通广播之所以在其他传统媒体江河日下的时候可以保持增长，就是因为它最早将媒体的互动功能发挥到了极致。如果说今天某些电视台的日子还好过，那也是因为他们及时开发出了或者从国外引进了一些互动性很强的节目形式或者做到极致的节目内容。

问题来了，我们的报纸、图书、音像、电子出版业，是否可以从中得到一些有益启示并有所突破呢？传统媒体最近几年的成功实践证明，是完全可以的。

（三）传统媒体实施"互联网+"的若干路径

1. 引进互联网理念，让出版物成为互动的媒介

2015年有一类书十分畅销，那就是社交网络上疯传的涂色书。毋庸置疑，涂色书这种风潮正迅速席卷中国图书市场，它以"色彩""减压""创意"等各种元素征服的不仅是孩子，还有成人。粗略统计一下，当下市面上的涂色书已有几十种。其中《秘密花园》《烦了就想画几笔》《奇幻梦境：一本漫游奇境的手绘涂色书》等都是不错的畅销品种，而且不少涂色书上市一两周就出现断货。

这类图书之所以成为畅销书，当然不是其内容如何深刻感人，而主要是它提供了读者与书本互动、读者之间互动的媒介。很多人自己网购一本，同时为自己的朋友再捎上几本，然后纷纷把自己的涂色作品上传到朋友圈，以收获满屏的点赞。许多人被朋友圈里的填色美图所震撼，纷纷加入了这个据称可以放松身心的涂色浪潮。

试问，在前网络时代，甚至社交媒体诞生前的网络1.0时代，有什么书能掀起这样的热潮？事实上，随着数字印刷技术和移动互联网应用的日益普及，已经有越来越多的纸质出版物运用了最新的OID码印刷技术（配合点读笔）使出版物本身成为互动的媒介；越来越多的教学辅导书，也开始在每道题目下印上二维码，使用者只要持有智能手机，随时都可以通过扫描二维码链接到网站，即时观看解题过程视频，获得解题思路和答案。随着技术

的进步和手持终端的普及,越来越多的互动应用正在涌现。可以说,互动出版,是媒体融合时代每个传统新闻出版机构都能做,且都能做得出彩的事。

2. 适应碎片化阅读趋势,开发掌上移动阅读资源

聂震宁曾在报纸发表文章,呼吁要"善待碎片化阅读"①。他在文章中指出,随着"数字互联网技术"在新闻出版领域的日益普及,所谓"碎片化阅读""浅阅读"的问题就招来各种非议和担忧。但是,"这些批评和忧虑并未阻拦住碎片化阅读的发展"。事实上,人类的阅读正是由"碎片化阅读"和"整体性阅读"共同构成的。号称"半部《论语》治天下"的儒家经典《论语》,就是典型的碎片化读物。而老子的《道德经》也只有5000字。先秦诸子百家的经典著作大都是碎片化的文本,而这些碎片化的文本随之而来的碎片化阅读,并没有影响后代学者鸿篇巨制的诞生和一代又一代学人的系统化阅读。

"移动阅读也许是一种理想化的阅读"。聂震宁表示,他也曾写过文章表达过对"碎片化阅读"的忧虑,但回过头来看,那些忧虑大都是多余的。倒是如何适应人们阅读习惯的变化,开发出更多适合碎片时间阅读的出版物,恰恰是摆在我们每个新闻出版人面前的巨大商机。

"澎湃新闻""界面"等脱胎于传统媒体的新型媒体的初步成功,说明移动新闻内容产品迎来了前所未有的机遇。

速途研究院2014年第二季度手机阅读App市场分析报告显示,已经有越来越多的用户,表达了为手机阅读付费的意愿,尤其值得注意的是,随着用户年龄的增长,这样的意愿也呈现越来越强的趋势。比如,在45岁以上的用户中,愿意为手机阅读付费的用户比例高达70%。这说明,传统媒体介入移动阅读市场,前景十分广阔。

3. 网络出版先行,运用大数据,反向延伸产业链

过去,我们传统媒体受制于网络平台的霸王条款,只能将自己生产的内容版权低价转让,甚至免费奉送。事实证明,这样的模式难以为继,传统媒

---

① 聂震宁:《善待碎片化阅读》,《人民政协报》2014年2月10日。

体也大多没有积极性。但这并不是说,网络出版已经走向了穷途末路,其实,我们完全可以化被动为主动,利用手中掌握的作者资源和多年积累的用户反馈资料,按照读者新的阅读习惯和新的内容需求,推出原生性电子出版物。

网络出版先行,再根据读者反馈决定是否、何时和怎样推出纸质版以及开发音频、视频、影视、游戏等系列衍生产品。

网络出版物可以附带数据统计功能,出版社可以通过其统计功能掌握读者的年龄、对某一出版物的阅读频次、对纸书的需求意愿量等数据。根据这些数据,出版社即可十分方便地做出判断,以决定是否出版纸书、出版怎样的纸书等市场策略。这样的决策会更加科学。网络出版物可以无限扩张,根据出版社的能力想做多大就做多大,现在储存能力已经没有什么极限了,到时推出的纸质版将是电子版精华,这对读者也是极大地贡献。如果能用好的话,网络出版物先行对于出版社选题的扩展、利润的增加都是很好的方式。

随着中国民主法制出版社、中国大百科全书出版社和中信出版集团等单位网络出版物先行的探索,业内人士分析认为,我国数字出版的升级时代已经悄然来临。①

从几家出版社的实验看,网络出版物先行还是后行,结果大不同。中国民主法制出版社数字部负责人认为,网络出版物先行时该社出版图书理性多了。对读者来说,按需印刷并不会增加读者太大的经济负担;而对出版社来说,则大大降低了决策风险。《中国大百科全书》第三版社会学卷编委会主任、中国社会科学院副院长李培林认为,《中国大百科全书》第三版决定先出网络版,再推纸质版,这对读者将是极大的贡献。中信出版集团有关人员表示,百度阅读原生电子书出版省去了烦琐的出版印刷流程,极大地提高了效率。

4. 适应读图需求,着力开发可视化新闻,积极参与视频内容市场竞争

过去几十年电视对于报刊和图书日益明显的传播优势以及如今网络视频的异军突起,说明人类社会正发生着一种可以称为向图像转变的认知革命。

---

① 范占英:《电子书先行,行不行得通?》,《中国新闻出版报》2015年7月2日。

经过人类学家的考察，我们业已知道，在文字发明之前，人类曾经度过了漫长的图像传播时代。如今，在经历了文字阅读占主导地位的"读文时代"之后，一个全新的"读图时代"正扑面而来。

读图时代的到来，体现在各个领域。彭兰在《中国网络媒体的未来2014》报告中预测，"资讯视频化的时代"已经到来。统计显示，视频观看已经成为仅次于新闻资讯的第二大"刚性需求"，已经超过20%。[①] 而且可以预计，随着移动互联网进一步发展以及视频制作门槛的降低，未来这个比例还会进一步提升。

张慧瑜在"中外文艺理论与文化研究"微信公众号发表文章指出："如果说十几年前互联网刚刚兴起的时候，理论家还在探讨我们是否进入一个图像时代或读图时代，那么今天凭借手机微信等移动互联网技术，我们不只是时刻在'读'图的阅读者，更是一个图像生产者和拍摄者，'人人都是摄影师'不再是一句修辞。"[②]

目前来看，我们传统媒体似乎在视频制作方面毫无优势，其实不然。据了解，机械工业出版社、人民卫生出版社、人民教育出版社、红旗出版社、上海教育音像出版社等，都在视频节目制作和销售上取得了不俗的业绩。

更为重要的是，随着技术的进步和移动互联网的普及，视频制作和发布的门槛已经越来越低，传统出版机构如果对自己拥有的知识产权资源足够自信，完全可以毫无障碍地参与视频市场的竞争，并有望获得突破。

5. 介入线上线下教育，实现跨界融合转型

2015年7月12日，全国高等医药教材建设研究会、人民卫生出版社有限公司在北京联合举办"中国医学数字教材与慕课建设研讨会"，围绕"互联网+医学教育"的发展趋势和筹建"人卫开放大学"等内容进行了研讨。人民卫生出版社董事长陈贤义表示，人卫社的医学教育数字化转型，经过近年来的不断探索创新，逐步摸索出一条符合医学教育和科技发展规律的发展之

---

① 佚名：《深度解析〈中国网络媒体的未来2014〉报告》，《时代周报》2014年11月19日。
② 张慧瑜：《微信摄影让生活变成一张照片》，见"中外文艺理论与文化研究"微信公众号（zwwyllwhyj），2015年7月29日。

路。一是完善了医学数字教材,形成专业数字出版的新模式。二是打造了人卫慕课品牌,探索出医学慕课建设的新思路。三是筹建"人卫开放大学",开启医学在线教育的新局面。四是发挥示范基地作用,开创数字化医学教育的新纪元。①

关于出版与教育的融合,国际出版巨头培生教育集团,不仅在高等教育出版领域拥有巨大优势,还拥有 NCS 学习测试部门、家庭教育网络公司和培生宽带公司提供教育测试评估、软件生产、网络服务、专业培训等全方位与教育相关的业务。而根据最新消息,培生公司已经正式宣布全面退出新闻出版业。

继 2015 年 7 月以 12.9 亿美元价格将英国《金融时报》出售给日本财经媒体《日本经济新闻》后,英国培生集团在今年 8 月 12 日的一份声明中又宣布,已经卖出所持《经济学人》集团所有股份。从种种迹象来看,培生集团手中的《金融时报》和《经济学人》这两家"旧媒体"转型及时,口碑仍在,可谓运营良好,并非培生集团的"烫手山芋"。培生之所以要将它们全部卖掉,是因为他们已经决计要全面转型。正如培生集团 CEO 范岳涵(John Fallon)在出售《金融时报》的声明中所说:"培生现在将 100% 专注于我们的全球教育战略,教育行业正发生快速变革,我们看到了推动我们业务增长的巨大机遇。"②

国内的出版机构,除人民卫生出版社外,人民教育出版社、高等教育出版社和外研社外,也都在向教育领域挺进,前景十分乐观。关于如何将传统机构的资源优势与新技术相结合,中国教育出版传媒集团有限公司的做法是,借鉴国际教育出版集团的数字化转型升级道路,以加快实现产业融合发展为重点,形成数字化业务的顶层设计,特别是在教育信息化的基础设施、

---

① 涂桂林:《中国医学数字教材与慕课建设研讨会在京举行 "人卫开放大学"开始筹建》,《中国新闻出版广电报》2015 年 7 月 14 日。
② 箫雨编译《培生 7.3 亿美元出售经济学人 50% 股份 退出新闻出版业》,凤凰网科技频道,http://tech.ifeng.com/a/20150812/41417111_0.shtml。

内容聚合、核心技术、教学应用和平台建设等关键环节上寻求突破。①

这样的转变不仅是理由充分的，其前景也是值得期待的。本来，教育与出版的界限就是模糊的。从某种意义上甚至可以说，教育与出版不过是人类文化传承的两个相互促进的行当，其源头本就不那么泾渭分明，其发展过程又相互交织，在可以预见的未来，二者终将殊途同归。正是在这个意义上，出版业与教育行业的跨界融合将是最引人注目的方向之一。

三 媒体融合时代编辑人员的素养提升

中央已经为传统媒体与新兴媒体的融合和"互联网+"指明了方向，百度、腾讯、阿里巴巴、京东、当当等互联网巨头已经开始大规模在内容产业布局，也有部分传统媒体在参与媒体融合中做出了有益的探索。但是，更多的传统媒体则仍处于观望、徘徊阶段。影响传统媒体与新型媒体融合发展的因素是复杂多样的，传统媒体决策者的互联网观念是制约媒体融合的首要因素，而传统媒体机构中担任内容生产和内容服务主要职责的编辑人员的素养则是另一制约因素。要加快传统媒体与新型媒体融合发展的进程，除了改变决策者的思想观念之外，编辑素养的提高显得尤其重要。

（一）编辑素养制约着媒体融合的进程

2014年中央对传统媒体提出了加快与新兴媒体进行融合发展的要求，但是从过去一年时间看，形势并不乐观。有鉴于此，《广州日报》副总编辑谢奕于2015年8月在中山大学媒体融合研讨培训班的一个演讲中直言不讳地指出："这个行业……无论在管理层面还是操作层面上，都缺少专业认识和自知之明，或者说有难言之隐。"他认为，"冲击传统媒体的"，"主要不是技术而是社会信息生态的巨大变化，是传统媒体其实'不像'传统媒

---

① 孙海悦：《教育出版业将变成服务行业》，《中国新闻出版广电报》2015年7月23日。

体"。意思是说传统媒体并没有达到传统媒体应该达到的成熟度。①

之所以说传统媒体不像传统媒体,是说传统媒体既没有胜任党和国家托付给传统媒体"定海神针"般的舆论引导的重任,也未能满足广大人民群众对国际形势、国家事务和关系其切身利益的其他重要事件的知情、表达、参与和监督的需要。而造成这一被动局面的出现,除了传统媒体机构领导者的犹豫迟疑和措置失当之外,极其重要的一个方面无疑是担负着内容生产职责的编辑人员的专业素养欠佳。换言之,传统媒体编辑人员的素养,是制约媒体融合进程的重要因素。

图书出版领域同样如此:中国出版在新书品种大跃进的同时,出版物质量却有整体下降的迹象;真正愿意敞开胸怀拥抱新媒体、积极与新兴媒体融合发展的出版机构屈指可数。

事实证明,近年来,传统媒体在一些重大事件的报道中往往或大失水准而广受非议,或每每输给自媒体而令人失望,已经引起民众的不满和高层的担忧。新任广东省委宣传部部长慎海雄曾不无遗憾地指出:"传统媒体被边缘化,主流媒体难以真正掌控主流舆论,主流舆论难以有效传播主流声音的问题已经出现。"②

(二)媒体融合时代编辑素养的新要求

媒体融合时代,对编辑素养提出了比以往更高的要求。笔者在五年前曾经发表多篇论文,系统探讨了数字时代编辑人员在政治素养、道德修养、心理素质、思维特征和审美取向等方面应具备的新特质。后来这些文章经整理收入拙著《数字出版与传播研究》中。笔者在这些文章中提出数字时代编辑的政治素养应增加公民意识、公平意识、公众意识等新的内涵;编辑的道德修养应更加强调社会责任意识、学术规范意识、法治意识以及环境意识;编辑的心理素质应注重虚拟空间认知和适应能力、风险认知和应急能力、复

---

① 谢奕:《再造新闻事业核心资源》,微信公众号"全中看传媒",2015 年 8 月 27 日。
② 慎海雄:《多向发展 做大做强》,《人民日报》2014 年 7 月 18 日。

杂关系的认知和协调能力的培养；编辑的思维特征应强化数字化思维、批判精神和人文关怀；编辑的审美取向则应向多元化、平民化和通俗化转向。①

现在看来，虽然这些年互联网技术有了突飞猛进的发展，但当年提出编辑素养方面存在的一些欠缺并未得到弥补。不仅如此，随着移动互联网时代的到来和媒体融合新要求的提出，编辑素养方面存在的差距更加拉大了。

笔者认为，媒体融合时代，编辑还应在以下几个方面提高自身的素养。

一是互联网思维。如前所述，所谓互联网思维，就是适应互联网时代生产生活方式和文化发展潮流的思维方式。包括用户思维、去中心化思维、跨界整合思维、大数据思维等，更加重视用户体验和情感，强调开放、平等、共享和互动，专注于精细、极致的产品性能和快捷、贴心的个性化服务。

二是新媒体传播素养。传统媒体与新兴媒体融合，是基于新兴信息科技的"互联网+"的融合，因为当今社会的信息传播和社会舆论格局发生了颠覆性的变革，人们的阅读习惯发生了数字化、图像化、碎片化转向，所以作为信息传播者的编辑，必须适应这样的变化，要按照新媒体运行规律，学会运用新媒体传播手段和艺术进行有效的传播。

三是互联网文化建构能力。互联网不仅仅是一种经济资源配置平台，一种全新的商业形态，更是人们的一种新的生产生活方式和社会资源组织方式，一种新的文化形态。在这个时代，媒体融合已经成为社会运行的内在要求和媒体生存的现实环境，全体网民都参与了互联网文化的建构，因此互联网文化的内容必然是泥沙俱下、好坏兼有的；作为内容生产者的编辑，必须首先了解互联网文化，并进而提升自己的文化批判与文化建构能力，为建设和谐健康的互联网文化做出自己的独特贡献。

四是互联网内容生产能力。互联网时代，全体网民作为内容生产者和知识共享者参与了内容建设，一些自媒体人已经具备十分强大的内容生产能力，在互联网平台上与传统媒体争夺用户的眼球，因而也瓜分了过去为传统媒体独占的注意力市场。和新兴媒体相比，传统媒体过去所生产的内容存在

---

① 夏德元：《数字出版与传播研究》，上海人民出版社，2012，第84~119页。

数量少、数字化程度低、时效性差、分类粗疏、可视化不够等明显的劣势。① 因此，媒体编辑如果不提高自己的内容生产能力，其职业生涯将无以为继。

五是价值创造和意义诠释能力。"价值竞争"是"变革时代的主旋律"。② "互联网不仅提供了信息充分流通的渠道，更提供了价值充分竞争的平台。"③ 在价值竞争中，媒体不仅要在新闻的准确性上下功夫，还应该做出"有态度的新闻"。正如荷兰符号学家梵·迪克所指出的："媒体从本质上说就不是一种中立的、懂常识的或者理性的社会事件协调者，而是帮助重构预先制定的意识形态。"④ 要讲好中国故事，传播好中国声音，在国际舆论阵地上占有一席之地，提高编辑人员的价值创造能力和意义诠释能力无疑是当务之急。

---

① 夏德元：《媒体融合时代影响舆论引导效果的主因及对策》，《当代传播》2014 年第 6 期。
② 曾涛：《价值竞争：传统行业的商机与危机》，机械工业出版社，2000，第 45 页。
③ 夏德元：《媒体融合时代影响舆论引导效果的主因及对策》，《当代传播》2014 年第 6 期。
④ 〔荷〕托伊恩·A. 梵·迪克：《作为话语的新闻》，曾庆香译，华夏出版社，2003，第 12 页。

B.15
2015年地方电视台媒体融合发展报告

王建磊*

摘　要： 本报告关注地方广电机构在媒体融合发展战略层面的多元探索和实践，注重呈现其亮点和特色，通过比对其战略执行层面的相同和差异，来说明地方广电只有结合自身实际，主动求变求新，才能在融合发展浪潮中占得一席之地。

关键词： 地方广电　媒体融合　转型　战略

从2010年算起，广电机构谋求发展与转型，刚好历经了两个重要的国家战略节点：一个是三网融合，另一个是媒体融合。这两大国家战略既是广电机构发展与转型的背景、动力和指导纲领，同时也对广电提出了不同的任务、目标和发展要求。当下，三网融合已经完成，媒体融合则刚刚开启。对于地方广电而言，随着新媒体的合力围剿和强势地方卫视的崛起，其面临的危机程度和广度不断提升。不管融合战略是否可以成功实施，不管要为融合战略付出怎样的代价，眼下已到了不容纠结和必须放手一搏的时刻。在融合媒体的总目标指引下，改革是唯一方向。尽管相关论述在理论层面已呈现颇多，但在现实中并没有形成统一的清晰的实操路线图。本报告关注地方广电机构在媒体融合发展战略层面的多元探索和实践，注重呈现其亮点和特色，

---

* 王建磊，博士，深圳大学传媒与文化发展研究中心副研究员，研究方向为新媒体传播与社会影响。

通过比对其战略执行层面的相同和差异，来说明地方广电只有结合自身实际，主动求变求新，才能在融合发展浪潮中占得一席之地。

一 从三网融合到媒体融合的背景转换

三网融合与媒体融合作为国家战略，其在不同阶段发挥的作用不尽相同。如果把三网融合的提出与实施，看作高层重点对广电、电信两大大市场主体的一次资源再分配和业务再协调，那么媒体融合战略则是国家对传统媒体与互联网媒体的地位、影响、改革路径等一次前所未有的聚焦，而且改革的对象、力度、方式较之三网融合呈现诸多的不同。

第一是战略提出背景不同。三网融合与媒体融合的开展各有其特定的经济历史背景。2010年10月，党的第十七届五中全会中提出了"推动文化大繁荣大发展"的发展战略，第一次将文化产业列为国民经济的支柱产业之一。在此背景下，推进三网融合，推动电子信息产业、文化产业全面发展成为推进国家经济发展的重要举措之一。与此同时，广电与电信行业自身的发展也迫切需要推进三网融合。一方面，经过长期的发展，广电行业与电信行业均已形成稳定强大的产业结构，从全球范围来看规模基本相当，具备了相互融合的基础；另一方面，传统的电视、电话、互联网接入等业务在进入21世纪后先后步入成熟期，用户、业务、收入规模都逐渐出现明显的发展瓶颈。寻求新的业务增长点，提升用户黏性及ARPU值，推动产业进入新的发展阶段成为广电及电信行业的当务之急。在此背景下，三网融合成为广电及电信行业共同的选择。

当时间进入2014年，我国经济进入深度调整期，传统行业面临增长缓慢、遭遇"天花板"和结构转型的挑战。党的舆论宣传工作和思想工作也进入一个新阶段，尤其在当前话语中心分散、舆论去中心化、网络平台众声喧哗的情形下，以传统媒体为代表的宣传舆论体系理应发挥强大、稳定和主导的作用，但是传统媒体自身也遇到了行业危机，用户的媒体消费习惯正在从传统的报纸、电视快速转移向互联网（包括移动互联网），由此也带来了传媒机构的利润下滑和媒体影响力的下降。这样，传统媒体的转型，与新媒体的融合发展，不仅是国家层面的需要，也是媒体自身的需要。在传统媒体自发的探索与实践的当口，党中央及时地为传统媒体指明了方向，提出了新的任务和目标——这就是媒体融合战略出台的社会背景。

第二是战略实施主体不同。三网融合的三网指的是"电信网、广播电视网和互联网"。所以从业务角度来看，三网融合战略的市场主体对应的就是电信、广电和互联网企业。媒体融合重点强调传统媒体和新兴媒体的融合，因而战略实施主体自然是以报纸、广播、电视为代表的传统媒体，和以多种类"互联网企业"为代表的新兴媒体，再加上相关产业链上的网络运营商、IT技术开发商和终端设备生产商等。

第三是任务不同。三网融合的核心任务是实现广电和电信两大主体在业务上的双向进入，比如广电可以开展宽带接入和固话业务，电信可以开展视频内容生产业务，然后实现在监管层面的和谐统一，最终实现电信网、广电网和互联网三大网络都可为用户提供多元化与个性化有机结合的信息服务；媒体融合战略的任务是打造"形态多样、手段先进、具有竞争力"的新型主流媒体，建设拥有强大实力和传播力、公信力、影响力的新型媒体集团。

第四是目标不同。三网融合的最终目标是实现"打破垄断，自由竞争"，而媒体融合的最终目标是"积极占领网络舆论阵地，重筑舆论格局"。

第五是实现路径不同。三网融合并非意味着电信网、广播电视网和互联网三大网络的物理统一，而是指不同行业间的高度融合，即政府监管趋于统一；技术基础趋于一致，不同网络在网络层上建立平滑的互联互通，实现无缝对接；业务层实现相互间的渗透和交叉；不同网络所承载的业务趋于同质化；产业在经营上互相竞争、互相合作。所以三网融合实现的路径分别是技术层、监管层、业务层和产业运营层；媒体融合的实现路径则是："遵循新闻传播规律和新兴媒体发展规律，强化互联网思维，以中央主要媒体为龙头，以重点项目为抓手，坚持传统媒体和新兴媒体优势互补、一体发展，坚持先进技术为支撑、内容建设为根本，整合媒体资源，创新传播方式，推动传统媒体和新兴媒体在内容、渠道、平台、经营、管理等方面的深度融合"①。

尽管有以上诸多不同，但是两大战略的接连实施对广电机构改革形成了持续而深入的推动力。首先，从提出背景看，一个共同的行业背景就是媒体危机，确切地说是广电行业面临的发展与转型危机。三网融合解决的是广电在业务层面的拓展问题，比如允许广电网络运营商开展固话业务和宽带业务，从而提升广电网络运营商的市场竞争力；而媒体融合解决的是广电在内容、渠道、平台、制度设计方面的深度改革问题。

其次，从延续性来说，媒体融合战略是三网融合战略的进阶与深化，三网融合关注的是广电、电信为代表的市场主体机构，重点是对机构本身提出了业务发展要求；而媒体融合战略不仅关注机构个体，还注重发展主体与主体之间的协同关系，要求传统媒体与新兴媒体融合发展；三网融合更加重视广电和电信在业务层面的双向进入，而媒体融合则是更高层次的总体规划，是一种超越单个业务、零散项目的顶层设计；从实现角度来说，三网融合的实现更多要以机构为主体视角来考量，即机构本身在技术改造、业务开拓上所做到的最大努力是什么。而媒体融合的实现更多要从用户的视角来考量，即最终媒体机构为用户带来了什么，用户消费又选择了什么。从以上三个层面而言，媒体融合就是在新形势下对三网融合战略的全面升级。

最后，从最终效果来说，三网融合也好，融合媒体战略也好，必将共同推动传媒机构，尤其是广电机构的发展、转型，同时还将会促进硬件、软件、网络、多媒体等信息技术的进一步发展；会给信息技术产业、信息内容产业和信息服务产业带来全新的发展；会拉动数以千亿元人民币的电子信息制造和内容创意产业的发展，对促进国民经济增长、民众精神文化生活的富足具有重大意义。

---

① 喻国明、姚飞：《强化互联网思维推进媒介融合发展》，《前线》2014年第10期。

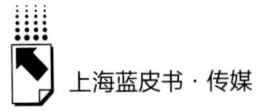

二 地方广电机构融合发展的相同战略

鉴于对共同战略目标的追求,地方广电在战略选择上呈现一定的相同点,主要反映在以下两大方面。

一是网台互动的相关实践。网台互动,或称网台联动,指的是传统电视台借助互联网渠道进行内容传播和功能拓展,以及互联网借助电视台进行产品价值和公信力提升的双向促进过程。① 依此推导,在实践层面就有两种表现形式:第一种是各大广电机构在近两年大力发展网络电视台业务,2009年12月29日,以中国网络电视台的开播为起始,安徽网络电视台(2010年4月6日)、江苏网络电视台(2010年12月28日)、黑龙江网络电视台(2011年2月)、新蓝网(2011年3月)、城市联合网络电视台(2011年8月25日)的群体上线为呼应,标志着网络广播电视台的正式立足。2014年,网络电视台的建设进程依然在持续,3月,原深圳广电集团重点打造的官方网站中国时刻网与CUTV的深圳台正式合并;5月,芒果TV推出独播战略,并宣布母体将以10亿元投资重点打造互联网视听品牌;10月1日,广东省网络电视台荔枝台正式上线……尽管网络电视台在实际发展中面临着诸多问题,但是地方广电机构对网络电视业务表现了一定的耐心和宽容度,可以说,当前网络电视台承担着延伸母体的舆论影响和实现产业增值的双重任务,尤其在实操层面,网络电视台在网台互动方面功不可没,比如作为综艺节目的报名、讨论区,作为新闻节目的素材、线索供应区,甚至很多网络电视台延伸为O2O生活服务平台,实现了内容+服务的全面格局。第二种则是广电机构积极与商业视频网站合作,在内容制播、功能联动方面展开多元尝试。无论是电视台售卖版权给网站,还是网站自制节目反向输出电视台,抑或大剧同时联播,共同投资、制作影视剧、综艺节目,二者在不同层面、不同样式的合作充分阐释了网台互动。可以说,"电视台+视频网站"

---

① 王建磊:《网台互动的媒介环境学解读》,《现代视听》2012年第12期。

也已经成为新的传媒生态。

二是全媒体战略实践。对于媒体融合总体战略而言，全媒体是必经的阶段。传统广电向全媒体转型发展大致包含四个方面举措：第一个方面是台网融合——电视台在与视频网站的早期竞争中走过弯路，一直以"内容为王"战略坚守的电视台在生产出大量优质的视听节目之后，通过版权售卖、资源置换等方式将节目资源交给视频网站，结果视频网站逐渐从渠道商转变为内容集大成者，各个电视台辛苦生产的内容成了为网站打造影响力的"利器"。为了扭转这一局面，电视台开始改善与视频网站的合作方式，目前探索较为成功的是"一台＋一网"的台网融合模式；比如2014～2015年，《中国好声音》第三季、第四季与腾讯视频进行独家合作，2015年，深圳卫视《极速前进》与爱奇艺独家合作等。这样的做法不仅可以保证电视直播不会被众多视频网站分流，还能让网络用户共享视听盛宴，保持节目较高的网络知名度和影响力。实际上，"一台＋一网"的独家合作还让电视机构获得了更高的版权售卖费用。

第二个方面是牌照主导融合。广电机构在市场竞争中的一个传统优势就是政策扶持，在近年发展转型中逐渐积累了一些新媒体业务的牌照资源，比如IPTV和OTT TV牌照，一些广电机构正是通过牌照价值的让渡与合作，来实现与新媒体的融合发展。数据显示：截至2014年底，全国IPTV用户达到3363万户，全国互联网电视用户在5000万左右。而这其中，地方广电机构大多凭持有IPTV集成播控分平台执照而介入产业链条，互联网电视的发展更是围绕牌照制，从而给7家广电牌照持有方带来了巨大利益。

第三个方面是积极拥抱新媒体，开发新媒体产品或相关业务。如部分地方广电机构在"两微一端"上已做出一定成绩。"呼啦"与湖南电视台的节目形成了很好的支持、互动，并且沟通了线上节目产品与线下活动，重构了电视圈生态；又如去广电化思维的"无线苏州"，是苏州广播电视总台结合城市信息化基础，融合城市运营理念，利用LBS和本地化属性开发手机应用客户端。使用这个客户端，市民可对城市交通、生活信息进行搜索、查询、引导、提醒、互动、分享。此外，湖南卫视的新浪微博粉丝有600多万个,居广电系首位;湖南卫视微信公众账号——湖小微也全面开通,在节目预告、花絮导视、有奖引入等用户服务方面非常活跃。

第四个方面是以资本推动融合。2015年6月,上海SMG旗下的第一财经引入阿里2亿美元投资,双方将充分发挥各自在传媒与大数据领域的资源优势,共同将第一财经打造成具有全球影响力的新型数字化财经媒体与信息服务集团,共同开拓市场潜力巨大的数据服务领域。

除此之外,广电的有线网络与资本市场加速对接。截止到2015年上半年,有线网络运营商中上市公司有8家,分别为天威视讯(股票代码002238)、歌华有线(股票代码600037)、电广传媒(股票代码000917)、湖北广电(股票代码000665)、广电网络(股票代码600831)、吉视传媒(股票代码601929)、华数传媒(股票代码000156)及江苏有线(股票代码600959)。按照2015年6月30日收盘价计算,这八家上市公司总市值达到3210.26亿元,平均毛利率达到38.7%(2015年第一季度公布数据)。

应该说,资本力量与产业的结合更利于与后来的竞争者迅速拉开差距,形成市场寡头垄断,实现跨媒体、跨区域的规模化发展。未来,广电机构在发展转型中会更多地依靠资本推动,也会探索出更为多元、灵活的资本引入机制。

三 地方广电机构融合发展的差异化战略

(一)湖南广电——打造媒体融合的最佳样本

湖南广电的锐意进取和开拓创新精神在业界有目共睹,且不说其在内容制播领域的一马当先令同侪睥睨,且近两年在新媒体平台培育、产品研发和硬件开发方面也是审时度势、有条不紊地推进媒体融合的进程。至今,一个围绕IP的"内容+平台+产品+硬件"的完整生态圈已经初现轮廓。

2014年,湖南卫视在经历了短暂低迷之后,随即在综艺节目和自制剧上双双发力,一举夺回收视宝座。《花儿与少年》《我是歌手》《爸爸去哪儿》等时尚综艺不仅引领节目风向,更与老牌综艺形成了优势互补,覆盖了年龄段最广的收视人群。

2014年4月,湖南广电注资10亿元,合并湖南卫视旗下的"金鹰网"与"芒果TV",采用原金鹰网域名,隆重推出芒果TV网络台,并正式实施"芒果独播战略",包括《花儿与少年》《变形计第八季》《我是歌手》等在内的几档新节目将不再对外销售互联网版权,只在芒果TV视频网站播出。此举一出,震惊整个广电界和视频界。芒果TV的定位是以视听互动为核心,融网络特色与电视特色于一体,面向电脑、手机、电视机,实现"三屏合一"的新媒体视听综合传播服务平台。依靠湖南广电集团在品牌、内容制作、粉丝转化和热门IP方面的先天优势,加上手握互联网电视牌照、手机电视牌照和IPTV牌照等,芒果TV被社会各界普遍看好。2015年6月,芒果TV完成A轮融资,估值超70亿元,在广电系网站中成为当之无愧的老大。

按照湖南广电的战略布局,传统媒体湖南卫视在未来将成为一个内容生产平台和播出平台;而作为新媒体的芒果TV,未来将变成湖南广电在互联网领域的内容集散地和播出平台。两者融合发展,可成为一个形态多样、手段多样、具有竞争力的新型主流媒体。①

2015年初,伴随着《我是歌手3》的热播,"芒果TV"客户端登上了苹果Store免费下载排行榜榜首,这又一次见证了强势IP的巨大传播影响和带动作用,也为其他地方广电开发移动产品提供了一个样本和思路:围绕核心内容开发新媒体业务,这是广电进行媒体融合的根本原则。

2015年,湖南广电已与TCL、三星、海美迪、长虹等40余家海内外终端品牌实现合作,共开发芒果TV Inside机顶盒、一体机等30余种重磅家族产品,旗下互联网电视产品的规模在业内首屈一指。这些硬件产品不仅可以在京东、苏宁等知名电商网站购买,还可以在其线下的产品旗舰店体验购

---

① 《芒果TV有望成为广电媒体融合发展先锋》,新浪网,http://tech.sina.com.cn/n/i/2014-08-21/10409566361.shtml。

买。2015年1月,"一起看见好时光"芒果TV互联网电视线上、线下品牌旗舰店开张,旨在通过搭建芒果TV Inside产品的线上展示和线下体验平台,建立起终端厂商与用户之间的新桥梁,这不仅是国内首个在粉丝集聚地打造的互联网电视产品旗舰店,更是湖南广电走在新媒体融合发展前列的成果展现。①

综上可见,湖南广电在媒体融合时代,已然走在行业前头,并以自身多元而笃定的实践,为其他地方广电机构指明了前进的方向。

(二)上海电视台——资本运作开创融合新局面

2014年年初,原上海文广集团正式拉开了新一轮机制改革、资本改革的大幕。此次的改革以上海文化广播影视集团(业内称大文广)和上海东方传媒集团有限公司(业内称小文广)的合并为开端,后者以国有股权划转方式与新文广实施整合,新的上海文化广播影视集团有限公司就此挂牌,2014年年底,改革主帅黎瑞刚将他的战略意图表达得更为清晰,即通过百视通和东方明珠两大上市公司合并,构架"渠道+内容+服务"的国际性传媒集团格局。而实现这一战略目标的主要手段就是资本整合与运作,主要分内部和外部两个方面。

从内部来说,主要是以百视通为主体来整合东方明珠。其合并重组方案分为三步:一是吸收换股合并;二是发行股份购买资产;三是募集配套资金。"百视通"拟以新增股份换股的方式,以每股32.54元的价格,吸收合并"东方明珠",并且在交易完成后注销"东方明珠"的股票号。随后,"百视通"拟以非公开发行股份购买"五岸传播"100%股权、"尚世影业"100%股权、"文广互动"约68%的股权、"东方希杰"约45.21%的股权。②从市值上来说,百视通市值远不如东方明珠,因而这种整合属于典型的

---

① 邓霞:《湖南广电融合发展打造业内首家芒果TV产品旗舰店》,湖南新闻网,http://www.hn.chinanews.com/news/ylty/2015/0107/228147.html。
② 郭全中:《媒体融合转型中的资本运作——从SMG的"百视通"吸收合并"东方明珠"的案例谈起》,《新闻与写作》2015年第4期。

"以小吃大",但上海文广做出这样的决策显然有自身的考虑——百视通倾向于媒体、娱乐的整体服务,目前已拥有 IPTV、智能电视、无线互联网、网络视频、家庭游戏等多种业务;东方明珠则以旅游服务、媒体业务为主,从市场整体反响角度来说,"百视通"更具备互联网基因,更符合传媒业的发展趋势和市场认可度。

从外部来说,除了东方明珠与百视通的融资外,上海文广集团日前已与华人文化产业投资基金、华纳兄弟娱乐公司、RatPac 娱乐和 WPP 共同成立跨国文化创意投资基金,从事境内外文化创意、娱乐产品的投融资,涵盖电影、电视剧、音乐剧及现场娱乐等领域。在以广电为主体的投资融资战略实施中,上海电视台已经一马当先,其体量和运作规模已远远走在了行业前列。

总体来看,百视通和东方明珠在改革中主要扮演融资平台的作用,通过合并广电发展和东方传媒,通过上市公司和投资基金,可以使集团的内部资源与外部资本进行充分融合,或以资源来换资本,共同为上海文广的后续发展提供雄厚财力支持。

而这次改革较之以往,在战略层面抛弃了细枝末节的修理和改良,代之以整体构架的重组,并以自身的核心资源为基点,在资本运作上长袖善舞,展现了高超的管理水准;在具体的实施路径和策略上,上海文广主要运用资本工具,先是在内部由百视通吸收合并东方明珠,然后集团层面再吸收合并这两家上市公司控股的东方传媒和广电发展,这种以资本为依托和推进动力的手法非常考验掌舵人的智慧,同时也给上海文广带来了前所未有的格局与气魄。

2015 年 8 月,新上海文广改革半年的工作总结会上,参会人从内容战略实施效果、重组上市、融合发展新亮点、体制机制新突破等十个方面,对应回答了年初十大任务的完成情况。从最终成绩来看,改革进行至此,已朝着良性的方向和预定的目标而进行。

(三)其他——依据具体实情展开多元化实践

2015 年 6 月,首个混合全媒体云"深圳广电融合新闻中心"上线。深圳广播电影电视集团（以下简称 SZMG）将"融合新闻中心"项目看作由传统媒体向融合媒体转型升级的标志项目。其目的是改变传统媒体"单一渠道采集、封闭式生产、点对点单向传播"的运作模式，向"全媒体汇聚、共平台生产、多渠道分发"的新型制播方式转变。重点是理顺业务流程，实现符合融合媒体发展的流程再造。

以公共物理空间的构建为前提进行流程再造，在国内尚属首例。以往的流程设计中，因缺少物理空间的依托，运行环节和流程对接中成本较高和效率较低。而 SZMG"融合新闻中心项目"基于新闻中心建设，引入为业务场景贴身设计的多种技术手段。在满足台内办公生产一体化的同时，突破办公网、互联网和生产网隔离，实现组织架构的扁平化、采编协同。目前，深圳卫视以《深视新闻》《直播港澳台》《正午 30 分》为代表的各档新闻节目将率先在这里制作播出。

北京电视台尽管在前期并无多大动作，但是 2014 年其已开始不遗余力地推进融合发展。2014 年初，北京广播电视台 BRTN 网站全球开播，两微一端等多个业务平台进入开发应用。新媒体广告运营、内容版权交易、电子商务和新媒体产品等多元业务也已经落地实施。并且，北京电视台自上而下明确和坚定了全台办网，联体共荣的理念，誓将融合发展作为转型的出路。

湖北广电为了推动传统媒体和新兴媒体的深度融合，台长亲自挂帅成立媒体融合发展委员会，组建新媒体技术专家组，成立媒体融合专家顾问组，2015 年筹建了品牌拓展中心，目前在新媒体融合方面的工作主要是由品牌拓展中心的宣传推广部门来运营，具体来说，从自媒体的建立和维护、新媒体产品的研发和推广、与新媒体公司的联络和合作、组织机构重组等，都由该机构进行内外互联和沟通促进；为了提升员工参与新媒体的积极性，还设立长江新媒体创投基金，建设新媒体孵化基地；除此之外，湖北广电还联手电信推出应用产品"幸福新农村"，采用"一村一界面"的方式，以行政村为单位，通过定制化的 IPTV 开机页面，为行政村推送各类便农惠农信息，相当于打造了垂直服务的村级交互平台。

对于近两年风头渐盛的浙江广电来说，其在内容、产品、平台方面的建设也是毫不含糊,全面发力。浙江卫视的《中国好声音》《奔跑吧兄弟》等名牌栏目领衔内容生产,带动全台内容创新;以新蓝网为品牌同时打造PC端和移动端产品,将摇一摇、电商、公益服务等功能引入平台和产品,在吸引用户的同时也逐渐产生经济效益。

总　结

在新媒体时代,"渠道"和"介质"正不断向PC、手机、平板转移,观众也在与日迁徙,这种情形可以说形成了一种新态势。对于广电机构而言,已然不能沉浸在以往的荣耀之中,转型发展已成为当务之急。从各台实践经验和探索的方式来说,融合发展可以没有统一的模式,在战略选择方面也可不尽相同,但最好还是结合自身实际情况,尤其是依托城市资源优势,找寻符合自身定位、特点的融合发展之路。

我们从各台的各种实践中,还是能总结出一些共通的经验,那就是,渠道的分散、终端的多元反而对内容形成了更大的需求力,而当下内容的原创力和创新力还主要掌握在传统广电手中,而有关数据显示,用户在互联网上收看视听节目类型最多的依然是来自广电的电视剧和综艺节目。对于一些还未摸清门路和方向的地方广电而言,当以湖南广电为标杆,在内容创新上做深做足,围绕核心内容开发新媒体业务,牢牢掌握视听IP资源,把传统的观众变为用户——如果说媒体融合发展有一条根本的基线,那内容生产与创新就是各地方广电发力的不变根基。

总之,融合是手段,不管广电与新媒体进行怎样的融合,转型发展才是最终目的。从结果来反推的话,如果广电的多元化产业经营能取得突破,以产业来反哺内容投入,那么也无妨其成为成功样本。只是,中国的广电机构在市场化改造之外还一直承担着舆论宣传和引导的重任,从政治安全和意识形态角度来说,地方广电的改革空间似乎又是有限的。当下,不管是资本运作还是产业化运营,都亟须摸清边界,尽快使地方广电走出集体困境。

B.16
新时期中国期刊业的发展历程、现状及问题研究

孟 晖*

摘　要： 改革开放以来，期刊作为大众媒介的一种，呈现迅猛的发展势头。随着对期刊媒介认识的转变，期刊品牌化和集团化建设加速，创造了良好的社会和经济效益。但快速发展的同时，期刊媒介也受到了网络等其他媒介的冲击。本文梳理了新时期以来期刊媒介的发展历程，旨在更好地理解期刊的发展现状和趋势，为探讨媒体融合语境下期刊业的发展策略提供借鉴。

关键词： 新时期　期刊　发展历程

改革开放以来，期刊作为大众媒介的重要地位越来越被人们所认识。在突破了以往的阶段斗争工具论的思想束缚后，期刊的二重属性渐成共识。期刊除具有宣传教育、信息传播等功能外，还是一种商品，必须符合经济发展规律。在思想解放和经济发展的大趋势下，期刊媒介发展迅猛，品牌化和集团化建设加速，创造了良好的社会和经济效益。但在发展同时，也受到了网络等其他媒体的冲击。本文通过研究新时期以来期刊的发展历程，旨在更好地理解期刊的发展现状和趋势，为探讨媒体融合时代的期刊发展策略提供借鉴。

期刊又称杂志，是重要的大众传播媒介之一。"期刊"一词在《辞海》

---

* 孟晖，复旦大学新闻传播学流动站博士后，上海社会科学院新闻研究所助理研究员，主要研究方向为新闻传播史和新媒体传播。

中的释义为："定期或不定期的连续出版物，每期版式基本相同，有固定名称，用卷、期或年、月顺序编号出版。"期刊大致可分为时政新闻类和非新闻类两大类，时政新闻类期刊因其与报纸关系密切，一般与报纸归在一起研究，而本文所指"期刊"主要是非新闻类的期刊。有学者指出，国内的期刊历经三次浪潮，第一次是发力于20世纪80年代初期的大众文化类期刊，第二次是发力于90年代初期的时尚类期刊，第三次是发力于20世纪末的财经类期刊。① 这大致勾勒了新时期期刊发展的脉络。

一 期刊的恢复性发展阶段

1978年12月底，党的十一届三中全会的召开标志着新时期的开端，中国开始全面实施改革开放战略，期刊也迎来了一个全新的发展阶段。"文化大革命"后期，我国一些期刊陆续复刊或创办，如《科学画报》《历史研究》《中国青年》《中国妇女》《人民文学》等；党的十一届三中全会后，期刊更是呈现了加速发展的局面。1976年底，全国有542种期刊，1978年底迅速增长到930种，总印数为7.6亿册。1979年，全国共有公开发行的期刊1470种，总印数增长到11.84亿册，1980年达到了2129种。据国家出版局期刊处统计数据，"从1978～1980年，期刊种数平均每年分别比上一年递增48.1%、58.1%、49%左右"。②

1978～1985年是一个期刊快速发展阶段，期刊品种与发行总量都有大幅增长，我国期刊发行总量在1985年约为25.60亿册，之后期刊在发行总量上增长幅度不大，甚至还有下降。如1989年总印量为18.44亿册、1990年为17.90亿册，1999年上升为28.46亿册、2002年为29.51亿册。到2007年，我国期刊发行总量突破30亿册，达30.41亿册。新时期期刊发行总量的缓慢增长，与同期我国经济发展，及众多行业的飞速发展相比显

---

① 孙燕君等：《期刊中国》，中国社会科学出版社，2003。
② 高明光、邹书林：《我国期刊出版事业发展概况》，《中国出版年鉴1986》，商务印书馆，1986，第154页。

得滞后。

1978～1985年是新时期期刊发展的第一个高潮期,据《中国出版年鉴1986》中的文章分析,这个高潮期有几个突出的特点:"中央级期刊和地方期刊、各个门类的期刊,都有较大的发展,经济类、法制类、生活知识类期刊的发展尤为迅速;涌现出了一批质量较高的期刊;有些门类的期刊种数增加过快,由于编辑力量跟不上、指导不力,也出现了一些质量不高的刊物;由于印刷、发行力量的发展跟不上,期刊的印刷周期普遍较长,发行渠道不畅。"①

张伯海在《中国期刊60年回眸》一文中回忆了这一时期期刊出版的盛况:"发行量数十万册以至数百万册的期刊频现。当时由于纸张供应受限,出版管理部门曾对一些期刊采取控制印数的做法……如《科学画报》,原控制印40万册,因不敷读者需求改为印70万册;《文化与生活》控制印300万册,由于读者的购买热潮而不得不采用凭券购刊的做法。"②

文学期刊的大量创刊和复刊,是这一时期期刊发展的一个重要现象,这可以说是当代文学期刊最引人瞩目的岁月。在思想解放的大背景下,20世纪80年代的文学显得生机盎然。1978年创刊的《十月》和1979年创刊的《花城》《当代》《清明》《钟山》等大型文学期刊,以现代性色彩浓郁的审美态度,冲击传统僵化的文学思维。1981年,文艺出版信息交流刊物——《文艺情况》专门对中国出版的文艺期刊情况做了初步统计,调查结果显示,全国省、地、市级文艺期刊共计634种,其中省级以上320种。文学期刊上发表了一批在全国非常有影响的文学作品,如《人民文学》1977年第11期发表的刘心武的《班主任》,被认为是新时期文学的发轫之作,获首届全国优秀短篇小说首奖。

期刊构成了当时思想文化传播的一块重要阵地,构造起"公共空间",并且积极组织了一些对社会热点问题的探讨。如1980年第5期的《中国青

---

① 高明光、邹书林:《我国期刊出版事业发展概况》,《中国出版年鉴1986》,商务印书馆,1986,第156页。
② 张伯海:《中国期刊60年回眸》,《中国期刊年鉴2010》,中国期刊年鉴社,2010,第394页。

年》，刊登了署名潘晓的读者来信《人生的路呵，怎么越走越窄》，引发了一场全国性的大讨论，其主题为"人生的意义究竟是什么"，《中国青年》的发行量也迅速攀升到 300 多万份。那是一个刚刚从思想禁锢中摆脱出来的年代，青年勇于质疑传统理论说教，对社会发展方向充满迷茫。《中国青年》敏锐地捕捉到了这一无法回避的严肃的人生和社会热点问题，据悉直接参与这场讨论的人数超过 1000 万人，在中国期刊史上留下了浓重的一笔。此后，《中国青年》还发起过"做大官还是做大事""思想工作今天应该怎么做""人生的路是不是越走越难"等一系列思想讨论。

在 20 世纪 80 年代的恢复性发展阶段，一些很有影响的大众类文化期刊相继问世。甘肃人民出版社主办的《读者》（原名《读者文摘》），于 1981 年创刊，是一份综合类文摘杂志。《读者文摘》产生在"文化大革命"结束之后、改革开放之初，多年来处于封闭状态的中国人开始把目光投向国门外广阔的世界，渴望了解西方社会和世界文化。当时介绍国外文化的中国杂志非常少，《读者文摘》就在这种情况下应运而生，以文摘的形式重点传播外国的社会文化。渐渐凭借其近乎平民化的办刊特色，讴歌"真、善、美"的选题方式而逐渐受到读者的青睐。《读者文摘》创办之初发行量不足 10 万份，短短三年间，就上升到了 1984 年的 180 多万份。创办第四年，《读者文摘》跨入了中国期刊排行榜前 10 名。

同为综合性文摘期刊的《青年文摘》创刊于 1981 年 1 月，由共青团中央主管、中国青年出版总社主办。该刊挑选海内外精品力作，文章普遍篇幅比较短、文风朴实流畅又富有韵味，使读者在潜移默化中受到正确价值观的引导。《青年文摘》于 2000 年 9 月由月刊改为半月刊，创立红绿版，发行量大幅上升。2000 年 12 月，《青年文摘》发行量首次突破 200 万册，2001 年上升到 236 万册。2008 年最高月发行量达到了 331 万册。

二 期刊发展的品牌化及集团化趋势

20 世纪 90 年代，中国期刊业获得了进一步发展，期刊市场逐渐开放。

随着社会主义市场经济建设步伐的加快，人们愈加认识到，过去简单地把期刊作为一种宣传工具的理念是落后和错误的。期刊作为大众传媒而拥有的二重属性，决定了其除具有宣传、教育、传播信息等功能外，还是一种商品，必须要接受市场的检验；因而期刊业也是一种既特殊又普通的产业，要在市场经济的社会环境中体现政治水平。这就要求期刊社的领导者不仅要有较高的政治、文化素养，善于把握政治动向、坚持正确的办刊方向，引领期刊发挥其社会效益；还应在市场调研、市场开拓、品牌策划、活动组织、形象推广等方面都很拿手，是精通期刊的管理和经营的行家。

（一）传媒市场竞争使得期刊业分化加剧

20世纪70年代末，中国期刊总计不到1000种，而到2000年底，中国共有期刊8725种，计29亿多册，人均2册多；2002年期刊种数已达到9029种。与这一时期的社会经济发展程度，以及大众传媒的迅速发展相适应的是，期刊不仅数量大大增多，而且期刊的产业化和品牌化趋势日渐明显。一些名牌期刊逐渐形成规模化经营，积极打造"期刊群"，并且开始组建期刊集团。自20世纪90年代中期以来，中国不仅拥有一些著名期刊，且已拥有一个品种齐全、类型多样、布局合理的期刊群体。如在80年代的名刊《故事会》《读者》《知音》《家庭》等；90年代出现的《三联生活周刊》《新周刊》《财经》等新锐刊物，因为重视人才、富有创意和文化内涵、学习借鉴能力强而迅速占领市场，逐渐形成了独特风格；而《世界时装之苑》《时尚》《瑞丽》等一批时尚期刊，内容新奇时尚、令人应接不暇，获得较好的经济效益，受到读者欢迎。① 一批丰富多样的品牌期刊的出现，说明我国期刊的发展正在趋于成熟。

顺应期刊业快速发展的潮流，由新闻出版总署主管、中国期刊协会主办的中国第一部期刊年鉴《中国期刊年鉴》，于2002年底出版，之后每年出

---

① 参见张伯海《中国期刊60年回眸》，http://www.china.com.cn/news/txt/2009 - 08/05/content_ 18275483. htm。

版一本。该年鉴对中国期刊市场的发展进行独立而又详尽的阐述,期刊整体市场的调查统计数据不再被归到出版年鉴。这一切变化,都意味着期刊的大众传媒地位日益受到重视,行业地位显著提高。期刊作为一种特殊的精神文化商品,如何实现其市场化运营,在激烈的市场中占有一席之地,成为学界业界研究的课题。

另外,在有限的期刊市场里,一些品牌期刊不断发展壮大,相伴而来的总是其他弱势期刊的市场份额的缩小,甚至难以为继,何况还要面对来自电视、广播,特别是网络的竞争。因此,不少期刊工作者面对市场形势的严峻,发出"办刊难"的叹息之声。90年代初期,曾经无比辉煌的青年类刊物《黄金时代》《青年一代》《山西青年》《辽宁青年》等发行量纷纷下滑,陷入了低迷的境地。对这种现象出现的原因,一位长期从事青年期刊编审工作的编辑分析:"……在新的历史时期,共青团的作用越来越由硬性向软性转化,所以,如果还是按照从前的办刊思路继续下去,则难免有不合时宜之嫌;其次,随着改革开放的不断深入,人们的生活日益丰富多彩,加之各种其他刊物应运而生,使得原有的青年读者群不可避免地发生了更替与分化。"[①] 类似地,这一时期文学期刊也风光不再,印数大幅下滑,随着政府拨款的减少,相当一部分纯文学期刊不得不停刊。

表1 1981~2000年全国期刊出版情况

年份	种数(种)	平均期印数(万册)	总印数(万册)	总印张(千印张)
1981	2801	13095.6	146181	4539605
1982	3100	13885.2	151417	4604699
1983	3415	15995.4	176941	5246642
1984	3907	20440.2	218186	6432600
1985	4705	23952	255999	7728572
1986	5248	21980	240187	7299213
1987	5687	24375	258965	7266963
1988	5865	23275	254947	7120347

---

① 王小微:《文化综合类期刊:繁荣与隐忧》,《吉林日报》2001年12月10日。

续表

年份	种数(种)	平均期印数(万册)	总印数(万册)	总印张(千印张)
1989	6078	17145	184437	5074183
1990	5751	16156	179021	4812086
1991	6056	18216	206174	5443667
1992	6486	20506	236071	6273314
1993	7011	20780	235130	6420522
1994	7325	19763	221120	6386085
1995	7583	19794	233671	6701565
1996	7916	19300	231004	6805762
1997	7918	20046	243848	7330061
1998	7999	20928	253730	7986652
1999	8187	21945	284638	9677718
2000	8725	21544	294182	10003904

资料来源：《改革开放以来中国期刊出版统计分析》，《中国期刊年鉴2002》，大百科全书出版社，2002，第4页。

从表1中我们可以看出，20世纪八九十年代，期刊的种数大体上呈现逐年增长的趋势，但是总印数在长期徘徊。1985年中国期刊发行总量约为25.60亿册，之后期刊在发行总量上增长幅度不大，甚至还有所下降。1988~2000年，期刊总印数呈波浪式增长的趋势。由于我国期刊业的市场化和产业化起步较晚、程度较低，在宏观产业规模和微观组织实力上与西方国家存在较大的差距。如2002年，中国出版期刊9029种，期刊品种数居世界第三位；总印数29.51亿册，共实现销售收入726.8亿元、利润49.3亿元。但是，1998年，仅美国《电视指南》周刊一家的年收入就超过11亿美元。这些差距显然是和国家的经济发展程度以及文化消费习惯等因素相关的。

（二）追求独特的格调、打造期刊品牌

在市场化竞争加剧的形势下，我国期刊发展开始引入了市场细分、差异化等理念。社会群体的多元化导致了期刊传播的"小众化"，不断地进行市场细分，面向特定读者群体。"面对受众市场的小众化趋势，大众文化期刊

的应变举措除了办小众化子刊之外，还应包括大众期刊自身的读者定位调整。"①

这一时期，大众文化类期刊仍然保持了较好的发展态势。2001年发行量过百万册的期刊前10名中，有5名是大众文化类期刊，包括《读者》《知音》《故事会》《家庭》《青年文摘》等名刊。不应忽视的是，尽管不少大众文化类期刊有着非常高的发行量，但它们在广告市场上的份额不容乐观。主要原因是相较时尚类刊物来说，它们并不受到知名品牌的青睐，所刊登的广告多为低价值产品的广告。另外，由于时尚财经类期刊的冲击，以及新兴的网络媒体的冲击，大众文化期刊也面临着生存危机。

20世纪90年代初，《读者》以其独特的文化格调而形成品牌。其特色还体现在装帧、版式等方面。在著名作家贾平凹眼里，《读者》"是30年代的，戴了眼镜，夹了书本走过街头的女大学生，这么好的气质，实在不容易……"②1994年，在全国期刊征订普遍下滑的时候，《读者》发行量突破400万份，成为中国发行量最大的期刊，并且跻身世界前十大综合文化类期刊行列，2002年其发行量达700多万份。《读者》的创始人之一胡亚权道出了《读者》成功的"秘密"："我们把《读者》人格化，努力使她有思想，有追求，有风骨，有风韵，有志趣，有格调，有性格，有自己的喜怒哀乐，有自己的环境和自己的祖国，她简直就是一位中国的公民。"③

时尚类期刊的崛起是这一时期期刊发展的一大亮点。1993年，《时尚》杂志创刊，其定位为面向国内正在兴起的"白领阶层"的高档生活消费杂志，并借鉴了国外期刊以刊登广告为主要盈利模式的发展策略。《时尚》杂志在创刊一年后，就迅速摆脱了初期入不敷出的局面，并改为全彩色印刷。1998年，《时尚》杂志社购买了赫斯特旗下的COSMOPOLITAN在中国的合

---

① 孙燕君：《解析大众文化期刊市场》，《中华新闻报》2004年3月1日。
② 谢志娟、张葆英：《〈读者〉故事——亚洲第一大刊的传奇之路》，《甘肃日报》2008年11月27日。
③ 谢志娟、张葆英：《〈读者〉故事——亚洲第一大刊的传奇之路》，《甘肃日报》2008年11月27日。

作版权,与外国品牌进行合作。《世界时装之苑》《瑞丽》等一批时尚杂志也相继创刊,风头正健,并且创办了一系列子刊。

妇女时尚期刊逐渐成为世界名刊、大刊进入中国期刊市场、进行版权合作的热点,如《青春一族》《秀》《健美女性》《好管家》等期刊都有版权合作背景。遵循市场细分的理念,妇女期刊一改过去以综合性为主的策略,出现了一批面向特定读者对象的期刊。

(三)期刊的产业化和集团化发展道路

期刊业作为文化产业的经济性质,决定其以规模竞争为主,产业化和市场化发展道路成为期刊业的必然选择。媒介环境的不断变化,促使主流期刊市场出现了新趋势,全彩期刊以其档次较高、适合广告经营和价格不断下降,越来越受到受众及广告投放商的偏爱,较之传统的黑白型、发行收入型、行业指导型期刊优势凸显。《知音》《家庭》等知名期刊,也先后推出了《好日子》《风韵》等妇女时尚期刊。这类期刊以收入和知识层次较高的女性为目标读者,采用全彩版纸,高档设计印刷,既能吸引国内国际著名品牌的广告投放,又能提升期刊的档次、形象。

在市场竞争日趋激烈的形势下,期刊社也特别注重营销活动,一些期刊组建了专业的销售队伍,促销手段五花八门,如建立期刊网页进行宣传推广、在重要城市做街头搞宣传活动、随刊赠送 VCD 等。《世界时装之苑 - ELLE》更在上海的 1000 多个东方书报亭安装了自己赞助的遮阳棚。期刊以各种方式让读者及客户认知自己,并着力树立期刊形象。

20 世纪 90 年代以来,我国传媒行业开始出现了集团化的倾向,相比报业集团、广电集团和图书出版发行集团的快速发展,期刊业在我国传媒市场一向较为"弱势"。到 2002 年,中国已有 39 家报业集团,但仅仅拥有一家期刊集团,即广东家庭期刊集团。其实改革开放以来,我国的一些期刊社经过多年的发展积累,经济规模达到了一定程度,在发展的思路和模式上已经采取了集团化运作,形成"期刊群",例如《知音》《家庭》《时尚》《瑞丽》杂志社等。家庭期刊集团就在这样的时代背景下应运而生,于 2002 年

1月在广州成立。集团广泛涉足期刊、图书、网络、影视音像制作、光盘生产、房地产等经营领域。据相关部门发布的数据,"家庭期刊集团的销售利润率、人均利润,在全国31家出版、报业、期刊、发行集团中居首位,在全国500强企业中分别居第6位和第23位。"① 走集团化发展道路,使得家庭杂志社大大提高了自身的综合竞争力。

三 网络时代期刊出版的困境与机遇

近年来,在数字技术、网络技术、信息技术等新技术的强力推动下,新兴媒体迅速崛起,特别是进入21世纪以来,以互联网为代表的新媒体在世界各国迅猛发展。随着麦克卢汉的"媒介即讯息"理论重新引起人们重视,自媒体成为人们生活不可或缺的一部分,强调信息共享和互动交流的Web 2.0时代已经到来。新媒体正以排山倒海之势,为媒介生态带来深刻而巨大的变革,不仅对期刊等传统大众媒体的发展构成威胁、带来冲击,同时也给传统媒体在数字时代谋求突破性发展提供了新的机遇。

(一)期刊出版受到新媒体的巨大冲击

21世纪以来,期刊作为传统大众媒体的组成部分,同样受到了新媒体的影响,网络等新媒体给期刊业带来的冲击主要表现为两方面:一是读者大量流失。新媒体以其迅捷、互动性、信息量大等传播优势分流了一部分传统期刊的受众,越来越多的中青年人更习惯于从网络等新媒体获取信息,这使得不少期刊的发行量、发行印张等逐年下滑。二是广告市场萎缩。传统媒体与新媒体的此消彼长,将不少广告投放商吸引到新媒体那里,使得期刊广告占有的市场份额不断缩小,一些期刊甚至难以为继。2014年2月19日,创立3年零10个月的纯文学杂志《天南》宣布停刊,相继停刊的还有《壹读》《新科幻》《都市主妇》《读者原创版·全世爱》《好主妇》《心理月刊》

---

① 张巨睿:《〈家庭〉:尊重市场和市场接轨》,《中国邮政报》2007年10月20日。

等一批刊物，不乏曾一度相当耀眼者。尽管如此，从媒介发展现状看，至少对期刊而言，新媒体与期刊之间并非取而代之的关系。由于期刊有着其他媒体无可比拟的独特优势，如一些品牌期刊具有权威性和公信力、内容资源丰富、历史积淀厚重；期刊的相对小众化、读者更有针对性，也使得其在广告市场上受到青睐。新媒体的冲击，对传统期刊来说既是挑战也有机遇。

表2　2001～2013年中国期刊出版情况

单位：种，亿册

年份	2001	2002	2003	2004	2005	2006	2007
种数	8889	9029	9074	9490	9468	9468	9468
总印数	28.9	29.5	29.5	28.3	27.6	28.5	30.4
年份	2008	2009	2010	2011	2012	2013	
种数	9549	9851	9884	9849	9867	9877	
总印数	31.0	31.5	32.2	32.9	33.5	32.7	

资料来源：《中国统计摘要2015》，中国统计出版社，2015，第161页。

从表2可以看出，21世纪以来，期刊种数总体上呈平缓上升趋势，2010年达到峰值，之后有所下降；总印数增长缓慢，近几年甚至有所下降。据统计，2012年我国共出版期刊9867种，总印数为33.5亿册；2013年出版期刊9877种，总印数32.7亿册。2013年，从整体来看我国的期刊销售呈现下降的趋势，不过具体到期刊类别还是有升有降的，有的期刊类别下降明显，如男性类、育儿类、财经类期刊等，有些期刊类别下降不明显，也有一些类别反而呈现了上升的势头，如女性类、动漫类、摄影类、文摘类等。[①] 2013年，期刊广告市场也遭遇寒潮，据梅花网广告监测数据显示，2013年上半年，期刊媒体广告花费整体下降7%，广告量下降10.4%。[②]

---

① 杨春兰：《2013中国期刊业：寻求突破与融合》，《中国期刊年鉴2014》，中国期刊年鉴社，第166页。
② 杨春兰：《2013中国期刊业：寻求突破与融合》，《中国期刊年鉴2014》，中国期刊年鉴社，第166页。

（二）期刊的差异化竞争和品牌策略

期刊市场的竞争日趋激烈，整个期刊行业呈现细分化的发展趋势。在这种情形下，传统期刊要想获得生存和发展，就必须根据自身特色，找准自己在互联网时代的定位，采取差异化竞争策略，争取在发挥好期刊的大众媒体传播功能的同时，也能找到新的盈利模式和发展路径。

据2013年中国文化品牌价值排行榜分类榜（期刊品牌）显示，排名第一的是成立于1995年的《瑞丽》，其品牌价值达到27.38亿元。在数字业务方面，《瑞丽》在2009年应对市场变动，依据客户群体的需求及时推出了《瑞丽》的手机版，开始了新平台上的探索。目前，瑞丽五大数字化平台有瑞丽女性网（门户网站）、瑞丽无线业务（移动终端）、瑞丽电子杂志（数字出版）、瑞丽女性社区（互动论坛），以及瑞丽读者数据库（数据整合平台）。这五大平台构建起瑞丽杂志数字化转型的基础。[1]

创刊于1985年的《知音》，其品牌价值达到18.15亿元。该杂志内容以复杂凄美的爱情故事及名人轶事为主，创办不久发行量就突破百万册。2000年1月成立了湖北知音期刊出版实业集团有限责任公司，2006年组建"湖北知音传媒集团"。知音集团现有总资产7.94亿元，净资产6.32亿元，2009年实现净利润1.098亿元，年创利税1.47亿元。集团下属9刊2报，月发行总量1000余万册（份）。[2] 总的来说，《知音》坚持个性特色的发展道路，其"深入生活、深入心灵"的办刊理念很快与读者形成共鸣。在媒介市场大潮的搏击中，知音集团扩张到了发行、广告、印刷制版、物业开发、高等教育等多元化发展格局。知音还不断地进行品牌延伸，漫画杂志《知音漫客》就是一例。创办于2006年的《知音漫客》成为国内发行过百万的动漫期刊，其巨大成功反过来又推动了《知音》品牌的塑造。

---

[1] 石磊、郑浩娟：《传统杂志的数字化转型与融合发展——以时尚杂志〈瑞丽〉为例》，《新闻界》2015年第3期，第22页。

[2] 《湖北知音集团简介》，http：//www.zhiyin.cn/copyright/about/introduction.html。

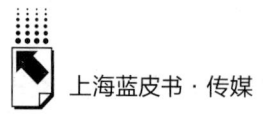

（三）读者阅读习惯改变与期刊的媒体融合道路

2014年8月，中央出台《关于推动传统媒体和新兴媒体融合发展的指导意见》，提出"要推动传统媒体和新兴媒体在内容、渠道、平台、经营、管理等方面的深度融合"。①

新媒体的发展促使人们的阅读方式发生了革命性的变化，人类开始进入"快速点击阅读"时代。在网络时代，信息以海量、碎片化形式呈现，受众的阅读习惯发生了很大的变化，如从被动阅读到主动传播，读者可以自行取阅内容；整合式阅读倾向，通过关键词打通文与文、刊与刊、现刊与过刊之间的界限；不满足于简单的信息报道，而是期待各家观点的整合和数据全面的深度阅读。②

期刊为了满足读者的数字化生活习惯和阅读方式，积极进行数字化的尝试，并从提供内容转向提供服务。期刊数字化大致有几种途径：一些期刊将纸质期刊原封不动地转化为电子版，呈现在网络上；一些期刊利用中国知网、万方等数字出版平台，将期刊以篇或本的形式上传平台，提供阅读检索；一些实力较强的期刊，建立自己的门户网站以及数据库；还有一些期刊除了将印刷版期刊电子化外，还出版原创的电子杂志，借助平台来实现品牌的可持续发展。同时，随着移动互联网的普及和手持阅读终端如手机、平板电脑等出现，移动终端渐渐成为期刊数字化转型的首选渠道。

不少著名期刊利用其品牌优势加大数字化的投入，成果丰硕，显现了网络时代给期刊发展带来的新机遇。如《青年文摘》成立了新媒体部，2012年实现收入300多万元。《故事会》在原有品牌优势的基础上，积极进行多媒体探索，先后推出了故事中国网、旅游天地网等，并开发了手机终端产

---

① 《中国推动传统媒体和新兴媒体融合发展》，国际在线，http://gb.cri.cn/42071/2014/08/20/6891s4661176.htm。
② 《网络对纸质期刊的冲击到底有多大？》，http://news.pack.cn/hydt/market/20090907/151435.shtml。

品。期刊业在探索发行数字化方面也卓有成效。东方娃娃杂志社 2010 年开始自建网上销售渠道，与自媒体合作后，2014 年销售收入突破千万元，2015 年推出自有电台"月亮婆婆讲故事"以及微信公众号，截至 2015 年 5 月销售收入已突破 800 万元[①]。众多期刊纷纷开通了微信公众号，进行刊物的营销，并且推出各种线下活动，积极与读者互动，增加读者对媒介品牌的黏度。

---

① 李明远：《少儿报刊迎接数字浪潮》，中国社会科学网，http://www.cssn.cn/bk/bkpd_qklm/bkpd_qkszh/201509/t20150921_2409140.shtml。

网 络 篇

The Network

B.17
媒介生态变迁视阈下出走媒体人的自媒体创业*

王月 王莹**

摘　要： 自媒体的出现与不断迭代，引发了媒体人的离职潮。微信出现后，则出现了最大规模的离职潮和创业潮。出走媒体人成长于传统媒体，脱离体制后以更个性化的方式继续从事媒介生产活动，而且较有影响的自媒体多是出走的传统媒体人创建的。对出走媒体人自媒体创业的分析有助于更深入地理解自媒体与传统媒体间的动态关系，及整个媒介生态的运作机

---

* 本文为国家社会科学基金青年项目"文化精品的网络传播研究"（12CXW033）的阶段性成果。同时本文受上海社会科学院创新工程"媒体融合发展研究"智库资助。
** 王月，博士，复旦大学新闻传播学流动站博士后，上海社会科学院新闻研究所助理研究员，研究方向为媒介生态、新媒体与文化传播。王莹，硕士，辽宁财贸学院语言系讲师，研究方向为新媒体传播。

制。本文选取 9 个自媒体平台为研究对象，分析近三年来出走媒体人的自媒体创业情况，包括这一批媒体人的出走原因、创业动力、创业现状及他们创建的自媒体与媒介生态间的互动影响。

关键词： 媒介生态　出走媒体人　自媒体　创业

互联网接入中国以来，媒介与国家和社会的关系进入一个持续改变和重塑的过程。随着自媒体的出现及不断迭代，受众在媒介场中的权力场域不断增加，加剧了媒体格局的变化。现有关自媒体与媒介生态的研究，多将自媒体作为一个整体概念，探讨其对传统媒体或媒介生态的影响，尚未把出走媒体人创建的自媒体抽离出来进行研究。出走媒体人成长于传统媒体，脱离体制后以更个性化的方式继续从事媒介生产活动，而且较有影响的自媒体多是出走的传统媒体人创建的，甚至有些创业者的家庭成员仍留在传统媒体为其出力献计。厘清这一特质，有助于更深入地理解自媒体与传统媒体间的动态关系，及整个媒介生态的运作机制。此外，自媒体的每一次迭代都会引发媒体人的离职潮，微信这一自媒体出现后，这一波的媒体人离职潮最大。以往离职的媒体人转行的较多，而在这一波离职潮中转型不转行，自己创业做自媒体的则较多。创业的媒体人凭着较强的专业技能和资源整合能力，他们创建的自媒体多成为同行中的佼佼者，并在思想引领方面产生了一定的影响。本研究选取 9 个自媒体平台为分析对象（见表1），分析这一批媒体人的出走原因、创业动力、创业现状及他们创建的自媒体与媒介生态间的互动影响。

一　媒介生态变迁与媒体人的出走

近十年来过剩的纸媒发展，新媒体的不断迭代，使得传统报刊开启了新一轮的停刊潮。2013年10月28日，上海解放日报报业集团和文汇新民联合报业集团整合重组为上海报业集团，随后出现了报刊的关停并转，大规模的人员变动。分流中一些对市场较敏感的优秀记者、编辑开始流到新媒体平台或自己创业。对他们离职原因的分析是窥见媒介生态变迁的有力视角。南都报系运营中心副总经理栾春晖曾按互联网技术发展史将媒体人的离职潮分为三个阶段："媒体人离职潮1.0时代，一批优秀的媒体采编人才加入了互联网新媒体。媒体人离职潮2.0时代，一些较'活'的媒体从业者，纷纷离职兴办自己的公关公司、广告公司，或加入一些大企业和公关公司，从事品牌以及公关业务。媒体人离职潮3.0时代，一些拥有新思维和新理念的媒体人，纷纷向甲方企业流动，从事诸如市场、运营、销售、战略、新媒体、电商等多个领域的具体工作。同期离职的另外一批人主要是进行独立创业，围绕新媒体以及文化创意产业进行自主创业，真正投身到商海之中。"[1] 通过对近三年来离职媒体人创办的自媒体情况分析发现，在离职潮1.0时代加入互联网新媒体的传统媒体人在近几年仍有再次离职进行自媒体创业的。本文选取2012~2015年出走传统媒体人创建的自媒体为样本（见表1），在此期间不仅发生了自媒体的迭代，且出现了最大规模的媒体人出走潮和创业潮。这些离职后进行自媒体创业的媒体人在传统媒体获得了优秀的专业技能及强大的资源整合能力，出走后他们获得了更多驾驭市场、资本及媒介的主动权，分析他们的媒介生产活动，可管窥媒体格局和媒介生态。

（一）关于"为什么要出走"

有调查指出当下新闻人遭遇的困境主要包括：报业黄昏、公信力一天不如一天、盈利危机的重压、机构因素、新闻管制愈加收紧等。[2] 表1中创业媒体人在提及离职原因时也谈到了上面的因素。"罗辑思维"创始人罗振宇谈及从央视辞职的原因时提到："在泰坦尼克号上坐头等舱又有什么意义，

---

[1] 栾春晖：《媒体人的几次离职潮》，《青年记者》2015年第3期。
[2] 丁方舟：《"理想"与"新媒体"：中国新闻社群的话语建构与权力关系》，《新闻与传播研究》2015年第3期。

抱块木头也得走啊……","之所以选择从央视出走,恰是因为自己没被领导看上,排在队尾了"。① 分析罗振宇辞职的原因,一是不看好传统媒体的发展前景,二是认为自己的能力在传统媒体平台中未能如愿施展。业内著名"调查记者"、"拇指阅读"创始人左志坚提到:"创业是自谋生路也是看到了机会。第一,传统媒体的颓势很明显,我要给自己找出路。第二,我一直对互联网行业很热衷,所以就直接创业。"② 连清川谈及创建自媒体第三方平台"一道网"的初衷是:"为媒体寻找一条新的出路"。就此看来他同样对传统媒体的现状不满。2014年4月,财新传媒总编辑胡舒立在浙江的公开演讲中用"十字路口的中国新闻人"来描述当下中国新闻人的职业状态,认为一部分比较出色的编辑记者离开专业岗位,下海创业极有代表性也有带动性,而且,现在正以加速度的方式,推动着媒体人的创业潮。③ 以前媒体人离开或许只是换份工作或个人职业规划层面的事情,但在传统媒体行业尤其纸媒普遍陷入危机和焦虑之中,媒体人的大规模出走就演变成对行业的一种否定。"转型、创业的媒体人越来越多,这种否定意味也就表达得越强。"④ 白红义曾指出:离职新闻人在告别书中除了表明这是一种个体的理性选择外,他们还把自己的离开与整个的行业背景勾连起来,试图将个体的困境与结构性困境联系起来。⑤ 新媒体技术的迭代、用户需求的变化,以及传统媒体的行业困境都造成了媒体从业人员职业身份的深层焦虑。媒体从业者除了工作的物质回报外,还在乎名望,包括读者影响力和业内影响力。传统媒体出现了行业困境,以致从业者的身份认同得不到足够的尊重,如媒体组织在整合过程的人员变动中未能给予个体充分的选择;传统媒体读者减少、媒体公信力下降,使从业者不能获得充足的职业荣誉感、满足感等。这

---

① 于丽丽:《罗玉凤第一,罗永浩第二,我罗振宇排第三》,《南都周刊》2014年第26期。
② 左志坚:《媒体人创业亟需产品思维》,《南方传媒研究》2014年第48期。
③ 胡舒立:《创业与专业——十字路口的中国新闻人》,胡舒立博客,2014年4月28日,http://hushuli.blog.caixin.com/archives/70545。
④ 康正:《跳跳舞,创创业》,《南方传媒研究》2014年第48期。
⑤ 白红义:《"下个路口见":中国离职新闻人的告别话语研究》,《上海传媒发展报告(2015)》,社会科学文献出版社,2015。

种身份认同的危机，消磨了媒体从业者的组织忠诚度，也促成了媒体人的离职潮。

（二）关于"为什么要创业"

创业媒体人共有的自我突破意识，以及对媒体职业的执着追求，促使他们"转型不转行"进行自媒体创业。谈到创业原因时，"少年商学院"创始人张华说："我想寻求新的突破。"① "一条"创始人徐沪生在接受《IT时报》采访时表示："从《外滩画报》出走前，我从YouTube上下载了两三千条热门视频，一共40G左右，潜心研究视频这类门槛最高的媒体形式，发现视频可以摆脱充斥着图文的微信'红海'。"② 他们的创业一方面是想实现自我突破，也是寻找到了自媒体创业的具体切入点，更为重要的是他们大多获得了启动资金，促成他们真正迈出了创业这一步。这些创业媒体人大多在体制内已有一定的业内认可度和影响力，出走后这些名望成为他们的文化资本，使他们能够获得启动资金，实现创业梦，也实现了文化资本向经济资本的转换。有些媒体创业者原本在业内并不知名，但他们创建自媒体的市场影响使他们成为业内名人。另外，即使创业失败，因为创业，他们在业内也更知名了。创业行为使他们获得了远高于继续留在传统媒体获得的文化资本。创业提升了他们的文化资本，创业成功与否对他们来说都没有输。

二 出走媒体人的自媒体创业现状

2001年，美国科技作家和专栏作者丹·吉摩尔（Dan Gillmor）首次使用了"自媒体"这一概念，并于2004年出版了 We The Media 一书，对自媒体的普及和人人皆媒体的大趋势给予了充分的肯定和赞誉。2003年，美国

---

① 张志安、刘虹岑：《带给读者更多知识而不仅仅是资讯——专访资深财经媒体人、少年商学院创始人张华》，《新闻界》2014年第12期。
② 孙妍：《每日"一条"：移动视频新美学》，《IT时报》2014年9月21日。

新闻学会媒体中心出版了由谢因·波曼与克里斯·威理斯联合提出的 *We Media* 研究报告，报告指出："*We Media* 是一个普通市民经过数字科技与全球知识体系相连，提供并分享他们真实看法、自身新闻的途径。"尽管博客开启了自媒体时代，微博创造了全民传播现象，但直到微信公众平台出现，"自媒体"一词才在国内各界普遍使用。本文所指的自媒体是传播个体或组织通过电子化手段，以固定的节目形式和时间向群体或个人传递信息的新媒体。[①] 分析出走媒体人创建的自媒体，他们在媒介内容生产、媒介表现形式、传播途径等方面都表现了不同于传统媒体的特点，但发展过程中也存在一定的问题。

（一）出走媒体人不再做新闻，做的是服务和意见生产

中国的商业门户网站和自媒体平台都没有新闻采编权，这一制度上的限制便断了创业媒体人做新闻的念想。表 1 中的媒体人都将创业与自己的兴趣爱好或生活结合起来，创建自媒体的典型特征是小切口、大格局。"拇指阅读"做的是找书、看书、以书会友的服务；"少年商学院"定位于儿童人文教育整体解决方案供应商；"凯叔讲故事"定位于给孩子讲睡前故事；"石榴婆报告"主要提供外国明星街拍、时尚服饰搭配，及好莱坞娱乐八卦；"博雅小学堂"作为中国第一家儿童人文电台，通过讲故事的方式给中国小学生提供学校教育之外的人文、科学和公民教育；"一道"做的是自媒体品牌与有营销、广告需求的企业、营销公司的对接服务；只有"一条"仍坚持内容生产，但做的也不是新闻，而是高端杂志化视频，核心竞争力是审美；"罗辑思维"做的则是评论和意见生产。

在媒介生态与媒体格局的变化中，我国传统媒体仍是新闻专业主义的主要践行平台，是国家新闻宣传传播活动的主要载体，作为社会公器，它要服务于公众利益。传统媒体中的从业者则是社会的观察者、事实的报道者，是

---

① 兰洁：《自媒体视频节目的传播特性与竞争力提升——以〈晓说〉和〈罗辑思维〉为例》，《青年记者》2014 年 11 月下。

表1　出走媒体人自媒体创业一览

创建人	曾供职媒体	创建时间	自媒体名称	媒体平台	媒体内容
左志坚	报社	2012	拇指阅读	微信	电子阅读
罗振宇	电视台	2012	罗辑思维	微信、视频	评论
王凯	央视	2013	凯叔讲故事	微信广播	教育
张华	报社	2013	少年商学院	微信	教育
陈大惠	电视台	2013	圣贤教育全球同学网	网站、微信、线下	信仰
程艳	报社	2013	石榴婆报告	微信	时尚娱乐
徐沪生	报社	2014	一条	微信视频	艺术
赵凌、邓瑾	报社	2014	博雅小学堂	微信微电台	教育
连清川	报社	2015	一道自媒体	微信、网站	第三方平台

信息流通的"把关人",而不是某一利益集团的宣传员。[①] 随着传统媒体影响力的日益衰减,传统媒体人所获得的经济资本和文化资本也日益减少,再加上一些媒体平台的动荡,选择出走的媒体人渴望在自媒体平台上重造媒体及个人影响力,改变旧状。"互联网+"时代,天使投资的繁荣使出走媒体人的创业成为可能。他们在转变了职业身份、媒介组织的运作方式和专业规范后,追求的是用户量和影响力,互联网时代这两者也意味着经济资本和文化资本。因此,出走创业的媒体人多选择黏性较强的用户服务为创业方向。

（二）出走媒体人创建的自媒体内容呈现图文消息向视频、音频的升级,传播则主要借助社交媒体和视频、音频分享平台等自媒体平台进行传播

分析表1中的自媒体,他们多以微信、微博等社交媒体为主要传播渠道,同时进行优酷等视频分享平台、喜马拉雅等音频分享平台,以及其他自媒体平台的多渠道传播。微信平台的出现促成了微视频、微广播媒体的兴盛。微信作为开发较为完善的App,能够发送图片、语音、视频,并具有博客的上传长信息、多信息分类等功能,这些都较好地满足了媒体创建功能。

---

① 陆晔、潘忠党:《成名的想象》,《新闻学研究》2002年第71期。

更为重要的是它关联用户的手机联系人和 QQ 好友，形成了深社交、精传播的传播特性。用户移动终端使用习惯的形成和微信的出现，都为自媒体的兴盛创造了条件，成就了网络媒体向移动媒体的迁移。"少年商学院""博雅小学堂""凯叔讲故事"等以少儿为主要用户的自媒体以微广播为主要表现形式，"罗辑思维""一条""圣贤教育全球同学网"等以成人为主要用户的自媒体则以微视频为主要表现形式，出走媒体人创建的自媒体内容出现了图文消息向视频、音频的升级，带来了声画消费的兴盛。

（三）融资和盈利是自媒体创业的一大难题，目前原生广告获得的利润最为可观

表 1 中出走创业的媒体人都是做内容出身的，因此媒体内容生产对他们来说是兴趣使然、胸有成竹的，但融资和盈利则是影响其生存的大问题。"拇指阅读"创始人左志坚认为：融资是创业公司最要命的事儿。①"拇指阅读"尽管在业内产生的影响较大，但公司财务达到极限，主要的工程师出走，在"卖掉拇指阅读"还是"关掉公司"的选择中，"拇指阅读"选择了被京东收购。创业的失败在于资金回流慢，盈利模式不清晰。② 首先，自媒体为了维持稳定的内容产出，需要清晰的盈利机制，这也是出走媒体人脱离体制后需要面对的最大问题。分析表 1 中的自媒体，创业之初多获得了天使投资，后期所获利润则主要呈现以下几种模式：原生广告、电商、线下活动、打赏和收取会员费等模式，有的自媒体则杂糅多种盈利模式。视频分享网站 Sharethroug 的 CEO Dan Greenberg 认为：原生广告是一种付费的媒体形式，在这种媒体中，无论在形式上还是在功能上，用户的广告体验都与他们使用媒体其他内容的体验相一致。这种能够融入用户体验的广告会被消费者视为信息性的（Informative），可能使消费者随即产生注意、记忆、分享等

---

① 左志坚：《拇指阅读：媒体人苦逼创业记》，虎嗅网，2014 年 2 月 8 日，http://www.huxiu.com/article/27466/1.html。
② 左志坚：《拇指阅读是如何被卖掉的》，虎嗅网，2015 年 7 月 25 日，http://www.huxiu.com/article/121329/1.html? f=wangzhan。

积极反应。① 表1中"一条"和"石榴婆报告"是靠原生广告获利的大户。"石榴婆报告"从为淘宝卖家做营销,目前发展到为凯迪拉克、宝马、捷豹、路虎等大牌做原生广告,近一年广告的成交单价在5万元左右。"一条"为红星美凯龙制作的《爱木之心》在朋友圈迅速被转发十余万次。但徐沪生透露:VC看中的绝不是其制作能力,也不是高达百万元的视频广告报价,而是其500余万个粉丝的消费能力,这群对生活品质有高要求的中产,是包括美食、旅行、奢侈品在内的消费主力人群,"一条"有机会直接向他们提供服务。② 电商模式并非是通过自媒体平台建构电子商城,多是只售卖与媒体内容相关的产品。"凯叔讲故事"在售"听故事"中的纸质版绘本。"博雅小学堂"在售美国分级阅读有声应用,同时开设线下付费课程。"罗辑思维"在微信公号上卖书、卖杂粮、月饼,甚至募捐。他最初采取收取会员费的社群模式,付费会员名额第一次仅6小时即售罄,入账160万元,第二次24小时入账800万元,但这一模式并不具备普适性。"少年商学院"则从线上走到了线下,通过少年海外游学团获得收入,但这对团队的活动组织能力要求较高。其次,相较传统媒体而言,自媒体具有不稳定性。自媒体因团队较小,对创建人或团队中某一成员的依赖性较大,较容易因人员的变动而影响整个自媒体的内容生产或运作。即便某些自媒体拥有自己的团队,但短期看仍难以形成集聚效应。传统的媒体集团则是一个大型的组织,组织具备自我复制和自我修复的能力,而自媒体则不同。此外,依附于新技术平台的自媒体也容易随着技术平台的迭代导致影响力消失。上海交通大学新媒体专家魏武挥说:我有10万个博客订户,到了微博时代,只有4万余个粉丝。微博切换成微信公众账号后,我也就只剩下4000多个订户。未来可能会有更新的工具出现,在平台的频繁切换中,自媒体人辛辛苦苦在上一个平台中积累的人望,将不得不重新开始。③

---

① 康瑾:《原生广告的概念、属性与问题》,《现代传播》2015年第3期。
② 徐达内:《微信公众号的五类商业"变现"模式》,《新闻与写作》2015年第7期。
③ 魏武挥:《自媒体:对媒介生态的冲击》,《新闻记者》2013年第8期。

三 出走媒体人的自媒体创业对媒介生态的影响

出走媒体人创建的自媒体涉及电子阅读、评论、教育、艺术和第三方平台等，用户少则十几万个，多则上百万个。这些现象反映了怎样的用户需求，对传统媒体与互联网媒体产生了哪些影响，形成了怎样的媒体格局与媒介生态？

（一）出走媒体人创建的自媒体满足了中产阶层用户分众信息和分众服务的需求，以及媒介社会中信息化生存的需求

博客和微博等自媒体兴盛的同时，也带来了信息的泛滥，用户对信息的需求由大量变成了高质。他们需要有组织、机构为他们筛选信息，提供他们感兴趣的某个方向的丰富、纵深的专业信息。这些小切口大格局自媒体的出现，提供了更多元、分众的信息和服务，使得用户更容易根据自己的兴趣、爱好，关注、接收到个性化的信息和服务。范东升指出：美国廉价报纸创造出报业的经典经营模式，通过阅读报纸这种行为方式，培育出"三位一体"的"读者群"——既是报纸的忠实读者，也是广告商的市场目标，同时也是企业通过广告所推销的商品和服务的潜在消费者，三者缺一不可。[①] 出走媒体人创建的自媒体恰恰培养了这样的用户群。媒体人作为中产阶层、知识精英，他们创办的自媒体主要也是服务中产阶层，且具有一定的精英色彩，如知识分享类的"罗辑思维"和"拇指阅读"。"少年商学院"、"博雅小学堂"和"凯叔讲故事"针对的主要用户是较认同西方文化价值观的中产家庭。"少年商学院"的张华表示："我们是针对10～15岁孩子的家长，这些家长基本上是中产以上，我们更多的是一种西方的，或者说是一个全球的理念，中国情怀的人文分享。"[②] "博雅小学堂"主要分享西方博雅教育。[③]

---

① 范东升：《用户联结：拯救纸媒的"诺亚方舟"》，《新闻记者》2015年第9期。
② 腾讯专稿：《少年商学院创办人张华分享微信运营心得》，腾讯·大粤网，2013年11月19日，http://gd.qq.com/a/20131119/014505.htm。
③ BOYAKIDS：《七个酷妈与她们微信公众号的故事》，博雅小学堂，2014年8月10日，http://www.boyakids.net/?p=2610。

"凯叔讲故事"的"故事盒子"大多是西方经典绘本，蕴含着西方表达自我、张扬自我的价值观。此外，美国学者 Jake Batsell 指出：新闻业经营需要有受众为中心的思维模式，不仅把新闻业看作为公众服务，而且也是为消费者服务。① 看似自媒体的冲击致使传统媒体损失了用户，实则媒介社会中用户对单纯信息已不再敏感。张泉灵在离职微博中提到"出租车司机的电台节目收听率下降，完全不是因为有更好的节目出现了，而是司机都在用滴滴接单就不听广播了。"② 这一代自媒体把握了媒介社会的特质，满足了媒介社会中用户信息化生存的需求，将信息与服务叠加到一起。自媒体在与传统媒体的竞争中赢得了用户市场，这与传统媒体的内容质量无关，实则是"信息+服务"战胜了信息。

（二）出走媒体人创建的自媒体冲击了新闻专业主义

首先，传统媒体人才的出走将对新闻专业主义队伍产生长期的影响。中国传媒大学学者任孟山认为："中国传统媒体的行业衰落，在很大程度上削减了践行新闻专业主义的媒体平台。"③ 传统媒体专业人才流失减少了践行新闻专业主义个体的数量，同时他们的离开也将带动体制内媒体人的进一步出走。其次，自媒体的个人风格挑战新闻专业主义的客观理念。传播技术平台成就了自媒体繁盛的同时，新闻专业主义的核心理念"客观、公正、不偏不倚"也在遭遇挑战。"真正意义上的自媒体必须有强烈的个人特征和风格。那么自媒体就势必是一个主观媒体，是一种评论式的媒体。"④ 自媒体的生存理念与新闻专业主义理念本就存在最后相互冲突的基因。创业自媒体的媒体角色发生了改变。出走媒体人创建的自媒体中，已不见民国时中国知

---

① Jake Batsell, *Engaged Journalism: Connecting with Digitally Empowered News Audiences*, Columbia University Press, 2015.
② 张泉灵：《生命的后半段》，张泉灵微博，2015年9月9日，http://weibo.com/1671342103/CzH7f7ewu? from = page_ 1003061671342103_ profile&wvr = 6&mod = weibotime。
③ 任孟山：《媒体人加速离职与新闻专业主义隐忧》，《青年记者》2015年2月上。
④ 魏武挥：《关于自媒体》，虎嗅网，2012年12月4日，http://www.huxiu.com/article/6702/1.html。

识分子"以办报启迪民心、针砭时政"①的精神，也不见党的喉舌的宣传传统，主要体现的是源自西方的独立商业媒体的精神。移动浪潮的推动、商业利益的诱惑、职业身份的变换，使得服务用户的意识与媒体人的创业意识结合。创业自媒体一旦脱离体制的供养就要受市场的制约，就要吸引用户，就要有经济效益。创业自媒体中媒体从业者的角色由社会的观察者、事实的报道者，成为利益集团的宣传员和鼓动者。媒体工作的性质由教育、启蒙和服务公众，变成服务用户；传媒的社会功能由社会整合、思想教育、资讯扩散、事实呈现变成社会交往、社会娱乐和信息化生存等；传媒工作的行为准则由客观、真实变成了吸引用户。在创业自媒体中党的新闻工作的话语和专业主义话语已被市场经济话语所替代。因此，"一条"创始人徐沪生说"怎么起出一个一小时'10万+'阅读量的标题，'一条'的经验就是你起100遍。"②尽管这些出走的媒体人曾接受过新闻专业的高级教育或职业培训，但在参与性与互动性极强的自媒体中，用户通过市场对自媒体实施间接影响，使自媒体发展与新闻专业主义日益渐远。

（三）自媒体与传统媒体的竞争已不在同一个平台上，新的媒介格局已形成

首先，尽管传统媒体的日子越来越不好过，但自媒体的繁盛得益于传统媒体，正是成长于传统媒体的出走媒体人打造了优秀的自媒体。出走的传统媒体人拥有系统专业的职业训练，且在传统媒体积累了一定的资源。他们辞职创业离不开在传统媒体平台积累各种资源的"套现"，包括职业训练、业内影响、融资收购机会等。其次，自媒体做的是分众服务，传统媒体做的是大众信息生产，自媒体对传统媒体最大的冲击是带走了传统媒体人。自互联网接入中国以来，传统媒体便日渐呈现衰颓之势。从博客到微博，再到微信，自媒体不断迭代、突破屏障，打造新的传播平台，致使传统媒体转型压

---

① 陆晔、潘忠党：《成名的想象》，《新闻学研究》2002年第71期。
② 《一条创始人徐沪生：关于自媒体到主流媒体创业的几个问题和观点》，鸵鸟电台，2015年5月17日，http://weibo.com/p/1001603843882076007462。

力不断加大。但自媒体迭代至微信,它对传统媒体受众的影响已不如前几代那么大。因为传统媒体仍在坚持信息生产为主,而自媒体则在做分众服务,这些分众需求是传统媒体不能或不屑去满足的,所以自媒体与传统媒体的竞争并不在同一个平台上。但以微信为技术平台的自媒体的出现带走了传统媒体人,这击中了传统媒体的要害。再次,目前用户获取信息不再主要依赖传统媒体和门户网站,更倾向于到社交媒体以及个人关注的自媒体平台获取信息。传统媒体和门户网站的内容供应关系已经松绑,甚至二者都已成为传统媒体,都想借力自媒体提高自身影响力。最后,百花齐放的自媒体看似存在竞争关系,实则个性明显、定位分众的自媒体不断丰富满足了用户的多元化需求,这种满足没有高低上下之别,只是萝卜白菜各有所爱。不同的是先前由单位或大集团提供的媒体内容现今由个人或小团体提供,并进行小众传播。

B.18
终端化不等于碎片化*
——浅析媒体融合时代的新闻内容生产

雷 霞**

摘　要： 本文试图打破传统媒体与新媒体的二元对立，以媒体融合为主要研究视角与立场，总结媒体融合时代新闻生产过程中出现的新特征，并在此基础上进行理性反思，提出媒体融合时代新闻生产的建言与未来发展展望。本文认为，媒体融合时代，用户对信息的需求可以碎片化，但作为专业新闻机构的新闻生产不能全面碎片化。同时，碎片化的信息也不等同于没有深度。媒体融合时代的新闻生产依然要遵循新闻提供多维度、全面、确定性信息的路径。

关键词： 媒体融合　移动终端　新闻生产　碎片化

现有关媒体融合的研究成果大多立足于传统媒体立场，来谈应对新媒体带来的挑战，以传统媒体为主体，认为新媒体"冲击"了传统媒体。在媒体融合的实践方面，大多数媒体机构实施的"融合"也是以传统媒体的思

---

* 本文为国家社科基金一般项目"移动终端谣言传播与社会认同影响及对策研究（批准号：15BXW038）"阶段性成果。
** 雷霞，博士，中国社会科学院新闻与传播研究所助理研究员，研究方向为新媒体传播、组织文化传播和科技传播。

维,甚至以传统媒体的内容与形式为主导。在新媒体技术的发展和新媒体信息传播平台遍及化以及国家关于媒体融合政策主导[①]双重背景下,传统媒体纷纷探寻与新媒体融合之道。随着传统媒体受众的流失和广告的下滑,融合过程中不乏对传统媒体的唱衰论调,于是,与之前完全以传统媒体为主体的"融合"相反,出现了对新媒体终端过度的迎合,反映在新闻内容生产方面,就是信息的碎片化。但在转型与融合的过程中特别需要强调的是,新闻的本质决定了终端化不能简单等同于碎片化。

一 问题的提出

对于媒体融合概念的认识并不统一,学界和业界普遍采用媒体融合和媒介融合两个维度,笔者选取两个比较有代表性的说法:一是蔡雯(2012)结合国内外学者对媒体融合的定义。蔡雯指出,媒体融合是指"在以数字技术、网络技术和电子通信技术为核心的科学技术的推动下,组成大媒体业的各产业组织在经济利益和社会需求的驱动下通过合作、并购和整合等手段,实现不同媒介形态的内容融合、传播渠道融合和媒体终端融合的过程。"[②] 这一概念涵盖了媒体融合的三个核心要素,即媒介内容融合、传播渠道融合和媒体终端融合,三者缺一不可;二是克劳斯·布鲁恩·延森(Klaus Bruhn Jensen, 2010)对媒介融合的认识。延森认为,媒介融合不仅仅是某一媒介内部综合运用多种媒体,而是三种不同维度的媒介平台融合而成交错混杂的网络。这三种媒介平台包括:人的身体的媒介平台、大众媒介平台以及以数字技术为核心的平台,互相叠加和广延,实现"交流和传播实践跨越不同物质技术和社会机构的开放式迁移",借此,"人类被纳入了

[①] 2014年8月18日,中央全面深化改革领导小组第四次会议审议通过了《关于推动传统媒体和新兴媒体融合发展的指导意见》,明确要求在新形势下,着力打造一批形态多样、手段先进、具有竞争力的新型主流媒体,建成几家拥有强大实力和传播力、公信力、影响力的新型媒体集团,形成立体多样、融合发展的现代传播体系。

[②] 蔡雯:《媒体融合与融合新闻》,人民出版社,2012,第6页。

传播平台的范畴"。① 无论是采用"媒体融合",还是"媒介融合",上述概念在一定程度上都深化了媒体融合的理念,并且在一定意义上拓展了媒体融合的维度。为统一起见,笔者在本文中一并使用"媒体融合"。

在国内有关媒体融合议题的研究层面,根据陈昌凤对2001~2014年媒体融合研究的相关文献所做的统计,大部分文献中,对于国内媒体真正的融合实践案例涉及较少,一些来自媒体业界基层单位的作者把开设网站、微博等也视为媒体融合的实践;② 国内媒体融合的实践层面,正如郭全中(2015)指出的,当前媒体融合的现状为多种探索并行,包括传统媒体的资源整合或重组、推出各类新闻客户端和微信公众号、互联网收购传统媒体和创办互联网媒体等。③ 在笔者分别于2013年和2014年进行的两次媒体实地考察和与相关从业者的访谈④中了解到的信息也大抵如此。

中国互联网络信息中心(CNNIC)数据表明,截至2014年12月,我国网民规模达6.49亿人,互联网普及率为47.9%,其中使用手机上网的人群占比升至85.8%,规模达5.57亿人。手机端即时通信使用率为91.2%,微信(WeChat)月活跃账户达到5亿个。中国网民人均每周上网时长达26.1小时,平均每天有3.7小时都在网上。这3.7小时中,90.6%的网民在使用即时通信;其次是搜索引擎和网络新闻,占比达到80.5%。⑤ 以上数据从一个侧面说明,手机端即时通信成为大众获取与传播信息的重要渠道,同时,伴随着手机等新媒体移动终端的普及化,用户对于移动终端信息传播平台的

---

① 〔丹麦〕克劳斯·布鲁恩·延森:《媒介融合:网络传播、大众传播和人际传播的三重维度》,刘君译,复旦大学出版社,2012。
② 陈昌凤:《"媒体融合"的学术研究态势与业界变迁方向——21世纪以来媒体融合研究的文献分析》,《新闻与写作》2015年第3期。
③ 郭全中:《媒体融合:现状、问题及策略》,《新闻记者》2015年第3期。
④ 笔者分别于2013年9月赴辽宁省沈阳市、2014年8月赴内蒙古自治区呼和浩特市,与《辽沈晚报》、《辽宁政协报(友报)》、北国网、内蒙古广播电视台、《北方新报》、内蒙古新闻网等媒体机构管理人员及一线工作人员进行了访谈和交流,并对相关媒体进行了实地考察。
⑤ 中国互联网络信息中心:《第35次中国互联网络发展状况统计报告》,2015年2月3日,http://www.cnnic.net.cn/hlwfzyj/hlwxzbg/。

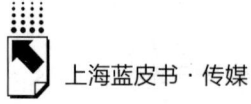

黏性增大，移动终端成为新闻信息传播的重要平台。

在此情形下，如何解读终端化？如何解读碎片化？终端化是否需要全盘碎片化？媒体融合时代的新闻内容生产应该遵循什么样的路径？这些问题成为亟待研究的重要问题。

二 当前媒体融合背景下新闻生产的特点

刘义昆、赵振宇（2015）指出，从广义上讲，新闻生产是指新闻机构及从业者对新闻的选择、加工与传播，它是一条单向的链条，由生产主体、生产客体以及所形成的生产关系构成。在新媒体的影响下，新闻生产从传统的组织化生产向新媒体平台转移，通过与公众互动进行新闻生产，体现了新闻生产的互动性、及时性与广泛性。其生产主体、生产客体和生产关系发生了深刻变化。[①] 新媒体技术的发展和各种社交网络平台的普遍化使得用户成为信息的制造者和传播者，媒体与受众之间的关系从根本上发生了改变。如果无视这种变化，必然落后于时代。目前，随着时代的需求、国家的重视和新闻产业自身的发展，传统媒体与新媒体的融合进入了一个新的阶段，并呈现了一些新的特征。

（一）更强的时效

根据陆定一对新闻的定义，新闻是"新近发生的事实的报道。"[②] 但到了新媒体时代，新闻变成了正在发生的事件的报道。虽然广播、电视的现场播报和现场直播都已经接近"正在发生的"事件的报道，但是，广播与电视的直播有一定的延时，有一些新闻内容音频与视频还需要有处理和编辑的过程。而新媒体传播技术的低门槛和大量受众无处不在又同时在线的互动使得新媒体平台上的新闻信息传播几乎是实时的。可以看出，在传统媒体时

---

① 刘义昆、赵振宇：《新媒体时代的新闻生产：理念变革、产品创新与流程再造》，《南京社会科学》2015年第2期。
② 陆定一：《我们对于新闻学的基本观点》，原载延安《解放日报》1943年9月1日。

代，新闻机构先生产新闻，然后才传播给受众。而到了新媒体时代，新闻机构如果要跟上受众的需求，需要边生产新闻边向受众传播，受众对新闻的时效性有了更高的要求。从这一层面来说，媒体融合时代的新闻内容生产需要有更强的时效性。

（二）更多的终端

CNNIC 数据显示，2014 年，用户通过台式电脑接入互联网的比例为70.8%、通过笔记本电脑接入互联网的比例为43.2%；通过手机接入互联网的比例为85.8%；通过平板电脑接入互联网的比例为34.8%，通过电视接入互联网的比例为15.6%。移动上网设备的使用率进一步增长。[①] 可以看出，接入互联网的终端逐渐增多，相应地，用户接收新闻信息的渠道也更加多样化。

以往的新闻内容通过传统媒体渠道传播，使用的介质是新闻纸、广播和电视。而新媒体时代，除了使用这些介质外，大量使用了计算机、手机、平板、可穿戴设备等各种多媒体移动终端。新闻内容的数字化存储与传播大大地改变了以往的空间观。以前，报纸、广播和电视有各自不同的新闻内容生产方式和特征。到了 Web 1.0 时代，新媒体本身具有的多媒体特性，使得以往在报纸、广播和电视上传播的新闻内容全都可以通过新媒体平台传播。而到了 Web 2.0 时代，由于互联网和各种移动终端、智能终端的发展，受众与新闻内容的交互性大大加强，适用于各种社交媒体平台和移动终端的新闻内容受到这些平台使用者的青睐。因此，如何生产出适应新时代背景下不同介质传播平台的新闻内容已提上日程，新闻的存储手段与传播介质产生的变化大大增加了传播新闻信息的终端。

（三）更多的新闻生产主体

由于信息传播终端多样，平台入口丰富，技术门槛较低，再加上社交媒

---

① 中国互联网络信息中心：《第 35 次中国互联网络发展状况统计报告》，2015 年 2 月 3 日，http：//www.cnnic.net.cn/hlwfzyj/hlwxzbg/。

体的助推，产生了众多的"公民记者"，他们无处不在，随手即拍，随时播报，并且即时互动，在打破时空限制的同时，也打破了信息发送与传播的藩篱。正如刘义昆、赵振宇（2015）指出的，尽管那些非专业的"公民记者"及各种社交媒体、自媒体和政务媒体，所发布的信息质量参差不齐、可信度堪忧，但他们的存在会使新闻媒体的工作重心偏移。这些新媒体形态的出现，让未来的新闻生产竞争将不再是独家新闻之争，新闻生产的主体也将更加多元。① 与此同时，众多的互联网企业和移动网络公司依托大量的用户与社交网络平台信息服务实现了新闻内容的生产，从而也成为新闻内容的生产者。因此，在传统媒体机构之外，产生了更多的新闻生产主体。

（四）同时媒介消费与互动的受众

新媒体时代凸显的是互联网精神，而互联网精神的核心是创新、开放、共享、平等、自由。新媒体技术以及各种媒介终端的发展满足了用户的不同需求，并且使用户能够同时消费不同的媒介，边看电视边通过个人移动终端在社交网络上评论、与别的用户互动，边在电脑上或者移动终端上观看视频边发表评论形成弹幕等多人同时在线的互动已经屡见不鲜。各种O2O技术仅通过特定的App便迅捷地连接线上与线下，即时地将虚拟终端上的信息与个人身处的现实世界联通，并且发生切实的关联，所有这些都是在传统媒体时代不可想象的，如今在新媒体时代得以实现。

三 对当前媒体融合背景下新闻生产的反思

国家大力提倡和支持媒体融合，给传统媒体机构带来了扶持与鼓励，以及方向上的引导，但是在现实操作过程中，大多媒体机构对媒体融合理念的认识不够充分，对新媒体技术有所恐惧，缺少新媒体技术操作人才等严重阻

---

① 刘义昆、赵振宇：《新媒体时代的新闻生产：理念变革、产品创新与流程再造》，《南京社会科学》2015年第2期。

碍了媒体融合的进程，甚至出现媒体"融合"中传统媒体与新媒体"两张皮"的现象。究其原因，最主要的是根深蒂固的以传统媒体为主体的观念，使得传统媒体机构从业者站在护卫者的立场，认为新媒体带来了"冲击"，在此情形下，有些媒体还固守传统媒体的优越性地位，无视新媒体的进驻；而有些媒体认为搭建新闻客户端、推送微信公众号和手机报等就是"媒体融合"，迎合移动终端与用户消费短、频、快特点，向用户推送"碎片化"的信息。同时，在实际的考核中，又出现重视传统媒体忽视新媒体的现象，因此无法调动员工的积极性，难以真正调动新媒体的活力。

可以看出，媒体融合的理念并没有得到客观、理性、全面的普及与实施，与之相对应的是两个极端：一是全然不顾新媒体的发展和新技术带来的便捷，固守传统媒体的传统新闻生产与传播方式，将传统媒体内容简单"搬运"到新媒体信息传播平台，无视新媒体信息传播平台的特有规律；二是全盘新媒体化，紧随移动终端信息传播特征，将终端化简单等同于碎片化，生产和传播大量"碎片化"的信息。在个人拥有便捷的途径生产、传播信息并与他人实时互动普遍化的新媒体时代，专业的新闻机构的新闻生产势必受到影响，并且需要转变观念，改变新闻生产的方式。但是，大多从业者与研究者都站在传统媒体的立场，认为新媒体"冲击"了传统的新闻生产与传播方式，带来了挑战。

（一）对媒体融合的认识不到位，以传统媒体的视角发展新媒体

传统媒体与新媒体的深度融合，并不是简单的传统媒体向新媒体的转向，也不是仅仅将传统媒体的内容复制或转移到新媒体平台上，而是应该以平等的身份和相对独立的运营为前提的深度融合。传统媒体的观念和新媒体的观念是完全不同的，如果仅仅是在传统媒体内部划出一块地盘称作新媒体中心，而该新媒体中心的所有运营思路和人员都来自传统媒体，是不可能做到深度融合的。

以内蒙古自治区成立最早、规模最大、技术力量最雄厚的省级新闻网内蒙古新闻网为例，该网于2003年11月26日正式开通，于2010年5月划归

内蒙古日报传媒集团,于2011年底完成"一网两制"改革,分为新闻中心和社会中心。① 笔者曾于2014年8月对其进行实地调研,调研发现,目前网站与受众之间的互动严重缺乏,成了"自娱自乐",对百姓关心的问题不够重视,因此用户黏合性较低。究其原因,主要在于新媒体仅仅是传统媒体的一个部门,并不是单独的机构,而管理人员又都来自传统媒体,观念跟不上。调研中笔者还发现,内蒙古日报社要求报纸和网站稿源和新闻资源共享,传统媒体要给网络媒体提供内容,但奖励机制和约束机制有问题,有时候网站不能获得稿源。实际上无论是记者还是领导,都认为先做好报纸,"顺带"做好网站就可以了。同时,由报社各部门人员轮流一两个月去网站当主编,但其编制在报社,效果不理想。因此,无论是从机制上还是从观念上,都束缚了新媒体的发展。

必须认识到,新媒体技术与移动终端信息平台的发展为新闻信息的传播和与受众的互动提供了前所未有的机遇,不全是"冲击",同时,媒体融合更契合目前的发展趋势,新媒体时代不可能固守传统媒体时代的思维与习惯,必须转变观念,以合作的、平等的、开放的思维重新认识媒体融合。

(二)过于迎合终端,新闻走向碎片化

与上述以传统媒体为主体,新媒体为外来入侵者观念相对应的,是过于迎合新媒体时代终端化的趋势,新闻制作以短、频、快为主,忽视了新闻的本质要义。于新闻专业机构来说,发布的信息短小精悍,但不能变为粗浅和断头断尾;于受众(用户)来说,在于培养其自身思考深度与广度的融会贯通和思考能力,不应因肤浅地消费碎片化而成为快餐文化。

陆安(2015)给"碎片化"的定义是:"碎片化"指的是完整的东西破碎为一块一块。陆安认为,在传播的语境中,可以把碎片化理解为多元化,

---

① 孙友、杨晓辉:《内蒙古网络舆情与网络问政问题的实践经验与前景》,《赤峰学院学报》(自然科学版)2013年第8期(上)。

即信息来源的多元化、信息的零碎性、大众价值观的多元化。① 必须认识到，碎片化是新媒体时代受众被细分，以及信息接收终端多样化、用户随时随地利用零散时间进行信息的接收与互动等背景下形成的一种个性化的信息需求与服务。微博、微信等社交媒体更加促进了短小精悍的信息传播趋势，也培养了更多的接收碎片化信息的用户。可以说，碎片化新闻信息对于各种移动终端和社交媒体平台来讲是一个必然的趋势。

但是，需要警惕的是，专业的新闻机构不能过度迎合终端化，不能仅仅满足于提供碎片化的新闻信息，甚至为了紧跟所谓的热点事件（热点事件随着用户的注意力转移而迅速转移）而提供片面、无头、无尾，无来源、无背景的信息。同时，为了足够吸引眼球，故意使用标题党，或者将新闻事件简单化、标签化（比如妖魔化城管）。这样的碎片化新闻信息容易误导受众，不利于大众媒介素养的提升与科学理性精神的培养。

（三）严重的同质化

新媒体时代的时效性要求，再加上新媒体技术提供的转发与接收便利，使即时性的快速评论、转发成为可能，从而导致各社交媒体平台上在一定时间内信息内容严重的同质化。正如刘义昆、赵振宇（2015）指出的，新媒体在带来新闻资源丰富化的同时，也形成了媒体新闻资源同质化的局面。② 而新媒体平台上的信息传播已经在很大程度上影响了传统媒体新闻报道的议程设置。传统媒体以网络媒体热议信息为新闻由头，再对网上热议信息重复报道也屡见不鲜。因此，在一定时间段内，媒体内容同质化现象严重。

如果说碎片化还不足以对新闻的专业性构成威胁的话，严重的同质化更加加深了新闻内容生产的危机。原因在于，如果仅仅是碎片化新闻信息增

---

① 陆安：《碎片化时代媒介传播力的构建——以上海〈东方财经〉杂志社为例》，《科技传播》2015年第3期。

② 刘义昆、赵振宇：《新媒体时代的新闻生产：理念变革、产品创新与流程再造》，《南京社会科学》2015年第2期。

多，如果这些碎片化的信息没有严重的同质化，受众可以根据不同的碎片来拼接新闻的全貌，但如果同质化的碎片充斥于各种媒介平台，受众很难拼接出事件的全貌。例如，2013年7月25日，一位父亲带着9岁女儿摆地摊被城管打伤。这一事件在被广泛关注前，舆论一律地批评城管，表达对城管及城管制度的愤恨和不满，同情父亲和女儿。后来出现了质疑声音，认为这位父亲的身份是新京报主编，系故意主动发起该事件来"钓鱼"；再后来的质疑则更加理性，讨论的是9岁儿童摆地摊本身的非法性。经由这些讨论，该事件迅速成为热点事件。截至2013年7月29日15时44分，"父亲陪9岁女儿摆摊被打"百度搜索得到相关结果约311000个，百度新闻热点排名第二；"父亲陪9岁女儿练摊"新浪微博搜索得到相关结果356411条。在上述讨论的每个时间段，信息都严重同质化，先后出现谴责城管暴力执法说、新闻碰瓷说和谴责借用事件攻击城管执法说等，众说纷纭使得事件背后的真相更加扑朔迷离。

同质化引发两种后果：一是对于同一事件缺乏全方位的、不同角度的报道；二是集中于同质化内容所涉及的新闻事件，对于其他事件疏于报道，因而形成其他事件的"真空"。

（四）谣言充斥于移动终端各信息传播平台

碎片化的信息留下更多的受众猜测与臆想空间，而受众又有着多样化的信息发布渠道与平台，并且能够非常便捷地分享信息。于是，关于碎片化的新闻信息的"填空"性质的信息被传播，这些"填空"性质的信息因为缺乏确定性，大多来源于猜测，因而容易形成含有不确定信息的谣言。

与此同时，新媒体整合了图片、音频、视频等各种丰富形式，使信息更有"在场"感，这样，在新媒体平台上传播的信息更加难辨真伪。在雅安地震期间，一条"雅安又一辆救灾军车坠崖"的谣言于2013年4月21日下午在网络上迅速传播。该谣言是一位网友经过"事发"地点时拍摄了相关画面，又经过剪辑制作的虚假信息。真实情况是，某军团正在使用吊车对4月20日翻入河中的运输车实施作业，并于4月21日16时30分将其吊至平板车，运返营区。由于大众受"有图（影像）有真相"思维惯性的影响，大多不怀疑该信息的真实性，直到四川军方发布真实信息，才拆穿谣言。而 2015 年 2 月 18 日晚新加坡前总理李光耀"被逝世"的信息就是出于社交媒体上流传的一个截图，该截图假冒新加坡总理公署网站文告，称李光耀已经逝世。其后，多家媒体将这个"文告"作为新闻做了报道。新加坡政府于 2 月 21 日和 26 日均发表声明"辟谣"。3 月 23 日，李光耀逝世。传统媒体以社交媒体上的信息为新闻由头，在未经核实的情形下，为了强化实效、吸引眼球而发布了李光耀"被逝世"的消息，严重偏离真实与客观。

移动终端新闻与用户黏合得更加紧密，到达更加迅速，接收更加便捷，与社交媒体的联动也更加便捷。新媒体平台上的信息很容易成为大众媒体的新闻由头，而反过来，大众媒体上的新闻信息也很容易成为新媒体平台上热议的话题来源。媒体融合时代的新闻生产过程，议程设置明显改变。因此必须认识到，一方面，新闻的真实性原则不容不确定性；另一方面，不确定性的信息在各种社交媒体平台的广泛传播，甚至为主流媒体设置议程，都需要专业新闻机构和工作者澄清和还原信息的确定性。

（五）缺乏新媒体新闻制作人才

传统媒体机构拥有大量的新闻生产专业人员，但到了传统媒体与新媒体深度融合的今天，其思维方式与专业技术显然需要很大的转变方能跟上时代的发展与需要。正如财新传媒 CTO（首席技术官）、财新数据可视化实验室负责人黄志敏（2015）指出的，目前媒体机构不缺传统媒体时代需要的记者、编辑等适应传统媒体的专业人员，但普遍缺乏既有新闻专业背景又懂新媒体、会编程、可以以可视化数据展现新闻的人员。同时，媒体机构对研发技术人员也没有足够的吸引力。原因有三：其一，研发技术人员认为，与在专业的研发技术类公司任职相比，在媒体机构很难得到技术上的帮助与提升；其二，与在专业的研发技术类公司任职相比，在媒体机构不被认为是在核心部门或核心岗位，得不到足够的重视；其三，与在专业的研发技术类公司任职相比,在媒体机构收入偏低。① 同时,欠发达地区新闻媒体不仅不能吸引外界综合性人才,而且现有的人才也在流失。正如陶格图(2010)指出的,内蒙古新闻媒体发展保守,还是主要依靠国家拨款生存,报刊行业不活跃,没有很好的激励机制,广告收入不理想,业务不拓展,新兴媒体发展滞后,新闻传播人才东南飞。这不仅制约了内蒙古新闻传播事业的快速发展,也出现了该专业的毕业生找工作难的现象。② 因此,无论是经济发达地区还是经济欠发达地区,普遍都存在媒体机构缺乏适应新时代的、拥有综合性能力与专业技术的新闻生产人员,也是媒体融合理论理想与现实脱节的一个重要因素。

四 未来的新闻生产展望:终端化不等于碎片化

伴随着新媒体技术及移动终端信息平台的发展,用户的行为逐渐趋向移动化、碎片化、情绪化、智能化,这是不可避免的趋势。但是,作为专业的新闻机构,作为确定性信息的生产者和输送者,与自媒体时代"人人都是记者"的"全民新闻"相比,大众传媒的优势到底在哪里?大众传媒是否要承担更多的社会责任?

美国新闻自由委员会指出,现代新闻界与现代社会的关系是崭新而陌生的。大众传播机构能推进文明进程,也能使之受挫。它们能使人的品位降低和变得庸俗化。它们能威胁世界和平。它们能夸大或贬低新闻及其重要性,助长和满足某种情绪,制造自以为是的虚构故事和盲点。随着新工具的不断应用,它们的影响范围和势力与日俱增。"新闻界可能是蛊惑性的、煽情的和不负责任的。果真如此的话,新闻界及其自由将在宇宙的劫难中沉沦。"③

---

① 信息来源:财新传媒CTO、财新数据可视化实验室负责人黄志敏在中国社会科学院新闻与传播研究所午餐学术沙龙的讲座,2015年5月19日。
② 陶格图:《内蒙古新闻传播教育发展现状》,《西南民族大学学报》(人文社会科学版)2010年第7期。
③ 〔美〕新闻自由委员会:《一个自由而负责的新闻界》,展江、王征、王涛译,中国人民大学出版社,2004,第2页。

笔者认为，无论是传统媒体时代，还是新媒体时代，大众媒体都应该具有不可置疑的权威性，并且承担相应的社会责任。新闻的本质便是探寻信息的确定性及其深层的社会意义。

（一）打破新与旧的二元对立：用融合的观念重新认识媒体

操慧（2012）指出，未来的新闻生产主体将会是一种新型的电子媒介人，即依靠人与技术的和谐并相互创造，从以人为本的目标出发，理性选择媒介，能动补救或补偿某一媒介的先天不足，从而适应并满足人的需求，最终实现人与媒介之间的脱域，即实现作为生产主体的自由状态，而社会协作的网络化、高频度、高效率将直接作用于新闻生产的流程再造与范式型构。① 做到在不同媒体平台之间的互动穿插与能动选择，首先就要打破新媒体与传统媒体的二元对立，用真正融合的观念重新认识媒体。现有媒体融合的相关研究成果大多站在传统媒体立场，谈应对新媒体带来的挑战，不乏使用"冲击"这样的词。但正如刘义昆、赵振宇（2015）指出的，未来的新闻业将不再有明显的新旧之分，它将呈现融合发展的态势，大多数媒体都会通过不同的平台，呈现形态各异的内容。②

（二）减少碎片化：更加专业化的新闻内容生产

媒体融合为多种媒体资源的整合利用提供了前所未有的便利，新闻机构在整合各信息传播平台资源的基础上，需要生产出更加优质的和更加专业化的适用于不同媒体平台的新闻内容，而不仅仅是盲目迎合新媒体平台，尤其是移动终端和社交媒体平台受众的碎片化接收习惯，生产大量碎片化的新闻信息。移动终端不仅仅是信息发布与传播的绝佳平台，同时也是很好的信息澄清平台，但前提和关键是其公信力与权威性。因此，抵制不确定性谣言信息的大量传播，还信息以确定性，维护各新闻媒体机构及其发布新闻信息的

---

① 操慧：《脱域：互联网时代的新闻生产》，《四川大学学报》（哲社版）2012年第3期。
② 刘义昆、赵振宇：《新媒体时代的新闻生产：理念变革、产品创新与流程再造》，《南京社会科学》2015年第2期。

媒体与移动终端信息传播平台的公信力,是提高其权威性的唯一方式。

需要指出的是,在媒体融合时代,碎片化的新闻信息是需要的,例如《纽约时报》为苹果手表用户提供"一句话报道"(one-sentence stories)新闻信息。但是所有的新闻信息都朝碎片化这一趋势发展是不可取的。

(三)提高技能:更加全能的新闻内容生产者

黄旦(2015)认为,在传播革命导致的"网络化关系中",因为媒介与社会的界限消解,只有自组织滋生了多重相互联结,原有的职业理念才会重新获得估量。作为一个节点,衡量专业新闻传播机构的是接入点和到达点的数量,转化数据的能力和水平。① 彭兰(2015)通过国内外案例及理论阐释指出,媒介融合时代,跨媒体人才需要跨越各种媒体的整合性思维,需要在专业媒体与社会化媒体之间的穿越能力。② 无疑,与传统媒体时代相比,新媒体时代对新闻内容生产者的要求更加多样化和全能化。除了具备一定的专业素养以外,对于在不同媒体终端之间的新闻内容生产与延伸的能力,是媒体融合时代要求新闻内容生产者具备的新思维和新技能。

美国波因特研究院曾开展一项"未来新闻业竞争能力"调查,提出新闻从业者应该掌握37项关键技能,具体分为四大类:第一类是"知识、态度、个人特质,以及价值观",包括19项技能;第二类是"新闻采集",包括7项技能;第三类是"新闻生产",包括6项技能;第四类是"技术或多媒体生产",包括5项技能。③ 伴随用户同时不同媒介消费习惯的,便是不同媒体平台对新闻信息的不同呈现。新媒体技术使得同一新闻事件以数据化、可视化、多媒体化等全方位方式传播,这必然要求新闻内容生产者掌握多种技能,使同一新闻素材的采写编排及音频视频内容能够满足不同平台的需求。在数据化、可视化的背后,要探求新闻的社会意义,并且保留

---

① 黄旦:《重造新闻学——网络化关系的视角》,《国际新闻界》2015年第1期。
② 彭兰:《融合时代,新媒体教育向何方》,《新闻与写作》2015年第3期。
③ 〔美〕霍华德·芬博格、劳瑞恩·克林格:《未来新闻业的10大核心技能》,张建中编译,《新闻记者》2014年第11期。

人性的温度。

同时，要注重对综合性人才的培养与激励。传统媒体管理理念要与新媒体时代的发展相结合，在人员的考核方面要考虑如何与新媒体衔接，打破倚重传统媒体而忽视新媒体的局面，尽快提出新的激励方式。不然，有激情和创造力在新媒体领域做出贡献的员工得不到及时的激励，甚至造成人才的流失，会对新媒体的发展和媒体融合极为不利。

（四）加强定制化：服务型的新闻内容生产

彭兰（2012）指出，社会化媒体、移动终端和大数据，是影响新闻生产的新技术因素。[①] 随着大量"公民记者"的涌现，我们需要思考，大众从专业的新闻机构那里期望得到什么样的信息？也就是说，专业的新闻机构与新媒体时代无处不在的"公民记者"相比，其优势在哪里？除了能够提供更加专业化的新闻产品之外，最主要的优势便是提供定制化的新闻信息服务。我们知道，个别的"公民记者"或者非专业新闻机构的移动 App、微信公众号等也可能提供定制化的信息，因此，媒体机构所提供的定制化信息必须是有着非常高的可信度的、确定性的、全面的、可靠的信息，媒体机构所积累的大量的信息数据库以及大量的专业人员专业技术的积累为此提供了保障。

媒体融合时代，传统的新闻生产理念需要转向信息的提供与服务。同时，需要认清和把握分众化传播这一信息传播新趋势。美国学者保罗·布拉德肖（Paul Bradshaw）提出了一个 21 世纪新闻编辑室"钻石模型"。[②] 依据此模型，新闻生产将包括快讯、草稿、报道、背景、分析/反思、互动、定制等步骤。有的学者指出，21 世纪先以快讯、草稿实现"快传播"，再以报

[①] 彭兰：《社会化媒体、移动终端、大数据：影响新闻生产的新技术因素》，《新闻界》2012年第16期。
[②] 转引自白红义、张志安《平衡速度与深度的"钻石模型"——移动互联网时代的新闻生产策略》，《新闻实践》2010年第6期，原始来源：Paul Bradshaw, "A Model For the 21st Century Newsroom", http: //onlinejournalismblog.com/2007/09/17/a-model-for-the-21st-century-newsroom-pt1-the-news-diamond/。

道、分析和背景提供"深解析",同时要在新闻生产全过程考虑让公众参与、为用户定制信息。① 这一模型对媒体融合时代的新闻生产有很大的借鉴意义。根据不同的受众对新闻内容本身的需求和对信息传播的不同媒介的需求,实现内容的定制化及其与受众的互动性,从而实现不同媒介平台之间的互通互联和分享。

(五)消除同质化:更加多样化的新闻内容

桑斯坦指出,"非预期的、未经筛选的信息披露以及经验分享,同样相当重要。"② 多种媒体平台为受众提供了多样化的选择,也为新闻内容生产者提供了多样化的新闻信息呈现方式与路径,更为多样化的新闻内容生产提供了技术保障。媒体融合时代的受众成为享受新闻信息服务的用户,他们不再满足于单一媒介对于某一新闻事件的呈现,而是可能同时消费不同媒介,并有所互动。因此,对于同一新闻事件,新闻内容生产者如果想要满足用户的需求,就必须提供内容多样、新式多样、多角度以及多媒体化的呈现,以多样化的内容和形式服务于多样化的媒体平台。同时,由于媒体平台多样化与便捷化的保障,新闻内容生产者可以提供新闻事件相关的背景资料、前因后果、相关知识链接等信息的链接,并引入科学的研究方法,以多媒体、数据化、可视化等多样态的形式呈现,满足新媒体时代用户的多样化信息需求,并培养受众的科学素养,从而打破知其然而不知其所以然的藩篱,培养大众理性思维。

(六)回归新闻本质:探索新的深度和报道模式

张易、张莉(2015)将新闻专业主义的精神内核概括为:从新闻传播者的角度出发,媒体要负担起社会责任,为社会公共利益服务;从新闻传播的内容出发,新闻专业主义所倡导的是报道内容的真实、客观、公正、中

---

① 刘义昆、赵振宇:《新媒体时代的新闻生产:理念变革、产品创新与流程再造》,《南京社会科学》2015年第2期。
② 〔美〕凯斯·桑斯坦:《网络共和国》,黄维明译,上海人民出版社,2003,第6页。

立。从新闻传播环境的层面来说,要保证媒体的新闻自由和言论自由,新闻报道服从于事实,而不是服从于其他势力,如政治势力、经济势力甚至包括大众的舆论势力。① 对于新闻来说,无论是广播、电视、报纸还是网站、移动终端,都只是不同的信息传播载体。新媒体移动终端只是方便用户更加便利地接收与互动,而新闻对其最根本属性和社会功能的坚守与维护才是新闻成其为新闻的根本所在。

在媒体融合时代,因为有了受众的广泛参与和互动,信息与观念的即时拼接与相互启发使得同一新闻事件的相关信息有了多维度的解读,从而向更多内涵与外延延伸,朝着众筹的深度与广度拓展。例如在前文提到的"摆地摊"事件中,正是由于广大的受众在碎片化信息的解读过程之中,自发地探究其背后的深层社会意蕴,该事件经历了由简单的关注现象(了解新闻事件)到对现象所反映出来的问题的质疑(解读新闻事件),以及对相关法律法规的解读(拓展新闻事件)的过程。因此,媒体融合时代,需要提供给受众的,是更加多样化的深度报道,碎片化不等于没有深度,受众也并非仅仅满足于接收碎片化的信息。

一方面,新闻作为社会记忆建构者之一,有责任和义务留下最接近真实的记录来帮助建构人类的集体记忆;另一方面,新闻的专业理念和技巧历经几百年来的沉淀,不是"全民记者"可以比拟的,而全民也不可能成为真正的"记者"。因此,碎片化不应该成为专业的新闻机构生产的新闻的主流,向大众提供的信息要有高度的确定性,并且有头有尾,尽量从多维度呈现事件的全貌,同时,要探寻其社会价值和意义。

结 语

新的媒介技术层出不穷,日新月异,如果仅仅停留在传统媒体思维模式,势必会失去新媒体时代带来的机会。因此,要培养新媒体时代的"链

---

① 张易、张莉:《自媒体语境下新闻专业主义的消解和重构》,《新闻世界》2015年第4期。

接"文化,形成用户至上的观念,培养媒体机构的服务意识和开放、创新、分享的互联网思维。未来,终端的多样化和丰富化是必然趋势。

移动终端技术的发展必然带来信息入口的大量增多,人的碎片化时间成为各种移动终端入口争夺的重要资源,但作为有着相应社会责任的新闻机构,其提供的信息服务必然要以精准为特质,不能以争夺信息入口为首要目的而一味迎合,甚至引导碎片化、肤浅化的信息传播。这一方面是区别于人人都可以生产和传播信息的非专业的社会化媒体的需要,另一方面也是体现大众媒体的社会责任的需要。

新媒体时代信息多元和信息量急剧增多,如何以专业的素养发掘真相,去伪存真,还原新闻事件的真实面貌,客观、全面、深入报道新闻;如何以专业化的视角提供信息,即便是碎片化的信息,也避免肤浅化、同质化等,践行这些专业主义精神显得弥足珍贵。正如王辰瑶(2013)指出的,未来的新闻可能超越对线性时间的追逐,更从容地提供这个时代所需要的事实性知识;可能超越简单的事实性知识形态,有能力通过处理更多的事实,提供关于事实的全新理解;有可能不再是职业媒体的垄断性知识,而变成一个更开放、竞争更强也更健康的领域。① 媒体融合并不是新媒体"冲击"传统媒体,也不是传统媒体"收编"新媒体,而是应该取长补短,优势互补,以更高的专业性和时效性服务于大众。

---

① 王辰瑶:《未来新闻的知识形态》,《南京社会科学》2013年第10期。

B.19
再生产的"结构洞":大型互联网公司对媒体反向融合的结构与意义
——以BAT的媒体布局为例*

方师师**

摘　要: 本文从社会网分析的视角,将大型互联网公司对媒体的反向融合现象作为企业"社会化关系再生产"的过程来重新考量。通过采用"结构洞"理论的分析方法,本文认为大型互联网公司对于媒体的反向融合改变了其"嵌入环境",企业的社会网形态趋于开放,且融合后的互动模式为"竞争性关系再生产"。同时,本文通过对中国市场环境下大型互联网公司对媒体的反向融合的分析,对结构洞理论在主体界定、消极约束系数等问题上进行了适当的修补。

关键词: 反向融合　社会网分析　结构洞　社会化关系再生产

从2013年开始,中国的传媒业开始出现两股潮流:一是一大批媒体重组或停业。以上海为例,2013年10月底,解放日报报业集团和文汇新民联

---

* 本文系2014年度教育部人文社会科学研究青年基金(项目编号:14YJC860005)、国家社科一般基金项目(项目编号:14BXW053)的阶段性成果。本文亦受香港城市大学媒体与传播系"中国大陆新闻传播青年学者访问项目2014—2015"的资助。
** 方师师,新闻学博士,社会学博士后,上海社会科学院新闻研究所助理研究员,主要研究方向为媒介社会学、计算传播学、数据治理等。

合报业集团整合组建了上海报业集团，12月底《新闻晚报》首先宣布休刊，内部员工被分流到集团内其他报纸。4个月后《天天新报》也发布休刊公告。2015年10月1日，上海世纪集团旗下的《上海商报》停刊，之后《上海壹周》《申江服务导报》等刊物也先后曝出停刊传闻。从全国范围来看，仅2015年停刊的媒体就包括：《杂文报》《壹读》《生活新报》《长株潭报》《上海商报》《上海壹周》等。二是媒体内部开始探索新媒体转型途径。仍以上海来看，在关停报纸的同时，新成立的上海报业集团也在不断尝试新媒体项目。2014年7月，"澎湃新闻"正式上线，主打时政新闻与思想分析，依靠打虎记、人事调整、深度调查等报道迅速积累大量关注。继"澎湃"之后，2014年9月，上海报业集团又推出财经商业新闻网站"界面新闻"，旨在为独立思考的人群提供优质财经报道和社交、投资及职场服务。此外，解放日报主办的"上海观察"定位高端政经人群，也在进行模式探索。而在整个传媒业领域，以"澎湃""界面""无界""九派"等为代表的新媒体都是传统媒体主动融合新媒体的产物。

这样一种"传统媒体+互联网"的模式一方面是政策导向的产物，同时也是传统传媒业受到市场竞争与用户广告流失之后的艰难但必要的选择。但与这种传媒业自身进行媒介融合的方式不同，一批大型互联网公司也开始了对传媒行业尤其是传统媒体的"反向融合"：依靠雄厚的资金与技术实力，他们收购、入股、兼并媒体，逆潮流而动，这其中风头最盛的就是B（百度）、A（阿里巴巴）和T（腾讯）。

一 "反向融合"：大型互联网公司组建"传媒帝国"

与传媒业以互联网、移动互联网技术为基础实行内容制作、人员调配，以及组织结构调整的"媒介融合"不同，BAT对于媒体的"反向融合"[1]

---

[1] 《互联网巨头反向融合》，《新闻传播》2015年第2期。

再生产的"结构洞":大型互联网公司对媒体反向融合的结构与意义

则更多的是采用入股或兼并的形式。虽然看起来是最近才出现的现象,但早在 2005 年,阿里巴巴用 10 亿美元 100% 收购雅虎中国之时,这股潮流就已经展现。如果说 2010 年、2011 年以腾讯为代表的中国互联网企业开始在海外收购门户网站与社交网站是互联网公司开始传媒布局的不经意开始,那么到了 2013 年、2014 年,以阿里巴巴为代表,已经开始进入传统媒体、社交媒体、财经媒体、影视媒体、音乐媒体以及自媒体各个领域。到了 2015 年,百度对内容推荐平台的收购、阿里对社区报和第一财经的入股等更是显示了即便均为互联网公司,但已依据自身定位开始了差异化竞争。

从 BAT 三家公司的收购历程来看,从 2012 年开始,百度先后收购了爱奇艺、PPS 视频、YOKA 时尚网、纵横中文网等视频、时尚和文学等优质内容生产媒体,并于 2015 年 5 月投资基于用户使用与算法的内容推荐平台 Taboola;腾讯在投资大渝网、入股财新传媒之后,2013 年又以间接参股的方式投资了《成都商报》及其旗下的《每日经济新闻》,最近的动作是与阿里巴巴一道入股华谊兄弟;阿里巴巴与浙报集团合作投资了《商业评论》,之后迅速出手新浪微博、文化中国、华数传媒、优酷土豆、华谊兄弟等,2015 年更是大举入股了光线传媒、《北青社区报》和第一财经传媒。而且在入股第一财经之后不到一个月,博雅天下也被内部人士证明阿里入股的消息"属实"。

除了 BAT 之外,其他一些互联网公司也在进行着"反向融合":如人人网收购了 Donews,小米科技投资雷锋网;盛大为了自身平台可以更好地聚拢创业者相继投了 TechWeb、《商业价值》和《创业家》杂志等。

通过简要梳理 BAT 对于传媒业的"出手",可以看出比较明显的特征包括以下几点。

首先,BAT 都并非传统意义上的媒体行业出身,而是属于新兴的互联网公司。

其次,三家虽均为新兴的互联网公司,但相互之间特点与优势各不相同,其中百度主打互联网技术,阿里占据用户市场,腾讯则是主导平台。

再次,由于近年来互联网产业势头正盛,三家公司均资金雄厚,不仅出手凶狠,而且对媒体的收购,更加看重的是媒体经营多年手中积累的用户群体与用户数据,而非表面的信息传播。这是由于用户与数据一方面可以持续转化成为流量,另一方面还可以进一步挖掘沉淀数据,成为下一轮竞争的核心资源。

最后,与国外对新媒体的收购相类似,三家公司虽然技术出众,对新技术的开发和应用也更具优势,但这三家公司基本不插手媒体的实际运作。2013年,亚马逊创始人杰夫·贝索斯（Jeff Bezos）以2.5亿美元买下连年亏损的《华盛顿邮报》,但声称并不会介入报纸的采编运用。当时就有分析人士指出,这并非为拯救纸媒的慈善之举,而是看中了"老牌报业大佬"的品牌价值含金量。《华盛顿邮报》前编辑阿兰·穆特（Alan Mutter）更是直言,贝索斯"预测的品牌价值,超过了目前所显现的。"[①] 无独有偶,而今国内的BAT作为新兴的互联网公司也开始大规模入股和收购传统媒体,国内国外似乎验证了类似的经验。但问题在于,如果仅仅从公司—市场—用户这样一个自上而下的三阶分析维度,我们似乎并不能完全理解为什么这些大型互联网企业对传统媒体动作频频,在传统媒体近年来受到传播纪律与互联网技术的冲击,用户和广告双重流失的情况下,为什么还要入手这样的非朝阳行业?

因此,本文试图从另外一个维度——企业社会网分析的视角,将大型互联网公司对媒体的反向融合现象,作为一个社会化关系再生产的过程来重新考量,希望通过社会网分析的方法,来增添对这一现象的进一步理解与阐释深度。

二 视角与方法

（一）社会网络分析中的"结构洞"理论及其脉络

罗纳德·博特（Ronald Burt）1992年在《结构洞:竞争的社会结构》

---

① 《分析:贝索斯收购〈华盛顿邮报〉并非慈善》,凤凰科技,2013年8月7日,http://tech.ifeng.com/internet/detail_ 2013_ 08/07/28359679_ 0. shtml。

一书中首次提出了"结构洞"理论（Structural Holes），通过分析怎样的网络结构能够带给网络行动主体更多的利益或回报建构一种人际网络结构形态。① 所谓"结构洞"，就是社会关系网络中相互之间不直接或间接连接的，拥有互补资源或信息的个体之间存在的空位，从整体上看，好像网络结构中出现了"空洞"，如图1当中的BC、CD与DB。

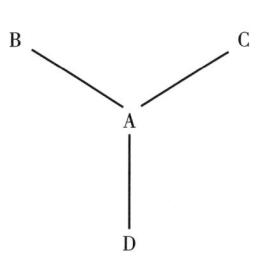

图1 结构洞示意

对于社会网络理论的研究，主流脉络呈现两条思路。第一条主要承袭自齐美尔以降的结构主义思维逻辑，其逻辑的起点是个人和群体的两重性："当一个人加入一个群体的时候，受到群体的约束，建立起了个人与群体的基本关系，这就是所谓的社会网络关系。……他不仅仅是这个网络中的一个点，而且将其他网络关系带入现在的网络。"② 与涂尔干不同，这种思路不是通过"共享"的文化价值来"建构"群体，而是认为人们之间的具体的社会关系"塑造"了社会群体，而个体或者行动主体就是诸多关系中的一个结，社会网络理论的任务就是通过具体的社会关系结构来认识主体的社会行为。

而另一条思路则是从理性人的角度出发，强调行动主体利用社会网络争取社会资源以获得社会地位的意义，网络的建立具有功利性与工具性。这一思路的核心命题是社会网络是一种社会资本，行动主体通过理性选择建立起社会关系，并通过这一/组关系实现个体利益最大化。代表这一思路具有较大影响的是林南（Lin Nan）的社会资源理论、詹姆斯·科尔曼（James Coleman）的社会资本理论③以及哈里森·怀特（Harrison White）的市场理论——即认为"市场是从社会网络发展而来的""市场秩序是生产经营者网

---

① Burt Ronald S, *Structure Holes*: *The Social Structure of Competition*, Cambridge: Harvard University Press, 1992.
② 周雪光：《组织社会学十讲》，社会科学文献出版社，2003，第114页。
③ 詹姆斯·S. 科尔曼：《社会理论的基础》，社会科学文献出版社，2008。

络内部相互交往产生的暗示、信任和规则的反映"①。

如果回到BAT对于传统媒体的"反向融合"现象本身，第二种思路似乎更加具有阐释力，即企业通过理性的选择来建立社会关系。但问题是，如果是从理性人的角度来看，传统媒体在受到多重环境因素冲击的条件下已经大不如前，此时此刻的"反向融合"对于BAT这样的新兴互联网公司来说，如果具有一定的功利性与工具性，具体又如何体现？

（二）视角、方法与补充说明

因此，本研究将大型互联网公司（以BAT为例）作为行为主体，视其反相融合的市场行动为建构社会关系网络的一种尝试，通过"结构洞"的理论视角尝试分析与理解。通过具体的关系网络去研究主体的行为，首先涉及主体所处的社会结构或者网络结构，其次要描绘主体在网络中的地位，最后是网络中不同位置之间的相互作用。

但是需要说明的是，该研究并不是对"结构洞"理论的简单套用或者做一个中国版的"注脚"。已有的研究曾经指出，"结构洞"理论在国内应用程度不高原因在于："内在原因：一是由于博特的结构洞理论阐述运用了强大的数学和统计模型，国内学者利用这一数理模型的研究成果很少；二是博特研究所使用的资料很难获得，是限制学者进行研究的一个重要原因；外在原因是该理论受到了质疑。在有些学者看来，结构洞阻碍了信息的顺畅流通，不利于和谐秩序的构建。"② 但是罗家德认为，结构洞如果是以弱联系为桥，取得机会的利益，并不会违背中国集体主义的价值观与企业中的"和"文化。③ 而且如果暂且悬隔价值判断，从作为一种研究方法来看，"结构洞"理论依然会启发我们去探寻两个问题：从"结构洞"的视角来看，

---

① White, Harrison C, "Where Do Market Come From?", *American journal Sociology*, 1981. 87: 517-547.
② 《理论综述与创新——结构洞的新应用》，http://blog.sina.com.cn/s/blog_64266445010187fl.html。
③ 罗家德：《社会网分析讲义》，社会科学文献出版社，2010。

社会关系对于企业成长来说作用究竟是积极大于消极还是消极大于积极？以及随着中国市场制度的不断健全，是否意味着社会关系网络的价值下降？[①]

此外，本研究试图对"结构洞"理论进行在地化的重新讨论与修补。首先，尝试扩大理论主体的外延。目前国内对于"结构洞"理论的研究主要从理论辨析和在地实践两个维度进行，比较具有代表性的如梁鲁晋从理论辨析的视角对结构洞的研究成果进行了综述，如结构洞的竞争优势、与网络闭合的比较、与弱关系的差异、企业边界和企业资源的获取等。从数据获取、测量、研究层次、企业多重目标和权变价值的管理学视角分析了该理论的应用现状[②]；白小瑜从社会学角度结合弱关系理论、布劳的社会独立性理论、网络的开放与封闭性等相关论述，对"结构洞"理论进行评析[③]；姜卫韬以"结构洞"理论分析了企业家社会资本的影响机制，提出了结构自治、非冗余联系、第三方战略的观点[④]。从上述研究中可以看出，学者在讨论结构洞的主体时，或者从个人社会资本出发，比如企业家或高管的人际网络构建及其使用，或者是从个人和群体之间的网络出发，比如农民与政府，农民与合作组织之间的信息不对称。但是这样的研究并没有把主体的概念进行外延，即主体不仅仅是个人，还可以是行业内的企业。而且，"结构洞"对于作为中介者的企业，尤其是投行、咨询公司、猎头公司应有更多的现实意义。

其次，关注整体的与历史的比较方法。由于"结构洞"理论主要是从一个纵切面来分析企业的社会关系网络，但是这对于理解企业对该社会关系网络的再生产逻辑来说，依旧缺乏整体的与历史的比较维度。由于各种战略理论在解释企业的竞争行为时都将企业作为一个自主的和单独行动的元素进行分

---

① 李正彪：《一个综述：国外社会关系网络理论研究及其在国内企业研究中的运用》，《经济问题探索》2004 年第 11 期。
② 梁鲁晋：《结构洞理论综述及应用研究探析》，《管理学家》（学术版）2011 年第 4 期。
③ 白小瑜：《从社会网络的"洞"中获利——伯特的"结构洞"理论评析》，《重庆邮电大学学报》（社会科学版）2009 年第 4 期。
④ 姜卫韬：《基于结构洞理论的企业家社会资本影响机制研究》，《南京农业大学学报》（社会科学版）2008 年第 2 期。

析，会忽略了企业在社会网络中的竞争行为演化。[①] 因此本文尝试在"结构洞"分析的基础上补充企业社会网络的整体性分析与历史维度的比较。

三 问题与假设

本研究的基本假设是：BAT 对媒体的反向融合对于其成为社会关系网中的"结构洞"具有关键意义。主要表现为以下几方面。

一是对于媒体的反向融合改变了 BAT 原有的社会网络结构形态。

二是对于媒体的反向融合对于 BAT 在整体社会网络中的地位起到了作用。

三是反向融合后的 BAT 与整体社会网络中的其他主体包括彼此之间的互动模式出现了变化。

除此之外，我们还希望了解以下两点。

一是这样的一种反向融合，是否以 BAT 为代表的大型互联网公司发展的必由之路，即在中国的市场环境下，互联网企业是否建立起来的社会网络越多越好，彼此之间的异质性（没有重复的信息源）越大越好？

二是在结构洞理论中，企业组织在扮演桥接结构洞的角色时，企业的社会资本就与个人的社会资本重合在一起，而对于 BAT 来说，明星总裁总是最为显眼的存在。这样一种个人资本与企业资本的结合，以及对于结构洞的建构，具有怎样的现实意义？

四 分析与阐释

（一）占有结构洞

首先，我们认为互联网公司对于传媒的反向融合符合结构洞理论中行为

---

① 梁鲁晋：《结构洞理论综述及应用研究探析》，《管理学家》（学术版）2011 年第 4 期。

主体对于"结构洞"——社会网络中某个或某些个体和有些个体发生直接的联系，但与有些个体不发生直接的联系、无直接或关系间接的现象，从网络整体上来看，好像是网络结构中出现了洞穴——的占有。结构洞是非冗余联系（nonredundant contact）之间的峡口（Chasm），由于结构洞的存在，洞两边的联系人可以拥有累加而非重叠的收益，包括信息收益和控制收益。

BAT 对于传媒业的反向融合都是试图对自身结构洞的占有，即希望通过入股、兼并等形式实现网络规模和多样性之间的平衡，以弥补结构洞当中的凝聚性缺失与结构等位缺失。所谓凝聚缺失是指网络中每个参与者之间都存在强的直接联系，通过其中任意一个都可以获得相同的信息和网络利益；而结构等位则是网络中任意两个参与者都可以将第三方作为联系人。在BAT 的反向融合中，我们既看到了对于同一家媒体的同时入股（阿里与腾讯联合对华谊兄弟投资），也看到了即使是无远弗届的互联网时代对地理位置的空间占据（阿里借《北青社区报》北上，百度对巴西、以色列等地区的布局），还看到了对于传统媒体、专业媒体（如财经类这一业界公认未来仍可继续美好存活的细分市场类媒体）、视频媒体（互联网与移动终端使用最多的传播形式）、社交媒体（用户数量与数据数量呈几何增长）等的几乎均匀的布局。这说明 BAT 虽然在各自业务与特长方面不同，但都不希望在对用户的媒介接触方面出现"空洞"。最大限度地占有"结构洞"已经成为BAT 媒体布局的战略目标。

（二）嵌入环境

近年来，战略管理学家认为企业的绩效受到嵌入的外部网络影响：企业在组织间的位置影响了企业的战略与绩效，包括市场决策进入、市场份额、创新实践、生存问题、财务收入、专利数量、营业收入、知识转移、市场份额、资产收益率等。而核心假设在于，拥有优质网络结构（结构洞）的企业更具创新能力，从而可以获得进一步提升。而对于自身业务版图的构建本身就是在建构企业的社会关系网，相比于在传统行业做多元化业务实现战略协同不同，移动互联网时代因其生态性和连接性属性，对于自身社会网络的布局本身而言就是在建构"嵌入环境",这有利于系统性的战略布局。

从电子商务出发,阿里巴巴一直致力于打造一个完整的商业生态系统,不断向内深化和向外拓展。之前通过自有业务和资本手段,阿里巴巴的"互联网帝国"囊括了电子商务、金融、本地生活O2O、教育、旅游、汽车、房产、医疗健康、硬件、游戏等领域。目前阿里的传媒生态系统包括了互联网、视频、新媒体、影视、出版等,加上2015年入股《北青社区报》、第一财经等,补上了传统媒体这块拼图。从2014年的数据来看,阿里巴巴2014年先后进行了40多起投资,并购总额超过170亿美元。而这其中有9起总金额接近18亿美元是用在媒体布局当中的,包括62.44亿元港币收购文化中国60%股权并在后面将其升级为"阿里影业";65.36亿元入股华数传媒,12.2亿美元战略投资优酷土豆集团,与腾讯、平安一起斥资36亿元入股华谊兄弟,5亿元投资21世纪传媒等,此外还有投资V电影、芭乐传媒、虎嗅网等。

2014年腾讯公开金额的投资粗略估算达到70亿美元,投资或收购的公司超过46家。传媒业务同样是腾讯重点关注的方向,但整体而言腾讯是个互动娱乐型公司,本身的自有业务已经涵盖了相关方面。腾讯2014年在该领域的投资包括与阿里巴巴、平安集团一起斥资36亿元入股华谊兄弟,还有300万美元投资视频服务提供商红点直播等。

2013年百度大手笔投资在BAT当中花费金额最多,落实在传媒领域的包括对PPS、YOKA时尚网、纵横中文网的投资。但2014年百度的投资和收购总共仅有15起,方向不多也非常谨慎。2014年年底在百度牵头成立的爱奇艺进行3亿美元新一轮融资中,百度继续跟投;入手国外视频技术服务公司Pixellot;2015年则入股了以色列的针对内容算法的推荐平台Taboola(见表1)。

(三)优化结构洞

在结构洞的理论中,同行之间的网络结构特征是竞争者之间的合作与资

表1 BAT媒体布局一览

公司	时间	对象	持股情况	对象类型	金额方式
百度	2012.11	爱奇艺	—	视频网站	—
	2013.05	PPS	—	视频网站	3.7亿美元
	2013.12	YOKA时尚网	—	时尚网站	1500万美元
	2013.12	纵横中文网	—	文学网站	1.9亿人民币
	2014.11	爱奇艺	—	视频网站	3亿美元B轮
	2014.12	Pixellot	—	视频网站	300万美元
	2015.05	Taboola	—	推荐平台	3000万美元
阿里巴巴	2005.04	雅虎中国	100%	门户网站	10亿美元
	2013.04	虾米网	—	音乐网站	—
	2013.04	商业评论	—	传统媒体	—
	2013.04	新浪微博	18%~30%	社交媒体	5.86亿美元
	2014.03	文化中国《京华时报》	控股	传媒影视	8.04亿美元
	2014.04	华数传媒	20%	传媒影视	10.5亿美元
	2014.04	优酷土豆	18.5%	视频网站	12.2亿美元
	2014.04	Vmovier	—	视频网站	数千万元人民币
	2014.06	虎嗅网	—	自媒体	数千万元人民币
	2014.06	21世纪传媒	20%	财经媒体	5亿元人民币
	2014.08	芭乐传媒		视频网站	1600万美元
	2014.11	华谊兄弟	8.08%	传媒影视	5.81亿美元
	2015.03	光线传媒		传媒影视	24亿元人民币
	2015.05	《北青社区报》	—	传统媒体	—
	2015.06	第一财经传媒	36.74%	财经媒体	12亿人民币
	2015.07	博雅天下	—	传统媒体	—
腾讯	2010	Sanook(泰国)	49.92%	门户网站	7000万元人民币
	2010	Mail.ru(俄罗斯)	7.56%	社交网站	20亿元人民币
	2011	开心网	13.79%	社交网站	—
	2011	华谊兄弟	4.60%	传媒影视	4亿元人民币
	2011	寰亚传媒	5.01%	传媒影视	1亿元人民币
	2012	文化中国传播	8%	传媒影视	2亿元人民币
	2012.07	财新传媒	—	财经媒体	5600万元人民币
	2013.07	《成都商报》《每日经济新闻》	—	传统媒体	—
	2014.09	红点直播	—	传媒影视	300万美元
	2014.11	华谊兄弟	8.08%	传媒影视	5.81亿美元

资料来源：http://mt.sohu.com/20150717/n416994910.shtml, http://news.mydrivers.com/1/321/321462.htm, http://money.163.com/14/1226/10/AECQQTK800253G87.html, http://tech.qq.com/a/20141118/063818.htm, http://jiyongqing.baijia.baidu.com/article/82832, http://www.askci.com/bschool/2015/03/02/174416y4qn_all.shtml, http://shanxi.china.com/sxjj/cyjj/11162459/20150524/19734304.html。

源共享，而只有在跨行业中，弱联系才具有重要地位。结构洞的存在属于一个开放的自由网络结构，但并非有助于既有的合作与规范。而一个缺乏结构洞的网络形式则属于闭合网络，不利于既存组织之外的网络合作。但最优的网络结构取决于企业的目标。从 BAT 的媒体布局来看，虽然都入手了媒体，但是轻重缓急依然不同。对于收购媒体的战略目标，阿里一直表示，期待未来有一天能够打造属于中国的《华尔街日报》和彭博社[1]；而无论是投资创业型企业还是上市公司，腾讯都以并购为手段不断培育产业链的上下游，直奔"以 QQ 及微信为核心基础平台、全面开放的互联网生态圈"的终极目标[2]；而百度是三家中目标最不明显的，虽然经过 2015 年的内部重组之后，百度新组建的三大事业群组在"连接人与服务"方面各有侧重各司其职，但体现在媒体布局上的意图并不明显[3]（见图 2）。

这样的宗旨也体现在 BAT 的反向融合行动中。相比较而言，阿里巴巴的媒体帝国野心最为强大，腾讯自身也经营部分具有媒体属性的业务，因此入股和收购的力度不如阿里，而百度最为保守。

（四）竞争性再生产

采用"结构洞"的分析视角意味着引入竞争：参与者如何在竞争场域（competitive arena）获取竞争优势，竞争场域的社会结构是决定其投资于回报的关键因素。因此，当我们试图分析 BAT 的反向融合行为时，需要从竞争的视角来分析行动主体。

阿里和腾讯的较量近年来呈现白热化趋势。就阿里巴巴本身的技术特质而言，其创新程度不如腾讯，因此亟须通过并购和收购来完成人才整合和创新整合。2014 年即将上市的阿里收购了 21 世纪传媒，有评论认为其与腾讯

---

[1] 《阿里参股第一财经 马云豪言打造中国的华尔街日报》，新华网，2015 年 6 月 5 日，http：//news.xinhuanet.com/local/2015-06/05/c_127880306.htm。
[2] 《腾讯的 537 亿并购都投资了什么？》，中国经营网，2014 年 8 月 22 日，http：//www.cb.com.cn/companies/2014_0822/1079073.html。
[3] 信海光：《从架构大调整看百度 15 年战略方向》，百度百家，2015 年 2 月 3 日，http：//xinhaiguang.baijia.baidu.com/article/44847。

再生产的"结构洞":大型互联网公司对媒体反向融合的结构与意义

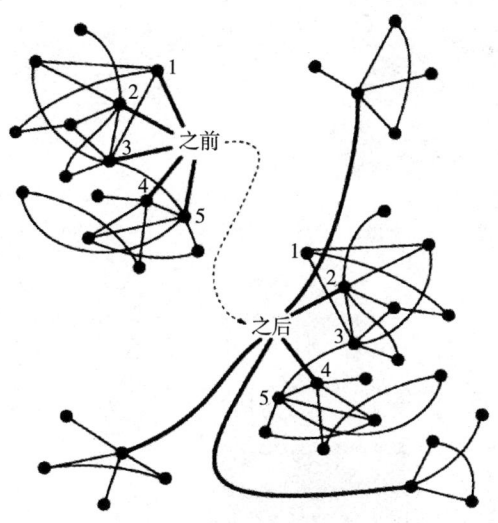

图 2 优化结构洞的前后比较

抗衡的意图非常明显(见图 3)。腾讯早年入股财新传媒,看中的是财新的业界影响力和政府资源优势。业内有分析师曾对此事做出评论:"腾讯入股财新从大的方面来讲是布局传统媒体,进而发展全媒体布局的传媒企业,但是更实际的意义在于可以从中吸取平面媒体的内容优势,无论是内容创生,还是内容运营,从而加强自身网络媒体的内容质量及深度,进而获得更广泛受众,尤其是高端受众的认可。"[1]

如果说对 21 世纪传媒的收购是阿里一方面同腾讯抗衡,另一方面希望从政府处分得一杯羹,那么阿里入股第一财经的目的则非常明显:打造成具有全球影响力的新型数字化财经媒体与信息服务集团。阿里巴巴过去多年核心的商业模式是 B2BC,即通过撬动 B 端来激活 C 端,最终实现了从企业级服务向获取流量入口方向进化,继而不断扩大繁衍流量入口。[2] 而与具有海

---

[1] 《平面媒体优势仍在 马化腾入股财新传媒再布局》,阿里云资讯,2014 年 12 月 10 日,http://www.aliyun.com/zixun/content/2_6_299912.html。
[2] 《盘点五大互联网巨头 2014 投资布局》,新浪科技,2015 年 2 月 16 日,http://tech.sina.com.cn/i/2015-02-16/doc-iavxeafs1164662.shtml。

图3　阿里巴巴2014年业务

资料来源：IT桔子《2014年度中国互联网创业投资盘点》，制图：IT桔子。

量数据积累的专业财经媒体的融合，则可以进一步共享资源与数据，利用海量交易信息扎根到更加基础层的大数据和云计算技术环节，构建更具普遍意义的底层应用技术系统，盘活自身积累，增加更多社会资本。归根结底，对于社会网中的结构洞地占据实际上是通过此举占有市场中的优质用户与海量数据，进而将其转换成社会资本。

与此同时，在移动和无线领域，阿里一方面将PC端积累的用户和流量通过移动端产品进行迁移、转化；另一方面，在移动互联网布局上，遵循元思考框架从基础应用层继续进行战略布局，推出YUNOS及2015年的"百川计划"等，扩展到移动O2O生活服务和社交等应用场景中。在这个过程中，阿里同时要面临腾讯、百度甚至是Google、亚马逊的挑战，这也决定了阿里需要

再生产的"结构洞":大型互联网公司对媒体反向融合的结构与意义

借助资本力量来快速获得相关战略性资源,包括技术、产品以及团队。

一般情况下,腾讯所入股的上市公司基本都作为战略投资长期持有,这其中仅有一家腾讯被迫选择退出。2012年1月,腾讯以2.48亿港元(约合2.02亿元人民币)认购文化中国传播发行的6.19亿股新股,占股8%。入股之后,腾讯在该公司获得一个董事会席位。但在2014年3月12日,文化中国传播由"腾讯概念股"变身为"阿里概念股"——阿里出资62.44亿港元(折合49.95亿元人民币)认购该公司新股,占扩大股本后的60%。由于阿里的入股,腾讯在文化中国传播的持股比例由8%稀释至3.16%。阿里入主文化中国传播之后,腾讯决定撤出该公司,于是持续减持该公司股票,目前已基本减持完毕(见图4)。

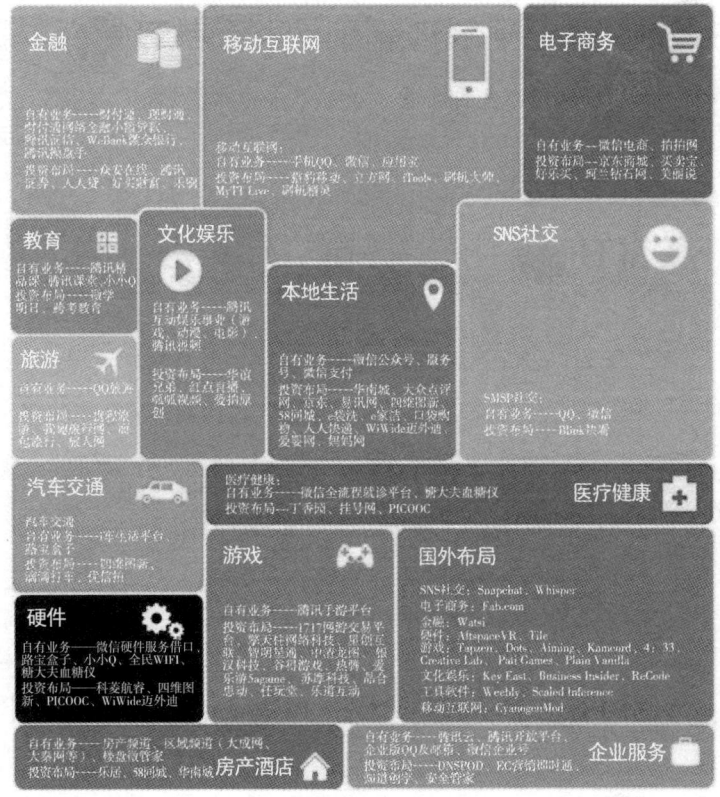

图4 腾讯2014年业务

资料来源:IT桔子《2014年度中国互联网创业投资盘点》,制图:IT桔子。

相比较而言，百度的媒体布局保守且节奏较慢，在自有业务方面更多是在做技术积累，对新产品和新服务的布局也不是太多，因此相比较阿里与腾讯，百度的社会网策略则比较偏向于一个闭合的网络。2015年百度重组三大事业部，其中对移动服务事业部的目标就是要做入口、做生态、做闭环。但百度对以技术为主导的媒体应用非常感兴趣，出手非常快速。比如百度和Taboola之间的协同效应就十分明显。百度利用Taboola的技术来打造自己的知识图谱，此次交易也代表了Taboola进入日益增长的中国市场的方式，后者的互联网普及率现已达到47.9%，与Taboola的合作可以帮助百度从旗下移动产品中获取更多的收益。同时，百度还加大了对前沿科技的探索和力度，引进了一些世界级的科学家（见图5）。

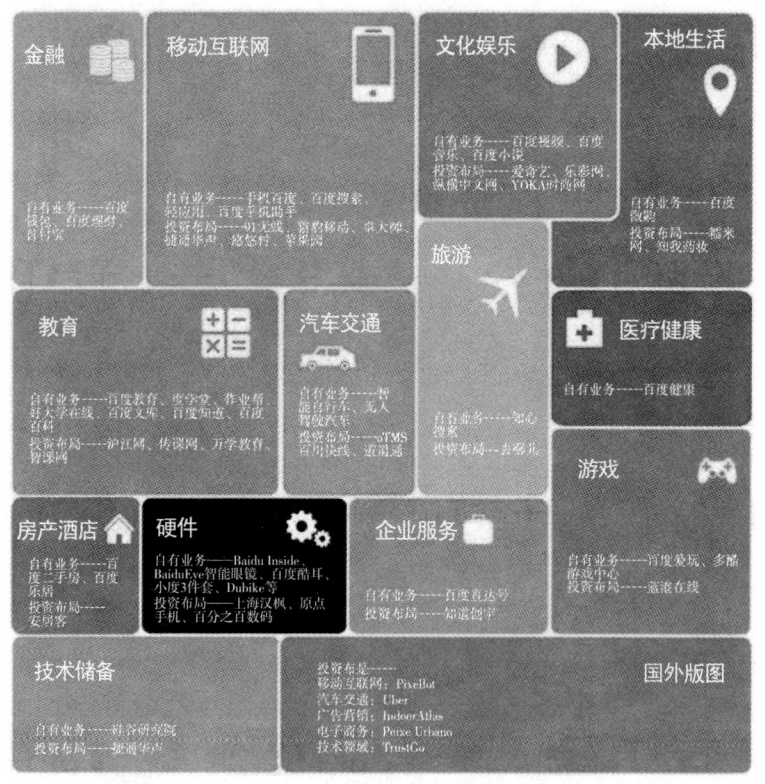

图5　百度2014年业务

资料来源：IT桔子《2014年度中国互联网创业投资盘点》，制图：IT桔子。

结论与讨论

针对研究假设，通过以上分析我们可以得出以下主要结论：第一，对于媒体的反向融合改变了BAT原有的社会网络结构形态，BAT对于环境的嵌入性加强；第二，通过对媒体的反向融合，BAT逐渐优化自身的结构洞，在嵌入环境中的地位逐渐趋向开放；第三，反向融合后的BAT与整体社会网络中的其他主体包括彼此之间的互动模式出现了变化，呈现竞争性的关系再生产。

同时我们还发现：BAT的媒体融合呈现从占据资源到占据位置，最终占据数据的形态。比如百度对于爱奇艺和PPS的收购，交易完成后将不会采用优酷、土豆双品牌运作的模式，而是将PPS作为爱奇艺旗下的子品牌运作，爱奇艺将向PPS派驻高管爱奇艺与PPS结合后，将有助于在视频客户端领域普及，后者的流量变现能力及客户端优势将推动爱奇艺在视频领域份额的进一步增长。

此外，通过对BAT反向融合这一现象的研究，对于社会网分析以及结构洞理论来说也提出了值得反思的内容：第一，反向融合程度大的企业的社会网形态出现了较大的变化，企业的业务分支庞杂，覆盖面和垂直领域都很广泛，已经很难用某一单一属性或标签涵盖，这对之前的企业社会网分析中按照属性划分的方法是一个巨大的挑战。这一现象提醒我们，对于企业关系网的分析将由关注企业的属性（互联网企业）逐渐转移到关注企业的社会化关系（结构洞、竞争关系），再到关注企业的社会化关系生产（建构新的社会关系，将社会关系转化成为社会资本）。第二，之前对企业社会网形态的研究有一个主要的考察变量，即网络的约束系数，约束系数越高，结构洞越少，该社会网的闭合系数越高。但是这一假设忽略了企业本身对自身成长性目标与期待，即没有区分"积极的约束"与"消极的约束"，前者并不会仅因为约束系数高，结构洞就会给企业的社会关系带来完全负面的影响，相反，企业甚至会通过有意识闭合网络的方式进行新一轮的社会网关系生产。因此，讨论结构洞理论在互联网时代以及在中国语境下的必要性就更加凸显。

B.20
融合报道的效果：基于"融合报道指数"模型的实证研究

丁方舟*

摘　要： 本研究提出了"融合报道指数"模型，并以此作为衡量融合报道程度的指标，探讨融合报道的传播效果。研究发现：①融合报道的传播效果明显优于文字报道，融合报道指数越高的新闻报道，越能够获得高能见度与认可度；②添加图片、提供可视化信息、插入话题是最行之有效的融合报道策略；③采编流程融合程度越高的媒介机构，其融合报道中越会融入多元化的呈现元素，且越懂得利用交互式传播来促进融合报道的再生产与再传播；④"融合报道指数"模型具有强解释力，适宜作为后续研究的理论框架与融合报道实践的参考模型，但媒介机构影响力、推送频率与信息主题的解释力仍强。

关键词： 融合报道　融合报道指数　媒介融合　数字化转型

融合报道正在成为中国传媒产业转型过程中的常态化趋势。[①] 然而，亟待解决的问题是：相比传统文字报道而言，融合报道是否真的能够获得更好地传播效果？因此，区别于现有媒介融合研究主要关注产业、渠道、平台、经营等层面的融合，本研究将聚焦微观层面的媒介融合——即内容生产与传

---

* 丁方舟，上海社会科学院新闻研究所助理研究员，研究方向为新媒体传播。
① 黄雅兰、陈昌凤：《走向常态的融合新闻报道》，《中国记者》2014年第12期。

播层面的融合。事实上,最早于1983年提出"媒介融合"概念的普尔(Pool, Ithiel de Sola)就认为,所谓的媒介融合指的是传统上需要依靠多种媒介技术来提供的内容和服务被整合在一种媒介之上。① 可见,内容层面的融合一开始就是媒介融合概念的核心内涵。随着融合发展日益成为传媒业界的普遍实践,媒介融合概念的外延也在不断扩大。因而,杰金斯(Jenkins, Henry)于2006年再次定义这一概念时就指出,媒介融合指涉三方面的融合:跨越多个媒介平台的内容流动,多种媒介产业之间的合作,以及媒介受众的主动信息获取行为。② 这一分类体现了媒介融合的两大动力:其一是自下而上的融合,归因于大众的媒介使用习惯改变了与用户生产内容行为;其二是自上而下的融合,即媒介机构经由融合发展将其业务范围拓展到多元媒介平台。③

以上两种融合发展路径并非各自独立,而是互为交织,其交叉点正是作为内容和产品的融合报道。因此,本研究将通过"融合报道指数"这一操作化变量来探讨融合报道的程度与效果差异。通过这样的经验性研究,本研究首先旨在考察采编流程的融合、多元呈现元素的融入及交互式传播是否真的更有助于提升新闻产品的认可度,用户是否真的更乐于热议或推送融合报道;其次,本研究想要借此分析何种呈现元素与交互式传播策略的融合报道更容易获得用户的热议和推送,从而解析融合报道的优势所在;最后,在此基础上,本研究将为媒介机构的融合发展方向提供有益的参考意见。

为此,本研究将首先对"融合报道"这一概念进行理论化和概念化,辨析此概念的不同方面,并设立"融合报道指数"这一操作化变量,确立测量此变量的指标。然后,本研究将对中国知名社交媒体上的经验数据进行采集,再展开内容分析,对影响融合报道指数的变量以及测量融合报道效果

---

① Pool, Ithiel de Sola, *Technologies of Freedom*, Cambridge: Belknap/Harvard University Press. 1983.
② Jenkins, Henry, *Convergence Culture: Where Old and New Media Collide*, New York: New York University Press. 2006.
③ Jenkins, Henry & Deuze, Mark, "Editorial: Convergence Culture," *Convergence*, 2008, Vol. 14 (1).

的变量进行编码。在量化统计分析基础上，本研究将重点解决以下经验性研究问题：融合报道指数是否可以预测相关报道的整体传播效果？采用哪些呈现元素的融合报道更能够获得用户的热议、推送与认可？交互式传播策略是否更能促进用户对融合报道的再生产与再传播？此外，在理论方面，本研究将建构"融合报道指数"模型并检验其有效性；在实践方面，本研究将为传媒产业的融合发展路径提供建议。

一 "融合报道指数"的提出

本研究的核心概念是融合报道。现有研究在定义融合报道时，主要从采编流程、内容呈现与传播渠道三方面入手。以采编流程作为出发点的学者认为，融合报道是"指在推动传统媒体与新兴媒体融合发展的背景下，通过打通采编流程，整合报道资源，在手段、渠道、人员及用户等方面深度融合，实现信息采集、加工、传播一体化的报道方式。"[①] 也就是说，融合报道是一种整合跨平台资源的合作新闻生产方式，是媒介机构在融合发展背景下对采编流程进行改革的过程，也是新闻人对改革进行再适应的过程。然而，改革的动力并非仅仅源自数字技术的革新，相反，正是媒介机构本身的结构、实践及其对用户角色的理解影响了新技术被采纳和使用的方式。因此，不同的媒介机构在融合发展时才体现不同的成效。[②] 对此，有学者区分了三种不同的采编流程融合方式：全面融合、跨平台融合与多平台合作。[③]

如果从狭义的内容呈现角度来理解，融合报道就是指融合了文字、照片、图表、视频、动画等采用多媒体叙事的新闻报道作品。然而，这一过于狭义的定义早已难以适应 Web 2.0 时代以及社交媒体大规模发展带来的变

---

① 马利：《融合报道：从稀缺到常态》，《中国记者》2014 年第 11 期。
② Boczkowski, Pablo J., "The Processes of Adopting Multimedia and Interactivity in Three Online Newsroom," *Journal of Communication*, 2004（6）.
③ Garcia Aviles, Jose A. and et al., "Newsroom Integration in Austria, Spain and Germany Models of media convergence," *Journalism Practice*. 2009, Vol. 3（3）.

化。首先，随着交互式地图、数字新闻、可视化新闻等概念与实践的引入，使得融合报道的特性除多媒体以外，更加入了交互性、可视化等特性。这主要源自社交媒体时代以来，人们利用展开中介式互动的方式发生了改变，传统意义上的"受众"概念逐步向"用户"概念转化，成为内容生产过程中主动的参与者、使用者与产消者（prosumer），故而媒介机构与新闻人也在转变观念，致力于在内容呈现时提供更多交互性，以促使更多用户参与社会化的新闻生产，并鼓励其利用社交媒体的转发、评论等功能对专业报道进行再生产与再传播。[1] 因此，从广义的内容呈现角度而言，融合报道就是指融入了多媒体、交互性、可视化等多元呈现元素的新闻报道。

从传播渠道角度出发的学者认为，融合报道主要是指新闻报道发布和推广平台的多元化。[2] 这一定义强调，新闻人需要同时为至少两种的媒介平台生产新闻报道。在 Web 1.0 时代，这可能意味着同时为报纸和网站，或者电视和网站生产新闻报道。而在 Web 2.0 时代，这更多意味着同时为传统媒体、网站、社交媒体、移动媒体等多元平台生产主题相同但呈现方式各异的融合报道。这就要求在新闻发布和推广的时候再多增加一道编辑流程，使之适应相应的媒介平台特征与传播机制。由于用户媒介使用习惯的更替，社交媒体和移动媒体已经成为部分用户获得媒介信息的首选平台，因而多平台发布的目的不仅是为了获得更高的能见度，更重要的是利用社交媒体的交互式传播鼓励用户对新闻报道进行再生产和再传播。

综观上述有关融合报道的多种定义角度，以采编流程作为出发点的学者将融合报道中的"报道"一词处理为动词，因而融合报道也就指向一种动态的整合跨平台资源进行新闻生产的过程。与之相对，以内容呈现作为出发点的学者将融合报道中的"报道"一词处理为名词，更强调报道中所融入的多媒体、交互性与可视化等多元呈现元素。而以传播渠道作为出发点的学

---

[1] 彭兰：《社会化媒体、移动终端、大数据：影响新闻生产的新技术因素》，《新闻界》2012 年第 16 期。
[2] Erdal, Ivar John, "Coming to Terms with Convergence Journalism: Cross - Media as a Theoretical and Analytical Concept," *Convergence*, 2011, Vol. 17 (2).

者对融合报道的定义则更接近传媒产业转型过程中的全媒体概念。因此,综合以上观点,本研究将融合报道定义为整合跨平台资源进行合作内容生产的,融合了多媒体、交互性、可视化等多元呈现元素并鼓励用户进行再生产与再传播的新闻报道。

融合报道的重要性在于:其一,在信息多元化和碎片化的社交媒体时代,传统文字报道在竞争力上渐显不足,因而媒介机构纷纷利用融合报道中的多元呈现元素来增加新闻产品的能见度与认可度;其二,大众正在成为新兴的知识生产力量,对精英媒体在知识和文化生产上的权威性造成挑战,故而媒介机构需要将用户纳入自身可利用范围来维护其固有地位;[①] 其三,全球融合文化的兴起意味着用户参与不仅具有文化和政治意涵,更兼具商业潜力,而融合报道为此提供了契机与载体。[②] 然而,融合报道的效果究竟如何?为此,本研究提出"融合报道指数"这一操作化变量来测量融合报道的程度差异。根据上述融合报道的定义,本研究将该变量区分为采编流程、内容呈现与传播渠道三个方面,并形成以下理论模型(见图1)。

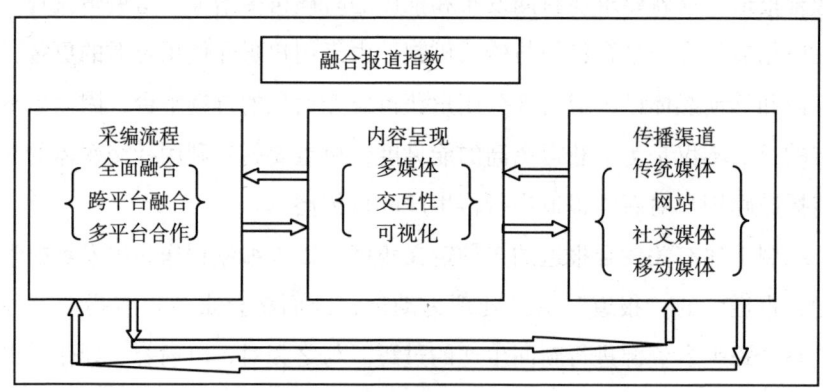

图1 "融合报道指数"理论模型

[①] Couldry, Nick, "More Sociology, More Culture, More Politics," *Cultural Studies*, 2011, Vol. 25 (4 - 5).

[②] Jenkins, Henry, "Rethinking, 'Rethinking Covergence,'" *Cultural Studies*, 2014, Vol. 28 (2).

如图 1 所示，采编流程是指媒介机构整合跨平台资源进行新闻采编的程度，根据现有研究分为全面融合、跨平台融合与多平台合作三种：全面融合即只有一个新闻采编团队，记者和编辑同时服务于所有媒体平台；跨平台融合即有两个以上的新闻采编团队，团队之间融合程度较高，采用同一个操作后台，各自采集的报道素材彼此共享；多平台合作即有两个以上的新闻采编团队，彼此独立运作，只在特定报道上进行合作与共享资源。[①] 现有研究表明，采编流程层面融合程度越高的媒介机构越懂得运用新媒体技术，其在报道中融入多元呈现元素及采用交互式传播的程度也越高。[②] 反之，内容呈现层面的融合性以及传播渠道的多元化也有赖于采编流程层面的高度融合。此外，内容呈现层面的交互性元素需要通过传播渠道的融合性加以实现，传播渠道层面的融合程度也反过来影响着内容呈现的融合性要求。因此，采编流程、内容呈现与传播渠道的融合性之间两两相关。据此，本研究提出以下假设。

H1：采编流程融合程度越高的媒介机构，其融合报道中将融入更为多元的呈现元素。

H2：采编流程融合程度越高的媒介机构，其融合报道中采用交互式传播的程度越高。

本研究的核心问题是融合报道是否更能获得用户认可。现有研究表明，人类的信息处理能力是有限的，在面对过量信息时通常有两种处理方式：自动式处理与控制式处理。[③] 前者调动认知资源较少，后者则较多。弱以有序的叙事方式呈现信息，就能够引发自动式处理，因而更容易被记忆；不包含叙事的信息则容易引发控制式处理，因而更难被记忆。所以传统媒体时代的文字报道多数采用金字塔式的线性叙事，以帮助读者识别最重要的信息。而

[①] Garcia Aviles, Jose A. and et al., "Newsroom Integration in Austria, Spain and Germany Models of media convergence," *Journalism Practice*, 2009, Vol. 3 (3).

[②] Boczkowski, Pablo J., "The Processes of Adopting Multimedia and Interactivity in Three Online Newsroom," *Journal of Communication*, 2004 (6).

[③] Schneider, W., & Chein, J. M. (2003), "Controlled & automatic processing: behavior, theory, and biological mechanisms," *Cognitive Science*, 2003, Vol. 27 (3).

融合报道则通过辅以更为多元的呈现元素来增加故事的叙事性及用户认可度。由此，本研究假设如下。

H3：越是融入多元呈现元素的融合报道，越能够获得好的传播效果。

前文已述，在Web 2.0时代，传播渠道的多元化不仅是为了使报道获得更高的能见度，更是旨在利用社交媒体、移动媒体等提供的交互性来鼓励用户对新闻报道进行再生产与再传播。因此，融合报道除了需要有针对性地增加编辑流程以外，在其传播过程中还需要适时利用社交媒体等平台的交互式传播功能，如短链接、插入话题、发起投票、使用"@功能"等积极调动用户的参与性，从而使用户再生产成为融合报道传播过程中至关重要的一个环节。由此，本研究提出以下假设。

H4：越懂得利用交互式传播策略的融合报道，越能够获得好的传播效果。

上文已经对融合报道的概念进行了理论化，并梳理了"融合报道指数"这一操作化变量的三个方面：采编流程、内容呈现与传播渠道。前述三个假设隐含这样的命题：这三个方面各自的融合程度越高，其传播效果就越好，而不具备这三者的文字报道的传播效果就变得较弱。同时，由这三者构成的融合报道指数越高，也就代表融合报道的整体效果越好，据此，本研究提出以下假设。

H5：融合报道相比文字报道而言，能够获得更好的传播效果。

H6：融合报道指数越高的新闻报道，越能够获得好的传播效果。

二 研究方法

本研究的经验数据来自中国最大的公共性社交媒体——新浪微博。研究样本通过最大差异取样法获得，即选取具有高度异质性的较小样本量。据此，本研究选择"新华网"、"央视新闻"、"澎湃新闻"与"头条新闻"（新浪新闻中心产品）的微博账号作为媒介机构样本，分别代表通讯社、电视台、市场化报纸、新媒体这四种异质性的媒介机构。然后，通过新浪微博的检索功能获取上述机构各自最新的 50 条原创信息,再进行内容分析。取样时间为 2015 年 7 月 8 日。为检验本研究的研究假设,在取样之前,本研究建构了以下自变量、因变量与控制变量用于内容分析与量化统计分析。

自变量

融合报道指数。分为三个子变量:采编流程、内容呈现、传播渠道。其中采编流程按照融合程度由高至低编码为:1 = 多平台合作,2 = 跨平台融合,3 = 全面融合。内容呈现主要指在报道中是否融入了多元呈现元素,包括 6 个测量指标:是否有图片、是否有音频、是否有视频、是否有外链、是否有交互性功能(交互式地图、时间轴、互动分享功能等)、是否有可视化信息,有则编码为 1,没有则编码为 0。传播渠道指融合报道传播过程中是否运用社交媒体平台的交互性功能以鼓励用户再生产和再传播,包括 4 个测量指标:是否使用短链接、是否插入话题、是否使用"@功能"、是否使用投票,是则编码为 1,否则编码为 0。

因变量

用户热议程度。通过新浪微博上的被评论数来测量。

用户推送程度。通过新浪微博上的被转发数来测量。

用户认可程度。通过新浪微博上的被赞数来测量。

融合报道效果。用户热议程度、用户推送程度与用户认可程度三者相加。

控制变量

影响力。媒介机构本身的影响力有可能影响上述因变量,通过其账号的被关注数来测量。

信息类别。1 = 文字报道;2 = 融合报道;3 = 非新闻报道(包括哲理、段子、营销信息等),以此测量融合报道与文字报道的传播效果差异。

信息主题。按照信息的主题分类编码为:1 = 政治;2 = 财经;3 = 社会;4 = 科教;5 = 军事;6 = 文娱;7 = 生活服务;8 = 其他。

推送频率。通过取样时段内每天推送信息的均值来测量,以此控制推送频率的影响。

三 研究发现

（一）不同媒介机构间的融合报道程度差异

首先来看样本中四个媒介机构在融合报道指数三个方面的差异。在采编流程层面上，新华社的融合程度最低，其通讯社与新华网分属两个不同的采编团队，虽然彼此共享同一个稿件库，但两个团队之间的采编流程相对独立，且通常是由通讯社向新华网分享独家稿件；中央电视台与网络版本虽然也分属两个不同的采编团队，但两者之间合作程度更高，共享更多报道素材，并通过集成播控平台迅速将内容同步发布到网站、社交媒体及移动媒体上，形成"一云多屏·全球传播"的台网融合模式；区别于上述两个机关类媒体，"澎湃新闻"作为《东方早报》这一市场类媒体的数字化转型作品，一开始就打通了印刷版本和网络版本的采编团队，并且所有稿件都彼此共享，达到了采编流程上的全面融合；而"头条新闻"作为新浪新闻中心的产品，本身就专注于网络媒体，因而自始至终采用全面融合的模式。根据表1，在内容呈现与传播渠道层面上，这四家媒介机构的融合程度也是依次升高。

表1 不同媒介机构的融合报道程度

媒介机构	采编流程	内容呈现（均值）	传播渠道（均值）
新华社	多平台合作	1.00	0.62
央视新闻	跨平台融合	1.34	0.60
澎湃新闻	全面融合	2.04	0.98
头条新闻	全面融合	2.14	1.94

本研究以方差分析检验其均值差异，得到如下结果（见表2）。

由此可知，不同媒介机构在内容呈现层面上的融合程度具有显著差异，且"澎湃新闻"与"头条新闻"的表现明显优于新华社与央视新闻。可见，这两家媒介机构更懂得利用多元呈现元素来增添融合报道的叙事性与吸引力。不同媒介机构在传播渠道层面上的融合程度差异同样具有显著性。其中,"头条新闻"优于"澎湃新闻","澎湃新闻"又优于新华社与央视新闻。这说明,在利用社交媒体推动交互式传播方面,网络媒体具有明显的优越性。当然,这与新浪微博本身就是新浪自己的产品也有着密不可分的关系。而"澎湃新闻"由于在市场化运作方面拥有更多的自主性,因而在数字化转型及交互式传播方面的发展速度也比机关类媒体来得更快。

表2 不同媒介机构在内容呈现与传播渠道上的方差分析

内容呈现					
变异来源	SS	Df	MS	F	事后比较
组间	45.460	3	15.153	21.040 ***	澎湃新闻、头条新闻>新华社、央视新闻
组内	141.160	196	0.720	—	
全体	186.620	199	—	—	
传播渠道					
变异来源	SS	Df	MS	F	事后比较
组间	59.175	3	19.725	72.156 ***	头条新闻>澎湃新闻>新华社、央视新闻
组内	53.580	196	0.273	—	
全体	112.755	199	—	—	

* $p<0.05$, ** $p<0.01$, *** $p<0.001$。

(二)"融合报道指数"模型的检验

本研究将以"融合报道指数"这一操作化变量来测量融合报道的程度差异,因而有必要首先检验"融合报道指数"模型的有效性,也即融合报道之采编流程、内容呈现、传播渠道三个方面之间的相互影响关系。为此,本研究将采编流程处理为自变量,将内容呈现与传播渠道分别处理为因变量,依次投入简单线性回归方程,得到以下结果(见表3)。

上述结果表明,采编流程层面融合程度越高的媒介机构,其融合报道中也将融入更为多元化的呈现元素($\beta=0.483$, $p<0.001$),在传播过程中也更懂得利用社交媒体的交互性功能来鼓励用户进行再生产与再传播($\beta=0.510$, $p<0.001$)。因此,采编流程层面的融合程度对内容呈现以及传播渠

道层面的融合程度都有显著的正向影响,并分别解释了23.5%和26.1%的变差,假设一和假设二得到支持。那么,这三者之间的影响关系又如何呢?对此,本研究在SPSS AMOS软件中运用结构方程模型(Structural Equation Modeling, SEM)检验这三个变量之间的因果关系。表4显示了结构方程模型的协方差分析结果,三组协方差的P值显著性水平都小于0.001,表示模型可以被接受。

表3 预测内容呈现和传播渠道的简单线性回归分析

	内容呈现	传播渠道
	β	β
采编流程	0.483 ***	0.510 ***
R^2(%)	23.3 ***	26.1 ***

注:* $p<0.05$,** $p<0.01$,*** $p<0.001$。

表4 结构方程模型的协方差分析结果

	Estimate	S. E.	C. R.	P
传播渠道 <——> 采编流程	0.316	0.049	6.414	***
采编流程 <——> 内容呈现	0.384	0.063	6.130	***
传播渠道 <——> 内容呈现	0.338	0.057	5.958	***

图2显示了采编流程、内容呈现与传播渠道之间的路径系数,三者之间两两呈正相关,故而"融合报道指数"模型的有效性得到验证。

(三)融合报道的效果

假设四至假设六关心融合报道的效果,即融合报道指数的高低是否可以影响新闻产品为用户热议、推送和认可的程度。本研究将以被评论数、被转发数和被赞数作为测量这三者的指标。然而,这三个因变量都容易受到信息本身主题的影响。为此,本研究先以信息主题作为自变量,再以用户热议程度、用户推送程度和用户认可程度分别作为因变量,投入方差分析,得到如下结果(见表5)。

融合报道的效果：基于"融合报道指数"模型的实证研究

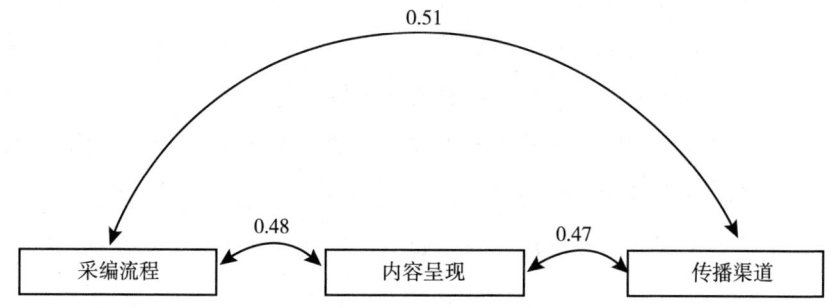

图2 采编流程、内容呈现与传播渠道之间的路径

表5 不同信息主题在用户热议、推送和认可程度上的方差分析

用户热议程度					
变异来源	SS	Df	MS	F	事后比较
组间	50.132	7	7.162	6.372***	社会＞政治
组内	215.788	192	1.124		
全体	265.920	199			
用户推送程度					
变异来源	SS	Df	MS	F	事后比较
组间	46.869	7	6.696	5.869***	社会＞
组内	219.051	192	1.141		政治、财经
全体	265.920	199			
用户认可程度					
变异来源	SS	Df	MS	F	事后比较
组间	41.110	7	5.873	5.059***	社会＞
组内	222.885	192	1.161		政治、财经
全体	263.995	199			

注：$*p<0.05$，$**p<0.01$，$***p<0.001$。

上述结果表明，不同信息主题在用户热议程度、用户推送程度和用户认可程度上都有显著差异，其中社会新闻在三个变量上的均值都是最高，且事后比较分析的结果显示，社会新闻相较政治新闻和财经新闻而言，更能获得用户的推送和认可,并且相比政治新闻更能够获得用户的热议。由此,本研究将是否把社会新闻设定为控制变量,放在以后进行分析。

接下来,本研究将正式对融合报道的效果进行分析,分别以用户热议程度、用户推送程度和用户认可程度作为因变量,以融合报道指数中的各指标作为自变量,以有可能影响上述因变量的影响力、推送频率、社会新闻作为控制变量,投入多元回归方程,得到如下结果见(见表6、表7、表8)。

表6 预测用户热议程度的多元线性回归分析

	用户热议程度			
	Model 1β	Model 2β	Model 3β	Model 4β
采编流程	0.476***	0.869***	0.755***	0.945
R^2 change(%)	22.7***			
内容呈现				
是否有图片		0.149*	0.165**	0.048
是否有音频		-0.175	-0.172	-0.115
是否有视频		0.071	0.084	-0.009
是否有外链		0.025	0.042	0.024
是否有交互式功能		-0.586***	-0.418***	-0.007
是否有可视化信息		-0.014	-0.027	0.025
R^2 change(%)		16.5***		
传播渠道				
是否使用短链			-0.202**	-0.545
是否插入话题			0.174**	-0.596
是否使用@功能			-0.031	0.445
是否使用投票			0.098	0.465
R^2 change(%)			4.7***	
影响力				1.851
推送频率				4.597***
社会新闻				4.588***
R^2 change(%)				18.9***
Final R^2(%)	22.7***	39.2***	43.9***	62.8***

注：*$p<0.05$, **$p<0.01$, ***$p<0.001$。

根据表6,采编流程对用户热议程度有显著的正向影响($\beta=0.476$, $p<0.001$),并单独解释了22.7%的变差。内容呈现中的是否有图片对用户

热议程度有显著的正向影响（$\beta = 0.149$，$p < 0.05$），也即添加了图片的融合报道的确能够获得更多的用户评论。但是否有交互式功能对用户热议程度有显著的负向影响（$\beta = -0.586$，$p < 0.001$），这可能是社交媒体链接指向的网站中已经提供了互动讨论等交互式功能，因而用户也就更倾向于在网站而非微博上进行讨论，这也从侧面说明网站与社交媒体的互动讨论功能可能之间存在互补关系。

传播渠道中的是否使用短链接对用户热议程度有显著的负向影响（$\beta = -0.202$，$p < 0.01$），这主要是使用短链接的融合报道并未提供完整的报道信息，因此用户可能会在链接到网站后再进行评论。是否插入话题能够正向预测用户热议程度（$\beta = 0.174$，$p < 0.01$），可见插入话题的确是吸引用户讨论的关键性融合传播策略。然而，当加入影响力、推送频率和社会新闻这三个控制变量以后，上述自变量都不再显著，推送频率和社会新闻则呈正向显著。可见，高信息推送频率以及以社会新闻为主题在更大程度上影响着融合报道的用户热议程度。

表7　预测用户推送程度的多元线性回归分析

	用户推送程度			
	Model 1β	Model 2β	Model 3β	Model 4β
采编流程	0.403 ***	0.779 ***	0.601 ***	0.912 ***
R^2 change(%)	16.2 ***			
内容呈现				
是否有图片		0.212 **	0.225 ***	0.105 *
是否有音频		-0.218	-0.205	-0.166
是否有视频		0.185	0.189	0.099
是否有外链		0.049	0.065	0.051
是否有交互式功能		-0.575 ***	-0.336 **	0.096
是否有可视化信息		0.122 *	0.108 ***	0.157 **
R^2 change(%)		19.8 ***		
传播渠道				

续表

	用户推送程度			
	Model 1β	Model 2β	Model 3β	Model 4β
是否使用短链			-0.272***	-0.081
是否插入话题			0.299***	0.150*
是否使用@功能			-0.012	0.041
是否使用投票			0.113*	0.038
R^2 change(%)			10.8***	
影响力				0.043
推送频率				0.826***
社会新闻				0.159**
R^2 change(%)				18.6***
Final R^2(%)	16.2***	36.0***	46.8***	65.4***

注：* $p<0.05$，** $p<0.01$，*** $p<0.001$。

与用户热议程度的结果不同，在表7中，即使控制了影响力、推送频率和社会新闻，采编流程仍然对用户推送程度有着显著的正向影响，并单独解释了16.2%的变差。内容呈现中的是否有图片（$\beta=0.212$，$p<0.01$）以及传播渠道中的是否插入话题（$\beta=0.299$，$p<0.001$）仍然对用户推送程度有着显著的正向影响，意味着这两者都可以有效促进融合报道被用户转发的可能。同时，内容呈现中的是否有交互式功能（$\beta=-0.575$，$p<0.001$）以及传播渠道中的是否使用短链接（$\beta=-0.272$，$p<0.001$）也仍然能够产生显著的负向影响。前者可能是因为报道本身提供的分享功能有可能与社交媒体的转发功能形成互补；而对后者来说，一个可能的解释是在微博上，用户可能更乐于推送一条微博就能表述完整的信息，而非带链接的信息。

此外，是否有可视化信息（$\beta=0.122$，$p<0.05$）以及是否使用投票（$\beta=0.113$，$p<0.05$）都对用户推送程度有着显著的正向影响，这说明数据新闻等融合报道的确大有可为，而投票也是一项行之有效的交互式传播策略。在控制了相关变量的影响之后，是否有图片、是否有可视化信息以及是否插入话题仍然显著，表明这三种融合报道策略的强解释力。

表8 预测用户认可程度的多元线性回归分析

	用户认可程度			
	Model 1β	Model 2β	Model 3β	Model 4β
采编流程	0.321 ***	0.843 ***	0.646 ***	0.935 ***
R^2 change(%)	10.3 ***			
内容呈现				
是否有图片		0.207 **	0.218 ***	0.096 **
是否有音频		-0.049	-0.063	-0.024
是否有视频		0.105	0.128	0.013
是否有外链		-0.040	-0.035	-0.057
是否有交互式功能		-0.768 ***	-0.545 ***	-0.019
是否有可视化信息		0.018	0.004	0.055
R^2 change(%)		29.3 ***	0.108 ***	
传播渠道				
是否使用短链			-0.249 ***	0.020
是否插入话题			0.349 ***	0.082
是否使用@功能			-0.040	0.020
是否使用投票			0.100	0.012
R^2 change(%)			12.7 ***	
影响力				0.203 ***
推送频率				0.893 ***
社会新闻				0.128 ***
R^2 change(%)				26.9 ***
Final R^2 (%)	10.3 ***	39.3 ***	52.0 ***	78.9 ***

注：* $p<0.05$，** $p<0.01$，*** $p<0.001$。

与前文得到的结果类似，采编流程（$\beta=0.321$，$p<0.001$）、是否有图片（$\beta=0.207$，$p<0.01$）、是否插入话题（$\beta=0.349$，$p<0.001$）同样对用户认可程度有着显著的正向影响，是否有交互式功能（$\beta=-0.768$，$p<0.001$）、是否使用短链（$\beta=-0.249$，$p<0.001$）也同样对用户认可程度有显著的负向影响。影响力、推送频率和社会新闻都能够正向预测用户认可程度，并共同解释了因变量26.9%的变差。在控制上述三个变量之后，是否有图片仍然有显著影响（$\beta=0.096$，$p<0.01$），可见带有图片的融合报道的确更容易吸引用户点赞。

上述分析帮助我们更好地了解哪些多元呈现元素以及交互式传播手段更能获得用户的热议、推送与认可。而对于融合报道的整体效果，本研究用结构方程模型检验了采编流程、内容呈现、传播渠道与融合报道效果之间的因果关系，并得到以下路径图（见图3）。

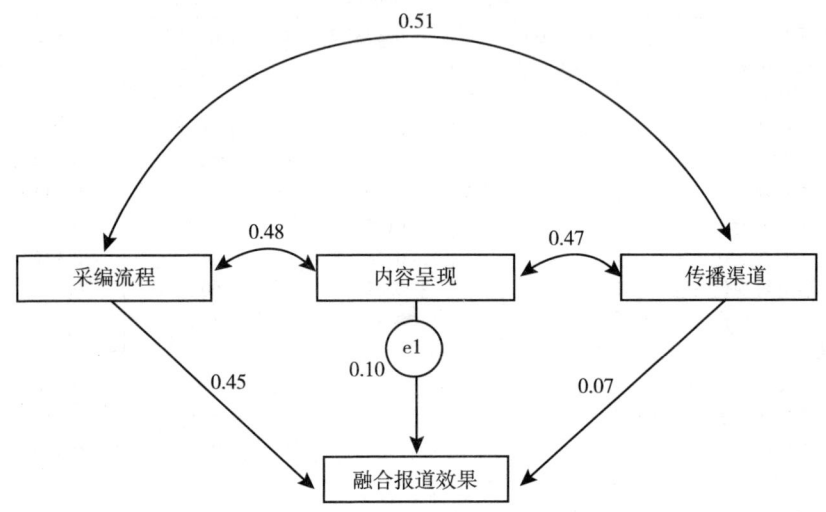

图3　采编流程、内容呈现、传播渠道与融合报道效果之间的路径

这表明采编流程、内容呈现与传播渠道都对融合报道效果具有显著的正向影响，且采编流程的解释力最强。换言之，采用全面融合模式、融入多元呈现元素、利用社交媒体进行交互式传播等策略都能够有效提升融合报道的传播效果。由此，假设三和假设四得到支持。

那么，融合报道是否比文字报道的传播效果更好？本研究利用方差分析得到如下结果（见表9）。

表9　不同信息类别在融合报道效果上的方差分析

变异来源	内容呈现				事后比较
	SS	Df	MS	F	
组间	374.497	2	187.248	22.021***	融合报道＞文字报道、非新闻报道
组内	1675.098	197	8.503		
全体	2049.595	199			

注：$*p<0.05$，$**p<0.01$，$***p<0.001$。

根据表9，不同信息类别在报道效果方面确实存在显著差异。而事后分析的结果则表明，融合报道的确比文字报道以及非新闻报道的传播效果更好。由此，假设五得到支持。

最后，本研究以采编流程、内容呈现与传播渠道三者相加得到的融合报道指数作为自变量，再以融合报道效果作为因变量，分析两者之间的影响关系，结果如下（见表10）。

表10 预测融合报道效果的多元线性回归分析

	报道效果	
	Model 1β	Model 2β
融合报道指数	0.339 ***	0.336 ***
R^2 change(%)	11.5 ***	
影响力		0.532 ***
推送频率		0.143
社会新闻		0.263 ***
R^2 change(%)		45.9 ***
Final R^2(%)	11.5 ***	57.4 ***

注：$*p<0.05$，$**p<0.01$，$***p<0.001$。

根据表10，融合报道指数越高，融合报道的整体传播效果也就越好（$\beta=0.339$，$p<0.001$），融合报道指数单独解释了融合报道效果11.5%的变差。即使在控制了相关变量的情况下，融合报道指数对融合报道效果仍然具有显著的正向影响（$\beta=0.336$，$p<0.001$），但其解释力不如影响力、推送频率和社会新闻三者相加得到的45.9%的变差。因此，假设六得到支持。

结论与讨论

本研究旨在将媒介融合细化到融合报道层面，并以此概念入手，探讨融合报道是否真的可以获得更好的传播效果，以及究竟哪些融合报道策略更能促进用户的热议、推送与认可。为此，本研究首先建构了"融合报道指数"

理论模型,包括采编流程、内容呈现及传播渠道三个方面,并确立了测量指标。然后,通过分析四家媒介机构的微博账号,本研究发现以下特点。

1. 融合报道传播效果明显优于文字报道

本研究将融合报道定义为整合跨平台资源进行的合作内容生产融合了多媒体、交互性、可视化等多元呈现元素并鼓励用户进行再生产与再传播的新闻报道。通过经验数据的对比,本研究发现融合报道的传播效果明显优于文字报道。因此,应大力推动基于融合报道的新闻生产实践,促进融合报道的大规模发展。

2. 采编流程的融合程度居于首要地位

采编流程融合程度越高的媒介机构,其融合报道中越会融入多元化的呈现元素,且更懂得利用交互式传播来促进融合报道的再生产,因而其整体传播效果也会更好。因此,对中国传媒产业的融合发展来说,首要任务就是推动采编流程改革,促使更多传统媒介机构走向全面融合模式。

3. 添加图片、提供可视化信息、插入话题最为有效

添加图片、提供可视化信息、插入话题是最行之有效的融合报道策略,体现了内容呈现与传播渠道高融合性的重要性。

4. "融合报道指数"模型具有强解释力

融合报道指数越高的新闻报道,越能获得高能见度与高认可度,因此该模型具有强解释力,适宜作为后续研究的理论框架与融合报道实践的参考模型。此外,机构影响力、推送频率与信息主题解释力仍强。因此,媒介机构应同时维护并提升其机构影响力,增加信息推送频率,为融合报道发展助力。

B.21
旧时王谢堂前燕：媒介融合背景下自媒体的使用及相关问题

展 宁*

摘 要： 在媒介融合背景下，自媒体扮演了怎样的角色？自媒体在显现了巨大民主潜力的同时，能为社会带来怎样实实在在的影响？本文从媒介融合的语境出发，将自媒体置于社会关系中，讨论了自媒体对社会的重塑。与历史上所有新媒体受到的检视一样，有关自媒体是否可以以及在多大程度上促进"社会公共利益"的讨论将是"目前的最主要问题"。

关键词： 媒介融合 自媒体 社会关系 社会公共利益

在2001年的JP摩根H&Q技术会议上，"美国在线"的创始人史蒂夫·凯斯（Steve Case）在演说中说道："每个十年都有与之联系的词。80年代，这个词是个人电脑。90年代，这个词是互联网。而接下来的十年，关键词将是融合。"① 时至今日，媒介融合的余波并未消散，甚至在我国上升到了国家战略的高度。2010年，国务院发文加快推进电信网、广播电视网和互联网三网融合，争取到2015年全面实现三网融合发展；2014年，习近平总书记在中央全面深化改革领导小组第四次会议上强调，推动传统媒体和新兴

---

* 展宁，浙江大学传播学博士，上海社会科学院新闻研究所助理研究员，研究方向为传播思想史。
① 黄志祥：《探索中国化"媒体融合"新路径》，《中国记者》2009年第11期。

媒体融合发展，要遵循新闻传播规律和新兴媒体发展规律，强化互联网思维，坚持传统媒体和新兴媒体优势互补、一体发展，坚持先进技术为支撑、内容建设为根本，推动传统媒体和新兴媒体在内容、渠道、平台、经营、管理等方面的深度融合，着力打造一批形态多样、手段先进、具有竞争力的新型主流媒体，建成几家拥有强大实力和传播力、公信力、影响力的新型媒体集团，形成立体多样、融合发展的现代传播体系。要一手抓融合，一手抓管理，确保融合发展沿着正确方向推进；会议还通过了《关于推动传统媒体和新兴媒体融合发展的指导意见》；时任中央宣传部部长刘奇葆在《人民日报》也发表了《加快推动传统媒体和新兴媒体融合发展》①的文章。

春江水暖鸭先知。在政策支持之前，中国各媒体早已纷纷做出了针对新媒体发展的应对措施，组织、资本、跨媒介、手机终端等各方面的媒介融合形式引领着中国传媒变局。②特别是2014年7月，以媒介融合为特征的"澎湃新闻"上线，在推出之初就抛弃了纸质版的形式，主打网页、Wap、App客户端等新媒体平台，以"专注时政与思想的互联网平台"为口号，代表着中国媒体开始了完全以新媒体为业务平台的尝试。

与此同时，在媒体融合加速进行的背后，又有着"狼来了"的话语对应着传统媒体对自身生存问题的担忧。即使《烟台日报》、上海文广等传统媒体在国内率先进行了媒介融合改革，调查结果仍然显示，传统媒体的改革存在相关机制改革跟不上、"传统媒体从事新媒体业务更多的是一种姿态"、"新闻生产质量并没有明显的提高"、"没有固定的发展路径"③等一系列问题——传统媒体在面对媒体融合的变化时明显感到了冲击，似乎并未找到一条合适的应对之策。

不过，就新闻内容生产来说，媒体融合并未改变新闻"内容为王"的

---

① 刘奇葆：《加快推动传统媒体和新兴媒体融合发展》，《人民日报》2014年4月23日，第6版。
② 具体案例可参见桑翔《中国媒体融合的现状、模式和趋势研究》，华东师范大学硕士论文，2009，第41~44页；杨娟《中国媒介生产融合研究》，华东师范大学博士论文，2011，第176~213页。
③ 杨娟：《中国媒介生产融合研究》，华东师范大学博士论文，2011，第248~249页。

状况。在澎湃 CEO 邱兵"我心澎湃如昨"的发刊词中,"混沌的互联网时代""澎湃如昨"的理想主义抒发着现代新闻人的情怀,同时也代表着互联网时代新闻人对于传统新闻理想的坚持。类似的"不变"说还有诸如"新媒体并没有在人类的传播史上完全交出一个新的东西来"的观点[①],认为媒体融合实质上仍然是"新闻的核心信息量并没有增加"的"老套路"[②]。

不管是"变"还是"不变",不可否认的是,媒介融合作为一种新现象,实实在在地带来了相应的社会问题,并且影响到了人类生活的方方面面。实际上,从历史上来看,每一次技术革新的背后都有其所对应的社会问题。比如广播的出现对应着"大众社会"的兴起[③];电视时代的出现引入了图像传播的概念,对应着后现代理论的兴起;互联网时代则使麦克卢汉"地球村"的设想成为现实,全球化、现代化、工业化的集聚对人类社会提出了新的问题。媒介融合作为互联网时代的一个后果,对于人类社会起到什么样的影响现在也许还无法得出最终结论,但是媒介融合本身构成了 20 世纪 10 年代之后中国传媒业发展的大背景。正是在此背景下,传媒经济学、媒介社会学等相关学科才进一步发挥作用。

本文选取媒介融合背景下的自媒体作为研究对象,探索在媒介融合背景下,自媒体扮演了怎样的角色?自媒体在显现了巨大经济潜力之外,能为社会带来怎样的影响?之所以选取自媒体作为研究角度,是因为在笔者看来,媒介融合本身虽然带有"技术决定论"的特征,但是技术的最终影响都要着落到使用技术的人身上。正如当年法兰克福学派的代表人物阿多诺选取"新媒体"广播研究受众心理一样,手机等自媒体的兴起作为互联网时代的继承,具有媒介融合时代最明显的特征,其对于社会形态和人类心理产生的影响不仅代表着媒介融合的根本特点,同时也能够反映人类社会的时代烙印。

---

① 王甫平:《传媒融合中的方方面面:访浙江大学传媒学院院长吴飞》,《宁波通讯》2015 年第 5 期。
② 李良荣、周宽玮:《媒体融合:老套路和新探索》,《新闻记者》2014 年第 8 期。
③ 详细内容可参阅展宁《传播学哥伦比亚学派考论》,浙江大学博士论文,2014。

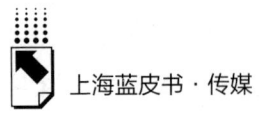

一 媒介融合的语境

众所周知,"媒介融合"(Media Convergence)这一概念最早由美国马萨诸塞州理工大学的伊契尔·索勒·普尔(Ithiel De Sola Pool)提出,"其本意是指各种媒介呈现多功能一体化的趋势,最初人们关于媒介融合的想象更多的集中于将电视、报刊等传统媒介融合在一起"[①]。推而广之,"媒体融合的核心思想就是随着媒体技术的发展和一些藩篱的打破,电脑、网络、移动技术的不断进步,各类新闻媒体将融合在一起"。[②] 在学术研究中,提及媒介融合,往往会从技术、所有权、新闻叙事方式、媒介经营管理等不同方面进行讨论。

在笔者看来,媒介融合既是一种以技术进步为核心的社会现实,也是一种涵盖传媒业界与人类生活的现实语境。实际上,有关媒介融合的质疑屡见不鲜。比如认为媒体所有者有关媒介融合的目的模糊不清,仅仅跟随其他媒体进行媒体合作,形成"潮流新闻业"(fad journalism);[③] 媒介融合与媒体垄断之间的相似性;对报纸网站无法赢利的担心[④]等。在我国,传统媒体也经历了"由盲目乐观到审慎从事"的过程——"巨大的投资不能形成产业,不能创造效益,是不能允许的"[⑤]。与历史上所有的"新媒体"一样,媒介融合本身也正在经历从神话到祛魅的过程,这也构成了媒介融合语境的一部分。

在对媒介融合的崇拜与质疑声中,手机作为移动终端的重要性日益凸显。美国网络媒体 *Business Insider* 总编辑兼 CEO 亨利·布洛格特发布的报告《移动的未来》显示:"从消费市场看,移动媒体是目前消费时长唯一保持

[①] 孟建:《媒介融合:粘聚并造就新型的媒介化社会》,《国际新闻界》2006年第7期。
[②] 高钢、陈绚:《关于媒体融合的几点思索》,《国际新闻界》2006年第9期。
[③] Lowrey, Wilson, "Commitment to Newspaper-TV Partnering: A Test of the Impact of Institutional Isomorphism," *Journalism and Mass Communication Quarterly*, Autumn 2005, Vol. 82 (3).
[④] 陈国权:《报纸网站不要融合——我的"反媒介融合"观》,《中国报业》2010年第5期。
[⑤] 傅绍万:《媒体融合成败的关键》,《传媒》2014年第12期。

增长的媒介形态,已从2012年的12%增长到了20%,而与此同时,电视、广播、印刷媒体则都在下滑。"2014年,中国网民的手机使用率达83.4%,首次超过传统PC整体80.9%的使用率,手机网民达到5.27亿人,手机作为第一大上网终端的地位更加稳固。①

从最初独立用户使用的通信工具,到现在具备多媒体信息交互传播的基本功能,手机不仅作为"各种媒体信息的接收终端,而且已经拥有日益强大的公共信息传播的技术元素"②。作为多媒体合作初期的代表,湖南卫视《超级女声》节目与手机媒体之间的合作可以说创立了手机介入"媒介事件"的新形式。随后,伴随着移动终端网络功能的发展,手机的功能逐渐多元化,也有了所谓"第五媒体"的称谓——"手机的通信功能渐渐被淡化,娱乐游戏、网络社区、信息服务等附加功能不断增加,手机小说、手机报纸、手机电视、手机电影等手机新功能都已出现。"③ 各种服务型App软件层出不穷,微博、微信客户端占据人们移动上网的主要时间,"各传统媒体依据自身资源,发挥手机传播特点,利用手机增值业务,纷纷向手机领域探索,创造出了手机报、手机网络、手机视频、手机电视、手机出版等融合形式,使手机由原来单纯的移动通信工具发展成为强大的媒体终端"④。

可以说,在媒介融合的语境下,一个最重要的变化就是手机媒体在移动终端方向上的拓展。具体来看,手机媒体所折射出的媒介融合特征如下。

1. 手机媒体与传统媒体的融合

在我国,手机媒体与报刊媒介融合的主要形式包括手机报、手机电子杂志等;手机媒体与电视媒介融合的主要形式包括手机电视、手机视频业务

---

① 杜飞进:《关于推进媒体融合发展的若干思考》,《新闻战线》2014年第9期。
② 高钢:《媒体融合:追求信息传播理想境界的过程》,《国际新闻界》2007年第3期。
③ 姜进章、谢晶、王方群:《解析媒体融合现象》,《理论界》2006年第12期。
④ 汤景泰:《全媒体时代的手机媒体融合及其困境探析》,《西南民族大学学报》(人文社会科学版)2011年第5期。

等。通过与传统媒体的融合,手机媒体能够实现信息的自由流通与即时传播,传统媒体通过纸质、荧屏等介质传播,信息的限制逐渐被打破,数字化实现了信息的扩散式传播,使传播效率与广度大大提升。

2. 手机媒体与新兴媒体的融合

所谓新兴媒体指的是互联网诞生之后,以 PC 终端等为业务平台的媒体。应该说,手机媒体作为新兴媒体的延伸,本身就具有新兴媒体的很多特征,比如互联网的交互性。同时,手机与平板电脑等媒体所具有的便携性赋予信息以通信功能,使其能够得到即时传递。这对于以传递新近发生的消息为特征的新闻业来说,不啻是一个革命性的变化——具备拍照、视频、文字、录音等多重功能的手机媒体使得新闻的现场感迅速增加,也降低了新闻生产的门槛,使公民新闻成为可能。与此同时,手机媒体也继承了新兴媒体的一些反面特征,比如新闻的娱乐化倾向、真实程度较之传统媒体的下降等。

3. 手机媒体自身的融合

针对手机本身的特征,相关 App 客户端的开发极大地挖掘了手机本身的终端潜力。微博等拥有海量用户支持的客户端能够将个体事件迅速扩散,形成新闻热点与海量数据,这不仅意味着新闻生产过程发生了变化,更意味着个人表达拥有了更大的自由空间。在很大程度上,传统媒体赖以生存的"把关人"逐渐完成了权力下移,手机用户既是海量信息的消费者,同时也是海量信息的生产者。

这样看来,媒介融合在未来一段时间内仍以手机媒体作为重要突破方向。虽然在运营模式上尚需探索[①],但是随着 4G 网络的日益完善,手机媒体必将具有更加广阔的发展空间。也正是由于手机媒体具有的这些媒介融合特征,我们才能在此基础上进一步讨论自媒体的使用及相关问题。

---

① 汤景泰:《全媒体时代的手机媒体融合及其困境探析》,《西南民族大学学报》(人文社会科学版) 2011 年第 5 期。

旧时王谢堂前燕：媒介融合背景下自媒体的使用及相关问题

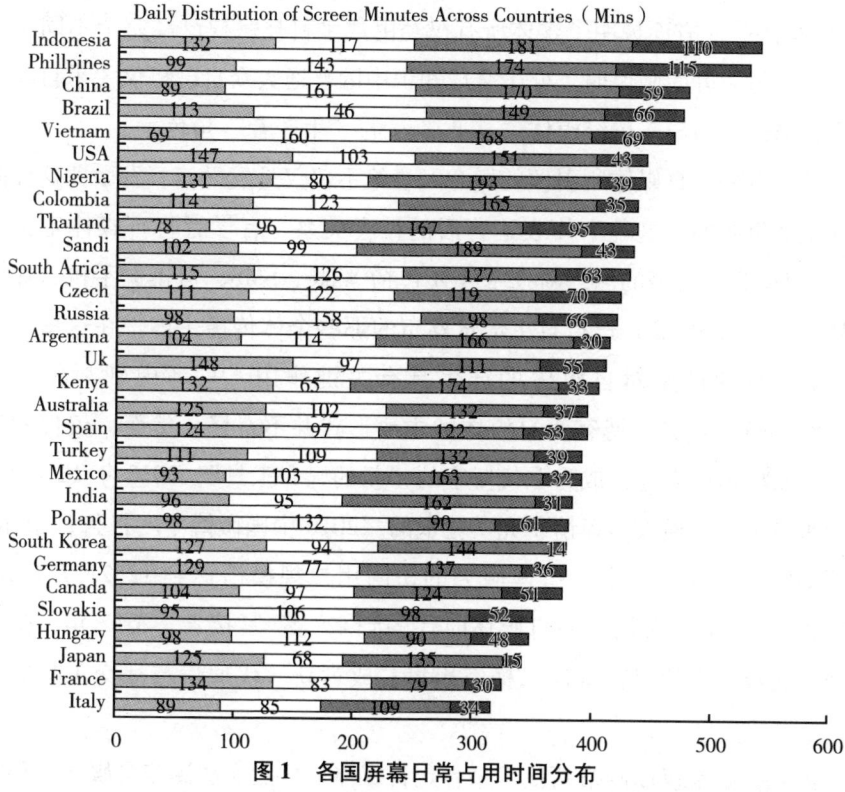

图1 各国屏幕日常占用时间分布

资料来源："2014年KPCB互联网趋势报告"，http://tech.163.com/photoview/0AI20009/5753.html#p=9TDFA9NM0AI20009。

二 自媒体对应的社会关系

美国新闻学会的媒体中心于2003年7月出版了由Shayne Bowman与Chris Willis两位联合提出的"*We Media*"（自媒体）研究报告，里面将"We Media"定义为"是一种理解普通大众如何提供与分析他们本身的事实、他们本身的新闻的途径，而这些普通大众经由连接全球知识的数字科技赋权（empower）。"[1]

---

[1] 转引自张莹《浅析"自媒体"的特点》，《科教文汇》2008年第2期。译文有改动。

应该说，这样一个定义本身就带有政治社会学意义上的平权思想，所谓的"我们媒体"一方面说明了媒体所有权经由数字科技赋权已经完全不同于传统媒体；另一方面则说明了处于全球知识中的普通大众自己提供关乎自身的事实，形成了迥异于传统媒体"接收者"的"生产者"角色。

这样看来，自媒体所引领的媒介融合绝不仅仅是发微信、发微博这样简单，更加重要的是这种个体表达背后的社会关系。有学者将自媒体定义为"利用以博客为代表的网络新技术（还包括Wike、SMS、可摄像手机、在线广播、P2P、RSS等）进行自主信息发布的那些个体传播主体。在这里，新的媒介工具的产生对自媒体的产生具有关键作用。"[1] 考虑到写作时间（2008），这一定义以博客为自媒体的主要形式并不奇怪。然而，仅仅两年之后，微博迅速兴起，成为取代博客的"新的媒介工具"。2010年12月底，一份来自上海交通大学舆情研究实验室的《2010中国微博年度报告》显示，截至2010年10月，中国微博服务的访问用户规模已达到12521.7万人，"这标志着以微博为代表的自媒体时代的到来"。[2] 紧接着，2012年，微博的热度还没完全消退，微信又横空出世，成为新一代通信与社交工具的代表。

因此，如果仅以网络新技术来界定自媒体，显然无法涵盖自媒体的根本特征，我们必须认识到，在自媒体背后的个人虽然是以传播主体的身份建构起自媒体的传播活动；但同时也是身处多重"关系"中的主体，受到诸多力量的控制与影响——其中最明显的"关系"就是手机媒体的制约。也正因为如此，自媒体所具有的特征几乎就是手机媒体的特质。

（一）即时性

随着微博替代博客成为个人表达的主要工具，表达字数的减少（140字以内）更加符合手机媒体的传播特征；微信更是以其通信工具与表达工具

---

[1] 张彬：《对"自媒体"的概念界定及思考》，《今传媒》2008年第8期。
[2] 张美玲、罗忆：《以微博为代表的自媒体传播特点和优势分析》，《湖北职业技术学院学报》2011年第3期。

的结合使手机的传播功能得到了最大限度的发挥。应该说，微博与微信的出现取代了QQ、人人网等社交媒体、博客等依托于PC终端的"传统"自媒体，以手机媒体为主要渠道构建起了新的网络交互平台。也正是由于手机媒体的便携性，原本新闻媒体所珍视的即时特质得到了最大限度的发挥，使得微博与微信等自媒体本身具备了"议程设置"的功能。

（二）平民化

在传统的专业传播机构中，"把关人"的概念不仅代表了新闻生产流程中不可缺少的一环，同时也带有新闻生产背后的权力指涉。随着手机网络技术的成熟，信息流通的快速及时使得信息的完全监管几乎变得不可能。在此意义上，每个自媒体的持有者都在原则上有机会成为新的社会议题的设置者，一款上网手机实际上具有了传统媒体摄影、摄像、印刷、字幕、播音等多重功能。信息传递的主体完全平民化，甚至匿名化了，在2015年的"毕福剑饭局不雅视频"事件中，虽然网民展开了人肉搜索，但是直到最后，也没有确定视频的真正拍摄者与上传者的身份，这也从一个侧面证明了自媒体使用主体的平民化。

（三）个性化

自媒体完全可以作为麦克卢汉名言"媒介是人的延伸"的完美注脚。便于随身携带的手机媒体成为人的"器官"，时时处处作为人接收与发送信息的工具。掌握了自媒体的个人则真正成为信息生产与传播的核心，即经济学意义上"生产型的消费者"，能够在内容生产与互动中分享与链接。传递信息的内容与形式都大大增加了，以往新闻传播中的"样稿"几乎不存在。另外，为了在海量信息中获取足够的注意力，传播主体也会想方设法设计出吸引人眼球的信息形式与内容。媒介内容与形式在自媒体的引领下成为传播主体个性的延伸。

（四）互动性

在广播研究中著名的"有限效果论"背后的含义是为了抵抗"大众传

播"可能带来的对"公民"的控制危害。① 相对应的,本身即具有民主特征的媒体在进入自媒体时代之后虽然带有了效果扩大化的倾向,不过仍然强调的是大众传播的民主功能。从这个意义上讲,原本在大众传播研究中被作为抵御"大众传播"力量的"中介因素"(mediating factors)反而成为能够实现与大众传播互动,最终提升大众传播效率的促因。自媒体以"圈子"来引领关注点与互动,加入人际传播渠道为诱因,使得人际传播成为大众传播的前期阶段,并最终与大众传播融为一体。所谓"We Media"中的"我们"指的是生活在地球村这一"共同体"中的"社会"人类,"陌生的熟悉人"网络通过自媒体建立了起来。

三 自媒体对社会的重塑

按麦克卢汉的说法,"媒介即讯息"。我们知道,信息社会的一个重要特征就是信息作为新型生产力的创造性——自媒体的出现本身即标志着对于信息社会的重塑,其意义不仅仅是由此带来的海量信息,还有其对于社会形态与人类心理的影响。

(一)重塑消息与通信

在自媒体环境下,数字通用信息增长强劲:"2/3 数字通用内容由消费者创建和消费,主要为视频、社交媒体和图片共享"②。这些完全不同于传统媒体报道形式的自媒体内容负载了比传统媒体多得多的信息,不仅在新闻报道形式上做出革新,甚至在新闻用语、新闻题材选择等方面也做出了改变。应该承认的是,虽然在内容上深度报道等传统媒体的报道样式仍然带有原始特征,但是随着手机媒体与3G、4G网络的发展,以追求时效性为特征的新闻样式发生了很大的变化。

---

① 展宁:《传播学哥伦比亚学派考论》,浙江大学博士论文,2014,第149页。
② "2014年KPCB互联网趋势报告",http://tech.163.com/photoview/0AI20009/5753.html#p=9TDFA9NM0AI20009。

正是在此背景下，一方面新闻媒体急需"一线的技术人才，尤其是能运用多种技术工具进行采编的'全媒体'记者"①；另一方面受众也逐渐接受了各种不同的消息与通信形式，同时受众本身也作为自媒体的使用者参与到全新新闻形式的创造中来。

（二）重塑发行渠道与内容

比新闻形式更加重要的是发行渠道与内容上的变革。自媒体本身作为带有"民主"解放意味的媒介，其创新性的方面往往具有互联网一体两面的特征，一方面用户个人主动性增强会使得发行渠道更加"直接"，甚至会影响到平台资金与运行机制的革新；另一方面负载内容生产的平台也更加灵活，在高品质内容依然处于新闻生产核心环节的前提下，生产者的主动性大大加强。

下面就着重介绍国外三个比较有代表性的自媒体，鉴于我国新闻媒体的特殊性质，这些自媒体的类似形式也许短期内不会出现，但是其中的一些特征必将成为我国自媒体未来发展的样板。

1.《赫芬顿邮报》

成立于2005年，在2012年eBizMBA Rank的评选中名列"15家最热门政治网站"首位。着重于国内外时政新闻，每天的独立访问量达到2500万次，是美国当前影响力最大的新闻网站之一。这一带有明显左派风格的网站继承了博客的公共性风格，既有别具一格的新闻聚合发布，又有能够形成舆论热点的博客新闻评论。值得一提的是，2012年，网站的"战场之外"报道获得普利策国内报道奖，这是每日更新的网络新闻媒体首次获普利策奖。

《赫芬顿邮报》主要有三个方面的特色：第一，开设博客网络，以高质量内容引导公共讨论；第二，建立公民记者平台Off the Bus，进行24小时新闻聚合，将新闻在网页的排列顺序依据网民的点击率进行调整，形成全天

---

① 桑翔：《中国媒体融合的现状、模式和趋势研究》，华东师范大学硕士论文，2009，第34页。

候读者自主头版；第三，与 Facebook 合作推出社会化新闻新版块"HuffPost Social News"，使用户自主筛选海量信息，并与好友互动。

应该说，《赫芬顿邮报》在很大程度上发挥了自媒体的公共性功能，既以公民记者形式吸引作为接收者的受众参与到新闻生产中来，又以博客网络作为公共性平台形成严肃的政治讨论，通过"圈子"扩展的形式将话题讨论逐次延伸到整个受众人群中，充分实现了"自媒体"（We Media）中"We"的本意。

2. Buzzfeed

成立于 2006 年，以客户端向用户发送信息链接，供用户浏览当天网上的最热门事件。运行软件基于网站中的用户选择数据进行分类排列，搜罗适合受众的本地新闻，挖掘受众的不同偏好。对于 Buzzfeed 来说，互联网最重要的分享精神成为用户内容选择的依据。通过 Social Discovery 等程序确定相似用户的选择，Buzzfeed 这种自媒体模式避开了媒体公司主导的传统媒体信息扩张模式，回应信息民主中"沉默的螺旋"问题，使公众具有更加自主的议程设置权力。实际上，从 Buzzfeed 本身的发展中也能看出自媒体的发展方向所在，一开始，Buzzfeed 赖以生存的节目是猫猫狗狗猎奇新闻，这些节目在美国的传统媒体中也往往是收视率最高的节目；但是随着订阅用户的逐渐增加，这种基于受众分享的新闻选择模式逐渐偏向生产原创内容和严肃新闻，这也反映了自媒体在促进公共讨论上的潜力。

除此之外，Buzzfeed 的商业模式同样特殊，以其用户的分享扩散为广告商设计原生广告，让品牌直接面对客户——在广告客户中没有一个沿袭传统的横幅广告。这种商业模式也显示了自媒体在信息传播上的优势，通过简便高效的团队创造，网站刺激了用户对于广告内容的分享，"用户能够平均提高 48.8% 的品牌熟悉度，从顾客社交内容中平均增加 42% 的购买愿望"①。

3. 众筹新闻网站如 Contributoria、De correspondent 等

这类新闻网站最大的特征在于其以众筹的形式，真正实现了传统媒体难

---

① Http：//www.buzzfeed.com/advertise.

以实现的"用户导向"。通过让读者在新闻网站上"出薪水"给自己感兴趣的话题的作者,为作者构建一个网络供其自由选择课题。具体来说,Contributoria 结合传统新闻媒体的形式与社群的运作方式,针对受众特点及参与程度加以细分、分别赋予不同的权限,让记者撰写报道、会员辅助撰稿,非会员则透过阅读最终的期刊产品,有机会成为支持网站、支持记者的会员。这样,受众与记者形成一个能够互相合作的新闻社区,其目的在于"提升生产高质量新闻的方法,并为独立声音提供财政支持"①。受众能够直接支持新闻社区内的记者完成新闻,从而避开媒体公司在内容发布上可能受到的经济政治等方面的干扰。

通过以上这些新的自媒体形式,我们看到自媒体不仅仅以"贴近用户"为导向,更是以用户选择为生命线。大众选择在自媒体对应的社会关系中成为促进公众关注、形成公共讨论的刺激因素,新闻社区能够以自媒体为基础得到扩展,传统媒体中受到政治经济因素干扰损害的发布渠道与内容得到了重新塑造的机会。

(三)重塑日常活动

在日常生活中,餐饮行业与打车软件是自媒体带来变化较多的两个行业。餐饮方面,美团、大众点评、饿了么等软件占据了国内餐饮 App 的大部分;打车方面,滴滴打车、人民优步等软件的出现直接影响了整个出租车行业,带来了从政策变动到社会事件的全方位影响。除此之外,自媒体在金融方面的发展也不容小觑,比如余额宝在推出 10 个月之后管理的资产总额就达到了 890 亿美元,给传统银行业带来了极大冲击。

这些显而易见的例子都说明,自媒体以数字科技对普通大众的赋权给个人生活与社会发展都带来了极大的影响,也许这些影响在短期内还没法完全体现,但是至少,自媒体为人类社会规避传统媒体固有的缺陷提供了另外一种可能,也使新闻——这一以大众民主为根基的社会形式获得了解放的空间。

---

① Https://www.contributoria.com/about/community.

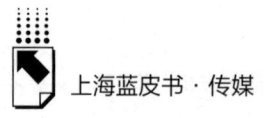

四 对自媒体的质疑

然而,这种"解放"的意义同样伴随着质疑声。正如人既可以进行公共理性的讨论,又可以成为丧失理性的群氓一样,直接体现人个性特征的自媒体也会具有此类特征。下面我们从三个方面谈论自媒体可能具有的缺陷。

(一)所谓"内容为王"的内容从哪里来?是否最大限度地接近真相?

虽然新闻活动的生命在于最大限度地接近真相,但是真相往往处于遮蔽之中,难以为人们所捕获。自媒体以建立受众平台的形式,鼓励传统媒体中作为受众的个体以自己的方式生产新闻,在极大地提高即时性与现场感的同时,往往也会使信息处于一种无人监管的地位,削弱新闻的可信度;同时,由于新闻受众在某类议题上的同质性,介入新闻议题发展的受众在很大程度上往往会迎合先入为主的价值观念,造成对新闻事实的伤害。

2013年12月,一组"老外街头扶大妈遭讹1800元"的帖子在网上传开,这一非常符合观者受众心理的"新闻事实"依托于网络平台,具有自媒体新闻的特征。然而很快,随着传统媒体调查记者的介入,事情发生了大反转(详见《新京报》2013年12月3日报道"目击者:'老外扶摔倒大妈遭讹与事实不符'")。[1] 这则事件在很大程度上说明了自媒体在内容生产上的局限:缺乏把关人造成了信息审查不严、存在迎合受众心理的虚假信息、缺失具有专业主义精神的深度调查程序等问题。应该说,自媒体在赋予普通人新闻发布权力的同时,却并未赋予普通人以相同的新闻专业主义精神与技能培训,在大大降低新闻发布门槛的同时也带来了相应的风险。

---

[1] Http://www.bjnews.com.cn/news/2013/12/03/295695.html.

（二）自媒体与传统媒体之间的促进关系是否可以形成对严肃公共议题的理性讨论，促进问题的真正解决？

我们经常会将新媒体与传统媒体的融合发展视为媒介融合的理想境界，这实际上也是现代社会很多新闻事件发展的基本路径。然而，当新闻事件涉及一些严肃公共议题的讨论时，相关问题便会浮现。

在方舟子与崔永元的转基因食品安全争论中，两人以及各自支持者争辩的主要阵地就是以微博为代表的新媒体。然而，在日益升级的争论中，我们更多看到的是人身攻击以及两派并非在一个层面上的对话，真正能够有助于消除议题不确定性的严肃讨论少之又少。实际上在我国，自媒体在公共讨论上表现的潜力虽大，但是真正转化为具有"公共领域"特征的讨论并不多见。自媒体也许具备了在网络平台上议程设置的能力，但是其用户参差不齐的个人素质与专业知识、网络平台以吸引用户为根本的生存策略、无法面对面交流的讨论环境等因素都在很大程度上限制了自媒体的公共潜力。这也为我们引出了对于自媒体发展的第三个质疑。

（三）自媒体的扩张是否意味着公共性的扩张？

在前文对自媒体使用的介绍中，不少地方都涉及自媒体扩张所激活的媒体"民主"属性。受众拥有更大的自由选择新闻内容，甚至可以直接制作新闻进行传播；相关的舆论平台通过网络搭建起来，发行渠道更加直接；互动特征使得用户交流更加方便，能够集中形成对事件的讨论等都使得自媒体具有很强的民主潜力。但是，如果这些讨论无法获取公共性意义，或者以一种"貌似"公共性的方式吸引眼球，无法形成有益于问题解决的事实呈现与解释方略，那么，这种讨论甚至会带来对公共性的戕害。

2014年10月，在各大网络论坛与微博上传出余英时先生的书籍迫于压力被迫下架的假消息短短2天，余英时的书在各大网上书店的价格飙升。受假消息影响的用户与自己事先持有的价值观念相互作用，反而使网商们赚得盆满钵满。这一令人啼笑皆非的事件说明了自媒体在这一方面——"将社会的生活化为轶闻趣事和流言蜚语……把公众的注意力集中并吸引到一些没有政治后果的事件上去,将这些事件悲剧化,以'从中吸取教训',或将它们改造成'社会问题'"① ——因为人际互动的快捷性产生的负面效果可能比电视等传统媒体更加严重。

结语:面向未来的自媒体

在将自媒体的发展置于传播历史的星空之前,我们可以先来看看其他媒体的历史位置。1935年,在美国接近3000万个的家庭总数中,有70%的家庭拥有收音机,经常收听广播的人数有7800万人。② 曼彻斯特将这一年看作"自动化已经开始"与通信革命开始的标志,广播走进了大部分家庭,广告也开始引导美国迈向消费社会。③ 当时的学界同样有对广播这一"新媒体"作用的争论,杜威在1934年的一篇文章中认为广播要么会成为"目前为止最有力的社会教育工具",要么会"被用于混淆事实误导公众思想",是被用于后者还是被用于"社会公共利益"将是"目前的最主要问题"。④

而在今天,伴随着自媒体逐渐成为媒介融合大潮中的主力,有关自媒体是否可以以及在多大程度上促进"社会公共利益"的讨论也将会是很长一段时间内被讨论的"最主要问题"。从这个意义上讲,自媒体对于社会秩序的颠覆、对于人的"解放"的推进究竟具有多大的意义,也许不再是自媒体本身的问题,而是要留给时间来作答。

---

① 〔法〕皮埃尔·布尔迪厄:《关于电视》,许钧译,辽宁教育出版社,2000,第59~60页。
② Cantril, Hadley. & Allport, Gardon, *The Psychology of Radio*, New York: Harper & Brother, 1935, p. 35.
③ 〔美〕威廉·曼彻斯特:《光荣与梦想:1932~1972年美国社会实录》,广东外国语学院英美问题研究室翻译组译,海南出版社,2004,第99~103页。
④ McChesney, Robert, *Telecommunications, Mass Media and Democracy: The Battle for the Control of U. S Broadcast*, 1928-1935, New York: Oxford University Press, 1994, p. 86.

B.22
技术视角的反思：新媒体文化研究

李 敬*

摘　要：在新媒体技术的推动下，文化研究获得了新的内容，从技术层面展开的文化思考成为重要议题。研究者认为，新技术拉开了文化与大众媒介的距离，大众文化批判因而也有了理论陈旧的色彩。本文则认为，文化批判对技术的谨慎并未过时，反而在文化狂欢的民主氛围下，更值得被重视。本研究从工具理性的三个维度出发，对媒介技术进行深度反思，考察新媒体文化的传播现象。

关键词：新媒体　工具理性　媒介技术　批判

一　问题的提出

与现代媒介技术形式勾连在一起的文化，依据由技术所决定的传播方式的差异，我们也许可以把它称为"大众文化"和"新媒介文化"，以此来强调受众层面以及与此相关的传播内容的不同。倘若前者有着老套、陈旧的意味，仿佛后者便天生有了"新鲜的"味道：小众化，内容个性化，风格多元化……我们知道，技术乌托邦主义为之提供了很多论证。但是，在我们乐观地描绘"新鲜的""民主的""创新的"新媒介文化之际，必须要先对几

---

* 李敬，文学博士，上海社会科学院新闻研究所助理研究员，研究方向为语言哲学、批判性话语理论、现代性研究等。

个问题慎重看待：相对于传统技术的新媒介技术之"新"，是在传播的层面还是内容的层面？这样的新媒介文化，是否冲击了旧媒介技术所对应的"大众文化"的原有之义？如果并未形成冲击，那么我们将可以立足于与"大众文化"内在相关的"文化工业"理论，对当下新媒介文化①的诸多现状进行合理探问。

谈起大众文化，必定要涉及文化工业理论。"文化工业"是对"大众文化"所采取的批判性视角的更慎重的表述，正如阿多诺所说，"文化工业"的倡导者会把"大众文化"解释为"民众艺术"的当代形式，即从大众中自发产生的文化。"文化工业"必须与"民众艺术"进行严肃区分。《启蒙辩证法》一书由此以"文化工业"替换了其草稿中所使用的"大众文化"的表述。在本文中，为了避免上述问题，并强调作为文化工业之后果的大众文化，我们用"现代性大众文化"来替代"大众文化"的表述。

无论是现代性大众文化，还是新技术推进中的新媒介文化，当我们思考如下问题：技术之"新"是否有可能带来文化之"新"？法兰克福学派的文化工业理论面对新媒介文化，是否会显得过时与悲观？我们应该如何看待技术大革命中的文化生产？回答这些问题的前提，同时也是所有分析得以展开的内部支撑在于，必须明确"文化"的意义。阿多诺清晰地指出，"真正意义上的文化并不仅仅去满足人类的需要，它同时还对支配人的僵化关系提出反抗，因而予以人类尊重。但是，当文化被全部同化并整合进这种僵化关系的时候，人类就再一次遭到贬低。"② 换句话说，倘若文化是对既定秩序的盲目维护，缺失了反思的维度，作为大写主体意义上的个体必将不可能存在；作为对历史发展之每个环节的内在"真理"的抽象性承认，也必将羁绊"进展"的脚步。

新媒介文化是怎样一种文化？广播相对于报纸是新的、电影相对于广播

---

① 本文所使用的"新媒介文化"表述没有褒义的评价。"新"只是作为媒介技术的说明，以此区别于"旧"的技术形式，而与"文化之新"无任何关联。
② 西奥多·W. 阿多诺：《文化工业述要》（中译文），载于《贵州社会科学》2011年第6期，第43页。

是新的、电视相对于电影是新的,在文化工业理论之核心著作《启蒙辩证法》的写作年代,是电影、广播和杂志的世界,电视则刚开始兴起。霍克海默和阿多诺是这样看待作为"新媒介"的电视的:"如果技术条件允许的话,人们也可以向收听广播那样,在家里就能看到电影。这样一来,人们就可以向商业系统趋之若鹜了。电视的发展,使华纳兄弟公司不费吹灰之力介入到严肃音乐和文化交流节目之中……"[1] 除了本雅明对技术所持有的适度的赞赏之外,法兰克福学派对文化的"技术化"进行了深刻的批判,它表现在阿多诺对电子音乐的管理化世界之强化整合的忧思中[2],也体现在马尔库塞对文化所屈从的技术合理性的批判中,文化的普及,伴随着艺术的异化,它"屈从于技术合理性的进程,如果把这一变化视作技术进步结果的话,便可以看出它的不可逆转性的深度和广度。"[3] 对技术的彻底批判,嵌入文化工业理论的深处,新的媒介技术越是涌现,这样的忧思就越是浓烈。也正因为此,"悲观",成为人们评价法兰克福学派文化批评的关键词。那么,在电视网络化,手机网络化,以及一系列"旧的"媒介技术与"新的"媒介技术融合所带来的诸多新形态出现的情况下,我们应该如何理解新媒介文化所依托的技术生产和传播方式?这是解析新媒介"文化"意义的切入口,而这个切入口可以被更明确地概括为"理性批判"。

对技术的批判,更明晰地说,是对"技术所带来的人与人之关系"的批判。再究其核心,则是对生成和维系这种社会关系的"工具理性"的层层剖析。也就是说,技术在工具理性的膨胀中起到了怎样的作用,这是连接技术与理性批判的关键通道,也即工具理性概念是展开媒介技术批判绕不开的入口。工具理性,这个概念通过韦伯和哈贝马斯的著作为人们所熟知,也由此被广泛运用于社会、媒介和文化批判中。

---

[1] 《文化工业:作为大众欺骗的启蒙》,出自马克斯·霍克海默、西奥多·阿道尔诺《启蒙辩证法》,渠敬东等译,世纪出版集团,2006,第 146 页。

[2] T. W. Adorno (1977), Music and Technique. *Telos*: *Critical Theory of the Contemporary*, 1977 (32): 83.

[3] 赫伯特·马克库塞:《单向度的人》,张峰、吕世平译,重庆出版社,1988,第 56 页。

二 工具理性与媒介技术批判：结构性的内在支撑

文化工业理论的根系在哪里？《启蒙辩证法》一书的文本结构给了我们清晰的呈现。文化工业理论无法被单独抽出，它是作为启蒙理性之后果的极权主义形式在北美社会的现实表征，在欧洲社会则以反犹主义的面目出现。看似"风平浪静"的文化工业社会正是极权主义的"重灾区"。"欺骗"，是最为深重的灾难：人们在"自以为是"的、虚幻的"个体化"体验和"自由"的感受中，把自身完全地交出、嵌入权力系统之中，这样的"灾难"是比"狂风暴雨式"的反犹主义更为深刻和普遍化的"暗流涌动"。理性与权力天生的勾连，以及理性所打开的人与自然、人与人之关系的变迁，在纵深的时间与社会空间维度中得以清晰呈现。如果抛开启蒙理性自我异化为工具理性的深厚分析，直接提取"文化工业"的断章应用到媒介文化的分析上，不可不谓"空中楼阁"。而这正遗憾地成为传播学媒介批判研究的一个通病，引用遂成为一种装饰，并倒向危险的误读与刻意的概念偷换。①

（一）媒介技术与理性批判维度一：数学化的世界、大数据中的文化产品

工具理性的第一个维度，是思想的数学化对世界的切割和占用。霍克海默和阿多诺尖锐地指出，数学的步骤成了思维的仪式。现代数学化的实证主义逻辑把对象世界切割整理，彻底毁灭了思想的自我反思性，从而，思想沦为纯粹的工具，理性沦为工具理性。

数学化的世界意味着什么？"思维把自身……客观化成一种机器的化身，这种机器是在这个过程中形成的，以便最后思维能够被这种机器彻底替代。"② 也就是说，生活中活生生的、具体的对象已不再直接与理性发生关

---

① 滕育栋：《坐失启蒙前提的文化工业批判：误引、误解与误读——大陆新闻传播学者运用霍克海默与阿多诺文化工业批判理论的一个理论盲区》，《新闻传播》2012年第4期。
② 《启蒙的概念》，出自《启蒙辩证法》，第19页。

联,而必须经由数学的方法经过整理加工,现实的事物从而被转变成特有的事物,以数学为根本的人的知识,可通达关于生活的全部道路,生活丢失它原本的超越性与不可穷尽性,人从达到生活的全部真理的理性出发,再反推导出整个生活,理性与生活之间呈现"完美的同一性"。

媒介技术与这样的工具理性有怎样的关系?今天人们所熟知的大数据应用,是技术与工具理性的最佳表征。我们知道,大数据技术的关键意义,不仅在掌控庞大的数据信息,而且在于对这些数据所进行的"加工能力",由此,通过这样的"加工"所实现的数据的"增值",正是大数据产业化的依据所在。大数据所加工整理后的数据信息,当然不再是生活本身,而是一种经由既定的数学逻辑对符号体系化了的生活的"翻译整理"。这种被翻译整理后的生活,受到不同社会和商业领域的重视,因为它是被数学化的逻辑拣选过的、有价值的对象,它最终再反过来被当作基本依据建构起真实的生活。由此,生活成了人对数学之理解的模仿的结果而被呈现。

技术的媒介化,或者说技术应用对媒介产品产生了重要影响,我们看到大数据技术对包括社会化媒体在内的现代传媒业的推动:运用大数据对人们交往过程中所产生的信息进行深度挖掘和加工整理,进而有效地预测受众对媒介内容和产品功能的相关偏好,从而生产出给符合"需要"的文化产品。大数据技术为媒介文本和传播方式提供了重要的"生产的依据",工具理性反过来推出了真实的生活,行动根据便在对象世界所谓的"规律"之中。

(二)媒介技术与理性批判维度二:"自我保存理性"、类人化的文化

在理性所带来的自我对象化的后果的分析上,霍克海默、阿多诺承接了卢卡奇的"物化"概念,"人自己的活动,人自己的劳动,作为某种客观的东西,某种不依赖于人的东西,某种通过异于人的自律性来控制人的东西,同人相对立。"[1] 我们知道,人之自我保存的能力,原本对每一个小写的个

---

[1] 卢卡奇:《历史与阶级意识》,杜章智等译,商务出版社,2004,第150页。

体而言,理性是个体行动的依据,是连接个体与对象世界的中介,决定自己的生活是如此重要,以至于"任何人若不通过合理地依照自我持存的方式来安排自己的生活,就会倒退到史前时期……在资产阶级经济中,每个个体的社会劳动都是以自我原则为中介的"[1]。生活在这个意义上,是属于每一个个体的,个体相对于自己的生命,具有其主体性。

但是问题恰恰在于,现代社会中,行为失去了行为的性质:其根据不再在于个体对对象世界的理性使用,即理性不是康德意义上的"我能认识什么""我可以确定什么",而成为"我要看清楚对象世界是怎样的"。认识理性跌落为工具理性:只在于把握对象世界本身的"规则",这种"规则"被当作外部世界的"理性"并由此成为人之行动的依据。"认识的超验主体作为对主体性自身的回忆,最终似乎也被摈弃了,并被自动控制的秩序机器那种更加平稳的运转所替代"[2]。因此,我们看到,自我保存理性仅成为对既定世界运转的理解和维系,主体性在这样的进程中丢失了。当每一个"小写的"个体,独立于无法掌控的社会系统的"规律"之际,只能把"规律"认作理性。这种对"规律"承认的过程,也是把自我塞入社会系统的过程。失去了主体性的小写个体,变成了与社会进化规律和自我原则相对立的单纯的类存在,他们在强行统一的社会关系中彼此孤立。[3]

理解了自我保持意义上的工具理性,媒介技术与之的关联便清晰起来。媒介技术使得生活不再是转瞬即逝的,它可以被保存,并将其间的"规律"向人们完美地呈现,因此,文化工业理论犀利地指出,媒介技术推动、加速、顺畅了自我保存理性对系统的承认进程,并反过来让个体"心甘情愿"、"愉悦地"把自身搓揉成系统"真理"所需要的样子,再填塞进去。霍克海默指出,文化工业把自己造就成蛊惑权威的化身,造就成不容辩驳的既存秩序的先知。面对工具理性之"自我对象化"的后果,卢卡奇指出要么承认接受,要么就被抛出系统;文化领域也完全一样,"要么投身其中,

---

[1] 《启蒙的概念》,出自《启蒙辩证法》,第23页。
[2] 《启蒙的概念》,出自《启蒙辩证法》,第23页。
[3] 《启蒙的概念》,出自《启蒙辩证法》,第29页。

要么敬而远之",① 现实媒介所表征的对象世界显得无比真实和可信,"让系统本身制造出构成系统的生活,而不是使这种生活即刻消失掉,从而使系统成为可信的,并为其提供意义和价值。只要人们不断投入到系统中去,就会为系统的盲目存在进行辩护,甚至为系统固定不变的性质进行辩护。"②

自我保存理性中对自我"主体性"的让渡,换来的是与他人无差异的、同样被嵌入这个系统中的个体,工具理性从而被落实为"自我对象化/异化"。媒介技术推进了这个"把人作为类成员"的进程,即个体只是一个复制品,作为一个人,他是完全无价值和无意义的。③ 人将变得类型化,丢失其个体性的前提是,接受承认系统的规则。它在媒介文化中,被表现为"娱乐":"快乐"意味着点头称是,什么也不想,忘却一切忧伤。做到这一点,则需要与总体的社会进程隔离开来,需要使得自己麻木不仁,从而只在作品的界限内来反思社会整体。这样的快乐是彻底的逃避,逃避的不是残酷的现实,而是反抗的所有可能性,因为自由的、反思的思想已经被彻底抛弃。④ 在人们发笑的时刻,我们必须明白,"快乐"与真正的"幸福"是完全不同的:"幸福"必须是人不断去面对、理解生活中的不合理与苦难,并化解了痛苦之后才会拥有的作为"一个结果"的"幸福"。⑤ 它伴随着痛苦与斗争的历史过程。

重要的是,我们必须绕开喧闹的笑声,去识别隐藏在"娱乐"背后的社会权利关系,以及权力系统对"规则"的界定,而这样的界定正是被媒介技术以"自由"、"平等"的面目书写出来。机遇、运气支撑着成功的内在结构,它超过了计划与努力,掩盖了资本和阶级的真相。媒介文本可以把幸运的"灰姑娘"变成公主,把失意的女孩变成英雄,但真相其实正处在谎言的另一面:"其实,她们不过是件玩物而已,那些有权有势的人既可以

---

① 《文化工业:作为大众欺骗的启蒙》,出自《启蒙辩证法》,第133页。
② 《文化工业:作为大众欺骗的启蒙》,出自《启蒙辩证法》,第134页。
③ 《文化工业:作为大众欺骗的启蒙》,出自《启蒙辩证法》,第131页。
④ 《文化工业:作为大众欺骗的启蒙》,出自《启蒙辩证法》,第130页。
⑤ 《附录1:奥德修斯或神话与启蒙》,出自《启蒙辩证法》,第52页。

把她们捧上天,也可以把她们扔进地狱:她们的权力和劳动没有任何价格可言。"① 也即是说,文化工业的要点在于,把每个人变成无差别的雇用者和消费者:作为雇用者,通过媒介,他们想到的是合理化的组织系统,以及对不得不顺应这种系统的承认;作为消费者,他们感受到的是选择的自由,还有媒介所表现的新鲜事物的诱惑。自我的对象化在媒介技术的推动中完成。

(三)媒介技术与理性批判维度三:理性、权力与"自由"表征

霍克海默、阿多诺在对人类文明的回顾中,揭示了理性与权力的深深纠缠。自理性发端之初,就必然是工具性的:一方面,理性为既定的权力提供普遍性、正当性的合理支撑;另一方面,这样的理性又反过来对权力进行约束。因为理性必须是普遍性的,而权力注定是排他性的,权力寻求理性作为支撑的同时,权力也必须承认普遍性权力对它的限定。因此,权力不只是简单的强权,它必须被赋予有意义的、具有普遍形式的社会和生活秩序。霍氏等指出,"合理化因素本身在统治过程中显出与统治互不相同的一面,这种对象性本身包含了对统治的批判……思想是作为批判手段出现的。"② 这是可贵的内在于理性的自我反思的维度,但是,这种自我反思性在逻辑实证主义的道路上,被彻底丢掉了。在理性与权力的关系的意义上,理性下降为守护权力的纯粹的"工具理性"。理性对权力的守护,通过现代社会中的自我保存理性来完成。工具理性让渡了个体的主体性,个体的感性由此失去了对象世界的内容,只得接受社会提供的齐一性,人与人之间的关系获得了普遍的对象性的形式,而这种物化的社会关系与人之间是有距离的,这意味着生活中所有领域的合理化,尤其是文化领域的合理化。

在文化工业的合理化过程中,媒介技术对这种工具理性推进是狡诈和强大的:必然不是简单粗暴的意识形态灌输,那样做只会愚蠢地暴露权力关系;相反,它通过对暴力和权力的"抗争"、对机械化生活的"自主的抽

---

① 《文化工业:作为大众欺骗的启蒙》,出自《启蒙辩证法》,第132页。
② 《启蒙的概念》,出自《启蒙辩证法》,第30页。

离"、对"悲剧"表征中感受到"力量和勇气",有效地掩盖了支持社会系统的权力关系。

我们知道,法兰克福学派的艺术哲学与正统研究马克思主义的前辈学者间的区别在于,它拒绝把文化现象还原为阶级利益的意识形态反映,这也与大多数的还原主义分析拉开了距离。如阿多诺所言,"批评的任务并非去寻找承受文化现象的利益集团,而是去辨认总体的社会趋向,这一趋向乃是表现在这些现象中并通过它来实现自己的最大利益,文化批评应成为社会的观相术。"① 这意味着,媒介文化批判不是要去寻找、揭示主体性的阶级意识形态,因为自我保存理性所服从的系统,已超出了阶级的范畴,它是一种盲目的自然力量在现代社会的表现。因此,我们必须从媒介文化中去辨认总体性的作为系统规则的社会趋向,去识别抗争、勇敢、抽离的自由幻象背后的逻辑:对系统必然性的顺从,对权力的完全放弃抵抗的妥协。

我们在媒介文化中可以看到各种形式的"反抗":雇员对老板的反抗、个体对暴力的反抗、学生对学校体制的反抗……当然,也包括了愤怒的音乐,所有这些都让受众感觉到自由的力量。"反抗",是一种生活在集体和人群中的成员的"需要",人们需要释放系统生活中的不适感,而这样的需要本身,霍克海默等指出,正是系统满足并制造出来的:"制度所固有的必然性是不要把顾客甩在一边,一刻也不要让他怀疑反抗的可能……整个文化工业所作出的承诺就是要逃出日常的苦役。"② 媒介文化中的"反抗"是一个满足"需要"的过程,但反抗的结果是为了让人们更深刻地领会和承认系统的真理:雇员的反抗,带来的可以是失业以及由此伴随的生活不堪,"现实生活中的倒霉蛋,总会不断遭到重创,这样,观众也就学会了怎样经受惩罚的考验"③;也可以是自己创业,以胜利者的姿态走入商业系统并开始承认作为一个"资产所有者"所必须承认的规则。总之,所有的反抗要

---

① 马丁·杰伊:《辩证的想象:法兰克福学派和社会研究所的历史 1923～1950》,单世联译,广东人民出版社,1996,第 205 页。
② 《文化工业:作为大众欺骗的启蒙》,出自《启蒙辩证法》,第 128 页。
③ 《文化工业:作为大众欺骗的启蒙》,出自《启蒙辩证法》,第 125 页。

么都必须回归到系统之中,要么被系统排挤出去,"不遵从意味着在经济上和精神上的软弱无力,意味着'受雇于自己'"①,而这种被排除出系统的人,很轻易地被认为是一个失败者。因此,反抗只是作为一种被预先设计好的情节以满足人们的需要,"自由的幻想"安抚了屈从的不适感后,从而让人们变得更加服帖。

同样,人们认为媒介文化意味着对机械工作状态的逃离,是一种自主的选择和放松。然而,除了文化批判者揭示了文化之劳动再生产的功能之外,它更重要的在于把机械生活的经验不断重复在文化中,并让人们自愿地接近和确认。在工厂、办公室、学校里发生的事情,在闲暇时间里被再一次呈现在媒介中。"技术用来获得支配社会的权力的基础,正是那些支配社会的最强大的经济权力。技术合理性已经变成了支配合理性本身,具有了社会异化于自身的强制本性。"②

(四)媒介技术与文化:新技术对反思理性的唤醒可能

从工具理性的三重维度来理解文化工业理论对媒介技术的批判,就显得顺理成章了。如此一来,"娱乐化""欺骗""驯服"……这些词不再停留于表面的理解,也不会产生被误读的风险,媒介技术所推动的工具理性的膨胀,以及由此对理性之内在反思性维度的切断,才是法兰克福学派对文化工业最深刻犀利的批判逻辑所在。

今天的网络技术,以及网络与电视、电影、音乐、书籍、手机等传统媒介的技术融合,被称之为"新媒介"。上述的分析说明,媒介技术对工具理性的推动,自然囊括了新媒介技术,网络化最大限度地打开了文化工业的传播通道,文化工业理论的批判性在新技术支撑文化传播的今天,具有振聋发聩的力量。同时,大数据等新的技术形式在传媒业的运用,更是为工具理性对生活的全方位占用提供了技术支撑。

---

① 《文化工业:作为大众欺骗的启蒙》,出自《启蒙辩证法》,第120页。
② 《文化工业:作为大众欺骗的启蒙》,出自《启蒙辩证法》,第108页。

我们看到，信息技术一方面促成了文化工业的"大繁荣"，最大限度地成就了工具理性的保守性，但另一方面，信息技术带来的传播方式上的变化，以及由此对内容生产的改变，是否也可能具有新的意味？网络技术降低了信息生产的门槛，信息的发布以各种形式得以展开：社会性媒体上的互动（博客，微博和微信等），弹幕形式的对文本的即时评论，非专业机构或个人的传媒文本制作与发布（网络春晚、微电影等），低成本的文本发布（网络小说、网络歌曲等），同时网络本身的传播特点也带来的文本内容上的改变，诸如针对小众的手机终端阅读推送……理性批判视角的文化研究不能忽视这些新技术所带来的新的现象。

我们把上述现象概括为几个关键词："互动"、"山寨"和"小众"，要思考的是这些信息技术的新的文化传播形式，是否可以唤醒理性内在的自我反思维度？因为，工业文化理论的核心就在于立足于工具理性的技术批判，其暴力就在于切断了观众独立思考的能力。反之，一旦人们可以进行反思，这种在符号中规范了系统规则的媒介文化产品的内在结构，就会分崩离析。[1]

新技术带来了诸多互动形式，它的意义在于"打碎了文本的垄断性"，使得嘲讽、质疑在技术上成为可能。最强烈的互动形式是弹幕，它以即时的文本添加的方式取代了之前的网站视频留言评论功能，观众即时书写的文本像一颗颗子弹一样，出现、穿梭在视频（电影、电视为主）播放的屏幕上，原文本的垄断地位的完整性被割碎，弹幕形式下的电影，已经被改写为一个全新的文本，原有的意义被减损、修改或抵制：女主角的落泪原本可能会引发观众的伤感、回忆和感叹，而如今会因为戏谑、讽刺或恶搞的弹幕文本，让这种事先"设计"好的伤感无影无踪。文本添加，意味着一种真正意义上的"否定"成为可能。在前文对工具理性的分析中，我们谈到过个体与对象世界之间的虚假的"完美同一性"，这种"同一性"彻底阻断了"有内容的否定"。正如它在讽刺片中的灵光乍现是多么的短暂[2]。信息技术带来

---

[1]《文化工业：作为大众欺骗的启蒙》，出自《启蒙辩证法》，第124页。
[2]《文化工业：作为大众欺骗的启蒙》，出自《启蒙辩证法》，第128页。

的文本互动，为"解构"提供了可能。然而，这仅仅是技术上的可能而已，我们必须看到，"互动"所带来的"娱乐"的享受，几乎完全掩盖了解构所需要的清醒和智慧。诸如弹幕的使用者，是年轻的亚文化群体，在很大程度上限制了"超越性"文本的生成。"抵抗"的可能仅仅在技术的层面上。

文化"山寨"的实质是"模仿"，"它是在网络平台和新媒体技术应用下蓬勃发展的次生型娱乐文化产品"。①"模仿"的是娱乐性文本，模仿的目的仍在于"娱乐"。我们在前文中谈过，文化工业的"娱乐"，正是切断主体理性的有力武器。技术原本可能支撑的、以模仿的形式表现的解构力量，在"娱乐"的温柔乡里再一次消散了。

新技术所带来的传播方式变革，使得人们有条件对受众进行分隔，一个重要的成果是"小众"的诞生。小众传播在文本层面发生了显著的变化，文本在风格形式、主题、观点倾向等方面都有较清晰的定位，针对特定社会阶层的群体来选择和书写文本。如果说大众传播是以僵化和空洞的意识形态实现对受众主体性的剥夺，那么技术支持下的小众传播，将为僵化模式的突破提供了可能。诸如手机终端的微信公众号订阅，很多都有清晰的受众划分，推送的内容与小众群体的兴趣、理解水平、需求等密切相关，这使得德怀特·麦克唐纳对媒介促成的"同质化文化"的分析出现了缺失。小众文化使得严肃文本和精英文本的传播成为可能：专业的古典音乐的推送和鉴赏，对经典文学作品的深度分析和批判性研究，对当下现实问题在社会学理论框架下展开探析……这些原来只在学术研究论文中被讨论的主题和方法，今天也可以在小众的阅读中看到，并以更生动活泼的方式进行。根植于文化工业的文本所必须遵从的固定的程式的束缚，在新媒介技术中获得了解放的可行性，艺术和文化的自主性回归也获得技术上的可能。但我们不得不承认，这样的小众文化，其影响力是极其有限和微乎其微的，它仅仅表达了一种技术上的可能。

---

① 徐文明：《建构与解构：山寨文化产业对文化伦理的影响》，《文艺争鸣》2014年第10期，第197页。

结　语

　　新媒介文化之"新",仅是对媒介技术的客观描述:互联网,以及互联网相融合的媒介技术,是"新"的。但这样的新媒介文化,并不意味着文化之"新"。但我们看到,法兰克福学派的文化工业理论,被一些学者认为太过悲观,并已经过时,不能适用于新媒介的文化传播。批判性的文化工业研究已然让位于"文化产业"。

　　对于文化工业理论是否过时的评判,必须回归到理论文本本身。我们看到,法兰克福学派的核心文本《启蒙辩证法》,对"文化工业"的批判,根本上是对媒介技术的批判,其理论依据根植于技术促成了工具理性的进一步膨胀。工具理性的三个向度,是理解媒介技术批判的入口。同样,新媒介技术是否具有文化层面的新意,也在于其是否可能克服工具理性的无限扩展。而三个维度的媒介技术的理性批判,明确地告诉我们,文化工业理论非但没有过时,且在信息新技术的时代显得更为重要。同时,新媒介技术也为"文化之新"提供了技术上的可能,但仅仅限定在技术的层面。

　　阿多诺无奈地看到,文化批判研究由于其所探问的种种令人不安的问题而受到压制,研究者们被指责钻在自负而深奥的学问里[①]。这是商业资本的逻辑在学术领域的渗透,更是实证主义在现代人思想中的渗透。越是如此,文化批判的任务越是任重而道远。

---

① 西奥多.W.阿多诺:《文化工业述要》(中译文),《贵州社会科学》2011年第6期,第44页。

B.23
媒介、文化与传媒教育：
媒体融合时代的媒介素养研究

同　心＊

摘　要： 自媒介诞生之日起，媒介素养问题便如影随形。当下，随着媒体融合进程的加速，媒介格局不断变化，这使得新媒介素养的更新与重构成为值得探讨的问题。本文认为，文化是决定媒介素养变革的关键因素，媒介素养内涵及研究范式的嬗变一直与媒介引发的文化变革息息相关，因此，媒体融合时代的新媒介素养，也应从参与式文化的维度出发，结合媒介化社会的发展趋势来探究其转型的可能。

关键词： 媒体融合　媒介素养　传媒教育

媒介化社会中，大众媒体如同一所庞大的学校，通过"看不见的课程"给大众提供用以理解自我和世界的象征资源。同时，这所学校不仅会"威胁"孩童的传统教育，还全面渗入了大众的日常生活，孜孜不倦地供给终身制的社会教育。因此，如何通过传媒教育（Media Education）来培养足以应对媒体的媒介素养，一直是学者关心的热点议题。"媒介素养"甚至被视作"游弋和被激辩的术语"[1]，研究颇多却始终众说纷纭。而在 Web 2.0 应用程序面世和"自媒体"的相继出现后，新媒体不断涌现，甚至出现了媒体融合的复杂局

＊ 同心，文学博士，上海社会科学院新闻研究所助理研究员，主要研究方向为文化研究。
[1] 陆晔：《媒介素养：理念、认知、参与》，经济科学出版社，2010，第51页。

面,崭新的传媒生态带来了一系列的新问题。因此,在新的参与式传媒环境之下,有必要进一步思考传媒教育如何重构媒介素养来回应新变革趋势。

一 媒介素养范式变革历程

20世纪初,商业报纸、通俗杂志、畅销小说日渐丰富,工业化与商业化进程催生了世俗化大众文化的兴盛。也是从此时开始,人们逐步开始关注"media literacy education"即"媒介素养教育"。1933年,F. R. 利维斯和学生丹尼斯·汤普森出版了《文化和环境:批判意识的培养》一书,在书中首次系统提出了"媒介素养"的观点。其中认为,在商业动机的刺激下,"批量生产"的"标准化"媒介产品也让廉价的大众文化随之流行、普及,由此导致了大众的"低水平的满足",文化的危机使社会成员的精神追求潜移默化为以享乐为目的,而对于尚未形成完整世界观的青少年来说,大众媒介与流行文化挑战着传统意义上的学校教育与社会价值,无疑将产生更大的负面影响。因此,学校应当力求通过媒介素养教育,使学生免受媒介所传播的文化、观念或意识形态带来的负面影响。由此奠基的这一阶段的媒介素养教育模式也被称为"防疫模式"。亦可以说,这一时期的媒介教育就是反对媒介的教育。这一模式显然与学界的理论研究观点密切相关。当时正值传播学研究中的"魔弹论"风靡,此时的媒介素养教育理念也暗合这一观点:传媒如同社会的"病灶",但如果民众注定无法躲避大众媒体投来的"魔弹",那么媒介素养教育就应当先为其注射"疫苗"防疫,以期能对传媒散播的"病毒"起预防作用。从文化研究的纬度而言,20世纪30年代的"利维斯主义"作为早期文化批判经典,既深刻反映当时知识阶层的文化心理,也会再次加深其普遍预设。值得一提的是,尽管崇尚"少数人文化"的"利维斯主义"其后被不断质疑与反思,但它对大众文化的论断仍然在相当长的时间段内颇具生命力,甚至演化为人们批判或藐视大众文化的不证自明的理由。所以,"防疫模式"的媒介素养教育模式也依然深刻影响着当下许多研究者、传媒教育工作者的研究逻辑。

20世纪50年代至60年代后期,英国文化研究学派逐渐形成声势,其研究取向对于利维斯的观念提出质疑。如雷蒙德·威廉斯(Raymond Williams)认为,文化并非是存在于经典的文学文本的具有特殊权威的产物,而应当是整个生活方式。同时,另一种大众媒介——电影的产生和兴盛使早期的"接种免疫"的媒介素养观念出现转变。文化研究学派的观念引发了极大的振动,而电影也不仅是增加了一个媒介教育关注的对象,而且促使人们对于大众文化有了一种新的感悟和认识。1964年,霍尔(Stuart Hall)与瓦内尔(Paddy Whannel)所著的《大众艺术》(*The Popular Arts*)一书对于媒介素养教育的转变产生了极大影响。同时,电影理论尤其是导演中心论盛行。因此,研究者开始试图就媒介文化本身做出理性的品质区分,一部分优秀的电影被视作等同于文学文本,可作为美学评析或严肃文学化评论的对象。所以此时的媒体素养教育不再是力图完全隔绝原本的媒介传播,很多教师从普及艺术的角度教授媒介素养,并帮助学生学习如何辨别和吸收"好的"大众文化。媒体教育家马斯特曼(Len Masterman)就将这一时期总结为"媒介作为通俗艺术"的媒介素养教育。当然,根据1963年英国就相关情况形成的《纽森报告》(*Newsom Report*)来看,高级文化和大众文化的区别虽然有所变动,但是并没有完全消除。

第二次世界大战后,电视的迅速发展进一步改变了原有的媒介素养教育。"屏幕理论"(Screen Theory)这一与以往媒介教育理念有着明显区别的媒介教育理论逐渐成形。对这一理论的阐述主要刊载于《屏幕》(*Screen*)和《屏幕教育》这两份期刊之中。综合屏幕理论的各类论述,其核心关注的问题是媒介的"再现"。其核心人物马斯特曼认为,媒介素养教育/传媒教育最重要的使命应当是揭示媒体文本的建构本质,并由此向学生说明媒体的再现将如何增强社会中支配团体的意识形态。这一媒介素养教育模式也与学界的研究风潮密切相关,当时流行的符号学理论、马克思意识形态理论以及社会学理论都被应用于相关理论研究与教学实践当中,如借用符号学批判分析媒介文本的建构与再现,运用意识形态理论来拆解并探讨文化霸权等。"屏幕理论"与此前的媒介素养理论有很大的不同,其创建及应用对于媒介素养教育领域具有非常重要的意义，从此时开始，教育模式不再仅是关注内容文本的解读，而开始分析媒介的"再现"与媒介的表现形式，及这种形式对媒介内容所产生的重要作用。屏幕教育也推动了媒介素养教育实践的浪潮，美国、日本、加拿大等国家和地区的媒介素养教育多与此有渊源。当然，从另一个层面讲，媒介素养的关注重点"从文本本身向文本生产和呈现转化"，这种媒介教育理念的变化，"与其说是媒介教育理念自身的迁移，不如说蕴含着对于大众媒介及其文化的再认识"。[1]

20世纪80年代后，批判分析取向的媒介素养教育模式越来越受到挑战。"制作"、"参与"成为新的媒体素养教育倡导的关键词。实际上，雷蒙德·威廉斯的研究早就发现，在工业化早期，工人们被训练获得识字与阅读的能力，但是不被鼓励写作，这就使得他们可以理解、服从命令，或是阅读《圣经》以利于道德说教，但无法表达自己的需要和利益，那时的素养观念事实上是紧紧围绕着权力－控制关系而来的。因此，有必要停止仅仅指责媒介的不是，而应当将对媒介的批判性思考转为通过制作和参与式的社区行动为自我"赋权"，从而"促成健康的媒介社区"。而且根据大卫·伯金汉（David Buckingham）多年的现场观察，保护取向的教育模式事实上在教学实践中几乎难以落实，学生们了解他们自身的文化及快感，他们会倾向于抗拒教师所教授的东西。通晓课堂规则和教师愿景的学生甚至可能配合教师将意识形态分析仪式化，成为批判的语言游戏。[2] 因此，不少媒体教育研究者主张受众在解构媒介信息的同时，亦可享受媒体给予的娱乐，并学习媒体制作，透过制作了解传媒如何传达信息。

二 媒体融合时代：新问题与新文化

从20世纪末开始，信息传播技术（ICT）的高速发展带来媒介生态的

---

[1] 陆晔：《媒介素养：理念、认知、参与》，经济科学出版社，2010，第25页。
[2] David Buckingham, *Media Education: Literacy, Learning and Contemporary Culture*, Cambridge: Polity Press. 2003.

空前变化，传统媒介的介质壁垒被打破，开始了融合化的趋向。与此同时，去中心化的"微内容"媒介生产渐成规模，全平台的整合式传播和用户生产模式（UGC）完全改变了媒体的生长法则和传媒产业的运行逻辑。这意味着在媒体格局巨变之后，有关媒介的知识体系也许需要全面重构。更重要的是，与之相伴的新媒介问题也日益凸显。

（一）新数字鸿沟："数字使用鸿沟"

在信息化时代初期，"数字鸿沟"（Digital Divide）是指信息拥有者和信息匮乏者之间的巨大差距将形成一条鸿沟，而在当下，科技的发展让近用媒介的成本大为降低，不同阶层在设备拥有，甚至技术掌握方面的差距也在不断缩小。在中国，这一发展趋势更为明显：根据中国互联网络信息中心（CNNIC）最新统计报告，截至2015年6月，我国网民规模达6.68亿人，互联网普及率为48.8%，并且中国网民继续向低学历及低收入人群扩散。[①] 正如邱林川所指出，"中国的社会信息化过程已由90年代精英垄断的局面进入到更广社会内信息中下阶层和中低端信息传播技术紧密结合的新阶段"，[②] 位处社会中下阶层的草根群体，已经成为新媒介技术的实践主体，普遍拥有新技术终端设备，并日益娴熟地使用新型传播工具。但是，新的数字鸿沟再次显现，即数字使用鸿沟（Digital Use Divide）。海量信息侵袭而来，涌入日常生活的每一个缝隙，许多人出现了信息依赖与网络依赖症状。而援引齐格蒙特·鲍曼的观点，特别是在消费者社会，财富才能保障新奇的生活方式，贫穷阶层不再是传统意义上食不果腹的生活困窘者，而是没有能力负担冗余品的有"缺陷"的消费者，[③] 因此没有其他消遣或社会支撑的新贫阶层更容易出现信息依赖与网络沉溺症状。以美国为例，有数据表明，很多低收入家

[①] 中国互联网络信息中心：《第36次中国互联网发展状况统计报告》，http://www.cnnic.net.cn/hlwfzyj/hlwxzbg/hlwtjbg/201507/P020150723549500667087.pdf，访问时间：2015年9月29日。

[②] 邱林川：《信息"社会"：理论、现实、模式、反思》，《传播与社会学刊》2008年第5期。

[③] 〔英〕齐格蒙特·鲍曼：《工作、消费与新贫》，王志宏译，巨流图书公司，2003，第102~110页。

庭通过多种努力已经掌握了使用计算机技术的能力，然而在看似缩小了技术鸿沟的背后，出现了意料之外的结果：随着获得、接近新设备变得越来越容易，低收入家庭的孩子花在电视、视频、游戏、社交网络上的时间远比高收入家庭的孩子多。对于忙于工作或家务的低收入家庭的父母，各种新媒体承担起了父母的看护或养育职责，使世界观和自我管理能力较弱的儿童出现越来越明显的媒体沉溺现象，而是否可以合理使用新媒体技术，是否可以善用新媒体技术，将决定个体的社会资本，且将进一步固化或拉大阶层差距。

另外，海量的信息涌现，以及自媒体发布的粗制滥造的信息群，内容信息有好有坏，对个体信息搜寻、鉴别、证伪能力构成了新的要求。信息传播及储存技术的发展让互联网的信息自由和信息超载同时存在。媒体融合时代，信息的生产主体不再限定为特定的少数人，广大普通网民也加入了信息生产者的队伍，甚至逐步取代职业传播者成为信息生产的主力军，即"人人都是记者"，都可以开通属于自己的麦克风。根据美国沙泥·伯曼和克拉斯·威利斯的《自媒体：受众正如何影响新闻信息的未来》报告，到2021年受众将生产50%的新闻内容，届时主流新闻媒体甚至也可能采纳和实践这种新闻传播形式。[1] 这不仅导致信息源以及信息量的暴增，还因网民媒介素养的参差不齐，信息质量整体上也有所下降。信息过载的问题日益严重，更引发了信息焦虑症的频发。新媒介已经成为一把双刃剑，如何应对信息过载，高效精准地获取信息并为己所有，是互联网语境中必须面对的一个难题。从信息与文本的角度看，在数字时代，互联网不仅改变了信息所依托的承载介质，且带来的也不仅是超量的信息，而且因这种网状联结而完全改变了其原有的状态：从固定文本，发展到互文本，再到超文本。其中，固定文本是指静止与封闭的文本，这是指如小说、杂志等，其文本内容在制作完成后，便形成一个孤立、静止、封闭的客体；而电子媒介技术推出了互文本，不同媒介类型的文本之间相互交错牵制，文本的意义开

---

[1] 转引自相德宝《自媒体时代中国对外传播策略》，《世界新格局与中国国际传播：问题与对策——"全国第二届对外传播理论研讨会"论文集》，外文出版社，2012，第83页。

始依赖于与其他文本的关系;而在当下,通过超链接,计算机或网络将属于不同页面的文字或其他符号信息(图片、动画、声音等)连接在一起的立体的网状文本,形成了所谓的超文本。① 文本的变形使得对其意义的识读规则也完全改变,并使媒体融合时代信息识读和筛选能力强者和弱者之间出现极大的信息鸿沟,缺少上述能力的人很容易出现偏差解读,甚至误读,而具备这些能力的人则仿佛站在高地,而且这种信息鸿沟将呈马太效应。

(二)融合文化和参与式文化

媒体融合时代,并不仅是媒介信息的生产、流通、消费方式改变,媒介化社会的生活样式及整个社会图景都在不断快速改变。亨利·詹金斯(Henry Jenkins)认为融合媒体时代媒体内容能够横跨不同的媒体系统、相互竞争的媒体经济体系以及国家边界流通,从而聚合非凡的力量,这在很大程度上是依靠消费者的积极参与完成的。因此,他强调融合绝不仅是一个技术过程,即在一种设备上汇集了多种媒体功能的过程,且应是一种文化变迁,因为它鼓励消费者获取新信息,并把分散的媒体内容联系起来。② 同时,从以上媒介素养的发展历程可以看到,媒介素养的四次范式转移,与媒介技术及大众媒体变革密切相关,大众传播研究的主流范式也总会影响其核心观点,这体现了媒介素养理论与实践发展和社会对媒介问题关注重心转移之间的同步性。因此,媒介素养是根据社会的现况发展需要,塑造出来的社会认可的知识与能力,其中素养的具体含义会随着时代迁移而有所变动。所以,任何谈论媒介素养的人必须先向源头探问,弄清楚究竟我们处在怎样的社会与文化环境之中,特别是弄清楚其中的文化逻辑。从信息消费角度看,在媒体融合时代,媒介生产者与媒介消费者也发生了融合,新媒体赋予受众"传播权",极大地释放了其能动性,"传媒制作及消费人"/产消者

---

① 李德刚:《数字素养:新数字鸿沟背景下的媒介素养教育新走向》,《思想理论教育》2012年第9期。
② 〔美〕亨利·詹金斯:《融合文化:新媒体和旧媒体的冲突地带》,杜永明译,商务出版社,2012,第31页。

（Prosumer）出现了。在早期阶段，虚拟粉丝社群通过挪用和转化大众文化的素材，积极主动地创作媒介文本、传播媒介内容、加强网络交往，形成了一种蕴含着平等、公开、包容、共享的新型媒介文化样式，即"参与式文化"（Participatory Culture）。而在媒体融合进程中，融合更加鼓励参与，在互联网的协助下，产消者得以开始一种零散的非正式互动，并凝聚出如维基百科类的集体智慧产物。在更大范围内，融合文化成为必然的趋势。

然而，由于路径依赖，当下的不少媒介研究仍停留在流行文化、影视暴力等传统媒介对青少年的负面影响研究维度上，媒介素养研究也依然以传统受众观念作为出发点，"我们还没有来得及搭建起完整的媒介素养研究框架的时候，新媒介已经裹挟着全新的文化样式向我们扑来"。[①] 从上述媒介素养模式变革的历程可以看到，传统的媒介素养是以"被动受众"作为主要对象，以培养受众的媒介批判意识、分析能力、制作能力作为主要目标的，那么面对参与式文化的媒介背景，受众已经成为拥有多种媒介制作、传播技巧的"主动受众"，如何培养其批判意识和分析能力？是否还需要专门培训其生产制作能力？同时，参与式文化的内涵以及如何回应参与式文化，都还有待探索。更重要的是，新传播技术打破了传统媒体的话语垄断，但是技术赋权不一定能使人们对社会负责。在参与式文化下，又如何界定和培养"产消者"的传播责任伦理？

三 新媒介素养：转型的可能

如上，面对媒介环境的变迁和参与式文化的挑战，传统媒介素养教育必须对其研究的重心、主要教育内容与策略进行相应的调整。但是，在媒体融合下媒介作用机制和参与式文化内涵都尚不清晰的前提下，新媒介素养如何"转向"也是一个难题。

[①] 李德刚：《新媒介素养：参与式文化背景下媒介素养教育的转向》，《中国传播学评论：媒介素养专辑》，复旦大学出版社，2008，第54页。

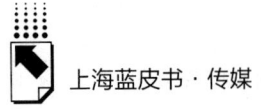

（一）基础：信息管理、识读与制造

由于媒介素养在国外已发展多年，可以借鉴其经验。1994年，以色列学者 Yoram Eshet Alkalai 提出了数字素养的概念框架，即应包括：图片－图像素养，这是指在由基于文本的句法环境转变的基于图片的视像数字时代，必须学会"用视觉思考"；再创造素养，即通过创造性地整合各种媒体素材赋予其全新意义的能力；分支素养，这是指驾驭超媒体的素养能力。由于当下超媒体文本的特点，因此，我们应当学会用非线性的方式思考和建构知识体系；信息素养，这是指辨识信息的真伪及适用性的能力；社会－情感素养，这是最具难度的素养能力，是指我们不仅要会与数字环境中的他人共享知识，还能以数字化的形式来进行情感交流。[①] 由于这一概念框架较为完善，已被《远程教育百科全书》列为数字学习的主要模式之一。近年来，联合国教科文组织（UNESCO）也试图将媒介素养和信息素养（Information Literacy）以及ICT技术的概念融合，提出一个新的概念："媒介及信息素养"（Media and Information Literacy，MIL），主要包括三部分内容：搜寻传媒信息和信息的能力；认识、分析和整合传媒信息和信息的能力；使用及创造传媒信息和信息的能力。[②]

在此不妨先回到媒介素养的原初定义，"media literacy"即"媒介素养"一直都未能有一个统一的界定，回溯"literacy"即"素养"的原初意义，在牛津辞典中，它是指"the ability to read and write"，即读、写能力，由此推衍，在各式媒介素养内涵的定义中，大抵都包括阅读、理解层面和制作技能层面。上述较受认可的新媒介素养也是从这两个纬度来阐释。那么，综合来看，信息管理能力、信息识读能力和信息制作能力也应是新媒介素养中的基础内涵。

信息管理能力强调对信息的筛选，首先利用各类媒介快速准确地获取有

[①] 肖俊洪：《数字素养》，《中国远程教育》2006年第5期。
[②] 李月莲：《媒介素养的发展动向》，《传播学新趋势》（下），清华大学出版社，2014，第654页。

用信息的能力，其后，可以将这些"超文本"内容整合运用，继而才能在信息的洪流中寻得方向，稳住脚步，让自己不会被淹没于海量信息中，更不会被垃圾信息所困。这需要掌握各类信息检索技术，同时还需要警觉它们对个人及社会的影响力，甚至了解传媒的运作和不同媒介的特色，了解各种媒介的技术特性和传播特点，了解媒介组织的政治、经济属性及其对媒介内容的影响，才能真正实现信息的有效管理。同时，这种能力也强调专注力，在新媒体中寻找信息时，由于超链接文本的普遍存在，注意力很容易被超链接逐渐吸引至不相干的议题上，且浪费时间和精力，因此，如何在这种情况下专注地判断、寻找、搜集与自设议题相关的信息，是新媒介素养教育必须涵盖的新内容。媒介化社会已经成为我们生存的大环境，日常生活中必然接触海量的媒介信息，因此，与传统媒体时代不同的是，信息管理能力应该成为普通民众在媒体融合时代必须修炼的能力，由此才可能应对信息过载问题。

在媒体融合时代，正确识读新媒介的重要性不亚于对传统印刷媒体的识读能力。道格拉斯·凯尔纳（Douglas Kellner）曾指出，对于公民和个人而言，掌握对媒体的批判性的读解能力是应对具有诱惑力的文化环境时的一种重要资源，学会怎样阅读、批评和抵制媒体的操纵会有助于个人提升其自主权，能赋予其获得驾驭自身文化环境的力量以及创造新的文化形式所必需的教养。[①] 而与传统媒体时代不同的是，识读能力不仅包括普通文本，由于4G技术等的普及，视觉识读应当被首先重视。同时，信息识读能力还需特别强调对信息的质疑能力，这是因为在信息剧增的当下，我们要学会去伪存真地识读有效信息，批判性思考、吸收，降低信息误读发生的概率。在此基础上，还可进一步用美学眼光欣赏媒体及信息，通过媒体学习及了解世界，并将个人从传媒及信息提供者得来的信息应用到日常生活中。

信息制作能力是新媒介环境中对于传统媒介素养中"写"的能力的延展，即要求信息的再生产能力。首先，个体应该能够反思媒介与受众的关

---

① 〔美〕道格拉斯·凯尔纳：《媒体文化：介于现代与后现代之间的文化研究、认同性与政治》，丁宁译，商务印书馆，2013，第10~11页。

系，尝试在新媒体时代做积极主动的"阅听人"，勇于实践个人的传播权利去运用甚至影响媒介，学习掌握信息制作的技巧，并善于用传媒作创意表达。在媒体融合下，个体还应在有效、安全地利用各种传播途径跟其他人沟通及分享和使用信息的基础上，整合不同媒体的文本、影音信息，赋予新的意义，从而培养能进行合成和多维思考的能力。

（二）社会化协作与共情能力

Web 2.0 时代，最为显著的媒体特征就是社会化媒体的出现。因此，新的媒介素养当然也应包括了解与掌握这种媒体的使用技能。然而，社会化媒体不同于传统媒体的特别之处在于，它完全颠覆了原有的媒体规则，特别是上述它的协作机制所带来的参与式文化，以及形成的巨大的集体智能，因此，学会社会化媒体协作与充分利用集体智能，应当是新媒介素养的核心。彭兰就指出，社会化媒体时代的公众媒介素养的认识，需要从建设者或生产者这样一个角度加以扩展。同时，这些媒介活动也在很大程度上影响到网络社会的秩序甚至现实社会的秩序，影响到社会发展的进程，因此，这些素养也是社会参与的素质与能力的体现。詹金斯也对此提出了"散播媒体"（Spreadable Media）的新概念，指出必须学会在社区中与他人协作并快速散播自己的意见或者产品。

针对中国语境，还需特别强调一点，即在媒介素养中始终保持以批判性的人文素养为核心。新媒介环境下，以培养受众具备"媒介批判意识"为核心内容的传统媒介素养教育将会向以培养个体的"新媒介交往能力"为核心内容的"新媒介素养"教育转向是不可避免的趋势。[1] 同时，正如大卫·伯金汉结合其多年媒介素养教学经历分析所指出的，批判的立场可能会造成媒体教育课堂上"语言游戏"的出现。但是，结合中国的特殊语境来看，仍然需要始终以人文素养为核心。李智分析中国近年来的媒介素养教育

---

[1] 李德刚：《新媒介素养：参与式文化背景下媒介素养教育的转向》，《中国传播学评论：媒介素养专辑》，复旦大学出版社，2008，第54页。

实践后指出，由于未能深入反思和批判大众媒介的社会本质，"媒介素养"教育越来越倾向于技术主义或工具主义，即将媒介"视之为一种价值中立（零负载）的渠道、中介和可自主支配的资源"，也不再以对媒介内容作批判性文本解读为内核，由此，"'媒介素养'从一种具有批判性的人文素养（cultivation）演变成一种功能性的社会技能（technique）"。[1] 这一倾向值得注意，以免媒体融合下的新媒介素养教育演变成纯粹的高级媒介技术培养，从而丢失了新媒介素养的本质。

---

[1] 李智：《媒介素养教育的本土化：从批判主义范式到功能主义范式》，《现代传播》2012年第9期。

B.24
网络社群：新媒体环境下网络舆情研究的理论进路

张 华*

摘　要： 本文在梳理网络舆情研究现状的基础上，指出该研究领域现存的问题，即以"网络＋舆情"或"技术（互联网作为渠道）＋群体（社会公众）"的模式来界定网络舆情，而对网络舆情的主体关照不够。由此，网络舆情在很大程度上成为互联网和新媒体技术发展的一个"结果"。本文认为，解决网络舆情研究现有问题的突破口在于对网络舆情主体的重新思考。基于中国社会变迁和技术变迁的现实，本文提出并重构了网络社群这一概念，将其作为未来网络舆情研究的核心概念、理论起点和分析框架，力图拓展本领域的研究进路。

关键词： 网络舆情　网络社群　社会治理

一　研究概述

根据对中国知网数据库（CNKI）的检索，发现最早关于网络舆情研究的论文发表于2003年，但该文中没有明确提出"网络舆情"一词，该词语

---

* 张华，新闻学博士，复旦大学发展研究院传播与国家治理研究中心博士后，主要研究方向为新媒体、网络社群、网络舆情。

首次提出的时间是2005年。①自此之后，网络舆情日益受到学界关注，很快成为研究热点。十年来，该研究的大量成果遍及社会学、政治学、新闻传播学、情报学、计算机科学等学科。多学科交叉、多种视角和多种研究方法是网络舆情研究的特点。就现实及学者们对该领域的研究热情而言，在可预见的将来，网络舆情依然是研究热点。

网络舆情的既有研究成果，郭志蓉认为主要体现在四个方面：网络舆论理论、网络舆论引导、网络舆论监督以及网络舆论的技术。②林敏则以网络舆情应对为导向，认为应重点研究其特点与形成、检测与分析、应对和化解几个方面。③郑广嘉和陈玮梳理了该项研究涉及的议题，即网络舆情生成的网络平台，它如何酝酿、形成、演化，它和群体行为之间存在怎样的关系，在此基础上，如何对网络舆情进行分析、预判、应对和引导。④许鑫等则将该领域研究的内容概括为基础理论、支撑技术和运用几个方面。⑤

本文认为既有网络舆情研究可以归纳为以下几个方面：一是基础理论研究，如网络舆情的概念界定、特征归纳及其和相关概念如网络舆论的区别；二是关联研究，即网络舆情与群体行为、群体性事件、社会热点（焦点）之间孰因孰果、如何影响；三是网络舆情的形成、演化机制研究；四是建立网络舆情的分析、研判、预警、监控机制与设施的对策性研究；五是对网络舆情和相关技术的研究。

二 网络舆情概念的界定

网络舆情研究已有十年之久，虽然学者们对其的概念尚不统一，但定义

---

① 郑广嘉、陈玮：《我国网络舆情研究述评（2000~2013）》，见谢耘耕、陈虹编《新媒体与社会（第八辑）》，社会科学文献出版社，2014，第106~134页。
② 郭志蓉：《我国网络舆论研究的发展与现状》，西北大学硕士学位论文，2011。
③ 林敏：《网络舆情：影响因素及其作用机制研究》，浙江大学博士学位论文，2013。
④ 郑广嘉、陈玮：《我国网络舆情研究述评（2000~2013）》，见谢耘耕、陈虹编《新媒体与社会（第八辑）》，社会科学文献出版社，2014，第106~134页。
⑤ 许鑫、章成志、李雯静：《国内网络舆情研究的回顾和展望》，《情报理论与实践》2009年第32（3）期，第115~120页。

方式有着相同或相近的逻辑。网络舆情的概念来源于舆情。由于舆情总是和舆论、民意等概念联系在一起，一度曾引起误用和争议。① 这些争议，实际上就是对"什么是舆情，什么不是舆情"的厘定。这就需要对构成舆情和网络舆情的所有要素进行考察。根据一些学者的逻辑，既然舆情是现实社会空间中公众对各种公共事务的情绪、态度和意见的表达及集聚，那么，网络舆情就是"在网络环境中形成或体现的舆情即民意情况"。② 具体来讲，网络舆情可被理解为网民或社会公众利用语言、文字、图像、影音等对现实社会中热点事件进行的具有持续性和多数一致性的公开评价，且带有强烈的情感和行为倾向，③ "或者可被阐释为公众、社会不同阶层社会态度、取向和评价结果在网络上的投影和话语表达"。④ 总之，以上述逻辑界定的网络舆情概念，就是公众以互联网为工具和表达平台，对与自身利益相关的社会现象、社会事件公开表达的认知、态度及体现的行为倾向。⑤

不难看出，上述定义是以"网络 + 舆情"或"技术（互联网作为渠道）+ 群体（社会公众）"的模式来界定网络舆情。那么，网络（技术）及其应用和群体（及其认知、态度、倾向、行为）就成为网络舆情概念必需的要素，但将两者简单相加就会对认识网络舆情及网络舆情治理产生偏误。

三 互联网技术应用与网络舆情的关系研究

从论坛，到博客再到微博、微信，交往平台一直在演变。互联网应用技

---

① 丁柏铨：《略论舆情——兼及它与舆论、新闻的关系》，《新闻记者》2007年第6期，第8~11页。
② 丁柏铨：《论网络舆情》，《新闻记者》2010年第3期，第4~8页。
③ 林敏：《网络舆情：影响因素及其作用机制研究》，浙江大学博士学位论文，2013。
④ 张春华：《网络舆情——社会学的阐释》，社会科学文献出版社，2012年1月。
⑤ 谭伟：《网络舆论概念及特征》，《湖南社会科学》2003年第5期，第188~190页；刘毅：《网络舆情与政府治理范式的转变》，《前沿》2006年第10期，第140~143页；刘毅：《略论网络舆情的概念、特点、表达与传播》，《理论界》2007年第1期，第11~12页。

术平台的更新，对网络舆情的主体、形成模式、传播路径、发展趋势等有着相当的影响。这引起了研究者的注意。

（一）网络论坛舆情研究

论坛是互联网为中国网民提供的第一个交往平台，作为一种新的公共空间，论坛成为网络舆情的萌发之地。在论坛上，人们理性与情绪并存，倾听与发言共在，这样的状况经常出现，人群及意见的分裂与对峙成为常态。由于高校 BBS 是中国较早开设的网络论坛，因此关于高校 BBS 的舆情研究成为论坛舆情研究的重要组成部分。这方面的研究大都集中在高校 BBS 舆情的引导、管理以及舆情分析系统的设计与实现上。相应地，一些应对性研究大量出现，如高校舆情信息的研判、预警、疏导等。[①]

论坛上形成网络舆情的类型模式，有研究者概括为"双重循环模式"、"蒸汽模式"和"向日葵模式"。"双重循环模式"是指网络意见与传统媒体互动进而形成网络舆情；"蒸汽模式"是指网络舆情由不断聚集、升温的民意形成；"向日葵模式"则是指因政府设置议程而形成网络舆情。[②] 这说明，网民、传统媒体和政府力量之间三方博弈是网络论坛上生成舆情的关键因素，这和网络论坛的使用特征如匿名性、开放性和便捷性关系密切。但现有研究并未将上述博弈在更深的层次上展示。

（二）微博舆情研究

自 2010 年以来，微博问政、微博反腐、微博舆情预测等成为微博研究的热点领域。而关于微博舆情的研究，主要出发点在于弄清其形成机理、特征和影响，以便采取应对措施。[③] 微博的自身技术设定、传播模式、使用主

---

① 王灵芝：《高校学生网络舆情分析及引导机制研究》，中南大学博士学位论文，2010。
② 周敏、王莹：《从地方网络论坛舆情生成看网络问政的新模式》，《现代传播》2010 年第 7 期，第 119～122 页。
③ 刘社瑞、唐双：《自媒体时代微博舆情研究与应对策略》，《求索》2011 年第 10 期，第 86～87 页。

体等,决定了微博舆情的传播特征。有学者认为微博舆情演化,数量庞大的微博用户是基础,但"舆情领袖"和"粉丝经济"的合力推动以及设置与国计民生相关的各类议题更为重要。①

这和微博的技术特征、传播模式等相关。微博参与人数多、互动交流便捷以及意见领袖的强大的号召力,使得微博舆情具有强大的动员能力,信息多源、舆论多元、社会动员挑战了信息控制、舆论一律和社会管理。②

微博舆情的演变规律吸引了众多研究者的关注。将网络舆情的阶段划分和微博舆情的阶段演变相等同,虽然有利于对微博舆情的监测、应对与引导,却未考虑并体现不同事件的差异化特征。③ 多数微博舆情监测研究建立起了监测指标体系,能够对微博舆情进行分阶段监测。有研究者从某一技术分析框架出发,建立起各种分析和检测模型,以便获取微博舆情的特点,进而探究这些特点对电子商务、企业决策支持、网络舆情预警各个方面的指导作用。④

(三)微信舆情研究

目前,关于微信舆情的研究为数不多。燕志华认为,中国的舆情场域出现了巨大的变迁,在包括外媒舆论场、精英舆论场等在内的多元舆论场中,民间舆论场逐步占据上风,并在微博、微信两个场域各擅其长。当下的微信场域,因朋友圈营造出的"类社区"氛围,其舆情较之微博场域的多发而激烈,显得更为隐蔽而温和。中国正迎来一个"弱舆论场"时代。"微博—微信"两个场域的打通和融合将是未来舆论场的主要特征,网络舆情隐秘

---

① 刘社瑞、唐双:《自媒体时代微博舆情研究与应对策略》,《求索》2011年第10期,第86~87页。
② 李凌凌:《微博时代:舆情挑战与政府应对》,《中州学刊》2012年第9期,第203~206页。
③ 郑广嘉、陈玮:《我国网络舆情研究述评(2000~2013)》,见谢耘耕、陈虹编《新媒体与社会(第八辑)》,社会科学文献出版社,2014,第106~134页。
④ 张岚岚:《新浪微博的网络舆情分析研究——模型、设计与实验》,华东师范大学硕士学位论文,2011。

化会使监测难度加大。① 既然如此,从群体即网络舆情的主体出发,打通微博舆情和微信舆情的研究区隔,或许是未来研究的路径之一。

四 群体、群体行为和群体性事件与网络舆情的关系研究

有学者按照群体性事件和网络舆情发生时间的先后,将群体行为和群体性事件与网络舆情的关系划分为三类:第一类是群体性事件在前,第二类是网络舆情在前并且是群体性事件的诱因和推动力量,第三类则是二者同时发生。现阶段来看,第一类研究较多。② 这类研究将网络舆情视为群体性突发事件的衍生物。在这一思路下,群体性事件是网络舆情的诱发因素,自然就将网络舆情的演变视作一个包括形成、扩散、爆发和终结四个阶段的动态变化过程。③ 与第一类研究相比,第二类研究则倒因为果,即网络舆情是导致群体性事件发生、发展的重要因素,它可能导致流言传播且难以有效控制;信息传播速度之快、范围之广而产生重大影响;非理性的、情绪化的信息交流居于主要地位。因而,网络舆情常常成为群体性事件的"导火索",也可能成为推动群体性事件的恶性发展的间接因素。④

网络群体的行为,会受到情绪的很大影响。有学者对情绪的描述性研究,清晰地展示了事件进程中的公众情绪演变,但这种描述缺乏与事件的关联,以及个体和群体的情绪扩散机制。⑤ 有学者分析网络群体极化的机制,

---

① 燕志华:《舆情场域变迁下社会治理的机遇与挑战》,江苏省哲学社会科学界第八届学术大会"社会舆情分析与社会治理创新"学术论坛,2014 年 12 月 14 日。
② 易承志:《群体性突发事件网络舆情的演变机制分析》,《情报杂志》2011 年第 12 期,第 6~12 页。
③ 易承志:《群体性突发事件网络舆情的演变机制分析》,《情报杂志》2011 年第 12 期,第 6~12 页。
④ 彭知辉:《论群体性事件与网络舆情》,《上海公安高等专科学校学报》2008 年第 2 期,第 46~50 页。
⑤ 王林、时勘、赵杨、张跃先:《基于突发事件的微博集群行为舆情感知实验》2013 年第 5 期,第 32~37,48 页。

认为事件的推动、观点单一且凸显、群体协作导致群体极化，但通过网络的监管、设置特殊的议题以及网民素质的提高等，则可改善网络群体极化现象。①

进一步来说，不能简单地认为互联网一定会带来群体智慧，或使群体迷失，个体以多种方式、不同的结构与机制集聚，因而也会产生不同的效果。②

在网络群体、群体性事件与网络舆情之间的关系研究中，群体有何特征始终未有清晰的论述，仅有的是根据职业（如学生群体）来界定舆情类型，如高校舆情、企业舆情等。

五 网络舆情及其与社会治理的关系研究

互联网的迅猛发展改变了舆论格局，给政府带来严峻挑战。但当下我国政府延续传统的以应急为重心、以管控为内核、以平息为旨归的舆情管理方式，和现代治理模式的要求仍有不小距离。③

具体来讲，政府管理舆论的策略主要有，通过法规规制公民表达以达到规范性，集中的运动式治理以约束意见领袖，采用大声量网络宣传的方式，以媒介融合的手段抢占、管控网络空间。④

基于上述舆论管理和舆情治理的缺陷，"走向有诉求的舆情研究"就成为当务之急。潘忠党认为，具体应：（1）改变陈旧、固化的思维方式，如"以现实为起点"并不是以维系现状为目标，中国本土经验不能"囚禁"普

---

① 史波：《网络舆情群体极化的动力机制与调控策略研究》，《情报杂志》2010年第7期，第50~53，69页。
② 彭兰：《群氓的智慧还是群体性迷失——互联网群体互动效果的两面观察》，《当代传播》2014年第2期，第4~7页。
③ 汤景泰：《走出自由与管制的二元藩篱——论公共舆情治理》，江苏省哲学社会科学界第八届学术大会"社会舆情分析与社会治理创新"学术论坛，2014年12月14日。
④ 张志安、何凌南：《舆论场变迁及国家治理策略》，安徽大学"第二届舆情与社会发展论坛"，2014年11月8日。

适价值；(2) 改进原有技术路线；(3) 开展民主商议和交往伦理建设，目标是建立良性的"官—民"互动，以"共建论坛"的思路重新设定舆情研究新的行业规范。①

就现实政治来讲，舆情表达和中国特色协商民主关系密切，因此，如能通过舆情表达机制的建设，实现它和协商民主体系建设的"对接"，无疑会让中国社会主义协商民主真正运作起来。②

从治理理论出发，政府、媒体以及多元舆论主体都是治理的主体，因此，政府的职责除了保障言论自由外，还须和其他治理主体形成平等的互动和对话关系。这种新型关系的要义是，以政府主导为前提，培育多元网络舆情治理主体并明确其法律权责界限，以各种主体的互动为基础和重点，打造舆情治理平台，创新舆情治理机制和治理体系。③ 针对社交时代舆情场域的演变，政府需要将微信的舆情引导出来成为舆论，促进社会共识的达成。这要求在网络治理的时候，要注意保持微博等公共媒体的舆论自由度和活跃度。包括党报在内的传统媒体要挽回民心，抨击假丑恶，加大舆论监督，让百姓相信党报依然能为自己代言，从而吸引地下舆情回归到公共媒体平台上来。④

六 研究缺陷与未来进路

综上所述，中国网络舆情的研究，呈现了一定的框架体系，但依然有诸多缺陷存在。

就研究的理论支撑来说，目前我国网络舆情研究虽然形成了多学科并进

---

① 潘忠党：《舆情研究与民主规范》，安徽大学"第二届舆情与社会发展论坛"，2014年11月8日。
② 王来华：《舆情表达机制建设与协商民主的具体实现》，安徽大学"第二届舆情与社会发展论坛"，2014年11月8日。
③ 汤景泰：《走出自由与管制的二元藩篱——论公共舆情治理》，江苏省哲学社会科学界第八届学术大会"社会舆情分析与社会治理创新"学术论坛，2014年12月14日。
④ 燕志华：《舆情场域变迁下社会治理的机遇与挑战》，江苏省哲学社会科学界第八届学术大会"社会舆情分析与社会治理创新"学术论坛，2014年12月14日。

的局面，但理论基础依然薄弱，而且学科之间还缺乏实质性的结合，如"打通"不同学科理论之间的区隔。其结果就是，意见领袖、网络动员等网络舆情中呈现的研究议题并未得到重视，这模糊甚至削弱了对新媒体环境下网络舆情传播内在机理缺乏的认识。[1] 再则，研究中存在不规范的核心概念使用，以及不合理的概念共用和混用现象；对局部性、微观性和热点性问题始终怀有研究热情，对网络舆情中关乎中国社会发展重大历史的真问题缺乏独立的探讨。[2] 总之，网络舆情研究一方面未能反映当前其形成的中国经济和社会文化条件，另一方面却表现了本土理论话语体系的滞后性，而且具有明显的技术倾向。[3]

本文认为，从网络舆情研究的起点，即关于网络舆情概念的建构出发，或许能对既有研究的缺陷有更清晰的认识。因为概念是社会科学研究的起点。为事物赋予一个科学概念，是为了反映事物对象的本质属性。构建概念的目的是为了认识、把握世界，概念之间的联结形成了关于世界的知识。本文的目的是从网络舆情的概念构成出发，挖掘出关于其研究的丰富内涵。

上述关于网络舆情概念的两种界定模式，均存在一定的问题。首先，"网络+舆情"的界定，仅仅认为网络舆情是"通过"或"经由"互联网传播的社会舆情，其结果自然是将网络舆情视作社会舆情的一种反应形式，这在一定程度上并没有错，但问题在于可能会将网络舆情等同于社会舆情，从认识根源上来说仍然是一种将网络和现实二元对立起来的观念。其次，从"技术"和"群体"出发，网络舆情就是社会群体或网民在互联网上的意见或情绪表达。这种定义方式将互联网仅当作一个工具，将网民群体等同于社会公众，这有意无意忽略了作为交往平台和生存空间的互联网对人和社会群体的塑造作用，忽略了网民群体和社会公众之间的区别所在，忽略了网络群

---

[1] 季丹、谢耘耕：《中国网络舆情研究的历史回顾与反思——基于CNKI，CSSCI高被引论文观察》，《上海交通大学学报》（哲学社会科学版）2012年第4期，第49~56页。
[2] 毕宏音：《现代舆情研究十年历程的回顾和反思》，《天津社会科学》2013年第4期，第67~71页。
[3] 张春华：《网络舆情——社会学的阐释》，社会科学文献出版社，2012，第1页。

体行为和线下行为的融合,忽略了人与技术之间、技术与社会之间的关系,这就简化、遗漏了网络舆情研究拥有的丰富内涵。各个社会阶层在网络上发表意见导致网上舆情是多方面意见的混合体,因此分析网络舆情要考虑到问题的多角度和层次性。① 例如,网民的社会地位、经济收入、社会阅历、文化修养等这些因素的存在影响着人们对同一事物的不同理解,自然也影响着网络舆情。而这些恰恰在现有概念的维度中缺失。

通过对网络舆情基本概念界定、互联网技术应用与网络舆情关系、群体和群体行为与网络舆情的关系以及网络舆情与社会治理的关系等方面的论述,可以得出这样的结论,即群体与技术是网络舆情的两个重要因素,但将两者简单相加势必带来认识网络舆情及其治理的偏颇。因为网络群体的背后是社会,是社会关系。因此,如何从网络群体这一网络舆情的主体出发,从群体的角度研究网络舆情,是该领域研究的突破点所在。

七　网络社群:核心概念、理论起点和分析框架

从网络舆情的主体出发,以此路径展开网络舆情的研究,首要任务是对网络上的群体要有清晰的认识,即遵从社会变迁和技术变迁双重逻辑,思考这一群体类型和以往社会群体在结群方式、社会组织形式等方面的不同之处,甚至它是否可以表征网络社会的社会形态等问题。从群体角度研究网络舆情,就必须扎根于当下的社会现实。再者,从技术平台的角度研究网络舆情,则必须弄清不同技术和应用工具的技术设定、传播机制、主要使用人群等,以及更重要的——不同媒介工具对人群的主体性的建构作用。而既有研究恰恰忽视了社会变迁和技术变迁相互咬合的双重逻辑,由此引发前文所述及的根本问题,即新媒体技术发展导致中国网络舆情出现,这就"屏蔽"了社会变迁这一重要因素,将网络舆情"悬置"于社会现实之外。

---

① 纪红、马小洁:《论网络舆情的搜集、分析和引导》,《华中科技大学学报》(社会科学版) 2007 年第 6 期。

以社会变迁的理论视角,三十余年的经济改革和社会进程,也是中国社会不断个体化、网络化和自组织化的过程,个体和社会、国家之间社会和国家之间的关系发生了剧烈的变化——个体逐渐从社会中"脱嵌"并呈现新的群体化、网络化特征,社会逐渐和国家分离并获得了越来越多的权力。

就技术变迁来说,以互联网和新媒体为代表的信息传播技术不仅加速了信息流动,而且还成为人们生活的现实场域,它不断重组人们的关系,形成一种新的结群方式和社会组织形式,本文将其命名为网络社群(virtual community)。

本文所指称的网络社群,是指在多元分化的社会结构中,观点相近、利益趋同的人们,以个体为中心,以互联网技术为物质基础,以关系网络为纽带,因社会热点、公共话题、现实利益驱动而集聚,在线上、线下展开信息交流、意义分享和集体行动的松散的共同体。这一概念是基于当下中国社会现实提出的一个具体概念,是指人们突破了以往基于血缘、地缘和业缘的群体组织方式,亦即突破了一定物理空间和熟人圈的限制,突破了传统社会学研究中建立在传统社会组织基础上的社区,而强调由社会行动者的选择和战略构建的网络。分享意义和采取群体行动是其核心特征。

本文认为,网络社群是网络舆情的主体。这是因为,当下中国的一个基本国情,是社会利益群体的分化,中国社会是一个多元社会,包括多元利益群体在内的各种网络社群,自然产生多元表达和多种诉求,进而形成多元网络舆情。这样,技术变迁和社会变迁就成为网络舆情研究中必须考察的两个相互交织的因素,即因社会分化、个体崛起而出现的新社会交往方式与网络舆情之间的关系,以及新媒体技术应用和网络舆情之间的关系。①

基于上述分析,本文就为网络舆情研究建构了一个核心概念,一个新的理论起点和一种新的分析框架。

网络社群这一概念的目标是考察人们在新的社会环境和媒介环境中如何表达和行动,又如何组织自身。这样,这一概念必然与网络表达、网络动

---

① 张华:《网络社群:网络舆情研究的核心概念和分析框架》,《新闻界》2014年第15期。

员、群体认同、网络抗争、网络社会运动等具体的网络行为以及描述这些行为的概念勾连在一起。

如此，经重构的网络社群概念便为网络舆情研究提供了分析框架。网络舆情研究必须综合社会逻辑和技术逻辑两大因素，这就要求我们从技术与社会互相建构的视角出发，把握不同技术条件下的网络舆情的内在机制，历时与共时相结合，全面地考察网络舆情的特点生成机制与社会影响。这个分析框架，以技术变迁和社会变迁为理论预设和出发点，勾连起具体的社会事实、个体与群体行为、场景再现，将个人、群体、社会、技术等因素都纳入其中，力图展现网络舆情的社会背景、技术基础、内容呈现、发展趋势等丰富内涵。

将网络社群作为核心概念、理论起点和分析框架，其理论意义在于激发我们"社会学的想象力"，即窥探当下中国社会的整体结构，以及这一社会在历史和社会变迁的长河中呈现怎样的独特特征，继而分析这一社会中主流的人群及其人性。如此一来，个体、群体和社会以及它们之间的关系便浮现出来，社会的特点得以被概括。而网络舆情，就在个体、群体、社会、技术、思潮的变迁及多维交织中被展示。也就是说，网络舆情是国家（政府）、社会（公众）、技术、市场（资本）等多种力量多维互动的结果。网络舆情的变迁，其实就是与个体崛起、社会多元分化、人们的结群结群、表达、抗争变迁相伴生的过程。认识网络舆情及其沿革与趋势，实际上就是对人们社会变迁的认识。在这个框架和视角下，中国网络舆情呈现历时性与共时性的统一，延续与"断裂"的统一，从而在一个新的视野中将丰富、多样的"碎片"拼接成一个完整且多彩的社会画面。

将经重构的网络社群概念引入网络舆情的研究，能够扩展当前该项研究的维度，突破网络舆情研究局限于数据分析以及如何检测和应对的层面，从注重"策"和"术"上升到"学"和"理"的高度，也就为该项研究增添人文和社会的养分。就目前来讲，网络舆情研究热度不减，但只有使其真正走向多学科关怀、拥有丰富理论资源和充满学术智慧，才能助推该领域研究的"社会学的想象力"。

B.25 后　记

本书是上海社会科学院国家高端智库建设重大研究项目。全书聚焦上海传媒，探讨理论问题、政策发展、热点现象、发展趋势，以年度报告形式发布研究成果。本书为系列报告的第五本。

上海社会科学院、复旦大学、上海交通大学、同济大学、《人民日报》、中国社会科学院、上海报业集团、上海广播电视台等单位的专家和学者参加了《上海传媒发展报告（2016）》的研究和编撰工作。

在本课题的设计、选题、调研、撰写过程中，上海社会科学院领导和相关部门给予了大力支持。

在此谨表衷心感谢。

编委会
2015 年 12 月 20 日

Abstract

On the theme of the media convergence, *Annual Report on Media Development of Shanghai* (2016) is focusing on the media developments in Shanghai this year, elaborating important media policies and media events, new mechanism and new products, analyzing the urgency and necessity of breaking down barriers between traditional media and new media, improving the communication system, holding the communication heights and constructing the digital China from the perspective of social governance and media development. Under the background of digital China strategy, both of traditional media and new media need digital transformation and development: Internet is the most important power of media, techniques and capitals actuates the development of media. The viewpoint of the book is digital transformation is the irresistible choice.

The book is composed of the 5 parts including the general report, hot topics, social developments, media reforms, and net media industry. The general report retrospects and concludes the major achievements by Shanghai media in 2015, explains the theories and practices on communication system and its relations with social development, and finally points out some ways to promote the influences of media. Hot topics focus on the evaluating the effectiveness of the new SMG's reforms in 2015, including the organization integration and the internal control, the institutional mechanisms, talent team construction. The third part discusses the relationship between media system and social development. The forth part pays close attention to how traditional media organizations can survive and thrive in the age of new media. The last part places emphasis on the new media system and its renovation, media ecology and management, with the typical case studies within it.

Now is the crucial time for the social transformation and structural adjustment under the background of digital China strategy, so it is high time for media to build up the new communication system. To seize the communication heights, better communication effects and promote identification through media should constitute how media articulate with and participate in social construction in the near future.

Contents

I General Report

B. 1 New Stage of Media Convergence Dominanting by the Internet

Qiang Ying, Jiao Yuhong / 001

Abstract: This paper is focusing on the theme of the media convergence, elaborating important media policies and media events, new mechanism and new products, analyzing the urgency and necessity of breaking down barriers between traditional media and new media, improving the communication system, holding the communication heights and constructing the digital China from the perspective of social governance and media development. Under the background of digital China strategy, both of traditional media and new media need digital transformation and development: Internet is the most important power of media, techniques and capitals actuates the development of media. The viewpoint of the book is digital transformation is the irresistible choice.

Keywords: Digital China; Mobile Client; Social Media; We Media; Capital

II Evaluation Report on SMG

B. 2 Evaluation Report on the First Anniversary of Shanghai Media Group's Reform *SASS* / 024

Abstract: The research group evaluated the effectiveness of the new SMG's

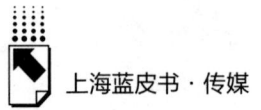

reforms in one year. The evolution report raised that the reform achievement had six aspects. First, the reform ensured the correct orientation. Second, the organization integration and the internal control achieved the basic objective. Third, The overall optimization of the institutional mechanisms promoted content innovation. Forth, the omnimedia transformation was in accordance with the development trend of the media technology. Fifth, asset restructuring effectively united the advantages of resources and improved the management efficiency; Sixth, talent team construction achieved remarkable results. At the same time, the new SMG's reform in future must solve many specific questions, such as management, guidance of the view of value, content creation, media transformation, risk prevention, talent structure optimization etc.

Keywords: SMG's Reform; Transformation and Innovation; Evaluation Report

B. 3 The Report of SMG Content Innovation and Media Transformation　　　　　　　　　　*SASS* / 032

Abstract: Since SMG restructured last year, she has been focusing on her system mechanism reform, and making to create a more open, creative competitive platform as her aim. Using the Internet logic of thinking, SMG designs a horizontal organization structure. SMG starts a mechanism of Independent Producers to stimulate the vitality of content creation. SMG using the concept of Internet product manager to innovate in both the content production process and business model.

Keywords: SMG; Innovation of Content Production; Media Transformation

B. 4　The Evaluating of both the Integration of Former SMEG and
　　　SMG and the Inner-reformation of the New SMG　　*SASS* / 046

Abstract: In the year of 2014 the former SMEG and SMG was integrated together as SMG, then the inner-reformation was performed roundly. As a year has passed already, in order to judge the effect of the reformation, we evaluate the performances and get the following conclusion: though the reformation was not an easy job, the performances was not bad, and the reformation not only gives the chances of development of Shanghai broadcasting but also sets a model for the Chinese broadcasting.

Keywords: SMG; Integration; Inner-reformation; Evaluation; One year

B. 5　The Research Reportof SMG Human Resources
　　　　　　　　　　　　　　　　　　　　　　Xu Bingsheng / 060

Abstract: In the past year, SMG has made great progress in the construction of human resources. The overall situation of human resources is better. The construction of SMG human resources has accumulated some experience. Such as the '*Independent producer*' system has stimulated the creative energy.

Keywords: SMG; Construction of Human Resources; Assessment of HR

Ⅲ　Report on Social Subjects

B. 6　The Research Report of Chinese Major Social Contradictions
　　　and Problems　　*Meng Jian, Pei Zengyu and Sun Xiangfei* / 077

Abstract: The research using "big data" technology collected datasince theclosing of 18th CPC National Congress to May 31, 2014based on the Sina Microblogging as a representative of the social media and found that the major contradiction in Chinese society are food safety, environmental protection, social justice, anti-corruption, housing reformand other aspects.

Keywords: Social Contradictions; Sina Microblogging; Social Media

B.7 Presentation of Shanghai's image on International Social Media

Xu Xiang / 098

Abstract: Global social media in great rise constitutes the new trend and new challenge in the international information order, also brings new context and pattern for the international spread of the city image. This paper extracts by crawler software and structurally deals with online text on the international social media, with the methods including semantic web and co-words analysis for content mining and empirical investigation, to research the characteristics and optimization path of Shanghai's image on international social media such as twitter.

Keywords: Social Media; Shanghai; Image of City; International Communication

B.8 The Research of Media Presentation and Socialization Communication of Officials Image in Sina Microblogging

Meng Jian, Pei Zengyu / 113

Abstract: The research using "big data" technology collected data since the closing of 18th CPC National Congress to May 31, 2014 based on the Sina Microblogging as a representative of the social media and analyzed officials imagein media presentation. The research found thatthe public emotion expression about "officials" was clearly negative and officials' property and incivility werethe main reason for highmicroblogging forwarding rate and the "post subject" about officials of different institutions and different groups of people were significantly different and "officials'" negative topicfocus on "corruption".

Keywords: Officials Image; Media Presentation; Sina Microblogging

B. 9　Judicial Information Communication in Internet Era:
　　　the Communication Research on "MicroBlog, Wechat
　　　and Website" of Shanghai Judicature Bureau　　*Sun Xiangfei* / 129

Abstract: New media have change the ecology of information communication, as well as the release and communication methods of judicial information. Shanghai Judicature Bureau relys on new media techonology to construct a diverse judicial information communication mode with the website, political microblog and wechat. The research explores the relative data, analyzes the operation, usage frequecy, communication content and effect of the bureau's website, microblog and wechat, expecting to study the basic situation of chinese judicial information communication practice with Shanghai Judicial Bureau as an example.

Keywords: Judicial Communication; Information Disclosure; Shanghai Judicial Bureau

B. 10　New Media Impact on Social Adaptation of Urban Aged People
　　　　　　　　　　　　　　　　　　　　　　　　　Ding Zhuojing / 143

Abstract: After retirement, the aged people are faced with a series of new social adaptation problems, including the adaptation of living environment, the adaptation of social relations, and the self-positioning. This paper will explore the social adaptation problems of the aged people, and explore the relationship between the new media and social adaptation in the daily life of the aged people. Taking Shanghai old people as the object of analysis, using the form of street follow-up, a total of 376 valid samples were recovered. The study found that the current social adaptation of the elderly in Shanghai is generally good, most of them can take care of themselves in their daily lives, and in the economic income, in interpersonal adaptation and social adaptation awareness, the situation is also the basic ideal, can more actively adjust themselves and re positioning. Special attention is paid to the correlation between the new media use and the social adaptation of the aged people, and the results show that the new media has positive correlation with the social adaptation. It is helpful to improve the social adaptability of the aged people.

Keywords: Urban Aged People; New Media; Social Adaptation

B. 11 The trend of China's Media Reform under the Background of Media Convergence　　　　　　　　　　　　*Tong Xi* / 158

Abstract: Assurance of the media ideology safety, preservation and appreciation of state assets and stimulation of media vitality are the goals for media system design and regulatory supervision, how to reconcile the three constitutes the biggest issue of industrial development. In the media convergence trend, the development of the media industry itself and new media growth promote the institutional change, which reaches into the core area of media reform, the top-level design of media property right. This article analyze the evolution of China's media system reform from the perspective of media property right reform, focusing on new policy made under new circumstances and analyze the strategy and the trend for future reform.

Keywords: Property Order; Special Management Unit; Media Reform; Media Convergence

B. 12　The Trend of China's Media Reform under the Background
　　　　of Media Convergence　　　　　　　　*Tan Yong, Qiao Mu* / 170

Abstract: Assurance of the media ideology safety, preservation and appreciation of state assets and stimulation of media vitality are the goals for media system design and regulatory supervision, how to reconcile the three constitutes the biggest issue of industrial development. In the media convergence trend, the development of the media industry itself and new media growth promote the institutional change, which reaches into the core area of media reform, the top-level design of media property right. This article analyze the evolution of China's media system reform from the perspective of media property right reform, focusing on new policy made under new circumstances and analyze the strategy and the trend for future reform.

Keywords: Students Majoring in Communication at School; Media Industry; Congnition; Employment Intention

IV　The Media

B. 13　Researchon the Convergence of Global Leading
　　　　Newspaper Groups (2014 -2015)　　　　　*Huang Chao* / 183

Abstract: This paper focuses on the convergence of global leading newspaper groups in the year 2014 and 2015, from three aspects of industries, groups and media. In the past one year, news digging, big data, M&A and digital reading were the four developing fields in industry; certain groups promoted in multivariate development, digital terminal, digital reading payment and digital marketing in practice. In addition, it was obvious that branding integration, content-channel, interaction news production and apps design became more and more popular in media.

Keywords: World Newspaper Group; Industry Restructuring; Group Transformation; Regional Transformation

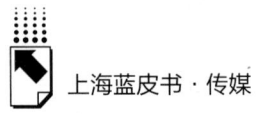
上海蓝皮书·传媒

B.14 The Path Selection of Traditional Media Participating in Media Convergence and Editor Literacy Improvement

Xia Deyuan / 199

Abstract: Traditional media and new media integration development, is to enhance cultural soft power, keep the mainstream public opinion leadership and traditional media out of the dilemma needs; In recent years, the Internet giants in the field of content production on the layout of the new trend that media convergence is not traditional media to do the strategic choice, but is affect the survival and development of the real environment. In such a situation, the traditional media must abandon the fantasy, strengthening Internet thinking, to adapt the trend of interactive reading, mobile reading, fragmentation reading, visualization reading, positive and emerging of related industries such as new media and education to development of fusion. To this end, all the editor literacy must be promoted, such as Internet thinking, new media literacy, Internet cultural construction ability, Internet content production capacity and value creation and interpretation ability.

Keywords: Media Convergence; Path Selection; Editor literacy; Internet Thinking

B.15 Media Convergence Report of Local TV Stations in 2015

Wang Jianlei / 214

Abstract: This report focuses on the Local TV Stations' diversified exploration and practice on their Media Convergence Strategic, mainly showing the highlights and features of their strategic. The paper compares similarities and differences of the Local TV Stations' practice to illustrates that: the Local TV Stations should take the initiative to change and innovate combing with their actual situation, and win a place in the tide of media convergence.

Keywords: Local TV Stations; Media Convergence; Strategic; Transformation

B.16 On the Development History and Problems of Chinese
Journal Industry Since the New Period   *Meng Hui / 226*

Abstract: Since the reform and opening, the journal as a form of mass media, has developed quickly. Along with the transition of understandings about journal media, the journal industry has created social and economic benefits. But at the same time, the journal faces impact from the Internet and other media. This paper reviews the development histrory of the journal industry since the new period, which aims to understand the status and trend of the journal industry better.

Keywords: The New Period; Periodical; Development Course

V The Network

B.17 Resigned Media Practitioners' We-media Start-up in
the Perspective of Media Ecological Changes
Wang Yue, Wang Ying / 240

Abstract: The emergence and continuous iteration of we-media trigger a tide of media practitioners' resignation. There are the largest resignation tide and start-up tide with the emergence of We-chat. Resigned media practitioners who growing up in the traditional media continue to engage in media production activities in more personalized way after leaving the system and more influential we-medium are mostly created by them. The analysis of resigned media practitioners' We-media start-up helps better understanding of the dynamic relationship between we-media and traditional media and the operating mechanism of the entire media ecology. This paper selects nine we-medium to analyze resigned media practitioners' We-media start-up in the past three years, including resignation reasons of this group of media practitioners, start-up drive, start-up situation and the interaction between we-media they created and the media ecology.

Keywords: Media Ecology Resigned Media Practitioners; We-media Start-up

B. 18　Mobile Devices News Production Should Not Be
　　　　Fully Fragmented　　　　　　　　　　　　*Lei Xia* / 253

Abstract: With the development of the mobile devices, the thinking mode in traditional news production should be changed in the new era of media convergence. This article attempts to figure out the new features occurred in mobile devices news production and communication. This paper argues that the information on the mobile devices demanded by users can be fragmented, but the news produced by the professional news agencies should not be fully fragmented. Furthermore, the contradictions between fragmentation of information and profound implications do not necessarily exist. News on the mobile devices should also require multi-dimensional, comprehensive and certain information.

Keywords: Media Convergence Mobile Devices; News Production; Fragmentation

B. 19　Reproduce the Structural Hole: The Structure and
　　　　Significance of the Media Reverse Convergence by
　　　　Large Internet Enterprises　　　　　　　　*Fang Shishi* / 271

Abstract: From the perspective of social network analysis, this paper reconsiders the media reverse convergence by the large internet enterprises as a process of reproduction to the corporations' social relations. Using the analysis method of "Structural Hole" theory, this paper argues that this phenomenon has changed the large internet enterprises' "embedded environment", the social network of the enterprises tends to be more open, and the interactive mode between them is "competitive relationship reproduction". At the same time, this article tries to repair "Structural Hole" theory in the subject definition and negative constraints factors through the analysis of the reverse convergence by the large internet enterprises in China.

Keywords: Reverse Convergence; Social Network Analysis; Structural Hole Theory; Reproduction of Social Relations

B. 20　The Effects of Convergence Reports: An Empirical Study Based on "Convergence Reporting Indicator" Model　　　　*Ding Fangzhou* / 288

Abstract: This study proposed a theoretical model of "convergence reporting indicator" and employed it as an indicator to test the communication effects of convergence reports. The results reveal that: (1) The communication effects of convergence reports are better than text reports. The higher the converngence reporting indicator, the higher the visibility and recognition of the reports. (2) Adding pictures, providing visualization information and adding hashtags are the most powerful strategies. (3) The higher the convergence extent of workflow, the more multiple representation of reports, as well as more application of interactive communication to improve reproduction and diffusion of convergence reports. (4) The "convergence reporting indicator" model has strong interpretive ability and can be used as theoretical framework and convergence reporting practice for future research. However, the influence of media organizations, pushing frequencies and the topic of news are still strong predictors.

Keywords: Convergence Reports; Convergence Reporting Indicator; Media Convergence; Digital Transformation

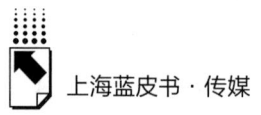

B.21 The Use of We Media and the Related Problems in the Context of Media Convergence *Zhan Ning* / 307

Abstract: What is the role of We Media in the context of media convergence? What's the impact of We Media on society besides its tremendous potential which has been represented in democratic issues. Putting We Media in the website of social relationship, this paper discusses the reshaping of society under the influence of We Media in the context of media convergence. Like those of "new media" in the history, the current main problem of We Media is this: whether and to what extent does it promote "the public interests"?

Keywords: Media Convergence; We Media, Social Relationship; The Public Interests

B.22 Technology and Culture Communication: Critical Analysis on New Media Culture *Li Jing* / 323

Abstract: There has been increasing attention to the issue of the studies on the culture about new media. In some researchers view, the new media gains the characters of interaction, immediacy and minority as against mass culture in the era of culture industries. Thus, the Frankfort School's theory of culture industries do not work well. Media criticism focus on the introspection between technology and the tool rationality. The article analyses the three dimensions of tool rationality from the viewpoint of Enlightenment Dialectics written by Adorno. On this basis, the article will discuss the relationship between media technology and tool rationality, and investigate the culture communication based on new media technology from the viewpoints of interaction, cottage culture and minority communication.

Keywords: New Media; Technology; Culture

B. 23　Media, Culture and Media Education: Research on
　　　　Media Literacy in the Era of Media Convergence　*Tong Xin* / 336

Abstract: On the birth of communication, the issue of media literacy witnessed itself coming along. Nowadays, discussions on reconstruction and renovation of media literacy worth more attention since the progress of media convergence speeds up and media pattern significantly changed. This paper concludes: (1) culture is the critical factor to determine the alteration of media literacy; (2) evolution of connotations and research paradigm of media literacy is interrelated to culture reform initiated by media all along; (3) explorations on reforming of new media literacy in time of media convergence, therefore, shall start from the view of participatory culture, combined with trends of media society.

Keywords: Media Convergence; Media Literacy; Media Education

B. 24　Network Community: The Theoretical Approach of
　　　　the Internet Public Opinion Research
　　　　in the New Media Environment　　　　*Zhang Hua* / 348

Abstract: In this paper, on the basis of combing the network public opinion research, the existing problems in the field of research are pointed out, namely, to define the network of public opinion with the model of the "Internet + public opinion" or "technology (the Internet as a channel) + population (public)", but to care the body of the internet public opinion is not deep enough. Therefore, a result of these problems, internet public opinion in China is "the result" of the internet and the rapid development of new media technologies. This paper argues that the breakthrough of solving the existing problems in public opinion research lies in rethinking of the body of internet public opinion. Based on Chinese social change and the reality of the technological change, this paper presents and reconstructs the network community and regards it as a core concept, the starting point, and the analytical framework of the theories of the future internet public opinion research, trying to expand research in this field.

Keywords: The Internet Public Opinion; Network Community; Governance

B.25　Afterword　　　　　　　　　　　　　　　　　　　　／360

社会科学文献出版社　皮书系列

❖ 皮书起源 ❖

"皮书"起源于十七、十八世纪的英国，主要指官方或社会组织正式发表的重要文件或报告，多以"白皮书"命名。在中国，"皮书"这一概念被社会广泛接受，并被成功运作、发展成为一种全新的出版形态，则源于中国社会科学院社会科学文献出版社。

❖ 皮书定义 ❖

皮书是对中国与世界发展状况和热点问题进行年度监测，以专业的角度、专家的视野和实证研究方法，针对某一领域或区域现状与发展态势展开分析和预测，具备原创性、实证性、专业性、连续性、前沿性、时效性等特点的公开出版物，由一系列权威研究报告组成。

❖ 皮书作者 ❖

皮书系列的作者以中国社会科学院、著名高校、地方社会科学院的研究人员为主，多为国内一流研究机构的权威专家学者，他们的看法和观点代表了学界对中国与世界的现实和未来最高水平的解读与分析。

❖ 皮书荣誉 ❖

皮书系列已成为社会科学文献出版社的著名图书品牌和中国社会科学院的知名学术品牌。2011年，皮书系列正式列入"十二五"国家重点出版规划项目；2012~2015年，重点皮书列入中国社会科学院承担的国家哲学社会科学创新工程项目；2016年，46种院外皮书使用"中国社会科学院创新工程学术出版项目"标识。

中国皮书网
www.pishu.cn

发布皮书研创资讯，传播皮书精彩内容
引领皮书出版潮流，打造皮书服务平台

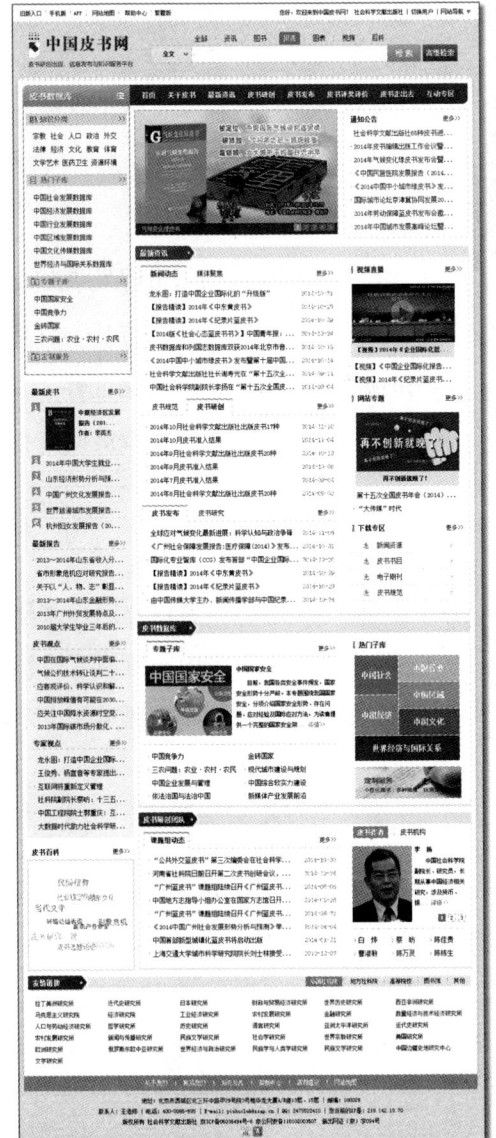

栏目设置：

- □ 资讯：皮书动态、皮书观点、皮书数据、
  皮书报道、皮书发布、电子期刊
- □ 标准：皮书评价、皮书研究、皮书规范
- □ 服务：最新皮书、皮书书目、重点推荐、在线购书
- □ 链接：皮书数据库、皮书博客、皮书微博、在线书城
- □ 搜索：资讯、图书、研究动态、皮书专家、研创团队

中国皮书网依托皮书系列"权威、前沿、原创"的优质内容资源，通过文字、图片、音频、视频等多种元素，在皮书研创者、使用者之间搭建了一个成果展示、资源共享的互动平台。

自2005年12月正式上线以来，中国皮书网的IP访问量、PV浏览量与日俱增，受到海内外研究者、公务人员、商务人士以及专业读者的广泛关注。

2008年、2011年中国皮书网均在全国新闻出版业网站荣誉评选中获得"最具商业价值网站"称号；2012年，获得"出版业网站百强"称号。

2014年，中国皮书网与皮书数据库实现资源共享，端口合一，将提供更丰富的内容，更全面的服务。

法律声明

"皮书系列"（含蓝皮书、绿皮书、黄皮书）之品牌由社会科学文献出版社最早使用并持续至今，现已被中国图书市场所熟知。"皮书系列"的LOGO（ ）与"经济蓝皮书""社会蓝皮书"均已在中华人民共和国国家工商行政管理总局商标局登记注册。"皮书系列"图书的注册商标专用权及封面设计、版式设计的著作权均为社会科学文献出版社所有。未经社会科学文献出版社书面授权许可，任何使用与"皮书系列"图书注册商标、封面设计、版式设计相同或者近似的文字、图形或其组合的行为均系侵权行为。

经作者授权，本书的专有出版权及信息网络传播权为社会科学文献出版社享有。未经社会科学文献出版社书面授权许可，任何就本书内容的复制、发行或以数字形式进行网络传播的行为均系侵权行为。

社会科学文献出版社将通过法律途径追究上述侵权行为的法律责任，维护自身合法权益。

欢迎社会各界人士对侵犯社会科学文献出版社上述权利的侵权行为进行举报。电话：010-59367121，电子邮箱：fawubu@ssap.cn。

社会科学文献出版社

权威·前沿·原创

社会科学文献出版社

皮书系列

2016年

盘点年度资讯　预测时代前程

社会科学文献出版社 学术传播中心 编制

社长致辞

我们是图书出版者，更是人文社会科学内容资源供应商；

我们背靠中国社会科学院，面向中国与世界人文社会科学界，坚持为人文社会科学的繁荣与发展服务；

我们精心打造权威信息资源整合平台，坚持为中国经济与社会的繁荣与发展提供决策咨询服务；

我们以读者定位自身，立志让爱书人读到好书，让求知者获得知识；

我们精心编辑、设计每一本好书以形成品牌张力，以优秀的品牌形象服务读者，开拓市场；

我们始终坚持"创社科经典，出传世文献"的经营理念，坚持"权威、前沿、原创"的产品特色；

我们"以人为本"，提倡阳光下创业，员工与企业共享发展之成果；

我们立足于现实，认真对待我们的优势、劣势，我们更着眼于未来，以不断的学习与创新适应不断变化的世界，以不断的努力提升自己的实力；

我们愿与社会各界友好合作，共享人文社会科学发展之成果，共同推动中国学术出版乃至内容产业的繁荣与发展。

社会科学文献出版社社长
中国社会学会秘书长

2016年1月

社会科学文献出版社
SOCIAL SCIENCES ACADEMIC PRESS (CHINA)

社会科学文献出版社成立于1985年，是直属于中国社会科学院的人文社会科学专业学术出版机构。

成立以来，特别是1998年实施第二次创业以来，依托于中国社会科学院丰厚的学术出版和专家学者两大资源，坚持"创社科经典，出传世文献"的出版理念和"权威、前沿、原创"的产品定位，社科文献立足内涵式发展道路，从战略层面推动学术出版五大能力建设，逐步走上了智库产品与专业学术成果系列化、规模化、数字化、国际化、市场化发展的经营道路。

先后策划出版了著名的图书品牌和学术品牌"皮书"系列、"列国志"、"社科文献精品译库"、"全球化译丛"、"全面深化改革研究书系"、"近世中国"、"甲骨文"、"中国史话"等一大批既有学术影响又有市场价值的系列图书，形成了较强的学术出版能力和资源整合能力。2015年社科文献出版社发稿5.5亿字，出版图书约2000种，承印发行中国社科院院属期刊74种，在多项指标上都实现了较大幅度的增长。

凭借着雄厚的出版资源整合能力，社科文献出版社长期以来一直致力于从内容资源和数字平台两个方面实现传统出版的再造，并先后推出了皮书数据库、列国志数据库、"一带一路"数据库、中国田野调查数据库、台湾大陆同乡会数据库等一系列数字产品。数字出版已经初步形成了产品设计、内容开发、编辑标引、产品运营、技术支持、营销推广等全流程体系。

在国内原创著作、国外名家经典著作大量出版，数字出版突飞猛进的同时，社科文献出版社从构建国际话语体系的角度推动学术出版国际化。先后与斯普林格、博睿、牛津、剑桥等十余家国际出版机构合作面向海外推出了"皮书系列""改革开放30年研究书系""中国梦与中国发展道路研究丛书""全面深化改革研究书系"等一系列在世界范围内引起强烈反响的作品；并持续致力于中国学术出版走出去，组织学者和编辑参加国际书展，筹办国际性学术研讨会，向世界展示中国学者的学术水平和研究成果。

此外，社科文献出版社充分利用网络媒体平台，积极与中央和地方各类媒体合作，并联合大型书店、学术书店、机场书店、网络书店、图书馆，逐步构建起了强大的学术图书内容传播平台。学术图书的媒体曝光率居全国之首，图书馆藏率居于全国出版机构前十位。

上述诸多成绩的取得，有赖于一支以年轻的博士、硕士为主体，一批从中国社科院刚退出科研一线的各学科专家为支撑的300多位高素质的编辑、出版和营销队伍，为我们实现学术立社，以学术品位、学术价值来实现经济效益和社会效益这样一个目标的共同努力。

作为已经开启第三次创业梦想的人文社会科学学术出版机构，我们将以改革发展为动力，以学术资源建设为中心，以构建智慧型出版社为主线，以"整合、专业、分类、协同、持续"为各项工作指导原则，全力推进出版社数字化转型，坚定不移地走专业化、数字化、国际化发展道路，全面提升出版社核心竞争力，为实现"社科文献梦"奠定坚实基础。

经济类

经 济 类

经济类皮书涵盖宏观经济、城市经济、大区域经济，提供权威、前沿的分析与预测

经济蓝皮书
2016年中国经济形势分析与预测
李 扬 / 主编　　2015年12月出版　　定价：79.00元

◆ 本书为总理基金项目，由著名经济学家李扬领衔，联合中国社会科学院等数十家科研机构、国家部委和高等院校的专家共同撰写，系统分析了2015年的中国经济形势并预测2016年我国经济运行情况。

世界经济黄皮书
2016年世界经济形势分析与预测
王洛林　张宇燕 / 主编　　2015年12月出版　　定价：79.00元

◆ 本书由中国社会科学院世界经济与政治研究所的研究团队撰写，2015年世界经济增长继续放缓，增长格局也继续分化，发达经济体与新兴经济体之间的增长差距进一步收窄。2016年世界经济增长形势不容乐观。

产业蓝皮书
中国产业竞争力报告（2016）NO.6
张其仔 / 主编　　2016年12月出版　　估价：98.00元

◆ 本书由中国社会科学院工业经济研究所研究团队在深入实际、调查研究的基础上完成。通过运用丰富的数据资料和最新的测评指标，从学术性、系统性、预测性上分析了2015年中国产业竞争力，并对未来发展趋势进行了预测。

皮书系列 重点推荐　经济类

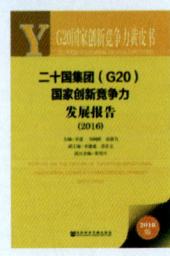

G20国家创新竞争力黄皮书
二十国集团（G20）国家创新竞争力发展报告（2016）

李建平　李闽榕　赵新力／主编　　2016年11月出版　　估价:138.00元

◆ 本报告在充分借鉴国内外研究者的相关研究成果的基础上，紧密跟踪技术经济学、竞争力经济学、计量经济学等学科的最新研究动态，深入分析G20国家创新竞争力的发展水平、变化特征、内在动因及未来趋势，同时构建了G20国家创新竞争力指标体系及数学模型。

国际城市蓝皮书
国际城市发展报告（2016）

屠启宇／主编　　2016年1月出版　　估价:79.00元

◆ 本书作者以上海社会科学院从事国际城市研究的学者团队为核心，汇集同济大学、华东师范大学、复旦大学、上海交通大学、南京大学、浙江大学相关城市研究专业学者。立足动态跟踪介绍国际城市发展实践中，最新出现的重大战略、重大理念、重大项目、重大报告和最佳案例。

金融蓝皮书
中国金融发展报告（2016）

李扬　王国刚／主编　　2015年12月出版　　定价:79.00元

◆ 本书由中国社会科学院金融研究所组织编写，概括和分析了2015年中国金融发展和运行中的各方面情况，研讨和评论了2015年发生的主要金融事件。本书由业内专家和青年精英联合编著，有利于读者了解掌握2015年中国的金融状况，把握2016年中国金融的走势。

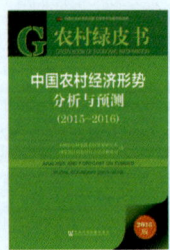

农村绿皮书
中国农村经济形势分析与预测（2015~2016）

中国社会科学院农村发展研究所　国家统计局农村社会经济调查司／著
2016年4月出版　　估价:69.00元

◆ 本书描述了2015年中国农业农村经济发展的一些主要指标和变化，以及对2016年中国农业农村经济形势的一些展望和预测。

经济类 皮书系列 重点推荐

西部蓝皮书

中国西部发展报告（2016）

姚慧琴　徐璋勇 / 主编　　2016 年 7 月出版　　估价：89.00 元

◆ 本书由西北大学中国西部经济发展研究中心主编，汇集了源自西部本土以及国内研究西部问题的权威专家的第一手资料，对国家实施西部大开发战略进行年度动态跟踪，并对 2016 年西部经济、社会发展态势进行预测和展望。

民营经济蓝皮书

中国民营经济发展报告 No.12（2015～2016）

王钦敏 / 主编　　2016 年 1 月出版　　估价：75.00 元

◆ 改革开放以来，民营经济从无到有、从小到大，是最具活力的增长极。本书是中国工商联课题组的研究成果，对 2015 年度中国民营经济的发展现状、趋势进行了详细的论述，并提出了合理的建议。是广大民营企业进行政策咨询、科学决策和理论创新的重要参考资料，也是理论工作者进行理论研究的重要参考资料。

经济蓝皮书夏季号

中国经济增长报告（2015～2016）

李　扬 / 主编　　2016 年 8 月出版　　估价：69.00 元

◆ 中国经济增长报告主要探讨 2015~2016 年中国经济增长问题，以专业视角解读中国经济增长，力求将其打造成一个研究中国经济增长、服务宏微观各级决策的周期性、权威性读物。

中三角蓝皮书

长江中游城市群发展报告（2016）

秦尊文 / 主编　　2016 年 10 月出版　　估价：69.00 元

◆ 本书是湘鄂赣皖四省专家学者共同研究的成果，从不同角度、不同方位记录和研究长江中游城市群一体化，提出对策措施，以期为将"中三角"打造成为继珠三角、长三角、京津冀之后中国经济增长第四极奉献学术界的聪明才智。

皮书系列
重点推荐

社会政法类

社会政法类

社会政法类皮书聚焦社会发展领域的热点、难点问题，
提供权威、原创的资讯与视点

社会蓝皮书

2016年中国社会形势分析与预测

李培林　陈光金　张　翼/主编　2015年12月出版　定价:79.00元

◆ 本书由中国社会科学院社会学研究所组织研究机构专家、高校学者和政府研究人员撰写，聚焦当下社会热点，对2015年中国社会发展的各个方面内容进行了权威解读，同时对2016年社会形势发展趋势进行了预测。

法治蓝皮书

中国法治发展报告 No.14（2016）

李　林　田　禾/主编　2016年3月出版　估价:105.00元

◆ 本年度法治蓝皮书回顾总结了2015年度中国法治发展取得的成就和存在的不足，并对2016年中国法治发展形势进行了预测和展望。

反腐倡廉蓝皮书

中国反腐倡廉建设报告 No.6

李秋芳　张英伟/主编　2017年1月出版　估价:79.00元

◆ 本书抓住了若干社会热点和焦点问题，全面反映了新时期新阶段中国反腐倡廉面对的严峻局面，以及中国共产党反腐倡廉建设的新实践新成果。根据实地调研、问卷调查和舆情分析，梳理了当下社会普遍关注的与反腐败密切相关的热点问题。

皮书系列
重点推荐

社会政法类

生态城市绿皮书
中国生态城市建设发展报告（2016）

刘举科　孙伟平　胡文臻 / 主编　2016 年 6 月出版　估价 :98.00 元

◆　报告以绿色发展、循环经济、低碳生活、民生宜居为理念，以更新民众观念、提供决策咨询、指导工程实践、引领绿色发展为宗旨，试图探索一条具有中国特色的城市生态文明建设新路。

公共服务蓝皮书
中国城市基本公共服务力评价（2016）

钟　君　吴正昊 / 主编　2016 年 12 月出版　估价 :79.00 元

◆　中国社会科学院经济与社会建设研究室与华图政信调查组成联合课题组，从 2010 年开始对基本公共服务力进行研究，研创了基本公共服务力评价指标体系，为政府考核公共服务与社会管理工作提供了理论工具。

教育蓝皮书
中国教育发展报告（2016）

杨东平 / 主编　2016 年 5 月出版　估价 :79.00 元

◆　本书由国内的中青年教育专家合作研究撰写。深度剖析 2015 年中国教育的热点话题，并对当下中国教育中出现的问题提出对策建议。

生态文明绿皮书
中国省域生态文明建设评价报告（ECI 2016）

严耕 / 主编　2016 年 12 月出版　估价 :85.00 元

◆　本书基于国家最新发布的权威数据，对我国的生态文明建设状况进行科学评价，并开展相应的深度分析，结合中央的政策方针和各省的具体情况，为生态文明建设推进，提出针对性的政策建议。

行业报告类

行业报告类皮书立足重点行业、新兴行业领域，提供及时、前瞻的数据与信息

房地产蓝皮书

中国房地产发展报告 No.13（2016）

魏后凯 李景国 / 主编　　2016年5月出版　　估价：79.00元

◆ 蓝皮书秉承客观公正、科学中立的宗旨和原则，追踪2015年我国房地产市场最新资讯，深度分析，剖析因果，谋划对策，并对2016年房地产发展趋势进行了展望。

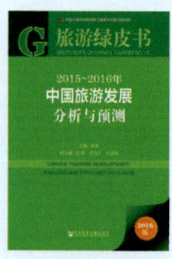

旅游绿皮书

2015～2016年中国旅游发展分析与预测

宋　瑞 / 主编　　2016年1出版　　估价：98.00元

◆ 本书中国社会科学院旅游研究中心组织相关专家编写的年度研究报告，对2015年旅游行业的热点问题进行了全面的综述并提出专业性建议，并对2016年中国旅游的发展趋势进行展望。

互联网金融蓝皮书

中国互联网金融发展报告（2016）

李东荣 / 主编　　2016年8月出版　　估价：79.00元

◆ 近年来，许多基于互联网的金融服务模式应运而生并对传统金融业产生了深刻的影响和巨大的冲击，"互联网金融"成为社会各界关注的焦点。本书探析了2015年互联网金融的特点和2016年互联网金融的发展方向和亮点。

行业报告类　皮书系列 重点推荐

资产管理蓝皮书

中国资产管理行业发展报告（2016）

智信资产管理研究院 / 编著　　2016 年 6 月出版　　估价 :89.00 元

◆ 中国资产管理行业刚刚兴起，未来将中国金融市场最有看点的行业，也会成为快速发展壮大的行业。本书主要分析了 2015 年度资产管理行业的发展情况，同时对资产管理行业的未来发展做出科学的预测。

老龄蓝皮书

中国老龄产业发展报告（2016）

吴玉韶　党俊武 / 编著
2016 年 9 月出版　　估价 :79.00 元

◆ 本书着眼于对中国老龄产业的发展给予系统介绍，深入解析，并对未来发展趋势进行预测和展望，力求从不同视角、不同层面全面剖析中国老龄产业发展的现状、取得的成绩、存在的问题以及重点、难点等。

金融蓝皮书

中国金融中心发展报告（2016）

王　力　黄育华 / 编著　　2017 年 11 月出版　　估价 :75.00 元

◆ 本报告将提升中国金融中心城市的金融竞争力作为研究主线，全面、系统、连续地反映和研究中国金融中心城市发展和改革的最新进展，展示金融中心理论研究的最新成果。

流通蓝皮书

中国商业发展报告（2016）

荆林波 / 编著　2016 年 5 月出版　　估价 :89.00 元

◆ 本书是中国社会科学院财经院与利丰研究中心合作的成果，从关注中国宏观经济出发，突出了中国流通业的宏观背景，详细分析了批发业、零售业、物流业、餐饮产业与电子商务等产业发展状况。

国别与地区类

国别与地区类

国别与地区类皮书关注全球重点国家与地区，
提供全面、独特的解读与研究

美国蓝皮书
美国研究报告（2016）
黄　平　郑秉文/主编　2016年7月出版　估价：89.00元

◆ 本书是由中国社会科学院美国所主持完成的研究成果，它回顾了美国2015年的经济、政治形势与外交战略，对2016年以来美国内政外交发生的重大事件以及重要政策进行了较为全面的回顾和梳理。

拉美黄皮书
拉丁美洲和加勒比发展报告（2015~2016）
吴白乙/主编　2016年5月出版　估价：89.00元

◆ 本书对2015年拉丁美洲和加勒比地区诸国的政治、经济、社会、外交等方面的发展情况做了系统介绍，对该地区相关国家的热点及焦点问题进行了总结和分析，并在此基础上对该地区各国2016年的发展前景做出预测。

日本经济蓝皮书
日本经济与中日经贸关系研究报告（2016）
王洛林　张季风/编著　2016年5月出版　估价：79.00元

◆ 本书系统、详细地介绍了2015年日本经济以及中日经贸关系发展情况，在进行了大量数据分析的基础上，对2016年日本经济以及中日经贸关系的大致发展趋势进行了分析与预测。

俄罗斯黄皮书
俄罗斯发展报告（2016）

李永全 / 编著　2016 年 7 月出版　估价 :79.00 元

◆ 本书系统介绍了 2015 年俄罗斯经济政治情况，并对 2015 年该地区发生的焦点、热点问题进行了分析与回顾；在此基础上，对该地区 2016 年的发展前景进行了预测。

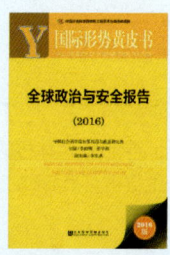

国际形势黄皮书
全球政治与安全报告（2016）

李慎明　张宇燕 / 主编　2015 年 12 月出版　定价 :69.00 元

◆ 本书旨在对本年度全球政治及安全形势的总体情况、热点问题及变化趋势进行回顾与分析，并提出一定的预测及对策建议。作者通过事实梳理、数据分析、政策分析等途径，阐释了本年度国际关系及全球安全形势的基本特点，并在此基础上提出了具有启示意义的前瞻性结论。

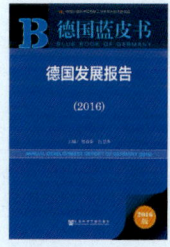

德国蓝皮书
德国发展报告（2016）

郑春荣　伍慧萍 / 主编　2016 年 6 月出版　估价 :69.00 元

◆ 本报告由同济大学德国研究所组织编撰，由该领域的专家学者对德国的政治、经济、社会文化、外交等方面的形势发展情况，进行全面的阐述与分析。

中欧关系蓝皮书
中欧关系研究报告（2016）

周弘 / 编著　2016 年 12 月出版　估价 :98.00 元

◆ 本书由欧洲所暨欧洲学会推出，旨在分析、评估和预测年度中欧关系发展态势。本报告的作者均为欧洲方面的专家，他们对欧洲与中国在各个领域的发展情况进行了深入地分析和研究，对读者了解和把握中欧关系是非常有益的参考。

地方发展类

地方发展类

地方发展类皮书关注中国各省份、经济区域，提供科学、多元的预判与资政信息

北京蓝皮书

北京公共服务发展报告（2015~2016）

施昌奎/主编　2016年1月出版　估价：69.00元

◆ 本书是由北京市政府职能部门的领导、首都著名高校的教授、知名研究机构的专家共同完成的关于北京市公共服务发展与创新的研究成果。

河南蓝皮书

河南经济发展报告（2016）

河南省社会科学院/编著　2016年12月出版　估价：79.00元

◆ 本书以国内外经济发展环境和走向为背景，主要分析当前河南经济形势，预测未来发展趋势，全面反映河南经济发展的最新动态、热点和问题，为地方经济发展和领导决策提供参考。

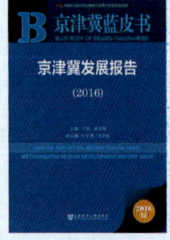

京津冀蓝皮书

京津冀发展报告（2016）

文　魁　祝尔娟/编著　2016年4月出版　估价：89.00元

◆ 京津冀协同发展作为重大的国家战略，已进入顶层设计、制度创新和全面推进的新阶段。本书以问题为导向，围绕京津冀发展中的重要领域和重大问题，研究如何推进京津冀协同发展。

文化传媒类

文化传媒类皮书透视文化领域、文化产业，探索文化大繁荣、大发展的路径

新媒体蓝皮书
中国新媒体发展报告 No.7（2016）
唐绪军 / 主编　　2016 年 6 月出版　　估价：79.00 元

◆ 本书是由中国社会科学院新闻与传播研究所组织编写的关于新媒体发展的最新年度报告，旨在全面分析中国新媒体的发展现状，解读新媒体的发展趋势，探析新媒体的深刻影响。

移动互联网蓝皮书
中国移动互联网发展报告（2016）
官建文 / 编著　　2016 年 6 月出版　　估价：79.00 元

◆ 本书着眼于对中国移动互联网 2015 年度的发展情况做深入解析，对未来发展趋势进行预测，力求从不同视角、不同层面全面剖析中国移动互联网发展的现状、年度突破以及热点趋势等。

文化蓝皮书
中国文化产业发展报告（2016）
张晓明　王家新　章建刚 / 主编　　2016 年 4 月出版　　估价：79.00 元

◆ 本书由中国社会科学院文化研究中心编写。从 2012 年开始，中国社会科学院文化研究中心设立了国内首个文化产业的研究类专项资金——"文化产业重大课题研究计划"，开始在全国范围内组织多学科专家学者对我国文化产业发展重大战略问题进行联合攻关研究。本书集中反映了该计划的研究成果。

经济类

G20国家创新竞争力黄皮书
二十国集团(G20)国家创新竞争力发展报告(2016)
著(编)者:李建平 李闽榕 赵新力
2016年11月出版 / 估价:138.00元

产业蓝皮书
中国产业竞争力报告(2016)NO.6
著(编)者:张其仔 2016年12月出版 / 估价:98.00元

城市创新蓝皮书
中国城市创新报告(2016)
著(编)者:周天勇 旷建伟 2016年8月出版 / 估价:69.00元

城市蓝皮书
中国城市发展报告 NO.9
著(编)者:潘家华 魏后凯 2016年9月出版 / 估价:69.00元

城市群蓝皮书
中国城市群发展指数报告(2016)
著(编)者:刘士林 刘新静 2016年10月出版 / 估价:69.00元

城乡一体化蓝皮书
中国城乡一体化发展报告(2015~2016)
著(编)者:汝信 付崇兰 2016年7月出版 / 估价:85.00元

城镇化蓝皮书
中国新型城镇化健康发展报告(2016)
著(编)者:张占斌 2016年5月出版 / 估价:79.00元

创新蓝皮书
创新型国家建设报告(2015~2016)
著(编)者:詹正茂 2016年11月出版 / 估价:69.00元

低碳发展蓝皮书
中国低碳发展报告(2016)
著(编)者:齐晔 2016年3月出版 / 估价:89.00元

低碳经济蓝皮书
中国低碳经济发展报告(2016)
著(编)者:薛进军 赵忠秀 2016年6月出版 / 估价:85.00元

东北蓝皮书
中国东北地区发展报告(2016)
著(编)者:马克 黄文艺 2016年8月出版 / 估价:79.00元

工业化蓝皮书
中国工业化进程报告(2016)
著(编)者:黄群慧 吕铁 李晓华 等
2016年11月出版 / 估价:89.00元

管理蓝皮书
中国管理发展报告(2016)
著(编)者:张晓东 2016年9月出版 / 估价:98.00元

国际城市蓝皮书
国际城市发展报告(2016)
著(编)者:屠启宇 2016年1月出版 / 估价:79.00元

国家创新蓝皮书
中国创新发展报告(2016)
著(编)者:陈劲 2016年9月出版 / 估价:69.00元

金融蓝皮书
中国金融发展报告(2016)
著(编)者:李扬 王国刚 2015年12月出版 / 定价:79.00元

京津冀产业蓝皮书
京津冀产业协同发展报告(2016)
著(编)者:中智科博(北京)产业经济发展研究院
2016年6月出版 / 估价:69.00元

京津冀蓝皮书
京津冀发展报告(2016)
著(编)者:文魁 祝尔娟 2016年4月出版 / 估价:89.00元

经济蓝皮书
2016年中国经济形势分析与预测
著(编)者:李扬 2015年12月出版 / 定价:79.00元

经济蓝皮书·春季号
2016年中国经济前景分析
著(编)者:李扬 2016年5月出版 / 估价:79.00元

经济蓝皮书·夏季号
中国经济增长报告(2015~2016)
著(编)者:李扬 2016年8月出版 / 估价:99.00元

经济信息绿皮书
中国与世界经济发展报告(2016)
著(编)者:杜平 2015年12月出版 / 定价:89.00元

就业蓝皮书
2016年中国本科生就业报告
著(编)者:麦可思研究院 2016年6月出版 / 估价:98.00元

就业蓝皮书
2016年中国高职高专生就业报告
著(编)者:麦可思研究院 2016年6月出版 / 估价:98.00元

临空经济蓝皮书
中国临空经济发展报告(2016)
著(编)者:连玉明 2016年11月出版 / 估价:79.00元

民营经济蓝皮书
中国民营经济发展报告 NO.12(2015~2016)
著(编)者:王钦敏 2016年1月出版 / 估价:75.00元

农村绿皮书
中国农村经济形势分析与预测(2015~2016)
著(编)者:中国社会科学院农村发展研究所
        国家统计局农村社会经济调查司
2016年4月出版 / 估价:69.00元

农业应对气候变化蓝皮书
气候变化对中国农业影响评估报告 No.2
著(编)者:矫梅燕 2016年8月出版 / 估价:98.00元

经济类·社会政法类

皮书系列 2016全品种

企业公民蓝皮书
中国企业公民报告 NO.4
著(编)者:邹东涛 2016年1月出版 / 估价:79.00元

气候变化绿皮书
应对气候变化报告（2016）
著(编)者:王伟光 郑国光 2016年11月出版 / 估价:98.00元

区域蓝皮书
中国区域经济发展报告（2015～2016）
著(编)者:梁昊光 2016年5月出版 / 估价:79.00元

全球环境竞争力绿皮书
全球环境竞争力报告（2016）
著(编)者:李建平 李闽榕 王金南
2016年12月出版 / 估价:198.00元

人口与劳动绿皮书
中国人口与劳动问题报告 NO.17
著(编)者:蔡昉 张车伟 2016年11月出版 / 估价:69.00元

商务中心区蓝皮书
中国商务中心区发展报告 NO.2（2016）
著(编)者:魏后凯 李国红 2016年1月出版 / 估价:89.00元

世界经济黄皮书
2016年世界经济形势分析与预测
著(编)者:王洛林 张宇燕 2015年12月出版 / 定价:79.00元

世界旅游城市绿皮书
世界旅游城市发展报告（2016）
著(编)者:鲁勇 周正宇 宋宇 2016年6月出版 / 估价:88.00元

西北蓝皮书
中国西北发展报告（2016）
著(编)者:孙发平 苏海红 鲁顺元
2015年12月出版 / 估价:79.00元

西部蓝皮书
中国西部发展报告（2016）
著(编)者:姚慧琴 徐璋勇 2016年7月出版 / 估价:89.00元

县域发展蓝皮书
中国县域经济增长能力评估报告（2016）
著(编)者:王力 2016年10月出版 / 估价:69.00元

新型城镇化蓝皮书
新型城镇化发展报告（2016）
著(编)者:李伟 宋敏 沈体雁 2016年11月出版 / 估价:98.00元

新兴经济体蓝皮书
金砖国家发展报告（2016）
著(编)者:林跃勤 周文 2016年7月出版 / 估价:79.00元

长三角蓝皮书
2016年全面深化改革中的长三角
著(编)者:张伟斌 2016年10月出版 / 估价:69.00元

中部竞争力蓝皮书
中国中部经济社会竞争力报告（2016）
著(编)者:教育部人文社会科学重点研究基地
南昌大学中国中部经济社会发展研究中心
2016年10月出版 / 估价:79.00元

中部蓝皮书
中国中部地区发展报告（2016）
著(编)者:宋亚平 2016年12月出版 / 估价:78.00元

中国省域竞争力蓝皮书
中国省域经济综合竞争力发展报告（2015～2016）
著(编)者:李建平 李闽榕 高燕京
2016年2月出版 / 估价:198.00元

中三角蓝皮书
长江中游城市群发展报告（2016）
著(编)者:秦尊文 2016年10月出版 / 估价:69.00元

中小城市绿皮书
中国中小城市发展报告（2016）
著(编)者:中国城市经济学会中小城市经济发展委员会
中国城镇化促进会中小城市发展委员会
《中国中小城市发展报告》编纂委员会
中小城市发展战略研究院
2016年10月出版 / 估价:98.00元

中原蓝皮书
中原经济区发展报告（2016）
著(编)者:李英杰 2016年6月出版 / 估价:88.00元

自贸区蓝皮书
中国自贸区发展报告（2016）
著(编)者:王力 王吉培 2016年10月出版 / 估价:69.00元

社会政法类

北京蓝皮书
中国社区发展报告（2016）
著(编)者:于燕燕 2017年2月出版 / 估价:79.00元

殡葬绿皮书
中国殡葬事业发展报告（2016）
著(编)者:李伯森 2016年4月出版 / 估价:158.00元

城市管理蓝皮书
中国城市管理报告（2016）
著(编)者:谭维克 刘林 2017年2月出版 / 估价:118.00元

城市生活质量蓝皮书
中国城市生活质量报告（2016）
著(编)者:张连城 张平 杨春学 郎丽华
2016年7月出版 / 估价:89.00元

皮书系列 2016 全品种 — 社会政法类

城市政府能力蓝皮书
中国城市政府公共服务能力评估报告（2016）
著(编)者：何艳玲　2016年7月出版 / 估价：69.00元

创新蓝皮书
中国创业环境发展报告（2016）
著(编)者：姚凯　曹祎遐　2016年1月出版 / 估价：69.00元

慈善蓝皮书
中国慈善发展报告（2016）
著(编)者：杨团　2016年6月出版 / 估价：79.00元

地方法治蓝皮书
中国地方法治发展报告 NO.2（2016）
著(编)者：李林　田禾　2016年1月出版 / 估价：98.00元

法治蓝皮书
中国法治发展报告 NO.14（2016）
著(编)者：李林　田禾　2016年3月出版 / 估价：105.00元

反腐倡廉蓝皮书
中国反腐倡廉建设报告 NO.6
著(编)者：李秋芳　张英伟　2017年1月出版 / 估价：79.00元

非传统安全蓝皮书
中国非传统安全研究报告（2015～2016）
著(编)者：余潇枫　魏志江　2016年5月出版 / 估价：79.00元

妇女发展蓝皮书
中国妇女发展报告 NO.6
著(编)者：王金玲　2016年9月出版 / 估价：148.00元

妇女教育蓝皮书
中国妇女教育发展报告 NO.3
著(编)者：张李玺　2016年10月出版 / 估价：78.00元

妇女绿皮书
中国性别平等与妇女发展报告（2016）
著(编)者：谭琳　2016年12月出版 / 估价：99.00元

公共服务蓝皮书
中国城市基本公共服务力评价（2016）
著(编)者：钟君　吴正杲　2016年12月出版 / 估价：79.00元

公共管理蓝皮书
中国公共管理发展报告（2016）
著(编)者：贡森　李国强　杨维富
2016年4月出版 / 估价：69.00元

公共外交蓝皮书
中国公共外交发展报告（2016）
著(编)者：赵启正　雷蔚真　2016年4月出版 / 估价：89.00元

公民科学素质蓝皮书
中国公民科学素质报告（2016）
著(编)者：李群　许佳军　2016年3月出版 / 估价：79.00元

公益蓝皮书
中国公益发展报告（2016）
著(编)者：朱健刚　2016年5月出版 / 估价：78.00元

国际人才蓝皮书
海外华侨华人专业人士报告（2016）
著(编)者：王辉耀　苗绿　2016年8月出版 / 估价：69.00元

国际人才蓝皮书
中国国际移民报告（2016）
著(编)者：王辉耀　2016年2月出版 / 估价：79.00元

国际人才蓝皮书
中国海归发展报告（2016）NO.3
著(编)者：王辉耀　苗绿　2016年10月出版 / 估价：69.00元

国际人才蓝皮书
中国留学发展报告（2016）NO.5
著(编)者：王辉耀　苗绿　2016年10月出版 / 估价：79.00元

国家公园蓝皮书
中国国家公园体制建设报告（2016）
著(编)者：苏杨　张玉钧　石金莲　刘锋　等
2016年10月出版 / 估价：69.00元

海洋社会蓝皮书
中国海洋社会发展报告（2016）
著(编)者：崔凤　宋宁而　2016年7月出版 / 估价：89.00元

行政改革蓝皮书
中国行政体制改革报告（2016）NO.5
著(编)者：魏礼群　2016年4月出版 / 估价：98.00元

华侨华人蓝皮书
华侨华人研究报告（2016）
著(编)者：贾益民　2016年12月出版 / 估价：98.00元

环境竞争力绿皮书
中国省域环境竞争力发展报告（2016）
著(编)者：李建平　李闽榕　王金南
2016年11月出版 / 估价：198.00元

环境绿皮书
中国环境发展报告（2016）
著(编)者：刘鉴强　2016年5月出版 / 估价：79.00元

基金会蓝皮书
中国基金会发展报告（2016）
著(编)者：刘忠祥　2016年4月出版 / 估价：69.00元

基金会绿皮书
中国基金会发展独立研究报告（2016）
著(编)者：基金会中心网　中央民族大学基金会研究中心
2016年6月出版 / 估价：88.00元

基金会透明度蓝皮书
中国基金会透明度发展研究报告（2016）
著(编)者：基金会中心网　清华大学廉政与治理研究中心
2016年9月出版 / 估价：85.00元

教师蓝皮书
中国中小学教师发展报告（2016）
著(编)者：曾晓东　鱼霞　2016年6月出版 / 估价：69.00元

社会政法类 皮书系列 2016全品种

教育蓝皮书
中国教育发展报告（2016）
著(编)者：杨东平　2016年5月出版 / 估价：79.00元

科普蓝皮书
中国科普基础设施发展报告（2016）
著(编)者：任福君　2016年6月出版 / 估价：69.00元

科学教育蓝皮书
中国科学教育发展报告（2016）
著(编)者：罗晖　王康友　2016年10月出版 / 估价：79.00元

劳动保障蓝皮书
中国劳动保障发展报告（2016）
著(编)者：刘燕斌　2016年8月出版 / 估价：158.00元

连片特困区蓝皮书
中国连片特困区发展报告（2016）
著(编)者：游俊　冷志明　丁建军
2016年3月出版 / 估价：98.00元

民间组织蓝皮书
中国民间组织报告（2016）
著(编)者：黄晓勇　2016年12月出版 / 估价：79.00元

民调蓝皮书
中国民生调查报告（2016）
著(编)者：谢耘耕　2016年5月出版 / 估价：128.00元

民族发展蓝皮书
中国民族发展报告（2016）
著(编)者：郝时远　王延中　王希恩
2016年4月出版 / 估价：98.00元

女性生活蓝皮书
中国女性生活状况报告 NO.10（2016）
著(编)者：韩湘景　2016年4月出版 / 估价：79.00元

汽车社会蓝皮书
中国汽车社会发展报告（2016）
著(编)者：王俊秀　2016年1月出版 / 估价：69.00元

青年蓝皮书
中国青年发展报告（2016）NO.4
著(编)者：廉思 等　2016年4月出版 / 估价：69.00元

青少年蓝皮书
中国未成年人互联网运用报告（2016）
著(编)者：李文革　沈杰　季为民
2016年11月出版 / 估价：89.00元

青少年体育蓝皮书
中国青少年体育发展报告（2016）
著(编)者：郭建军　杨桦　2016年9月出版 / 估价：69.00元

区域人才蓝皮书
中国区域人才竞争力报告 NO.2
著(编)者：桂昭明　王辉耀
2016年6月出版 / 估价：69.00元

群众体育蓝皮书
中国群众体育发展报告（2016）
著(编)者：刘国永　杨桦　2016年10月出版 / 估价：69.00元

人才蓝皮书
中国人才发展报告（2016）
著(编)者：潘晨光　2016年9月出版 / 估价：85.00元

人权蓝皮书
中国人权事业发展报告 NO.6（2016）
著(编)者：李君如　2016年9月出版 / 估价：128.00元

社会保障绿皮书
中国社会保障发展报告（2016）NO.8
著(编)者：王延中　2016年4月出版 / 估价：99.00元

社会工作蓝皮书
中国社会工作发展报告（2016）
著(编)者：民政部社会工作研究中心
2016年8月出版 / 估价：79.00元

社会管理蓝皮书
中国社会管理创新报告 NO.4
著(编)者：连玉明　2016年11月出版 / 估价：89.00元

社会蓝皮书
2016年中国社会形势分析与预测
著(编)者：李培林　陈光金　张翼
2015年12月出版 / 定价：79.00元

社会体制蓝皮书
中国社会体制改革报告（2016）NO.4
著(编)者：龚维斌　2016年4月出版 / 估价：79.00元

社会心态蓝皮书
中国社会心态研究报告（2016）
著(编)者：王俊秀　杨宜音　2016年10月出版 / 估价：69.00元

社会组织蓝皮书
中国社会组织评估发展报告（2016）
著(编)者：徐家良　廖鸿　2016年12月出版 / 估价：69.00元

生态城市绿皮书
中国生态城市建设发展报告（2016）
著(编)者：刘举科　孙伟平　胡文臻
2016年9月出版 / 估价：148.00元

生态文明绿皮书
中国省域生态文明建设评价报告（ECI 2016）
著(编)者：严耕　2016年12月出版 / 估价：85.00元

世界社会主义黄皮书
世界社会主义跟踪研究报告（2015～2016）
著(编)者：李慎明　2016年4月出版 / 估价：258.00元

水与发展蓝皮书
中国水风险评估报告（2016）
著(编)者：王浩　2016年9月出版 / 估价：69.00元

17

皮书系列 2016全品种 社会政法类·行业报告类

体育蓝皮书
长三角地区体育产业发展报告（2016）
著(编)者：张林　2016年4月出版 / 估价：79.00元

体育蓝皮书
中国公共体育服务发展报告（2016）
著(编)者：戴健　2016年12月出版 / 估价：79.00元

土地整治蓝皮书
中国土地整治发展研究报告 NO.3
著(编)者：国土资源部土地整治中心
2016年5月出版 / 估价：89.00元

土地政策蓝皮书
中国土地政策发展报告（2016）
著(编)者：高延利　李宪文　唐健
2016年12月出版 / 估价：69.00元

危机管理蓝皮书
中国危机管理报告（2016）
著(编)者：文学国　范正青　2016年8月出版 / 估价：89.00元

形象危机应对蓝皮书
形象危机应对研究报告（2016）
著(编)者：唐钧　2016年6月出版 / 估价：149.00元

医改蓝皮书
中国医药卫生体制改革报告（2016）
著(编)者：文学国　房志武　2016年11月出版 / 估价：98.00元

医疗卫生绿皮书
中国医疗卫生发展报告 NO.7（2016）
著(编)者：申宝忠　韩玉珍　2016年4月出版 / 估价：75.00元

政治参与蓝皮书
中国政治参与报告（2016）
著(编)者：房宁　2016年7月出版 / 估价：108.00元

政治发展蓝皮书
中国政治发展报告（2016）
著(编)者：房宁　杨海蛟　2016年5月出版 / 估价：88.00元

智慧社区蓝皮书
中国智慧社区发展报告（2016）
著(编)者：罗昌智　张辉德　2016年7月出版 / 估价：69.00元

中国农村妇女发展蓝皮书
农村流动女性城市生活发展报告（2016）
著(编)者：谢丽华　2016年12月出版 / 估价：79.00元

宗教蓝皮书
中国宗教报告（2016）
著(编)者：邱永辉　2016年5月出版 / 估价：79.00元

行业报告类

保健蓝皮书
中国保健服务产业发展报告 NO.2
著(编)者：中国保健协会　中共中央党校
2016年7月出版 / 估价：198.00元

保健蓝皮书
中国保健食品产业发展报告 NO.2
著(编)者：中国保健协会
中国社会科学院食品药品产业发展与监管研究中心
2016年7月出版 / 估价：198.00元

保健蓝皮书
中国保健用品产业发展报告 NO.2
著(编)者：中国保健协会
国务院国有资产监督管理委员会研究中心
2016年2月出版 / 估价：198.00元

保险蓝皮书
中国保险业创新发展报告（2016）
著(编)者：项俊波　2016年12月出版 / 估价：69.00元

保险蓝皮书
中国保险业竞争力报告（2016）
著(编)者：项俊波　2015年12月出版 / 估价：99.00元

采供血蓝皮书
中国采供血管理报告（2016）
著(编)者：朱永明　耿鸿武　2016年8月出版 / 估价：69.00元

彩票蓝皮书
中国彩票发展报告（2016）
著(编)者：益彩基金　2016年4月出版 / 估价：98.00元

餐饮产业蓝皮书
中国餐饮产业发展报告（2016）
著(编)者：邢颖　2016年4月出版 / 估价：69.00元

测绘地理信息蓝皮书
测绘地理信息转型升级研究报告（2016）
著(编)者：库热西·买合苏提　2016年12月出版 / 估价：98.00元

茶业蓝皮书
中国茶产业发展报告（2016）
著(编)者：杨江帆　李闽榕　2016年10月出版 / 估价：78.00元

产权市场蓝皮书
中国产权市场发展报告（2015～2016）
著(编)者：曹和平　2016年5月出版 / 估价：89.00元

产业安全蓝皮书
中国出版传媒产业安全报告（2016）
著(编)者：北京印刷学院文化产业安全研究院
2016年4月出版 / 估价：69.00元

产业安全蓝皮书
中国文化产业安全报告（2016）
著(编)者：北京印刷学院文化产业安全研究院
2016年4月出版 / 估价：89.00元

行业报告类

皮书系列 2016全品种

产业安全蓝皮书
中国新媒体产业安全报告（2016）
著(编)者：北京印刷学院文化产业安全研究院
2016年5月出版 / 估价：69.00元

大数据蓝皮书
网络空间和大数据发展报告（2016）
著(编)者：杜平　2016年2月出版 / 估价：69.00元

电子商务蓝皮书
中国电子商务服务业发展报告 NO.3
著(编)者：荆林波 梁春晓　2016年5月出版 / 估价：69.00元

电子政务蓝皮书
中国电子政务发展报告（2016）
著(编)者：洪毅 杜平　2016年11月出版 / 估价：79.00元

杜仲产业绿皮书
中国杜仲橡胶资源与产业发展报告（2016）
著(编)者：杜红岩 胡文臻 俞锐
2016年1月出版 / 估价：85.00元

房地产蓝皮书
中国房地产发展报告 NO.13（2016）
著(编)者：魏后凯 李景国　2016年5月出版 / 估价：79.00元

服务外包蓝皮书
中国服务外包产业发展报告（2016）
著(编)者：王晓红 刘德军
2016年6月出版 / 估价：89.00元

服务外包蓝皮书
中国服务外包竞争力报告（2016）
著(编)者：王力 刘春生 黄育华
2016年11月出版 / 估价：85.00元

工业和信息化蓝皮书
世界网络安全发展报告（2016）
著(编)者：洪京一　2016年4月出版 / 估价：69.00元

工业和信息化蓝皮书
世界信息化发展报告（2016）
著(编)者：洪京一　2016年4月出版 / 估价：69.00元

工业和信息化蓝皮书
世界信息技术产业发展报告（2016）
著(编)者：洪京一　2016年4月出版 / 估价：79.00元

工业和信息化蓝皮书
世界制造业发展报告（2016）
著(编)者：洪京一　2016年4月出版 / 估价：69.00元

工业和信息化蓝皮书
移动互联网产业发展报告（2016）
著(编)者：洪京一　2016年4月出版 / 估价：79.00元

工业设计蓝皮书
中国工业设计发展报告（2016）
著(编)者：王晓红 于炜 张立群
2016年9月出版 / 估价：138.00元

互联网金融蓝皮书
中国互联网金融发展报告（2016）
著(编)者：李东荣　2016年8月出版 / 估价：79.00元

会展蓝皮书
中外会展业动态评估年度报告（2016）
著(编)者：张敏　2016年1月出版 / 估价：78.00元

节能汽车蓝皮书
中国节能汽车产业发展报告（2016）
著(编)者：中国汽车工程研究院股份有限公司
2016年12月出版 / 估价：69.00元

金融监管蓝皮书
中国金融监管报告（2016）
著(编)者：胡滨　2016年4月出版 / 估价：89.00元

金融蓝皮书
中国金融中心发展报告（2016）
著(编)者：王力 黄育华　2017年11月出版 / 估价：75.00元

金融蓝皮书
中国商业银行竞争力报告（2016）
著(编)者：王松奇　2016年5月出版 / 估价：69.00元

经济林产业绿皮书
中国经济林产业发展报告（2016）
著(编)者：李芳东 胡文臻 乌云塔娜 杜红岩
2016年12月出版 / 估价：69.00元

客车蓝皮书
中国客车产业发展报告（2016）
著(编)者：姚蔚　2016年2月出版 / 估价：85.00元

老龄蓝皮书
中国老龄产业发展报告（2016）
著(编)者：吴玉韶 党俊武　2016年9月出版 / 估价：79.00元

流通蓝皮书
中国商业发展报告（2016）
著(编)者：荆林波　2016年5月出版 / 估价：89.00元

旅游安全蓝皮书
中国旅游安全报告（2016）
著(编)者：郑向敏 谢朝武　2016年5月出版 / 估价：128.00元

旅游绿皮书
2015～2016年中国旅游发展分析与预测
著(编)者：宋瑞　2016年1月出版 / 估价：98.00元

煤炭蓝皮书
中国煤炭工业发展报告（2016）
著(编)者：岳福斌　2016年12月出版 / 估价：79.00元

民营企业社会责任蓝皮书
中国民营企业社会责任年度报告（2016）
著(编)者：中华全国工商业联合会
2016年7月出版 / 估价：69.00元

皮书系列 2016全品种 — 行业报告类

民营医院蓝皮书
中国民营医院发展报告（2016）
著(编)者：庄一强　2016年10月出版 / 估价：75.00元

能源蓝皮书
中国能源发展报告（2016）
著(编)者：崔民选　王军生　陈义和
2016年8月出版 / 估价：79.00元

农产品流通蓝皮书
中国农产品流通产业发展报告（2016）
著(编)者：贾敬敦　张东科　张玉玺　张鹏毅　周伟
2016年1月出版 / 估价：89.00元

期货蓝皮书
中国期货市场发展报告(2016)
著(编)者：李群　王在荣　2016年11月出版 / 估价：69.00元

企业公益蓝皮书
中国企业公益研究报告（2016）
著(编)者：钟宏武　汪杰　顾一　黄晓娟　等
2016年12月出版 / 估价：69.00元

企业公众透明度蓝皮书
中国企业公众透明度报告(2016) NO.2
著(编)者：黄速建　王晓光　肖红军
2016年1月出版 / 估价：98.00元

企业国际化蓝皮书
中国企业国际化报告（2016）
著(编)者：王辉耀　2016年11月出版 / 估价：98.00元

企业蓝皮书
中国企业绿色发展报告NO.2（2016）
著(编)者：李红玉　朱光辉　2016年8月出版 / 估价：79.00元

企业社会责任蓝皮书
中国企业社会责任研究报告（2016）
著(编)者：黄群慧　钟宏武　张蒽　等
2016年11月出版 / 估价：79.00元

企业社会责任能力蓝皮书
中国上市公司社会责任能力成熟度报告（2016）
著(编)者：肖红军　王晓光　李伟阳
2016年11月出版 / 估价：69.00元

汽车安全蓝皮书
中国汽车安全发展报告（2016）
著(编)者：中国汽车技术研究中心
2016年7月出版 / 估价：89.00元

汽车电子商务蓝皮书
中国汽车电子商务发展报告（2016）
著(编)者：中华全国工商业联合会汽车经销商商会
　　　　　北京易观智库网络科技有限公司
2016年5月出版 / 估价：128.00元

汽车工业蓝皮书
中国汽车工业发展年度报告（2016）
著(编)者：中国汽车工业协会　中国汽车技术研究中心
　　　　　丰田汽车（中国）投资有限公司
2016年4月出版 / 估价：128.00元

汽车蓝皮书
中国汽车产业发展报告（2016）
著(编)者：国务院发展研究中心产业经济研究部
　　　　　中国汽车工程学会　大众汽车集团（中国）
2016年8月出版 / 估价：158.00元

清洁能源蓝皮书
国际清洁能源发展报告（2016）
著(编)者：苏树辉　袁国林　李玉崙
2016年11月出版 / 估价：99.00元

人力资源蓝皮书
中国人力资源发展报告（2016）
著(编)者：余兴安　2016年12月出版 / 估价：79.00元

融资租赁蓝皮书
中国融资租赁业发展报告（2015～2016）
著(编)者：李光荣　王力　2016年1月出版 / 估价：89.00元

软件和信息服务业蓝皮书
中国软件和信息服务业发展报告（2016）
著(编)者：洪京一　2016年12月出版 / 估价：198.00元

商会蓝皮书
中国商会发展报告NO.5（2016）
著(编)者：王钦敏　2016年7月出版 / 估价：89.00元

上市公司蓝皮书
中国上市公司社会责任信息披露报告（2016）
著(编)者：张旺　张杨　2016年11月出版 / 估价：69.00元

上市公司蓝皮书
中国上市公司质量评价报告（2015～2016）
著(编)者：张跃文　王力　2016年11月出版 / 估价：118.00元

设计产业蓝皮书
中国设计产业发展报告（2016）
著(编)者：陈冬亮　梁昊光　2016年3月出版 / 估价：89.00元

食品药品蓝皮书
食品药品安全与监管政策研究报告（2016）
著(编)者：唐民皓　2016年7月出版 / 估价：69.00元

世界能源蓝皮书
世界能源发展报告（2016）
著(编)者：黄晓勇　2016年6月出版 / 估价：99.00元

水利风景区蓝皮书
中国水利风景区发展报告（2016）
著(编)者：兰思仁　2016年8月出版 / 估价：69.00元

私募市场蓝皮书
中国私募股权市场发展报告（2016）
著(编)者：曹和平　2016年12月出版 / 估价：79.00元

碳市场蓝皮书
中国碳市场报告（2016）
著(编)者：宁金彪　2016年11月出版 / 估价：69.00元

行业报告类

皮书系列 2016全品种

体育蓝皮书
中国体育产业发展报告（2016）
著（编）者：阮伟 钟秉枢　2016年7月出版 / 估价:69.00元

投资蓝皮书
中国投资发展报告（2016）
著（编）者：谢平　2016年4月出版 / 估价:128.00元

土地市场蓝皮书
中国农村土地市场发展报告（2016）
著（编）者：李光荣 高传捷　2016年1月出版 / 估价:69.00元

网络空间安全蓝皮书
中国网络空间安全发展报告（2016）
著（编）者：惠志斌 唐涛　2016年4月出版 / 估价:79.00元

物联网蓝皮书
中国物联网发展报告（2016）
著（编）者：黄桂田 龚六堂 张全升
2016年1月出版 / 估价:69.00元

西部工业蓝皮书
中国西部工业发展报告（2016）
著（编）者：方行明 甘犁 刘方健 姜凌 等
2016年9月出版 / 估价:79.00元

西部金融蓝皮书
中国西部金融发展报告（2016）
著（编）者：李忠民　2016年8月出版 / 估价:75.00元

协会商会蓝皮书
中国行业协会商会发展报告（2016）
著（编）者：景朝阳 李勇　2016年4月出版 / 估价:99.00元

新能源汽车蓝皮书
中国新能源汽车产业发展报告（2016）
著（编）者：中国汽车技术研究中心
　　　日产（中国）投资有限公司 东风汽车有限公司
2016年8月出版 / 估价:89.00元

新三板蓝皮书
中国新三板市场发展报告（2016）
著（编）者：王力　2016年6月出版 / 估价:69.00元

信托市场蓝皮书
中国信托业市场报告（2015～2016）
著（编）者：用益信托工作室
2016年2月出版 / 估价:198.00元

信息安全蓝皮书
中国信息安全发展报告（2016）
著（编）者：张晓东　2016年2月出版 / 估价:69.00元

信息化蓝皮书
中国信息化形势分析与预测（2016）
著（编）者：周宏仁　2016年8月出版 / 估价:98.00元

信用蓝皮书
中国信用发展报告（2016）
著（编）者：章政 田侃　2016年4月出版 / 估价:99.00元

休闲绿皮书
2016年中国休闲发展报告
著（编）者：宋瑞
2016年10月出版 / 估价:79.00元

药品流通蓝皮书
中国药品流通行业发展报告（2016）
著（编）者：佘鲁林 温再兴
2016年8月出版 / 估价:158.00元

医药蓝皮书
中国中医药产业园战略发展报告（2016）
著（编）者：裴长洪 房书亭 吴滌心
2016年3月出版 / 估价:89.00元

邮轮绿皮书
中国邮轮产业发展报告（2016）
著（编）者：汪泓　2016年10月出版 / 估价:79.00元

智能养老蓝皮书
中国智能养老产业发展报告（2016）
著（编）者：朱勇　2016年10月出版 / 估价:89.00元

中国SUV蓝皮书
中国SUV产业发展报告（2016）
著（编）者：靳军　2016年12月出版 / 估价:69.00元

中国金融行业蓝皮书
中国债券市场发展报告（2016）
著（编）者：谢多　2016年7月出版 / 估价:69.00元

中国上市公司蓝皮书
中国上市公司发展报告（2016）
著（编）者：中国社会科学院上市公司研究中心
2016年9月出版 / 估价:98.00元

中国游戏蓝皮书
中国游戏产业发展报告（2016）
著（编）者：孙立军 刘跃军 牛兴侦
2016年4月出版 / 估价:69.00元

中国总部经济蓝皮书
中国总部经济发展报告（2015～2016）
著（编）者：赵弘　2016年9月出版 / 估价:79.00元

资本市场蓝皮书
中国场外交易市场发展报告（2016）
著（编）者：高峦　2016年8月出版 / 估价:79.00元

资产管理蓝皮书
中国资产管理行业发展报告（2016）
著（编）者：智信资产管理研究院
2016年6月出版 / 估价:89.00元

文化传媒类

传媒竞争力蓝皮书
中国传媒国际竞争力研究报告（2016）
著(编)者：李本乾 刘强
2016年11月出版 / 估价：148.00元

传媒蓝皮书
中国传媒产业发展报告（2016）
著(编)者：崔保国 2016年5月出版 / 估价：98.00元

传媒投资蓝皮书
中国传媒投资发展报告（2016）
著(编)者：张向东 谭云明
2016年6月出版 / 估价：128.00元

动漫蓝皮书
中国动漫产业发展报告（2016）
著(编)者：卢斌 郑玉明 牛兴侦
2016年7月出版 / 估价：79.00元

非物质文化遗产蓝皮书
中国非物质文化遗产发展报告（2016）
著(编)者：陈平 2016年5月出版 / 估价：98.00元

广电蓝皮书
中国广播电影电视发展报告（2016）
著(编)者：国家新闻出版广电总局发展研究中心
2016年7月出版 / 估价：98.00元

广告主蓝皮书
中国广告主营销传播趋势报告 NO.9
著(编)者：黄升民 杜国清 邵华冬 等
2016年10月出版 / 估价：148.00元

国际传播蓝皮书
中国国际传播发展报告（2016）
著(编)者：胡正荣 李继东 姬德强
2016年11月出版 / 估价：89.00元

纪录片蓝皮书
中国纪录片发展报告（2016）
著(编)者：何苏六 2016年10月出版 / 估价：79.00元

科学传播蓝皮书
中国科学传播报告（2016）
著(编)者：詹正茂 2016年7月出版 / 估价：69.00元

两岸创意经济蓝皮书
两岸创意经济研究报告（2016）
著(编)者：罗昌智 董泽平 2016年12月出版 / 估价：98.00元

两岸文化蓝皮书
两岸文化产业合作发展报告（2016）
著(编)者：胡惠林 李保宗 2016年7月出版 / 估价：79.00元

媒介与女性蓝皮书
中国媒介与女性发展报告（2015~2016）
著(编)者：刘利群 2016年8月出版 / 估价：118.00元

媒体融合蓝皮书
中国媒体融合发展报告（2016）
著(编)者：梅宁华 宋建武 2016年7月出版 / 估价：79.00元

全球传媒蓝皮书
全球传媒发展报告（2016）
著(编)者：胡正荣 李继东 唐晓芬
2016年12月出版 / 估价：79.00元

少数民族非遗蓝皮书
中国少数民族非物质文化遗产发展报告（2016）
著(编)者：肖远平（彝） 柴立（满）
2016年6月出版 / 估价：128.00元

视听新媒体蓝皮书
中国视听新媒体发展报告（2016）
著(编)者：国家新闻出版广电总局发展研究中心
2016年7月出版 / 估价：98.00元

文化创新蓝皮书
中国文化创新报告（2016）NO.7
著(编)者：于平 傅才武 2016年7月出版 / 估价：98.00元

文化建设蓝皮书
中国文化发展报告（2016）
著(编)者：江畅 孙伟平 戴茂堂
2016年4月出版 / 估价：108.00元

文化科技蓝皮书
文化科技创新发展报告（2016）
著(编)者：于平 李凤亮 2016年10月出版 / 估价：89.00元

文化蓝皮书
中国公共文化服务发展报告（2016）
著(编)者：刘新成 张永新 张旭 2016年10月出版 / 估价：98.00元

文化蓝皮书
中国公共文化投入增长测评报告（2016）
著(编)者：王亚南 2016年12月出版 / 估价：79.00元

文化蓝皮书
中国少数民族文化发展报告（2016）
著(编)者：武翠英 张晓明 任乌晶
2016年9月出版 / 估价：69.00元

文化蓝皮书
中国文化产业发展报告（2016）
著(编)者：张晓明 王家新 章建刚
2016年4月出版 / 估价：79.00元

文化蓝皮书
中国文化产业供需协调检测报告（2016）
著(编)者：王亚南 2016年2月出版 / 估价：79.00元

文化蓝皮书
中国文化消费需求景气评价报告（2016）
著(编)者：王亚南 2016年2月出版 / 估价：79.00元

文化传媒类·地方发展类

皮书系列 2016全品种

文化品牌蓝皮书
中国文化品牌发展报告（2016）
著(编)者：欧阳友权　2016年4月出版／估价：89.00元

文化遗产蓝皮书
中国文化遗产事业发展报告（2016）
著(编)者：刘世锦　2016年3月出版／估价：89.00元

文学蓝皮书
中国文情报告（2015～2016）
著(编)者：白烨　2016年5月出版／估价：69.00元

新媒体蓝皮书
中国新媒体发展报告NO.7（2016）
著(编)者：唐绪军　2016年7月出版／估价：79.00元

新媒体社会责任蓝皮书
中国新媒体社会责任研究报告（2016）
著(编)者：钟瑛　2016年10月出版／估价：79.00元

移动互联网蓝皮书
中国移动互联网发展报告（2016）
著(编)者：官建文　2016年6月出版／估价：79.00元

舆情蓝皮书
中国社会舆情与危机管理报告（2016）
著(编)者：谢耘耕　2016年8月出版／估价：98.00元

地方发展类

安徽经济蓝皮书
芜湖创新型城市发展报告（2016）
著(编)者：张志宏　2016年4月出版／估价：69.00元

安徽蓝皮书
安徽社会发展报告（2016）
著(编)者：程桦　2016年4月出版／估价：89.00元

安徽社会建设蓝皮书
安徽社会建设分析报告（2015～2016）
著(编)者：黄家海　王开玉　蔡宪
2016年4月出版／估价：89.00元

澳门蓝皮书
澳门经济社会发展报告（2015～2016）
著(编)者：吴志良　郝雨凡　2016年5月出版／估价：79.00元

北京蓝皮书
北京公共服务发展报告（2015～2016）
著(编)者：施昌奎　2016年1月出版／估价：69.00元

北京蓝皮书
北京经济发展报告（2015～2016）
著(编)者：杨松　2016年6月出版／估价：79.00元

北京蓝皮书
北京社会发展报告（2015～2016）
著(编)者：李伟东　2016年7月出版／估价：79.00元

北京蓝皮书
北京社会治理发展报告（2015～2016）
著(编)者：殷星辰　2016年6月出版／估价：79.00元

北京蓝皮书
北京文化发展报告（2015～2016）
著(编)者：李建盛　2016年5月出版／估价：79.00元

北京旅游绿皮书
北京旅游发展报告（2016）
著(编)者：北京旅游学会　2016年7月出版／估价：88.00元

北京人才蓝皮书
北京人才发展报告（2016）
著(编)者：于淼　2016年12月出版／估价：128.00元

北京社会心态蓝皮书
北京社会心态分析报告（2015～2016）
著(编)者：北京社会心理研究所
2016年8月出版／估价：79.00元

北京社会组织管理蓝皮书
北京社会组织发展与管理（2015～2016）
著(编)者：黄江松　2016年4月出版／估价：78.00元

北京体育蓝皮书
北京体育产业发展报告（2016）
著(编)者：钟秉枢　陈杰　杨铁黎
2016年10月出版／估价：79.00元

北京养老产业蓝皮书
北京养老产业发展报告（2016）
著(编)者：周明明　冯喜良　2016年4月出版／估价：69.00元

滨海金融蓝皮书
滨海新区金融发展报告（2016）
著(编)者：王爱俭　张锐钢　2016年9月出版／估价：79.00元

城乡一体化蓝皮书
中国城乡一体化发展报告·北京卷（2015～2016）
著(编)者：张宝秀　黄序　2016年5月出版／估价：79.00元

创意城市蓝皮书
北京文化创意产业发展报告（2016）
著(编)者：张京成　王国华　2016年12月出版／估价：69.00元

创意城市蓝皮书
青岛文化创意产业发展报告（2016）
著(编)者：马达　张丹妮　2016年6月出版／估价：79.00元

皮书系列 2016全品种 地方发展类

创意城市蓝皮书
台北文化创意产业发展报告（2016）
著(编)者：陈耀竹 邱琪瑄　2016年11月出版 / 估价：89.00元

创意城市蓝皮书
无锡文化创意产业发展报告（2016）
著(编)者：谭军 张鸣年　2016年10月出版 / 估价：79.00元

创意城市蓝皮书
武汉文化创意产业发展报告（2016）
著(编)者：黄永林 陈汉桥　2016年12月出版 / 估价：89.00元

创意城市蓝皮书
重庆创意产业发展报告（2016）
著(编)者：程宇宁　2016年4月出版 / 估价：89.00元

地方法治蓝皮书
南宁法治发展报告（2016）
著(编)者：杨维超　2016年12月出版 / 估价：69.00元

福建妇女发展蓝皮书
福建省妇女发展报告（2016）
著(编)者：刘群英　2016年11月出版 / 估价：88.00元

甘肃蓝皮书
甘肃经济发展分析与预测（2016）
著(编)者：朱智文 罗哲　2016年1月出版 / 估价：79.00元

甘肃蓝皮书
甘肃社会发展分析与预测（2016）
著(编)者：安文华 包晓霞　2016年1月出版 / 估价：79.00元

甘肃蓝皮书
甘肃文化发展分析与预测（2016）
著(编)者：安文华 周小华　2016年1月出版 / 估价：79.00元

甘肃蓝皮书
甘肃县域社会发展评价报告（2016）
著(编)者：刘进军 柳民 王建兵
2016年1月出版 / 估价：79.00元

甘肃蓝皮书
甘肃舆情分析与预测（2016）
著(编)者：陈双梅 郝树声　2016年1月出版 / 估价：79.00元

甘肃蓝皮书
甘肃商务发展报告（2016）
著(编)者：杨志武 王福生 王晓芳
2016年1月出版 / 估价：69.00元

广东蓝皮书
广东全面深化改革发展报告（2016）
著(编)者：周林生 涂成林　2016年11月出版 / 估价：69.00元

广东蓝皮书
广东社会工作发展报告（2016）
著(编)者：罗观翠　2016年6月出版 / 估价：89.00元

广东蓝皮书
广东省电子商务发展报告（2016）
著(编)者：程晓 邓顺国　2016年7月出版 / 估价：79.00元

广东社会建设蓝皮书
广东省社会建设发展报告（2016）
著(编)者：广东省社会工作委员会
2016年12月出版 / 估价：99.00元

广东外经贸蓝皮书
广东对外经济贸易发展研究报告（2015~2016）
著(编)者：陈万灵　2016年5月出版 / 估价：89.00元

广西北部湾经济区蓝皮书
广西北部湾经济区开放开发报告（2016）
著(编)者：广西北部湾经济区规划建设管理委员会办公室
　　　　　广西社会科学院 广西北部湾发展研究院
2016年10月出版 / 估价：79.00元

广州蓝皮书
2016年中国广州经济形势分析与预测
著(编)者：庾建设 沈奎 谢博能　2016年6月出版 / 估价：79.00元

广州蓝皮书
2016年中国广州社会形势分析与预测
著(编)者：张强 陈怡霓 杨秦　2016年6月出版 / 估价：79.00元

广州蓝皮书
广州城市国际化发展报告（2016）
著(编)者：朱名宏　2016年11月出版 / 估价：69.00元

广州蓝皮书
广州创新型城市发展报告（2016）
著(编)者：尹涛　2016年10月出版 / 估价：69.00元

广州蓝皮书
广州经济发展报告（2016）
著(编)者：朱名宏　2016年7月出版 / 估价：69.00元

广州蓝皮书
广州农村发展报告（2016）
著(编)者：朱名宏　2016年8月出版 / 估价：69.00元

广州蓝皮书
广州汽车产业发展报告（2016）
著(编)者：杨再高 冯兴亚　2016年9月出版 / 估价：69.00元

广州蓝皮书
广州青年发展报告（2015～2016）
著(编)者：魏国华 张强　2016年7月出版 / 估价：69.00元

广州蓝皮书
广州商贸业发展报告（2016）
著(编)者：李江涛 肖振宇 荀振英
2016年7月出版 / 估价：69.00元

广州蓝皮书
广州社会保障发展报告（2016）
著(编)者：蔡国萱　2016年10月出版 / 估价：65.00元

广州蓝皮书
广州文化创意产业发展报告（2016）
著(编)者：甘新　2016年8月出版 / 估价：79.00元

广州蓝皮书
中国广州城市建设与管理发展报告（2016）
著(编)者：董皞 陈小钢 李江涛　2016年7月出版 / 估价：69.00元

地方发展类

皮书系列
2016全品种

广州蓝皮书
中国广州科技和信息化发展报告（2016）
著（编）者：邹采荣 马正勇 冯 元　2016年8月出版 / 估价：79.00元

广州蓝皮书
中国广州文化发展报告（2016）
著（编）者：徐俊忠 陆志强 顾涧清　2016年7月出版 / 估价：69.00元

贵阳蓝皮书
贵阳城市创新发展报告·白云篇（2016）
著（编）者：连玉明　2016年10月出版 / 估价：89.00元

贵阳蓝皮书
贵阳城市创新发展报告·观山湖篇（2016）
著（编）者：连玉明　2016年10月出版 / 估价：89.00元

贵阳蓝皮书
贵阳城市创新发展报告·花溪篇（2016）
著（编）者：连玉明　2016年10月出版 / 估价：89.00元

贵阳蓝皮书
贵阳城市创新发展报告·开阳篇（2016）
著（编）者：连玉明　2016年10月出版 / 估价：89.00元

贵阳蓝皮书
贵阳城市创新发展报告·南明篇（2016）
著（编）者：连玉明　2016年10月出版 / 估价：89.00元

贵阳蓝皮书
贵阳城市创新发展报告·清镇篇（2016）
著（编）者：连玉明　2016年10月出版 / 估价：89.00元

贵阳蓝皮书
贵阳城市创新发展报告·乌当篇（2016）
著（编）者：连玉明　2016年10月出版 / 估价：89.00元

贵阳蓝皮书
贵阳城市创新发展报告·息烽篇（2016）
著（编）者：连玉明　2016年10月出版 / 估价：89.00元

贵阳蓝皮书
贵阳城市创新发展报告·修文篇（2016）
著（编）者：连玉明　2016年10月出版 / 估价：89.00元

贵阳蓝皮书
贵阳城市创新发展报告·云岩篇（2016）
著（编）者：连玉明　2016年10月出版 / 估价：89.00元

贵州房地产蓝皮书
贵州房地产发展报告NO.3（2016）
著（编）者：武廷方　2016年6月出版 / 估价：89.00元

贵州蓝皮书
册亨经济社会发展报告(2016)
著（编）者：黄德林　2016年1月出版 / 估价：69.00元

贵州蓝皮书
贵安新区发展报告（2016）
著（编）者：马长青 吴大华　2016年4月出版 / 估价：69.00元

贵州蓝皮书
贵州法治发展报告（2016）
著（编）者：吴大华　2016年5月出版 / 估价：79.00元

贵州蓝皮书
贵州民航业发展报告（2016）
著（编）者：申振东 吴大华　2016年10月出版 / 估价：69.00元

贵州蓝皮书
贵州人才发展报告（2016）
著（编）者：于杰 吴大华　2016年9月出版 / 估价：69.00元

贵州蓝皮书
贵州社会发展报告（2016）
著（编）者：王兴骥　2016年5月出版 / 估价：79.00元

海淀蓝皮书
海淀区文化和科技融合发展报告（2016）
著（编）者：陈名杰 孟景伟　2016年5月出版 / 估价：75.00元

海峡西岸蓝皮书
海峡西岸经济区发展报告（2016）
著（编）者：福建省人民政府发展研究中心
　　　　　福建省人民政府发展研究中心咨询服务中心
2016年9月出版 / 估价：65.00元

杭州都市圈蓝皮书
杭州都市圈发展报告（2016）
著（编）者：董祖德 沈翔　2016年5月出版 / 估价：89.00元

杭州蓝皮书
杭州妇女发展报告（2016）
著（编）者：魏颖　2016年4月出版 / 估价：79.00元

河北经济蓝皮书
河北省经济发展报告（2016）
著（编）者：马树强 金浩 刘兵 张贵
2016年3月出版 / 估价：89.00元

河北蓝皮书
河北经济社会发展报告（2016）
著（编）者：周文夫　2016年1月出版 / 估价：79.00元

河北食品药品安全蓝皮书
河北食品药品安全研究报告（2016）
著（编）者：丁锦霞　2016年6月出版 / 估价：79.00元

河南经济蓝皮书
2016年河南经济形势分析与预测
著（编）者：胡五岳　2016年2月出版 / 估价：69.00元

河南蓝皮书
2016年河南社会形势分析与预测
著（编）者：刘道兴 牛苏林　2016年4月出版 / 估价：69.00元

河南蓝皮书
河南城市发展报告（2016）
著（编）者：谷建全 王建国　2016年3月出版 / 估价：79.00元

河南蓝皮书
河南法治发展报告（2016）
著（编）者：丁同民 闫德民　2016年6月出版 / 估价：79.00元

河南蓝皮书
河南工业发展报告（2016）
著（编）者：龚绍东 赵西三　2016年1月出版 / 估价：79.00元

皮书系列 2016全品种
地方发展类

河南蓝皮书
河南金融发展报告（2016）
著(编)者：河南省社会科学院
2016年6月出版　估价：69.00元

河南蓝皮书
河南经济发展报告（2016）
著(编)者：河南省社会科学院
2016年12月出版　估价：79.00元

河南蓝皮书
河南农业农村发展报告（2016）
著(编)者：吴海峰　2016年4月出版　估价：69.00元

河南蓝皮书
河南文化发展报告（2016）
著(编)者：卫绍生　2016年3月出版　估价：79.00元

河南商务蓝皮书
河南商务发展报告（2016）
著(编)者：焦锦淼　穆荣国　2016年4月出版　估价：88.00元

黑龙江产业蓝皮书
黑龙江产业发展报告（2016）
著(编)者：于渤　2016年10月出版　估价：79.00元

黑龙江蓝皮书
黑龙江经济发展报告（2016）
著(编)者：曲伟　2016年1月出版　估价：79.00元

黑龙江蓝皮书
黑龙江社会发展报告（2016）
著(编)者：张新颖　2016年1月出版　估价：79.00元

湖南城市蓝皮书
区域城市群整合（主题待定）
著(编)者：童中贤　韩未名　2016年12月出版　估价：79.00元

湖南蓝皮书
2016年湖南产业发展报告
著(编)者：梁志峰　2016年5月出版　估价：98.00元

湖南蓝皮书
2016年湖南电子政务发展报告
著(编)者：梁志峰　2016年5月出版　估价：98.00元

湖南蓝皮书
2016年湖南经济展望
著(编)者：梁志峰　2016年5月出版　估价：128.00元

湖南蓝皮书
2016年湖南两型社会与生态文明发展报告
著(编)者：梁志峰　2016年5月出版　估价：98.00元

湖南蓝皮书
2016年湖南社会发展报告
著(编)者：梁志峰　2016年5月出版　估价：88.00元

湖南蓝皮书
2016年湖南县域经济社会发展报告
著(编)者：梁志峰　2016年5月出版　估价：98.00元

湖南蓝皮书
湖南城乡一体化发展报告（2016）
著(编)者：陈文胜　刘祚祥　邝奕轩　等
2016年7月出版　估价：89.00元

湖南县域绿皮书
湖南县域发展报告NO.3
著(编)者：袁准　周小毛　2016年9月出版　估价：69.00元

沪港蓝皮书
沪港发展报告（2015～2016）
著(编)者：尤安山　2016年4月出版　估价：89.00元

吉林蓝皮书
2016年吉林经济社会形势分析与预测
著(编)者：马克　2016年2月出版　估价：89.00元

济源蓝皮书
济源经济社会发展报告（2016）
著(编)者：喻新安　2016年4月出版　估价：69.00元

健康城市蓝皮书
北京健康城市建设研究报告（2016）
著(编)者：王鸿春　2016年4月出版　估价：79.00元

江苏法治蓝皮书
江苏法治发展报告NO.5（2016）
著(编)者：李力　龚廷泰　2016年9月出版　估价：98.00元

江西蓝皮书
江西经济社会发展报告（2016）
著(编)者：张勇　姜玮　梁勇　2016年10月出版　估价：79.00元

江西文化产业蓝皮书
江西文化产业发展报告（2016）
著(编)者：张圣才　汪春翔　2016年10月出版　估价：128.00元

经济特区蓝皮书
中国经济特区发展报告（2016）
著(编)者：陶一桃　2016年12月出版　估价：89.00元

辽宁蓝皮书
2016年辽宁经济社会形势分析与预测
著(编)者：曹晓峰　张晶　梁启东
2016年12月出版　估价：79.00元

拉萨蓝皮书
拉萨法治发展报告（2016）
著(编)者：车明怀　2016年7月出版　估价：79.00元

洛阳蓝皮书
洛阳文化发展报告（2016）
著(编)者：刘福兴　陈启明　2016年7月出版　估价：79.00元

南京蓝皮书
南京文化发展报告（2016）
著(编)者：徐宁　2016年12月出版　估价：79.00元

内蒙古蓝皮书
内蒙古反腐倡廉建设报告NO.2
著(编)者：张志华　无极　2016年12月出版　估价：69.00元

地方发展类 | 皮书系列 2016全品种

浦东新区蓝皮书
上海浦东经济发展报告（2016）
著(编)者：沈开艳 陆沪根　2016年1月出版 / 估价：69.00元

青海蓝皮书
2016年青海经济社会形势分析与预测
著(编)者：赵宗福　2015年12月出版 / 估价：69.00元

人口与健康蓝皮书
深圳人口与健康发展报告（2016）
著(编)者：陆杰华 罗乐宣 苏杨
2016年11月出版 / 估价：89.00元

山东蓝皮书
山东经济形势分析与预测（2016）
著(编)者：李广杰　2016年11月出版 / 估价：89.00元

山东蓝皮书
山东社会形势分析与预测（2016）
著(编)者：涂可国　2016年6月出版 / 估价：89.00元

山东蓝皮书
山东文化发展报告（2016）
著(编)者：张华 唐洲雁　2016年6月出版 / 估价：98.00元

山西蓝皮书
山西资源型经济转型发展报告（2016）
著(编)者：李志强　2016年5月出版 / 估价：89.00元

陕西蓝皮书
陕西经济发展报告（2016）
著(编)者：任宗哲 白宽犁 裴成荣
2016年1月出版 / 估价：69.00元

陕西蓝皮书
陕西社会发展报告（2016）
著(编)者：任宗哲 白宽犁 牛昉
2016年1月出版 / 估价：69.00元

陕西蓝皮书
陕西文化发展报告（2016）
著(编)者：任宗哲 白宽犁 王长寿
2016年1月出版 / 估价：65.00元

陕西蓝皮书
丝绸之路经济带发展报告（2016）
著(编)者：任宗哲 石英 白宽犁
2016年8月出版 / 估价：79.00元

上海蓝皮书
上海传媒发展报告（2016）
著(编)者：强荧 焦雨虹　2016年1月出版 / 估价：69.00元

上海蓝皮书
上海法治发展报告（2016）
著(编)者：叶青　2016年5月出版 / 估价：69.00元

上海蓝皮书
上海经济发展报告（2016）
著(编)者：沈开艳　2016年1月出版 / 估价：69.00元

上海蓝皮书
上海社会发展报告（2016）
著(编)者：杨雄 周海旺　2016年1月出版 / 估价：69.00元

上海蓝皮书
上海文化发展报告（2016）
著(编)者：荣跃明　2016年1月出版 / 估价：74.00元

上海蓝皮书
上海文学发展报告（2016）
著(编)者：陈圣来　2016年1月出版 / 估价：69.00元

上海蓝皮书
上海资源环境发展报告（2016）
著(编)者：周冯琦 汤庆合 任文伟
2016年1月出版 / 估价：69.00元

上饶蓝皮书
上饶发展报告（2015~2016）
著(编)者：朱寅健　2016年3月出版 / 估价：128.00元

社会建设蓝皮书
2016年北京社会建设分析报告
著(编)者：宋贵伦 冯虹　2016年7月出版 / 估价：79.00元

深圳蓝皮书
深圳法治发展报告（2016）
著(编)者：张骁儒　2016年5月出版 / 估价：69.00元

深圳蓝皮书
深圳经济发展报告（2016）
著(编)者：张骁儒　2016年6月出版 / 估价：89.00元

深圳蓝皮书
深圳劳动关系发展报告（2016）
著(编)者：汤庭芬　2016年6月出版 / 估价：79.00元

深圳蓝皮书
深圳社会建设与发展报告（2016）
著(编)者：张骁儒 陈东平　2016年6月出版 / 估价：79.00元

深圳蓝皮书
深圳文化发展报告(2016)
著(编)者：张骁儒　2016年1月出版 / 估价：69.00元

四川法治蓝皮书
四川依法治省年度报告 NO.2（2016）
著(编)者：李林 杨天宗 田禾
2016年3月出版 / 估价：108.00元

四川蓝皮书
2016年四川经济形势分析与预测
著(编)者：杨钢　2016年1月出版 / 估价：89.00元

四川蓝皮书
四川城镇化发展报告（2016）
著(编)者：侯水平 范秋美　2016年4月出版 / 估价：79.00元

四川蓝皮书
四川法治发展报告（2016）
著(编)者：郑泰安　2016年1月出版 / 估价：69.00元

四川蓝皮书
四川企业社会责任研究报告（2015～2016）
著(编)者：侯水平 盛毅　2016年4月出版 / 估价：79.00元

四川蓝皮书
四川社会发展报告（2016）
著(编)者：郭晓鸣　2016年4月出版 / 估价：79.00元

四川蓝皮书
四川生态建设报告（2016）
著(编)者：李晟之　2016年4月出版 / 估价：79.00元

四川蓝皮书
四川文化产业发展报告（2016）
著(编)者：侯水平　2016年4月出版 / 估价：79.00元

体育蓝皮书
上海体育产业发展报告（2015～2016）
著(编)者：张林 黄海燕　2016年10月出版 / 估价：79.00元

体育蓝皮书
长三角地区体育产业发展报告（2015～2016）
著(编)者：张林　2016年4月出版 / 估价：79.00元

天津金融蓝皮书
天津金融发展报告（2016）
著(编)者：王爱俭 孔德昌　2016年9月出版 / 估价：89.00元

图们江区域合作蓝皮书
图们江区域合作发展报告（2016）
著(编)者：李铁　2016年4月出版 / 估价：98.00元

温州蓝皮书
2016年温州经济社会形势分析与预测
著(编)者：潘忠强 王春光 金浩　2016年4月出版 / 估价：69.00元

扬州蓝皮书
扬州经济社会发展报告（2016）
著(编)者：丁纯　2016年12月出版 / 估价：89.00元

长株潭城市群蓝皮书
长株潭城市群发展报告（2016）
著(编)者：张萍　2016年10月出版 / 估价：69.00元

郑州蓝皮书
2016年郑州文化发展报告
著(编)者：王哲　2016年9月出版 / 估价：65.00元

中医文化蓝皮书
北京中医药文化传播发展报告（2016）
著(编)者：毛嘉陵　2016年5月出版 / 估价：79.00元

珠三角流通蓝皮书
珠三角商圈发展研究报告（2016）
著(编)者：王先庆 林至颖　2016年7月出版 / 估价：98.00元

遵义蓝皮书
遵义发展报告（2016）
著(编)者：曾征 龚永育　2016年12月出版 / 估价：69.00元

国别与地区类

阿拉伯黄皮书
阿拉伯发展报告（2015～2016）
著(编)者：罗林　2016年11月出版 / 估价：79.00元

北部湾蓝皮书
泛北部湾合作发展报告（2016）
著(编)者：吕余生　2016年10月出版 / 估价：69.00元

大湄公河次区域蓝皮书
大湄公河次区域合作发展报告（2016）
著(编)者：刘稚　2016年9月出版 / 估价：79.00元

大洋洲蓝皮书
大洋洲发展报告（2015～2016）
著(编)者：喻常森　2016年10月出版 / 估价：89.00元

德国蓝皮书
德国发展报告（2016）
著(编)者：郑春荣 伍慧萍
2016年5月出版 / 估价：69.00元

东北亚黄皮书
东北亚地区政治与安全（2016）
著(编)者：黄凤志 刘清才 张慧智 等
2016年5月出版 / 估价：69.00元

东盟黄皮书
东盟发展报告（2016）
著(编)者：杨晓强 庄国土　2016年12月出版 / 估价：75.00元

东南亚蓝皮书
东南亚地区发展报告（2015～2016）
著(编)者：厦门大学东南亚研究中心　王勤
2016年4月出版 / 估价：79.00元

俄罗斯黄皮书
俄罗斯发展报告（2016）
著(编)者：李永全　2016年7月出版 / 估价：79.00元

非洲黄皮书
非洲发展报告 NO.18（2015～2016）
著(编)者：张宏明　2016年9月出版 / 估价：79.00元

国家国别类 | **皮书系列 重点推荐**

国际形势黄皮书
全球政治与安全报告（2016）
著(编)者:李慎明 张宇燕
2015年12月出版 / 定价:69.00元

韩国蓝皮书
韩国发展报告（2016）
著(编)者:牛林杰 刘宝全
2016年12月出版 / 估价:89.00元

加拿大蓝皮书
加拿大发展报告（2016）
著(编)者:仲伟合 2016年4月出版 / 估价:89.00元

拉美黄皮书
拉丁美洲和加勒比发展报告（2015~2016）
著(编)者:吴白乙 2016年5月出版 / 估价:89.00元

美国蓝皮书
美国研究报告（2016）
著(编)者:郑秉文 黄平
2016年6月出版 / 估价:89.00元

缅甸蓝皮书
缅甸国情报告（2016）
著(编)者:李晨阳 2016年8月出版 / 估价:79.00元

欧洲蓝皮书
欧洲发展报告（2015~2016）
著(编)者:周弘 黄平 江时学
2016年7月出版 / 估价:89.00元

日本经济蓝皮书
日本经济与中日经贸关系研究报告（2016）
著(编)者:王洛林 张季风
2016年5月出版 / 估价:79.00元

日本蓝皮书
日本研究报告（2016）
著(编)者:李薇 2016年4月出版 / 估价:69.00元

上海合作组织黄皮书
上海合作组织发展报告（2016）
著(编)者:李进峰 吴宏伟 李伟
2016年7月出版 / 估价:98.00元

世界创新竞争力黄皮书
世界创新竞争力发展报告（2016）
著(编)者:李闽榕 李建平 赵新力
2016年1月出版 / 估价:148.00元

土耳其蓝皮书
土耳其发展报告（2016）
著(编)者:郭长刚 刘义 2016年7月出版 / 估价:69.00元

亚太蓝皮书
亚太地区发展报告（2016）
著(编)者:李向阳 2016年1月出版 / 估价:69.00元

印度蓝皮书
印度国情报告（2016）
著(编)者:吕昭义 2016年5月出版 / 估价:89.00元

印度洋地区蓝皮书
印度洋地区发展报告（2016）
著(编)者:汪戎 2016年5月出版 / 估价:89.00元

英国蓝皮书
英国发展报告（2015~2016）
著(编)者:王展鹏 2016年10月出版 / 估价:89.00元

越南蓝皮书
越南国情报告（2016）
著(编)者:广西社会科学院 罗梅 李碧华
2016年8月出版 / 估价:69.00元

越南蓝皮书
越南经济发展报告（2016）
著(编)者:黄志勇 2016年10月出版 / 估价:69.00元

以色列蓝皮书
以色列发展报告（2016）
著(编)者:张倩红 2016年9月出版 / 估价:89.00元

中东黄皮书
中东发展报告 No.18（2015~2016）
著(编)者:杨光 2016年10月出版 / 估价:89.00元

中欧关系蓝皮书
中欧关系研究报告（2016）
著(编)者:周弘 2016年12月出版 / 估价:98.00元

中亚黄皮书
中亚国家发展报告（2016）
著(编)者:孙力 吴宏伟 2016年8月出版 / 估价:89.00元

社会科学文献出版社　　　皮书系列

❖ 皮书起源 ❖

"皮书"起源于十七、十八世纪的英国,主要指官方或社会组织正式发表的重要文件或报告,多以"白皮书"命名。在中国,"皮书"这一概念被社会广泛接受,并被成功运作、发展成为一种全新的出版形态,则源于中国社会科学院社会科学文献出版社。

❖ 皮书定义 ❖

皮书是对中国与世界发展状况和热点问题进行年度监测,以专业的角度、专家的视野和实证研究方法,针对某一领域或区域现状与发展态势展开分析和预测,具备原创性、实证性、专业性、连续性、前沿性、时效性等特点的公开出版物,由一系列权威研究报告组成。

❖ 皮书作者 ❖

皮书系列的作者以中国社会科学院、著名高校、地方社会科学院的研究人员为主,多为国内一流研究机构的权威专家学者,他们的看法和观点代表了学界对中国与世界的现实和未来最高水平的解读与分析。

❖ 皮书荣誉 ❖

皮书系列已成为社会科学文献出版社的著名图书品牌和中国社会科学院的知名学术品牌。2011年,皮书系列正式列入"十二五"国家重点出版规划项目;2012~2015年,重点皮书列入中国社会科学院承担的国家哲学社会科学创新工程项目;2016年,46种院外皮书使用"中国社会科学院创新工程学术出版项目"标识。

中国皮书网
www.pishu.cn

发布皮书研创资讯,传播皮书精彩内容
引领皮书出版潮流,打造皮书服务平台

栏目设置:

- □ 资讯:皮书动态、皮书观点、皮书数据、皮书报道、皮书发布、电子期刊
- □ 标准:皮书评价、皮书研究、皮书规范
- □ 服务:最新皮书、皮书书目、重点推荐、在线购书
- □ 链接:皮书数据库、皮书博客、皮书微博、在线书城
- □ 搜索:资讯、图书、研究动态、皮书专家、研创团队

中国皮书网依托皮书系列"权威、前沿、原创"的优质内容资源,通过文字、图片、音频、视频等多种元素,在皮书研创者、使用者之间搭建了一个成果展示、资源共享的互动平台。

自2005年12月正式上线以来,中国皮书网的IP访问量、PV浏览量与日俱增,受到海内外研究者、公务人员、商务人士以及专业读者的广泛关注。

2008年、2011年,中国皮书网均在全国新闻出版业网站荣誉评选中获得"最具商业价值网站"称号;2012年,获得"出版业网站百强"称号。

2014年,中国皮书网与皮书数据库实现资源共享,端口合一,将提供更丰富的内容,更全面的服务。

权威报告　热点资讯　海量资源

当代中国与世界发展的高端智库平台

皮书数据库 www.pishu.com.cn

　　皮书数据库是专业的人文社会科学综合学术资源总库,以大型连续性图书——皮书系列为基础,整合国内外相关资讯构建而成。包含六大子库,涵盖两百多个主题,囊括了近十几年间中国与世界经济社会发展报告,覆盖经济、社会、政治、文化、教育、国际问题等多个领域。

　　皮书数据库以篇章为基本单位,方便用户对皮书内容的阅读需求。用户可进行全文检索,也可对文献题目、内容提要、作者名称、作者单位、关键字等基本信息进行检索,还可对检索到的篇章再做二次筛选,进行在线阅读或下载阅读。智能多维度导航,可使用户根据自己熟知的分类标准进行分类导航筛选,使查找和检索更高效、便捷。

　　权威的研究报告,独特的调研数据,前沿的热点资讯,皮书数据库已发展成为国内最具影响力的关于中国与世界现实问题研究的成果库和资讯库。

皮书俱乐部会员服务指南

1. 谁能成为皮书俱乐部成员?
   ● 皮书作者自动成为俱乐部会员
   ● 购买了皮书产品(纸质书/电子书)的个人用户

2. 会员可以享受的增值服务
   ● 免费获赠皮书数据库100元充值卡
   ● 加入皮书俱乐部,免费获赠该纸质图书的电子书
   ● 免费定期获赠皮书电子期刊
   ● 优先参与各类皮书学术活动
   ● 优先享受皮书产品的最新优惠

3. 如何享受增值服务?
   (1)免费获赠100元皮书数据库体验卡
   第1步 刮开皮书附赠充值的涂层(右下);
   第2步 登录皮书数据库网站(www.pishu.com.cn),注册账号;
   第3步 登录并进入"会员中心"—"在线充值"—"充值卡充值",充值成功后即可使用。

   (2)加入皮书俱乐部,凭数据库体验卡获赠该书的电子书
   第1步 登录社会科学文献出版社官网(www.ssap.com.cn),注册账号;
   第2步 登录并进入"会员中心"—"皮书俱乐部",提交加入皮书俱乐部申请;
   第3步 审核通过后,再次进入皮书俱乐部,填写页面所需图书、体验卡信息即可自动兑换相应电子书。

4. 声明
   解释权归社会科学文献出版社所有

皮书俱乐部会员可享受社会科学文献出版社其他相关免费增值服务,有任何疑问,均可与我们联系。
图书销售热线:010-59367070/7028 图书服务QQ:800045692 图书服务邮箱:duzhe@ssap.com.cn
数据库服务热线:400-008-6395 数据库服务QQ:2475522410 数据库服务邮箱:database@ssap.com.cn
欢迎登录社会科学文献出版社官网(www.ssap.com.cn)和中国皮书网(www.pishu.cn)了解更多信息

皮书大事记
（2015）

☆ 2015年11月9日，社会科学文献出版社2015年皮书编辑出版工作会议召开，会议就皮书装帧设计、生产营销、皮书评价以及质检工作中的常见问题等进行交流和讨论，为2016年出版社的融合发展指明了方向。

☆ 2015年11月，中国社会科学院2015年度纳入创新工程后期资助名单正式公布，《社会蓝皮书：2015年中国社会形势分析与预测》等41种皮书纳入2015年度"中国社会科学院创新工程学术出版资助项目"。

☆ 2015年8月7~8日，由中国社会科学院主办，社会科学文献出版社和湖北大学共同承办的"第十六次全国皮书年会（2015）：皮书研创与中国话语体系建设"在湖北省恩施市召开。中国社会科学院副院长李培林，国家新闻出版广电总局原副总局长、中国出版协会常务副理事长邬书林，湖北省委宣传部副部长喻立平，中国社会科学院科研局局长马援，国家新闻出版广电总局出版管理司副司长许正明，中共恩施州委书记王海涛，社会科学文献出版社社长谢寿光，湖北大学党委书记刘建凡等相关领导出席开幕式。来自中国社会科学院、地方社会科学院及高校、政府研究机构的领导及近200个皮书课题组的380多人出席了会议，会议规模又创新高。会议宣布了2016年授权使用"中国社会科学院创新工程学术出版项目"标识的院外皮书名单，并颁发了第六届优秀皮书奖。

☆ 2015年4月28日，"第三届皮书学术评审委员会第二次会议暨第六届优秀皮书奖评审会"在京召开。中国社会科学院副院长李培林、蔡昉出席会议并讲话，国家新闻出版广电总局原副局长、中国出版协会常务副理事长邬书林也出席本次会议。会议分别由中国社会科学院科研局局长马援和社会科学文献出版社社长谢寿光主持。经分学科评审和大会汇评，最终匿名投票评选出第六届"优秀皮书奖"和"优秀皮书报告奖"书目。此外，该委员会还根据《中国社会科学院皮书管理办法》，审议并投票评选出2015年纳入中国社会科学院创新工程项目的皮书和2016年使用"中国社会科学院创新工程学术出版项目"标识的院外皮书。

☆ 2015年1月30~31日，由社会科学文献出版社皮书研究院组织的2014年版皮书评价复评会议在京召开。皮书学术评审委员会部分委员、相关学科专家、学术期刊编辑、资深媒体人等近50位评委参加本次会议。中国社会科学院科研局局长马援、社会科学文献出版社社长谢寿光出席开幕式并发表讲话，中国社会科学院科研成果处处长薛增朝出席闭幕式并做发言。

皮书数据库
www.pishu.com.cn

皮书数据库三期

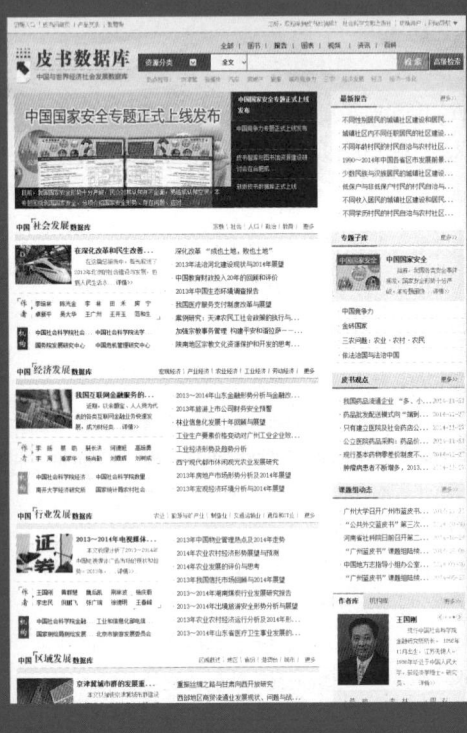

- 皮书数据库（SSDB）是社会科学文献出版社整合现有皮书资源开发的在线数字产品，全面收录"皮书系列"的内容资源，并以此为基础整合大量相关资讯构建而成。

- 皮书数据库现有中国经济发展数据库、中国社会发展数据库、世界经济与国际政治数据库等子库，覆盖经济、社会、文化等多个行业、领域，现有报告30000多篇，总字数超过5亿字，并以每年4000多篇的速度不断更新累积。

- 新版皮书数据库主要围绕存量+增量资源整合、资源编辑标引体系建设、产品架构设置优化、技术平台功能研发等方面开展工作，并将中国皮书网与皮书数据库合二为一联体建设，旨在以"皮书研创出版、信息发布与知识服务平台"为基本功能定位，打造一个全新的皮书品牌综合门户平台，为您提供更优质更到位的服务。

更多信息请登录

中国皮书网
http://www.pishu.cn

皮书微博
http://weibo.com/pishu

中国皮书网的BLOG [编辑]
http://blog.sina.com.cn/pishu

皮书博客
http://blog.sina.com.cn/pishu

皮书微信
皮书说

请到各地书店皮书专架/专柜购买，也可办理邮购

咨询/邮购电话：010-59367028　59367070　　　邮　　箱：duzhe@ssap.cn
邮购地址：北京市西城区北三环中路甲29号院3号楼华龙大厦13层读者服务中心
邮　　编：100029
银行户名：社会科学文献出版社
开户银行：中国工商银行北京北太平庄支行
账　　号：0200010019200365434
网上书店：010-59367070　　qq：1265056568
网　　址：www.ssap.com.cn　　　www.pishu.cn